ENGELSK
SVENSK

ORDBOK • DICTIONARY

SWEDISH
ENGLISH

Berlitz Dictionaries

Dansk	Engelsk, Fransk, Italiensk, Spansk, Tysk
Deutsch	Dänisch, Englisch, Finnisch, Französisch, Italienisch, Niederländisch, Norwegisch, Portugiesisch, Schwedish, Spanisch
English	Danish, Dutch, Finnish, French, German, Italian, Norwegian, Portuguese, Spanish, Swedish, Turkish
Español	Alemán, Danés, Finlandés, Francés, Holandés, Inglés, Noruego, Sueco
Français	Allemand, Anglais, Danois, Espagnol, Finnois, Italien, Néerlandais, Norvégien, Portugais, Suédois
Italiano	Danese, Finlandese, Francese, Inglese, Norvegese, Olandese, Svedese, Tedesco
Nederlands	Duits, Engels, Frans, Italiaans, Portugees, Spaans
Norsk	Engelsk, Fransk, Italiensk, Spansk, Tysk
Português	Alemão, Francês, Holandês, Inglês, Sueco
Suomi	Englanti, Espanja, Italia, Ranska, Ruotsi, Saksa
Svenska	Engelska, Finska, Franska, Italienska, Portugisiska, Spanska, Tyska

ENGELSK SVENSK

ORDBOK • DICTIONARY

SWEDISH ENGLISH

**med minigrammatik
with mini grammar section**

2nd revised edition—1st printing 1995
Library of Congress Catalog Card Number: 78-78087

Printed in The Netherlands

Innehållsförteckning

Contents

Förord

När vi på Berlitz valt ut 12 500 ord och uttryck för varje språk har vi framför allt tänkt på resenärens behov. Ordboken blir säkert ovärderlig för alla tusentals resenärer, turister och affärsfolk som uppskattar en liten, tillförlitlig och praktisk bok. Men inte bara resenärer utan även de som studerar och nybörjare kan ha nytta av det basordförråd som ordboken erbjuder.

Vi hoppas att den här boken – som har utarbetats med hjälp av en databank – liksom våra parlörer och guideböcker genom sitt behändiga format skall tilltala dagens resenär.

Utöver det ni vanligen hittar i ordböcker kan Berlitz erbjuda:

● en ljudskrift som följer det internationella fonetiska alfabetet (IPA)

● en gastronomisk ordlista som gör det lättare för er att tolka matsedeln på restauranger utomlands

● praktiska upplysningar om hur man anger klockslag, räkneord, oregelbundna verb, vanliga förkortningar och några användbara uttryck.

Ingen ordbok i detta format kan anses vara fullständig, men vi hoppas ändå att ni känner er väl rustad att göra en resa utomlands. Vi vill gärna höra av er om ni har någon kommentar, kritik eller ett förslag som ni tror kan hjälpa oss när vi förbereder framtida upplagor.

Preface

In selecting the 12.500 word-concepts in each language for this dictionary, the editors have had the traveller's needs foremost in mind. This book will prove invaluable to all the millions of travellers, tourists and business people who appreciate the reassurance a small and practical dictionary can provide. It offers them—as it does beginners and students—all the basic vocabulary they are going to encounter and to have to use, giving the key words and expressions to allow them to cope in everyday situations.

Like our successful phrase books and travel guides, these dictionaries—created with the help of a computer data bank—are designed to slip into pocket or purse, and thus have a role as handy companions at all times.

Besides just about everything you normally find in dictionaries, there are these Berlitz bonuses:

- imitated pronunciation next to each foreign-word entry, making it easy to read and enunciate words whose spelling may look forbidding
- a unique, practical glossary to simplify reading a foreign restaurant menu and to take the mystery out of complicated dishes and indecipherable names on bills of fare
- useful information on how to tell the time and how to count, on conjugating irregular verbs, commonly seen abbreviations and converting to the metric system, in addition to basic phrases.

While no dictionary of this size can pretend to completeness, we expect the user of this book will feel well armed to affront foreign travel with confidence. We should, however, be very pleased to receive comments, criticism and suggestions that you think may be of help in preparing future editions.

engelsk-svensk

english-swedish

Inledning

Vid utarbetandet av denna ordbok har vi framför allt strävat efter att göra den så praktisk och användbar som möjligt. Mindre viktiga språkliga upplysningar har utelämnats. Uppslagsorden står i alfabetisk ordning oavsett om uppslagsordet skrivs i ett, två eller flera ord eller med bindestreck. Det enda undantaget från denna regel är några få idiomatiska uttryck som i stället står under huvudordet i uttrycket. När ett uppslagsord följs av flera sammansättningar och uttryck har dessa också satts i alfabetisk ordning.

Varje huvuduppslagsord följs av ljudskrift (se Uttal) och i de flesta fall av ordklass. Då uppslagsordet kan tillhöra mer än en ordklass står de olika betydelserna efter respektive ordklass. Oregelbundna pluralformer av substantiv har angivits och vi har också satt ut pluralformen i en del fall där tvekan kan uppstå. I stället för att upprepa uppslagsordet vid oregelbundna pluralformer eller i sammansättningar och uttryck används en symbol (~) som står för hela uppslagsordet i fråga.

Vid oregelbundna pluralformer av sammansatta ord skrivs endast den del ut som förändras, medan den oförändrade delen ersätts med ett streck (–).

En asterisk (*) före ett verb anger att detta är oregelbundet och att dess böjningsmönster återfinns i listan över oregelbundna verb. Ordboken är baserad på brittisk engelska. Amerikanska ord och uttryck har markerats med *Am*.

Förkortningar

adj	adjektiv	*pl*	pluralis
adv	adverb	*plAm*	pluralis
Am	amerikanska		(amerikanska)
art	artikel	*pp*	perfekt particip
c	realgenus	*pr*	presens
conj	konjunktion	*pref*	prefix (förstavelse)
n	substantiv	*prep*	preposition
nAm	substantiv (amerikanska)	*pron*	pronomen
nt	neutrum	*suf*	suffix (ändelse)
num	räkneord	*v*	verb
p	imperfektum	*vAm*	verb (amerikanska)

Uttal

I denna del av ordboken anges uttalet av huvuduppslagsorden med internationell ljudskrift (IPA). Varje tecken i ljudskriften står för ett bestämt ljud. De tecken som inte närmare förklaras här uttalas ungefär som motsvarande svenska ljud.

Konsonanter

ð	tonande läspljud, dvs. med tungspetsen mot övre framtändernas baksida
g	alltid som i gå
k	alltid som i kall
ŋ	som ng i lång
r	som slappt r i rar (ung. som r uttalas i Stockholmstrakten)
ʃ	tonlöst sje-ljud (ung. som i mellansvenskt uttal av rs i fors)
θ	tonlöst läspljud, dvs. med tungspetsen mot övre framtändernas baksida
w	mycket kort o-ljud (ung. som oä i oändlig)
z	tonande s-ljud
ʒ	som g i gelé, men tonande

Obs! [sj] skall läsas som [s] följt av ett [j]-ljud och *inte* som sj i sjö.

Vokaler

ɑ:	som a i dag
æ	som ä i smärre
ʌ	ung. som a i katt
e	som i bett
ɛ	som ä i källa
ə	som e i gosse (med dragning åt ö)
i	som i sitt
ɔ	som å i fått
u	som o i bott

1) Kolon [:] efter vokalljudstecknet anger lång vokal.

2) Ett fåtal franska låneord innehåller nasala vokaler, vilket anges med en til [˜] över vokalen (t. ex. [ɑ̃]). Nasala vokaler uttalas samtidigt genom munnen och näsan.

Diftonger

En diftong är en förening av två vokaler, varav en är starkare (betonad) och en svagare (obetonad). De uttalas tillsammans "glidande", ung. som **au** i mj**au**. I engelska språket är alltid andra vokalen svagare.

Betoning

Tecknet ['] står framför betonad stavelse och [,] framför stavelse med biaccent.

Amerikanskt uttal

Vår ljudskrift återger brittiskt-engelskt riksspråk. Det amerikanska uttalet skiljer sig från engelska på några punkter (det finns även en mängd lokala variationer, som vi inte tar upp här).

1) I motsats till brittiskt-engelskt uttal uttalas **r** även före en konsonant och i slutet av ett ord.

2) I många ord som t. ex. *ask, castle, laugh* osv. blir [ɑ:] till [æ:].

3) En amerikan uttalar [ɔ]-ljudet som [ɑ] eller också ofta som [ɔ:].

4) I ord som *duty, tune, new* osv. bortfaller ofta [j]-ljudet framför [u:].

5) Många ord betonas annorlunda.

A

a [ei,ə] *art* (an) en *art*

abbey ['æbi] *n* kloster *nt*

abbreviation [əˌbriːviˈeiʃən] *n* förkortning *c*

aberration [ˌæbəˈreiʃən] *n* avvikelse *c*

ability [əˈbiləti] *n* skicklighet *c;* förmåga *c*

able ['eibəl] *adj* i stånd att; duglig; *•be* ~ *to* *vara i stånd till; *kunna

abnormal [æbˈnɔːməl] *adj* onaturlig, abnorm

aboard [əˈbɔːd] *adv* ombord

abolish [əˈbɔliʃ] *v* avskaffa

abortion [əˈbɔːʃən] *n* abort *c*

about [əˈbaut] *prep* om; beträffande, angående; *adv* ungefär, omkring

above [əˈbʌv] *prep* ovanför; *adv* ovan

abroad [əˈbrɔːd] *adv* utomlands

abscess ['æbses] *n* böld *c*

absence ['æbsəns] *n* frånvaro *c*

absent ['æbsənt] *adj* frånvarande

absolutely ['æbsəluːtli] *adv* absolut

abstain from [əbˈstein] *avstå från, *avhålla sig från

abstract ['æbstrækt] *adj* abstrakt

absurd [əbˈsəːd] *adj* orimlig, absurd

abundance [əˈbʌndəns] *n* överflöd *nt*

abundant [əˈbʌndənt] *adj* riklig

abuse [əˈbjuːs] *n* missbruk *nt*

abyss [əˈbis] *n* avgrund *c*

academy [əˈkædəmi] *n* akademi *c*

accelerate [əkˈseləreit] *v* öka farten

accelerator [əkˈseləreitə] *n* gaspedal *c*

accent ['æksənt] *n* accent *c;* tonvikt *c*

accept [əkˈsept] *v* acceptera, *motta

access ['ækses] *n* tillträde *nt*

accessary [əkˈsesəri] *n* medbrottsling *c*

accessible [əkˈsesəbəl] *adj* tillgänglig

accessories [əkˈsesəriz] *pl* tillbehör *pl*

accident ['æksidənt] *n* olycksfall *nt*, olycka *c*

accidental [ˌæksiˈdentəl] *adj* slumpartad

accommodate [əˈkɔmədeit] *v* härbärgera, logera

accommodation [əˌkɔməˈdeiʃən] *n* husrum *nt*, logi *nt*

accompany [əˈkʌmpəni] *v* åtfölja; följa; ackompanjera

accomplish [əˈkʌmpliʃ] *v* fullborda

in accordance with [in əˈkɔːdəns wið] i enlighet med

according to [əˈkɔːdiŋ tuː] enligt

account [əˈkaunt] *n* konto *nt;* redogörelse *c;* ~ *for* redovisa; *on* ~ *of* på grund av

accountable [əˈkauntəbəl] *adj* ansvarig

accurate ['ækjurət] *adj* noggrann

accuse [ə'kju:z] v beskylla; anklaga

accused [ə'kju:zd] n anklagad person

accustom [ə'kʌstəm] v *vänja; accustomed van

ache [eik] v värka; n värk c

achieve [ə'tʃi:v] v uppnå; prestera

achievement [ə'tʃi:vmənt] n prestation c

acid ['æsid] n syra c

acknowledge [ək'nɔlidʒ] v erkänna; bekräfta

acne ['ækni] n finnar

acorn ['eikɔ:n] n ekollon nt

acquaintance [ə'kweintəns] n bekant c

acquire [ə'kwaiə] v skaffa sig

acquisition [,ækwi'ziʃən] n förvärv nt

acquittal [ə'kwitəl] n frikännande nt

across [ə'krɔs] prep över; adv på andra sidan

act [ækt] n handling c; akt c; nummer nt; v handla, uppträda; uppföra sig; spela

action ['ækʃən] n handling c

active ['æktiv] adj aktiv

activity [æk'tivəti] n aktivitet c

actor ['æktə] n aktör c, skådespelare c

actress ['æktris] n skådespelerska c, aktris c

actual ['æktʃuəl] adj faktisk, verklig

actually ['æktʃuəli] adv faktiskt

acute [ə'kju:t] adj akut

adapt [ə'dæpt] v anpassa

adaptor [ə'dæptə] n adapter c

add [æd] v addera; *lägga till

addition [ə'diʃən] n addition c; tillägg nt

additional [ə'diʃənəl] adj extra; ytterligare

address [ə'dres] n adress c; v adressera; vända sig till

addressee [,ædre'si:] n adressat c

adequate ['ædikwət] adj tillräcklig; passande, adekvat

adjective ['ædʒiktiv] n adjektiv nt

adjourn [ə'dʒə:n] v *uppskjuta

adjust [ə'dʒʌst] v justera; anpassa

administer [əd'ministə] v dela ut

administration [əd,mini'streiʃən] n administration c; förvaltning c

administrative [əd'ministrətiv] adj administrativ; förvaltande; ~ law förvaltningsrätt c

admiral ['ædmərəl] n amiral c

admiration [,ædmə'reiʃən] n beundran c

admire [əd'maiə] v beundra

admission [əd'miʃən] n inträde nt; intagning c

admit [əd'mit] v *ta in, släppa in; erkänna, *medge; rymma

admittance [əd'mitəns] n tillträde nt; no ~ tillträde förbjudet

adopt [ə'dɔpt] v adoptera

adorable [ə'dɔ:rəbəl] adj bedårande

adult ['ædʌlt] n vuxen c; adj vuxen

advance [əd'va:ns] n framsteg nt; förskott nt; v *göra framsteg; förskottera; in ~ i förväg, på förhand

advanced [əd'va:nst] adj avancerad

advantage [əd'va:ntidʒ] n fördel c

advantageous [,ædvən'teidʒəs] adj fördelaktig

adventure [əd'ventʃə] n äventyr nt

adverb ['ædvə:b] n adverb nt

advertisement [əd'və:tismənt] n annons c

advertising ['ædvətaiziŋ] n reklam c

advice [əd'vais] n råd nt

advise [əd'vaiz] v råda

advocate ['ædvəkət] n försvarare c, förespråkare c

aerial ['eəriəl] n antenn c

aeroplane ['eərəplein] n flygplan nt

affair [ə'feə] n angelägenhet c; förhållande *nt*, kärleksaffär *c*

affect [əˈfekt] *v* påverka; beröra

affected [əˈfektid] *adj* tillgjord

affection [əˈfekʃən] *n* tillgivenhet *c*

affectionate [əˈfekʃənit] *adj* kärleksfull, tillgiven

affiliated [əˈfilieitid] *adj* ansluten

affirmative [əˈfəːmətiv] *adj* jakande

affliction [əˈflikʃən] *n* lidande *nt*

afford [əˈfɔːd] *v* *ha råd med

afraid [əˈfreid] *adj* rädd, ängslig; *be ~ *vara rädd

Africa [ˈæfrikə] Afrika

African [ˈæfrikən] *adj* afrikansk; *n* afrikan *c*

after [ˈɑːftə] *prep* efter; *conj* sedan

afternoon [ˌɑːftəˈnuːn] *n* eftermiddag *c*; this ~ i eftermiddag

afterwards [ˈɑːftəwədz] *adv* sedan; efteråt

again [əˈgen] *adv* igen; åter; ~ and again gång på gång

against [əˈgenst] *prep* mot

age [eidʒ] *n* ålder *c*; ålderdom *c*; of ~ myndig; under ~ minderårig

aged [ˈeidʒid] *adj* åldrig; gammal

agency [ˈeidʒənsi] *n* agentur *c*; byrå *c*

agenda [əˈdʒendə] *n* dagordning *c*

agent [ˈeidʒənt] *n* agent *c*, representant *c*

aggressive [əˈgresiv] *adj* aggressiv

ago [əˈgou] *adv* för ... sedan

agrarian [əˈgreəriən] *adj* jord-, lantbruks-

agree [əˈgriː] *v* *vara enig; instämma; stämma överens

agreeable [əˈgriːəbəl] *adj* angenäm

agreement [əˈgriːmənt] *n* kontrakt *nt*; avtal *nt*, överenskommelse *c*

agriculture [ˈægrikʌltʃə] *n* jordbruk *nt*

ahead [əˈhed] *adv* framför; ~ of före; *go ~ *fortsätta; straight ~ rakt fram

aid [eid] *n* hjälp *c*; *v* *bistå, hjälpa

AIDS [eidz] *n* aids *c*

ailment [ˈeilmənt] *n* lidande *nt*; krämpa *c*

aim [eim] *n* syfte *nt*; ~ at sikta, sikta på; sträva efter

air [ɛə] *n* luft *c*; *v* lufta

air-conditioning [ˈɛəkənˌdiʃəniŋ] *n* luftkonditionering *c*; **air-conditioned** *adj* luftkonditionerad

aircraft [ˈɛəkrɑːft] *n* (pl ~) flygplan *nt*; flygmaskin *c*

airfield [ˈɛəfiːld] *n* flygfält *nt*

air-filter [ˈɛəˌfiltə] *n* luftfilter *nt*

airline [ˈɛəlain] *n* flygbolag *nt*

airmail [ˈɛəmeil] *n* flygpost *c*

airplane [ˈɛəplein] *n*Am flygplan *nt*

airport [ˈɛəpɔːt] *n* flygplats *c*

air-sickness [ˈɛəˌsiknəs] *n* flygsjuka *c*

airtight [ˈɛətait] *adj* lufttät

airy [ˈɛəri] *adj* luftig

aisle [ail] *n* sidoskepp *nt*; gång *c*

alarm [əˈlɑːm] *n* alarm *nt*; *v* larma

alarm-clock [əˈlɑːmklɔk] *n* väckarklocka *c*

album [ˈælbəm] *n* album *nt*

alcohol [ˈælkəhɔl] *n* alkohol *c*

alcoholic [ˌælkəˈhɔlik] *adj* alkoholhaltig

ale [eil] *n* öl *nt*

algebra [ˈældʒibrə] *n* algebra *c*

Algeria [ælˈdʒiəriə] Algeriet

Algerian [ælˈdʒiəriən] *adj* algerisk; *n* algerier *c*

alien [ˈeiliən] *n* utlänning *c*; främling *c*; *adj* utländsk

alike [əˈlaik] *adj* likadan, lik; *adv* på samma sätt

alimony [ˈæliməni] *n* underhåll *nt*

alive [əˈlaiv] *adj* levande

all [ɔːl] *adj* all; ~ in allt inkluderat; ~ right! fint!; at ~ överhuvudtaget

allergy [ˈælədʒi] *n* allergi *c*

alley [ˈæli] *n* gränd *c*

alliance [ə'laiəns] *n* allians *c*

Allies ['ælaiz] *pl* (de) allierade

allot [ə'lɔt] *v* tilldela

allow [ə'lau] *v* *tillåta, bevilja; ~ to *låta; *be allowed *vara tillåten; *be allowed to *få

allowance [ə'lauəns] *n* fickpengar *pl*, underhåll *nt*

all-round [ˌɔːl'raund] *adj* mångsidig

almanac ['ɔːlmənæk] *n* almanacka *c*

almond ['ɑːmənd] *n* mandel *c*

almost ['ɔːlmoust] *adv* nästan

alone [ə'loun] *adv* endast; *adj* ensam, för sig själv

along [ə'lɔŋ] *prep* längs

aloud [ə'laud] *adv* högt

alphabet ['ælfəbet] *n* alfabet *nt*

already [ɔːl'redi] *adv* redan

also ['ɔːlsou] *adv* också; dessutom, även

altar ['ɔːltə] *n* altare *c*

alter ['ɔːltə] *v* förändra, ändra

alteration [ˌɔːltə'reiʃən] *n* ändring *c*, förändring *c*

alternate [ɔː'təːnət] *adj* alternerande

alternative [ɔːl'təːnətiv] *n* alternativ *nt*

although [ɔːl'ðou] *conj* fastän, även om

altitude ['æltitjuːd] *n* höjd *c*

alto ['æltou] *n* (pl ~s) alt *c*

altogether [ˌɔːltə'geðə] *adv* helt och hållet

always ['ɔːlweiz] *adv* alltid

am [æm] *v* (pr be)

amaze [ə'meiz] *v* förbluffa, förvåna

amazement [ə'meizmənt] *n* förvåning *c*

ambassador [æm'bæsədə] *n* ambassadör *c*

amber ['æmbə] *n* bärnsten *c*

ambiguous [æm'bigjuəs] *adj* tvetydig

ambitious [æm'biʃəs] *adj* ambitiös; ärelysten

ambulance ['æmbjuləns] *n* ambulans *c*

ambush ['æmbuʃ] *n* bakhåll *nt*

America [ə'merikə] Amerika

American [ə'merikən] *adj* amerikansk; *n* amerikan *c*

amethyst ['æmiθist] *n* ametist *c*

amid [ə'mid] *prep* bland; mitt ibland, mitt i

ammonia [ə'mouniə] *n* ammoniak *c*

amnesty ['æmnisti] *n* amnesti *c*

among [ə'mʌŋ] *prep* bland; mellan, ibland; ~ other things bland annat

amount [ə'maunt] *n* mängd *c;* summa *c,* belopp *nt; ~* to *uppgå till

amuse [ə'mjuːz] *v* roa, *underhålla

amusement [ə'mjuːzmənt] *n* nöje *nt,* förströelse *c*

amusing [ə'mjuːziŋ] *adj* lustig

anaemia [ə'niːmiə] *n* blodbrist *c*

anaesthesia [ˌænis'θiːziə] *n* bedövning *c*

anaesthetic [ˌænis'θetik] *n* bedövningsmedel *nt*

analyse ['ænəlaiz] *v* analysera

analysis [ə'næləsis] *n* (pl -ses) analys *c*

analyst ['ænəlist] *n* analytiker *c;* psykoanalytiker *c*

anarchy ['ænəki] *n* anarki *c*

anatomy [ə'nætəmi] *n* anatomi *c*

ancestor ['ænsestə] *n* förfader *c*

anchor ['æŋkə] *n* ankare *nt*

anchovy ['æntʃəvi] *n* sardell *c,* ansjovis *c*

ancient ['einʃənt] *adj* gammal; forntida

and [ænd, ənd] *conj* och

angel ['eindʒəl] *n* ängel *c*

anger ['æŋgə] *n* ilska *c,* vrede *c*

angle ['æŋgəl] *v* meta; *n* vinkel *c*

angry ['æŋgri] *adj* vred, arg

animal ['æniməl] *n* djur *nt*

ankle ['æŋkəl] *n* ankel *c*

annex[1] ['æneks] *n* annex *nt;* bilaga *c*
annex[2] [ə'neks] *v* annektera
anniversary [,æni'və:səri] *n* årsdag *c*
announce [ə'nauns] *v* *tillkännage,
*offentliggöra
announcement [ə'naunsmənt] *n* tillkännagivande *nt,* kungörelse *c*
annoy [ə'nɔi] *v* förarga, irritera; reta
annoyance [ə'nɔiəns] *n* förargelse *c*
annoying [ə'nɔiiŋ] *adj* förarglig, retsam
annual ['ænjuəl] *adj* årlig; *n* årsbok *c*
per annum [pər 'ænəm] per år
anonymous [ə'nɔniməs] *adj* anonym
another [ə'nʌðə] *adj* en till; en annan
answer ['ɑ:nsə] *v* svara; besvara; *n* svar *nt*
answering machine ['ɑ:nsəriŋ mə'ʃi:n] *n* telefonsvarare
ant [ænt] *n* myra *c*
anthology [æn'θɔlədʒi] *n* antologi *c*
antibiotic [,æntibai'ɔtik] *n* antibiotikum *nt*
anticipate [æn'tisipeit] *v* *förutse, *föregripa; *förekomma
antifreeze ['æntifri:z] *n* frostskyddsvätska *c*
antipathy [æn'tipəθi] *n* motvilja *c*
antique [æn'ti:k] *adj* antik; *n* antikvitet *c*
antiquity [æn'tikwəti] *n* Antiken; **antiquities** *pl* antikviteter
antiseptic [,ænti'septik] *n* antiseptiskt medel
anxiety [æŋ'zaiəti] *n* bekymmer *nt*
anxious ['æŋkʃəs] *adj* ivrig; orolig
any ['eni] *adj* någon
anybody ['enibɔdi] *pron* vem som helst
anyhow ['enihau] *adv* hur som helst
anyone ['eniwʌn] *pron* varje
anything ['eniθiŋ] *pron* vad som helst
anyway ['eniwei] *adv* i varje fall
anywhere ['eniweə] *adv* var som helst

apart [ə'pɑ:t] *adv* isär, var för sig; ~ **from** bortsett från
apartment [ə'pɑ:tmənt] *nAm* våning *c,* lägenhet *c;* ~ **house** *Am* hyreshus *nt*
aperitif [ə'perətiv] *n* aperitif *c*
apologize [ə'pɔlədʒaiz] *v* *be om ursäkt
apology [ə'pɔlədʒi] *n* ursäkt *c*
apparatus [,æpə'reitəs] *n* anordning *c,* apparat *c*
apparent [ə'pærənt] *adj* uppenbar; tydlig
apparently [ə'pærəntli] *adv* tydligen
apparition [,æpə'riʃən] *n* uppenbarelse *c*
appeal [ə'pi:l] *n* vädjan *c*
appear [ə'piə] *v* verka, tyckas; *framgå; synas; framträda
appearance [ə'piərəns] *n* utseende *nt;* framträdande *nt*
appendicitis [ə,pendi'saitis] *n* blindtarmsinflammation *c*
appendix [ə'pendiks] *n* (pl -dices, -dixes) blindtarm *c*
appetite ['æpətait] *n* aptit *c,* matlust *c*
appetizer ['æpətaizə] *n* aptitretare *c*
appetizing ['æpətaiziŋ] *adj* aptitlig
applause [ə'plɔ:z] *n* applåd *c*
apple ['æpəl] *n* äpple *nt*
appliance [ə'plaiəns] *n* apparat *c,* anordning *c*
application [,æpli'keiʃən] *n* användning *c;* ansökan *c*
apply [ə'plai] *v* tillämpa, *lägga på; använda; ansöka; gälla
appoint [ə'pɔint] *v* anställa, utnämna
appointment [ə'pɔintmənt] *n* avtalat möte, avtal *nt;* utnämning *c*
appreciate [ə'pri:ʃieit] *v* uppskatta, *värdesätta
appreciation [ə,pri:ʃi'eiʃən] *n* värdestegring *c;* uppskattning *c*

approach [ə'proutʃ] v närma sig; n
tillvägagångssätt nt; närmande nt

appropriate [ə'proupriət] adj rätt,
lämplig, ändamålsenlig

approval [ə'pru:vəl] n gillande nt; bi-
fall nt; **on ~** till påseende

approve [ə'pru:v] v gilla; **~ of** god-
känna

approximate [ə'prɔksimət] adj unge-
färlig

approximately [ə'prɔksimətli] adv un-
gefär, cirka

apricot ['eiprikɔt] n aprikos c

April ['eiprəl] april

apron ['eiprən] n förkläde nt

Arab ['ærəb] adj arabisk; n arab c

arbitrary ['a:bitrəri] adj godtycklig

arcade [a:'keid] n pelargång c, arkad
c

arch [a:tʃ] n valvbåge c; valv nt

archaeologist [ˌa:ki'ɔlədʒist] n arkeo-
log c

archaeology [ˌa:ki'ɔlədʒi] n arkeologi
c

archbishop [ˌa:tʃ'biʃəp] n ärkebiskop c

arched [a:tʃt] adj bågformig

architect ['a:kitekt] n arkitekt c

architecture ['a:kitektʃə] n byggnads-
konst c, arkitektur c

archives [a:'kaivz] pl arkiv nt

are [a:] v (pr be)

area ['ɛəriə] n område nt; yta c; **~
code** riktnummer nt

Argentina [ˌa:dʒən'ti:nə] Argentina

Argentinian [ˌa:dʒən'tiniən] adj ar-
gentinsk; n argentinare c

argue ['a:gju:] v argumentera, disku-
tera, debattera; gräla

argument ['a:gjumənt] n argument
nt; diskussion c; ordväxling c

arid ['ærid] adj torr

***arise** [ə'raiz] v *uppstå

arithmetic [ə'riθmətik] n räkning c

arm [a:m] n arm c; vapen nt; arm-

stöd nt; v beväpna

armchair ['a:mtʃeə] n fåtölj c

armed [a:md] adj beväpnad; **~
forces** beväpnade styrkor

armour ['a:mə] n rustning c

army ['a:mi] n armé c

aroma [ə'roumə] n arom c

around [ə'raund] prep omkring; adv
runt

arrange [ə'reindʒ] v ordna; arrangera

arrangement [ə'reindʒmənt] n arran-
gemang nt; avtal nt; åtgärd c

arrest [ə'rest] v arrestera; n arreste-
ring c

arrival [ə'raivəl] n ankomst c

arrive [ə'raiv] v anlända

arrow ['ærou] n pil c

art [a:t] n konst c; skicklighet c; list
c; **~ collection** konstsamling c; **~
exhibition** konstutställning c; **~
gallery** konstgalleri nt; **~ history**
konsthistoria c; **arts and crafts**
konstindustri c; **~ school** konst-
akademi c

artery ['a:təri] n pulsåder c

artichoke ['a:titʃouk] n kronärtskocka
c

article ['a:tikəl] n artikel c

artifice ['a:tifis] n knep nt

artificial [ˌa:ti'fiʃəl] adj konstgjord

artist ['a:tist] n konstnär c; konstnä-
rinna c

artistic [a:'tistik] adj artistisk, konst-
närlig

as [æz] conj liksom, som; lika; därför
att, eftersom; **~ from** från; från
och med; **~ if** som om

asbestos [æz'bestɔs] n asbest c

ascend [ə'send] v *stiga; *stiga upp-
åt; *bestiga

ascent [ə'sent] n stigning c; bestig-
ning c

ascertain [ˌæsə'tein] v konstatera;
förvissa sig om, fastställa

ash [æʃ] n aska c

ashamed [ə'ʃeimd] adj skamsen; *be ~ skämmas

ashore [ə'ʃɔ:] adv i land

ashtray ['æʃtrei] n askkopp c

Asia ['eiʃə] Asien

Asian ['eiʃən] adj asiatisk; n asiat c

aside [ə'said] adv åt sidan

ask [ɑ:sk] v fråga; *be; *inbjuda

asleep [ə'sli:p] adj sovande

asparagus [ə'spærəgəs] n sparris c

aspect ['æspekt] n aspekt c

asphalt ['æsfælt] n asfalt c

aspire [ə'spaiə] v sträva

aspirin ['æspərin] n aspirin nt

ass [æs] n åsna c

assassination [ə,sæsi'neiʃən] n mord nt

assault [ə'sɔ:lt] v *angripa; *våldta

assemble [ə'sembəl] v samla; *sätta ihop, montera

assembly [ə'sembli] n församling c, sammankomst c

assignment [ə'sainmənt] n uppdrag nt

assign to [ə'sain] tilldela; *överlåta

assist [ə'sist] v hjälpa, *bistå; ~ at *vara närvarande vid

assistance [ə'sistəns] n hjälp c; bistånd nt, understöd nt

assistant [ə'sistənt] n assistent c

associate[1] [ə'souʃiət] n kompanjon c, delägare c; kollega c; medlem c

associate[2] [ə'souʃieit] v associera; ~ with *umgås med

association [ə,sousi'eiʃən] n förening c, sammanslutning c

assort [ə'sɔ:t] v sortera

assortment [ə'sɔ:tmənt] n urval nt, sortiment nt

assume [ə'sju:m] v *anta, förmoda

assure [ə'ʃuə] v försäkra

asthma ['æsmə] n astma c

astonish [ə'stɔniʃ] v förvåna

astonishing [ə'stɔniʃiŋ] adj förvånansvärd

astonishment [ə'stɔniʃmənt] n förvåning c

astronomy [ə'strɔnəmi] n astronomi c

asylum [ə'sailəm] n asyl c; mentalsjukhus nt, vårdanstalt c

at [æt] prep på, hos, i

ate [et] v (p eat)

atheist ['eiθiist] n ateist c

athlete ['æθli:t] n atlet c

athletics [æθ'letiks] pl friidrott c

Atlantic [ət'læntik] Atlanten

atmosphere ['ætməsfiə] n atmosfär c; stämning c

atom ['ætəm] n atom c

atomic [ə'tɔmik] adj atom-; kärn-

atomizer ['ætəmaizə] n sprayflaska c; spray c

attach [ə'tætʃ] v fästa; bifoga; **attached to** fäst vid

attack [ə'tæk] v *anfalla; n anfall nt

attain [ə'tein] v uppnå

attainable [ə'teinəbəl] adj uppnåelig; åtkomlig

attempt [ə'tempt] v försöka, pröva; n försök nt

attend [ə'tend] v *vara närvarande vid; ~ on uppassa; ~ to *ta hand om, *se till; beakta, uppmärksamma

attendance [ə'tendəns] n deltagande nt

attendant [ə'tendənt] n vaktmästare c

attention [ə'tenʃən] n uppmärksamhet c

attentive [ə'tentiv] adj uppmärksam

attic ['ætik] n vindsrum nt

attitude ['ætitju:d] n inställning c

attorney [ə'tɔ:ni] n advokat c

attract [ə'trækt] v *tilldra sig

attraction [ə'trækʃən] n attraktion c; lockelse c

attractive [ə'træktiv] adj tilldragande

auburn ['ɔ:bən] adj kastanjebrun

auction [ˈɔ:kʃən] n auktion c
audible [ˈɔ:dibəl] adj hörbar
audience [ˈɔ:diəns] n publik c
auditor [ˈɔ:ditə] n åhörare c
auditorium [ˌɔ:diˈtɔ:riəm] n hörsal c
August [ˈɔ:gəst] augusti
aunt [ɑ:nt] n tant c, moster c, faster c
Australia [ɔˈstreiliə] Australien
Australian [ɔˈstreiliən] adj australisk; n australier c
Austria [ˈɔstriə] Österrike
Austrian [ˈɔstriən] adj österrikisk; n österrikare c
authentic [ɔ:ˈθentik] adj autentisk; äkta
author [ˈɔ:θə] n författare c
authoritarian [ɔ:ˌθɔriˈtɛəriən] adj auktoritär
authority [ɔ:ˈθɔrəti] n auktoritet c; maktbefogenhet c; authorities pl myndigheter pl
authorization [ˌɔ:θəraiˈzeiʃən] n tillåtelse c
automatic [ˌɔ:təˈmætik] adj automatisk
automation [ˌɔ:təˈmeiʃən] n automatisering c
automobile [ˈɔ:təməbi:l] n bil c; ~ club automobilklubb c
autonomous [ɔ:ˈtɔnəməs] adj autonom
autopsy [ˈɔ:tɔpsi] n obduktion c
autumn [ˈɔ:təm] n höst c
available [əˈveiləbəl] adj disponibel, tillgänglig, i lager
avalanche [ˈævəlɑ:nʃ] n lavin c
avenue [ˈævənju:] n aveny c
average [ˈævəridʒ] adj genomsnittlig; n genomsnitt nt; on the ~ i genomsnitt
averse [əˈvə:s] adj obenägen, ovillig
aversion [əˈvə:ʃən] n motvilja c
avert [əˈvə:t] v vända bort

avoid [əˈvɔid] v *undgå; *undvika
await [əˈweit] v vänta på, vänta sig
awake [əˈweik] adj vaken
*awake [əˈweik] v väcka
award [əˈwɔ:d] n pris nt; v tilldela
aware [əˈwɛə] adj medveten
away [əˈwei] adv bort; *go ~ åka bort
awful [ˈɔ:fəl] adj fruktansvärd, ryslig
awkward [ˈɔ:kwəd] adj brydsam; tafatt, klumpig
awning [ˈɔ:niŋ] n markis c
axe [æks] n yxa c
axle [ˈæksəl] n hjulaxel c

B

baby [ˈbeibi] n baby c; ~ carriage Am barnvagn c
babysitter [ˈbeibiˌsitə] n barnvakt c
bachelor [ˈbætʃələ] n ungkarl c
back [bæk] n rygg c; adv tillbaka; *go ~ åka tillbaka
backache [ˈbækeik] n ryggvärk c
backbone [ˈbækboun] n ryggrad c
background [ˈbækgraund] n bakgrund c; utbildning c
backwards [ˈbækwədz] adv bakåt
bacon [ˈbeikən] n bacon nt
bacterium [bækˈti:riəm] n (pl -ria) bakterie c
bad [bæd] adj dålig, allvarlig; stygg
bag [bæg] n påse c; väska c, handväska c; resväska c
baggage [ˈbægidʒ] n bagage nt; ~ deposit office Am bagageinlämning c; hand ~ handbagage nt
bail [beil] n borgen c
bailiff [ˈbeilif] n fogde c
bait [beit] n bete nt
bake [beik] v baka
baker [ˈbeikə] n bagare c

bakery ['beikəri] n bageri nt

balance ['bæləns] n jämvikt c; våg c; saldo nt

balcony ['bælkəni] n balkong c

bald [bɔ:ld] adj flintskallig

ball [bɔ:l] n boll c; bal c

ballet ['bælei] n balett c

balloon [bə'lu:n] n ballong c

ballpoint-pen ['bɔ:lpointpen] n kulspetspenna c

ballroom ['bɔ:lru:m] n balsal c

bamboo [bæm'bu:] n (pl ~s) bambu c

banana [bə'nɑ:nə] n banan c

band [bænd] n band nt

bandage ['bændidʒ] n förband nt

bandit ['bændit] n bandit c

bangle ['bæŋgəl] n armband nt

banisters ['bænistəz] pl trappräcke nt

bank [bæŋk] n flodbank c; bank c; v deponera, *sätta in; ~ account bankkonto nt

banknote ['bæŋknout] n sedel c

bank-rate ['bæŋkreit] n diskonto nt

bankrupt ['bæŋkrʌpt] adj konkursmässig, bankrutt

banner ['bænə] n baner nt

banquet ['bæŋkwit] n bankett c

banqueting-hall ['bæŋkwitiŋhɔ:l] n bankettsal c

baptism ['bæptizəm] n dop nt

baptize [bæp'taiz] v döpa

bar [bɑ:] n bar c; stång c; fönstergaller nt

barber ['bɑ:bə] n herrfrisör c

bare [beə] adj naken, bar; kal

barely ['beəli] adv nätt och jämt

bargain ['bɑ:gin] n fynd nt; v *köpslå, pruta

baritone ['bæritoun] n baryton c

bark [bɑ:k] n bark c; v skälla

barley ['bɑ:li] n korn nt

barmaid ['bɑ:meid] n kvinnlig bartender

barman ['bɑ:mən] n (pl -men) bartender c

barn [bɑ:n] n lada c

barometer [bə'rɔmitə] n barometer c

baroque [bə'rɔk] adj barock

barracks ['bærəks] pl kasern c

barrel ['bærəl] n tunna c, fat nt

barrier ['bæriə] n barriär c; bom c

barrister ['bæristə] n advokat c

bartender ['bɑ:ˌtendə] n bartender c

base [beis] n bas c; grundval c; v basera

baseball ['beisbɔ:l] n baseboll c

basement ['beismənt] n källarvåning c

basic ['beisik] adj grundläggande

basilica [bə'zilikə] n basilika c

basin ['beisən] n balja c, skål c

basis ['beisis] n (pl bases) basis c, grundprincip c

basket ['bɑ:skit] n korg c

bass[1] [beis] n bas c

bass[2] [bæs] n (pl ~) abborre c

bastard ['bɑ:stəd] n bastard c; tölp c

batch [bætʃ] n parti nt; hop c

bath [bɑ:θ] n bad nt; ~ salts badsalt nt; ~ towel badhandduk c

bathe [beið] v bada

bathing-cap ['beiðiŋkæp] n badmössa c

bathing-suit ['beiðiŋsu:t] n baddräkt c; badbyxor pl

bathrobe ['bɑ:θroub] n badrock c

bathroom ['bɑ:θru:m] n badrum nt; toalett c

batter ['bætə] n smet c

battery ['bætəri] n batteri nt

battle ['bætəl] n slag nt; kamp c, strid c; v kämpa

bay [bei] n vik c; v skälla

*be [bi:] v *vara

beach [bi:tʃ] n strand c; nudist ~ nudistbadstrand c

bead [bi:d] n pärla c; beads pl pärl-

halsband *nt;* radband *nt*
beak [bi:k] *n* näbb *c*
beam [bi:m] *n* stråle *c;* bjälke *c*
bean [bi:n] *n* böna *c*
bear [bɛə] *n* björn *c*
*****bear** [bɛə] *v* *bära; tåla; *utstå
beard [biəd] *n* skägg *nt*
beast [bi:st] *n* djur *nt;* ~ **of prey**
rovdjur *nt*
*****beat** [bi:t] *v* *slå; besegra
beautiful [ˈbju:tifəl] *adj* vacker
beauty [ˈbju:ti] *n* skönhet *c;* ~ **par-**
lour skönhetssalong *c;* ~ **salon**
skönhetssalong *c;* ~ **treatment**
skönhetsvård *c*
beaver [ˈbi:və] *n* bäver *c*
because [biˈkɔz] *conj* därför att; ef-
tersom; ~ **of** på grund av
*****become** [biˈkʌm] *v* *bli; klä
bed [bed] *n* säng *c;* ~ **and board** hel-
pension *c,* mat och logi; ~ **and**
breakfast rum med frukost
bedding [ˈbediŋ] *n* sängkläder *pl*
bedroom [ˈbedru:m] *n* sovrum *nt*
bee [bi:] *n* bi *nt*
beech [bi:tʃ] *n* bok *c*
beef [bi:f] *n* oxkött *nt*
beehive [ˈbi:haiv] *n* bikupa *c*
been [bi:n] *v* (pp be)
beer [biə] *n* öl *nt*
beet [bi:t] *n* beta *c*
beetle [ˈbi:təl] *n* skalbagge *c*
beetroot [ˈbi:tru:t] *n* rödbeta *c*
before [biˈfɔ:] *prep* före; framför;
conj innan; *adv* förut; innan
beg [beg] *v* tigga; *bönfalla; *be
beggar [ˈbegə] *n* tiggare *c*
*****begin** [biˈgin] *v* begynna, börja
beginner [biˈginə] *n* nybörjare *c*
beginning [biˈginiŋ] *n* begynnelse *c;*
början *c*
on behalf of [biˈhɑ:f] på ... vägnar
behave [biˈheiv] *v* uppföra sig
behaviour [biˈheivjə] *n* uppförande *nt*

behind [biˈhaind] *prep* bakom; *adv*
bakom
beige [beiʒ] *adj* beige
being [ˈbi:iŋ] *n* varelse *c*
Belgian [ˈbeldʒən] *adj* belgisk; *n* bel-
gare *c*
Belgium [ˈbeldʒəm] Belgien
belief [biˈli:f] *n* tro *c*
believe [biˈli:v] *v* tro
bell [bel] *n* klocka *c;* ringklocka *c*
bellboy [ˈbelbɔi] *n* hotellpojke *c*
belly [ˈbeli] *n* buk *c*
belong [biˈlɔŋ] *v* tillhöra
belongings [biˈlɔŋiŋz] *pl* tillhörighe-
ter *pl*
beloved [biˈlʌvd] *adj* älskad
below [biˈlou] *prep* nedanför; under;
adv nedan
belt [belt] *n* bälte *nt;* **garter** ~ *Am*
strumpebandshållare *c*
bench [bentʃ] *n* bänk *c*
bend [bend] *n* kurva *c,* böjning *c;*
krök *c*
*****bend** [bend] *v* böja; ~ **down** böja
sig
beneath [biˈni:θ] *prep* under; *adv* ne-
danför
benefit [ˈbenifit] *n* vinst *c,* nytta *c;*
förmån *c; v* *dra nytta
bent [bent] *adj* (pp bend) böjd
beret [ˈberei] *n* basker *c*
berry [ˈberi] *n* bär *nt*
berth [bə:θ] *n* sovbrits *c;* koj *c*
beside [biˈsaid] *prep* bredvid
besides [biˈsaidz] *adv* dessutom; för-
resten; *prep* utom
best [best] *adj* bäst
bet [bet] *n* vad *nt;* insats *c*
*****bet** [bet] *v* *slå vad
betray [biˈtrei] *v* förråda
better [ˈbetə] *adj* bättre
between [biˈtwi:n] *prep* mellan
beverage [ˈbevəridʒ] *n* dryck *c*
beware [biˈwɛə] *v* akta sig

bewitch [bi'witʃ] v förhäxa

beyond [bi'jɔnd] prep bortom; på andra sidan om; utöver; adv bortom

bible ['baibəl] n bibel c

bicycle ['baisikəl] n cykel c

big [big] adj stor; omfångsrik; tjock; viktig

bile [bail] n galla c

bilingual [bai'liŋgwəl] adj tvåspråkig

bill [bil] n räkning c; nota c; v fakturera

billiards ['biljədz] pl biljard c

*bind [baind] v *binda

binding ['baindiŋ] n band nt; bård c

binoculars [bi'nɔkjələz] pl kikare c

biology [bai'blədʒi] n biologi c

birch [bə:tʃ] n björk c

bird [bə:d] n fågel c

birth [bə:θ] n födelse c

birthday ['bə:θdei] n födelsedag c

biscuit ['biskit] n kex nt

bishop ['biʃəp] n biskop c

bit [bit] n bit c; smula c

bitch [bitʃ] n tik c

bite [bait] n munsbit c; bett nt

*bite [bait] v *bita

bitter ['bitə] adj bitter

black [blæk] adj svart; ~ market svarta börsen

blackberry ['blækbəri] n björnbär nt

blackbird ['blækbə:d] n koltrast c

blackboard ['blækbɔ:d] n svarta tavlan

black-currant [ˌblæk'kʌrənt] n svarta vinbär

blackmail ['blækmeil] n utpressning c; v utpressa pengar

blacksmith ['blæksmiθ] n smed c

bladder ['blædə] n urinblåsa c

blade [bleid] n knivblad nt; ~ of grass grässtrå nt

blame [bleim] n klander nt; v förebrå, klandra

blank [blæŋk] adj blank

blanket ['blæŋkit] n filt c

blast [blɑ:st] n explosion c

blazer ['bleizə] n blazer c

bleach [bli:tʃ] v bleka

bleak [bli:k] adj karg, kal

*bleed [bli:d] v blöda

bless [bles] v välsigna

blessing ['blesiŋ] n välsignelse c

blind [blaind] n persienn c, rullgardin c; adj blind; v blända

blister ['blistə] n blåsa c, vattenblåsa c

blizzard ['blizəd] n snöstorm c

block [blɔk] v blockera, spärra; n kloss c; ~ of flats hyreshus nt

blonde [blɔnd] n blondin c

blood [blʌd] n blod nt; ~ pressure blodtryck nt

blood-poisoning ['blʌdˌpɔizəniŋ] n blodförgiftning c

blood-vessel ['blʌdˌvesəl] n blodkärl nt

blot [blɔt] n fläck c; blotting paper läskpapper nt

blouse [blauz] n blus c

blow [blou] n örfil c, slag nt; vindpust c

*blow [blou] v blåsa

blow-out ['blouaut] n punktering c

blue [blu:] adj blå; nedstämd

blunt [blʌnt] adj slö; trubbig

blush [blʌʃ] v rodna

board [bɔ:d] n bräda c; tavla c; pension c; styrelse c; ~ and lodging mat och logi, helpension c

boarder ['bɔ:də] n internatselev c, inackordering c

boarding-house ['bɔ:diŋhaus] n pensionat nt

boarding-school ['bɔ:diŋsku:l] n internatskola c

boast [boust] v *skryta

boat [bout] n båt c, skepp nt

body ['bɔdi] n kropp c

bodyguard ['bɔdigɑ:d] n livvakt c

bog [bɔg] n träsk nt

boil [bɔil] v koka; n spikböld c

bold [bould] adj djärv, fräck

Bolivia [bə'liviə] Bolivia

Bolivian [bə'liviən] adj boliviansk; n bolivian c

bolt [boult] n regel c; bult c

bomb [bɔm] n bomb c; v bombardera

bond [bɔnd] n obligation c

bone [boun] n ben nt; fiskben nt; v urbena

bonnet ['bɔnit] n motorhuv c

book [buk] n bok c; v boka, reservera; bokföra, *skriva in

booking ['bukiŋ] n beställning c, reservation c

bookmaker ['buk,meikə] n vadhållningsagent c

bookseller ['buk,selə] n bokhandlare c

bookstand ['bukstænd] n bokstånd nt

bookstore ['buksto:] n bokhandel c, boklåda c

boot [bu:t] n stövel c; bagageutrymme nt

booth [bu:ð] n bod c; hytt c

border ['bɔ:də] n gräns c; kant c

bore¹ [bɔ:] v tråka ut; borra; n tråkmåns c

bore² [bɔ:] v (p bear)

boring ['bɔ:riŋ] adj tråkig, långtråkig

born [bɔ:n] adj född

borrow ['bɔrou] v låna

bosom ['buzəm] n barm c; bröst c

boss [bɔs] n chef c

botany ['bɔtəni] n botanik c

both [bouθ] adj båda; both ... and både ... och

bother ['bɔðə] v besvära, störa; *göra sig besvär; n besvär nt

bottle ['bɔtəl] n flaska c; ~ opener flasköppnare c; hot-water ~ varmvattensflaska c

bottleneck ['bɔtəlnek] n flaskhals c

bottom ['bɔtəm] n botten c; bakdel c, stjärt c; adj nederst

bough [bau] n gren c

bought [bɔ:t] v (p, pp buy)

boulder ['bouldə] n stenblock nt

bound [baund] n gräns c; *be ~ to *måste; ~ for på väg till

boundary ['baundəri] n gränslinje c; landgräns c

bouquet [bu'kei] n bukett c

bourgeois ['buəʒwɑ:] adj kälkborgerlig

boutique [bu'ti:k] n boutique c

bow¹ [bau] v bocka

bow² [bou] n båge c; ~ tie fluga c

bowels [bauəlz] pl inälvor pl, tarmar pl

bowl [boul] n skål c

bowling ['bouliŋ] n kägelspel nt, bowling c; ~ alley bowlingbana c

box¹ [bɔks] v boxas; boxing match boxningsmatch c

box² [bɔks] n ask c

box-office ['bɔks,ɔfis] n biljettlucka c, biljettkassa c

boy [bɔi] n pojke c; tjänare c; ~ scout scout c

bra [brɑ:] n behå c

bracelet ['breislit] n armband nt

braces ['breisiz] pl hängslen pl

brain [brein] n hjärna c; förstånd nt

brain-wave ['breinweiv] n snilleblixt c

brake [breik] n broms c; ~ drum bromstrumma c; ~ lights bromsljus nt

branch [brɑ:ntʃ] n gren c; filial c

brand [brænd] n märke nt; brännmärke nt

brand-new [,brænd'nju:] adj splitter ny

brass [brɑ:s] n mässing c; ~ band mässingsorkester c

brassiere ['bræziə] n bysthållare c

brassware ['brɑːsweə] n mässingsföremål nt

brave [breiv] adj tapper, modig

Brazil [brə'zil] Brasilien

Brazilian [brə'ziljən] adj brasiliansk; n brasilianare c

breach [briːtʃ] n rämna c; brott nt

bread [bred] n bröd nt; **wholemeal** ~ fullkornsbröd nt

breadth [bredθ] n bredd c

break [breik] n brytning c; rast c

***break** [breik] v *bryta; ~ **down** *gå sönder; *bryta samman; analysera

breakdown ['breikdaun] n sammanbrott nt, motorstopp nt

breakfast ['brekfəst] n frukost c

bream [briːm] n (pl ~) braxen c

breast [brest] n bröst nt

breaststroke ['breststrouk] n bröstsim nt

breath [breθ] n anda c

breathe [briːð] v andas

breathing ['briːðiŋ] n andning c

breed [briːd] n ras c; art c

***breed** [briːd] v uppföda

breeze [briːz] n bris c

brew [bruː] v brygga

brewery ['bruːəri] n bryggeri nt

bribe [braib] v muta

bribery ['braibəri] n mutning c

brick [brik] n tegelsten c

bricklayer ['brikleiə] n murare c

bride [braid] n brud c

bridegroom ['braidgruːm] n brudgum c

bridge [bridʒ] n bro c; bridge c

brief [briːf] adj kort; kortfattad

briefcase ['briːfkeis] n portfölj c

briefs [briːfs] pl trosor pl, kalsonger pl

bright [brait] adj glänsande; strålande; kvicktänkt, skärpt

brill [bril] n slätvar c

brilliant ['briljənt] adj briljant; begåvad

brim [brim] n brädd c

***bring** [briŋ] v *ta med, medföra; *ha med sig; ~ **back** återföra; ~ **up** uppfostra; *ta upp

brisk [brisk] adj pigg

British ['britiʃ] adj brittisk

Briton ['britən] n britt c

broad [brɔːd] adj bred; utsträckt, vidsträckt; allmän

broadcast ['brɔːdkɑːst] n utsändning c

***broadcast** ['brɔːdkɑːst] v utsända

brochure ['brouʃuə] n broschyr c

broke¹ [brouk] v (p break)

broke² [brouk] adj pank

broken ['broukən] adj (pp break) sönder; trasig

broker ['broukə] n mäklare c

bronchitis [brɔŋ'kaitis] n luftrörskatarr c

bronze [brɔnz] n brons c; adj bronshit

brooch [broutʃ] n brosch c

brook [bruk] n bäck c

broom [bruːm] n kvast c

brothel ['brɔθəl] n bordell c

brother ['brʌðə] n bror c; broder c

brother-in-law ['brʌðərinlɔː] n (pl brothers-) svåger c

brought [brɔːt] v (p, pp bring)

brown [braun] adj brun

bruise [bruːz] n blodutgjutning c, blåmärke nt; v *slå gul och blå

brunette [bruː'net] n brunett c

brush [brʌʃ] n borste c; pensel c; v borsta

brutal ['bruːtəl] adj brutal

bubble ['bʌbəl] n bubbla c

bucket ['bʌkit] n hink c

buckle ['bʌkəl] n spänne nt

bud [bʌd] n knopp c

budget ['bʌdʒit] n budget c

buffet ['bufei] *n* gående bord

bug [bʌg] *n* vägglus *c*; skalbagge *c*; *nAm* insekt *c*

***build** [bild] *v* bygga

building ['bildiŋ] *n* byggnad *c*

bulb [bʌlb] *n* blomlök *c*; **light ~** glödlampa *c*

Bulgaria [bʌl'geəriə] Bulgarien

Bulgarian [bʌl'geəriən] *adj* bulgarisk; *n* bulgar *c*

bulk [bʌlk] *n* volym *c*; massa *c*; största delen

bulky ['bʌlki] *adj* omfångsrik, skrymmande

bull [bul] *n* tjur *c*

bullet ['bulit] *n* kula *c*

bullfight ['bulfait] *n* tjurfäktning *c*

bullring ['bulriŋ] *n* tjurfäktningsarena *c*

bump [bʌmp] *v* stöta; sammanstöta; dunka; *n* duns *c*, slag *nt*, stöt *c*

bumper ['bʌmpə] *n* kofångare *c*

bumpy ['bʌmpi] *adj* gropig

bun [bʌn] *n* bulle *c*

bunch [bʌntʃ] *n* bukett *c*; hop *c*

bundle ['bʌndəl] *n* bunt *c*; *v* bunta ihop

bunk [bʌŋk] *n* koj *c*

buoy [bɔi] *n* boj *c*

burden ['bəːdən] *n* börda *c*

bureau ['bjuərou] *n* (pl ~x, ~s) skrivbord *nt*; *nAm* byrå *c*

bureaucracy [bjuə'rɔkrəsi] *n* byråkrati *c*

burglar ['bəːglə] *n* inbrottstjuv *c*

burgle ['bəːgəl] *v* *göra inbrott

burial ['beriəl] *n* begravning *c*, gravsättning *c*

burn [bəːn] *n* brännsår *nt*

***burn** [bəːn] *v* *brinna; bränna; vidbränna

***burst** [bəːst] *v* *spricka; *brista

bury ['beri] *v* begrava

bus [bʌs] *n* buss *c*

bush [buʃ] *n* buske *c*

business ['biznəs] *n* affärer *pl*, handel *c*; affär *c*, affärsverksamhet *c*; sysselsättning *c*; **~ hours** kontorstid *c*, affärstid *c*; **~ trip** affärsresa *c*; **on ~** i affärer

business-like ['biznislaik] *adj* affärsmässig

businessman ['biznəsmən] *n* (pl -men) affärsman *c*

bust [bʌst] *n* byst *c*

bustle ['bʌsəl] *n* jäkt *nt*

busy ['bizi] *adj* upptagen; livlig

but [bʌt] *conj* men; dock; *prep* utom

butcher ['butʃə] *n* slaktare *c*

butter ['bʌtə] *n* smör *nt*

butterfly ['bʌtəflai] *n* fjäril *c*; **~ stroke** fjärilsim *nt*

buttock ['bʌtək] *n* skinka *c*

button ['bʌtən] *n* knapp *c*; *v* knäppa

buttonhole ['bʌtənhoul] *n* knapphål *nt*

***buy** [bai] *v* köpa; anskaffa

buyer ['baiə] *n* köpare *c*

by [bai] *prep* av; med; vid

by-pass ['baipɑːs] *n* omfartsled *c*; *v* *fara förbi; *undvika

C

cab [kæb] *n* taxi *c*

cabaret ['kæbərei] *n* kabaré *c*; nattklubb *c*

cabbage ['kæbidʒ] *n* kål *c*

cab-driver ['kæb,draivə] *n* taxichaufför *c*

cabin ['kæbin] *n* kabin *c*; hydda *c*; hytt *c*; kajuta *c*

cabinet ['kæbinət] *n* skåp *nt*; regering *c*

cable ['keibəl] *n* kabel *c*; telegram *nt*; *v* telegrafera

cadre [ˈkɑːdə] n stamanställd c; stamtrupp c

café [ˈkæfei] n kafé nt

cafeteria [ˌkæfəˈtiəriə] n kafeteria c

caffeine [ˈkæfiːn] n koffein nt

cage [keidʒ] n bur c

cake [keik] n kaka c; bakverk nt, tårta c

calamity [kəˈlæməti] n katastrof c, olycka c

calcium [ˈkælsiəm] n kalcium nt

calculate [ˈkælkjuleit] v räkna ut, beräkna

calculation [ˌkælkjuˈleiʃən] n beräkning c

calculator [ˈkælkjuleitə] n miniräknare c

calendar [ˈkæləndə] n kalender c

calf [kɑːf] n (pl calves) kalv c; vad c; ~ **skin** kalvskinn nt

call [kɔːl] v ropa; kalla; ringa; n rop nt; besök nt; påringning c; *be called heta; ~ names skymfa; ~ on besöka; ~ up Am ringa upp

callus [ˈkæləs] n valk c

calm [kɑːm] adj stilla, lugn; ~ down lugna

calorie [ˈkæləri] n kalori c

Calvinism [ˈkælvinizəm] n kalvinism c

came [keim] v (p come)

camel [ˈkæməl] n kamel c

camera [ˈkæmərə] n kamera c; filmkamera c; ~ shop fotoaffär c

camp [kæmp] n läger nt; v kampa

campaign [kæmˈpein] n kampanj c

camp-bed [ˌkæmpˈbed] n tältsäng c, fältsäng c

camper [ˈkæmpə] n kampare c

camping [ˈkæmpiŋ] n kamping c; ~ site kampingplats c

camshaft [ˈkæmʃɑːft] n kamaxel c

can [kæn] n konservburk c; ~ opener konservöppnare c

***can** [kæn] v *kunna

Canada [ˈkænədə] Kanada

Canadian [kəˈneidiən] adj kanadensisk; n kanadensare c

canal [kəˈnæl] n kanal c

canary [kəˈneəri] n kanariefågel c

cancel [ˈkænsəl] v annullera; avbeställa

cancellation [ˌkænsəˈleiʃən] n annullering c

cancer [ˈkænsə] n cancer c

candelabrum [ˌkændəˈlɑːbrəm] n (pl -bra) kandelaber c

candidate [ˈkændidət] n kandidat c

candle [ˈkændəl] n stearinljus nt

candy [ˈkændi] nAm karamell c; snask nt, godis nt; ~ store Am gottaffär c

cane [kein] n rör nt; käpp c

canister [ˈkænistə] n bleckburk c

canoe [kəˈnuː] n kanot c

canteen [kænˈtiːn] n kantin c

canvas [ˈkænvəs] n smärting c

cap [kæp] n skärmmössa c, mössa c

capable [ˈkeipəbəl] adj kapabel, duglig

capacity [kəˈpæsəti] n kapacitet c; förmåga c

cape [keip] n cape c; udde c

capital [ˈkæpitəl] n huvudstad c; kapital nt; adj huvudsaklig, huvud-; ~ letter stor bokstav

capitalism [ˈkæpitəlizəm] n kapitalism c

capitulation [kəˌpitjuˈleiʃən] n kapitulation c

capsule [ˈkæpsjuːl] n kapsyl c

captain [ˈkæptin] n kapten c

capture [ˈkæptʃə] v *tillfångata; *inta; n tillfångatagande nt; erövring c

car [kɑː] n bil c; ~ hire biluthyrning c; ~ park parkeringsplats c; ~ rental Am biluthyrning c

carafe [kəˈræf] n karaff c

caramel [ˈkærəməl] n karamell c

carat ['kærət] n karat c

caravan ['kærəvæn] n husvagn c

carburettor [ˌkɑːbjuˈretə] n förgasare c

card [kɑːd] n kort nt; brevkort nt

cardboard ['kɑːdbɔːd] n papp c; adj papp-

cardigan ['kɑːdigən] n kofta c

cardinal ['kɑːdinəl] n kardinal c; adj huvudsaklig, huvud-

care [kɛə] n vård c; bekymmer nt; ~ about bry sig om; ~ for vilja ha; tycka om; *take ~ of sköta om, *ta hand om

career [kəˈriə] n karriär c

carefree ['kɛəfriː] adj sorglös

careful ['kɛəfəl] adj försiktig; omsorgsfull

careless ['kɛələs] adj vårdslös, slarvig

caretaker ['kɛəˌteikə] n vaktmästare c

cargo ['kɑːgou] n (pl ~es) last c, laddning c

carnival ['kɑːnivəl] n karneval c

carp [kɑːp] n (pl ~) karp c

carpenter ['kɑːpintə] n snickare c

carpet ['kɑːpit] n matta c

carriage ['kæridʒ] n järnvägsvagn c; vagn c, ekipage nt

carriageway ['kæridʒwei] n körbana c

carrot ['kærət] n morot c

carry ['kæri] v *bära; föra; ~ on *fortsätta; ~ out genomföra

carry-cot ['kærikɔt] n babykorg c

cart [kɑːt] n kärra c

cartilage ['kɑːtilidʒ] n brosk nt

carton ['kɑːtən] n kartong c; cigarrettlimpa c

cartoon [kɑːˈtuːn] n tecknad film

cartridge ['kɑːtridʒ] n patron c

carve [kɑːv] v *skära; *utskära, snida

carving ['kɑːviŋ] n snideri nt

case [keis] n fall nt; resväska c; etui nt; attaché ~ dokumentportfölj c; in ~ ifall; in ~ of i händelse av

cash [kæʃ] n kontanter pl; v lösa in, inkassera; ~ dispenser bankomat c

cashier [kæˈʃiə] n kassör c; kassörska c

cashmere ['kæʃmiə] n kaschmir c

casino [kəˈsiːnou] n (pl ~s) kasino nt

cask [kɑːsk] n tunna c

cast [kɑːst] n kast nt

*cast [kɑːst] v kasta; cast iron gjutjärn nt

castle ['kɑːsəl] n slott nt, borg c

casual ['kæʒuəl] adj informell; flyktig, oförmodad, tillfällig

casualty ['kæʒuəlti] n offer nt; olycksfall nt

cat [kæt] n katt c

catacomb ['kætəkoum] n katakomb c

catalogue ['kætələg] n katalog c

catarrh [kəˈtɑː] n katarr c

catastrophe [kəˈtæstrəfi] n katastrof c

*catch [kætʃ] v fånga; *gripa; överrumpla; *hinna

category ['kætigəri] n kategori c

cathedral [kəˈθiːdrəl] n domkyrka c, katedral c

catholic ['kæθəlik] adj katolsk

cattle ['kætəl] pl boskap c

caught [kɔːt] v (p, pp catch)

cauliflower ['kɔliflauə] n blomkål c

cause [kɔːz] v orsaka; vålla; n orsak c; grund c, anledning c; sak c; ~ to förmå att

caution ['kɔːʃən] n försiktighet c; v varna

cautious ['kɔːʃəs] adj försiktig

cave [keiv] n grotta c

cavern ['kævən] n håla c

caviar ['kæviɑː] n kaviar c

cavity ['kævəti] n hålighet c

cease [siːs] v upphöra

ceiling ['siːliŋ] n innertak nt

celebrate ['selibreit] v fira

celebration [,seli'breiʃən] n firande nt

celebrity [si'lebrəti] n berömdhet c

celery ['seləri] n selleri nt

celibacy ['selibəsi] n celibat nt

cell [sel] n cell c

cellar ['selə] n källare c

cellophane ['seləfein] n cellofan nt

cement [si'ment] n cement nt

cemetery ['semitri] n kyrkogård c, begravningsplats c

censorship ['sensəʃip] n censur c

centimetre ['sentimi:tə] n centimeter c

central ['sentrəl] adj central; ~ heating centralvärme c; ~ station centralstation c

centralize ['sentrəlaiz] v centralisera

centre ['sentə] n centrum nt; medelpunkt c

century ['sentʃəri] n århundrade nt

ceramics [si'ræmiks] pl keramik c, lergods nt

ceremony ['serəməni] n ceremoni c

certain ['sə:tən] adj säker; viss

certificate [sə'tifikət] n certifikat nt; intyg nt, handling c, diplom nt, attest c

chain [tʃein] n kedja c

chair [tʃeə] n stol c

chairman ['tʃeəmən] n (pl -men) ordförande c

chalet ['ʃælei] n alpstuga c

chalk [tʃɔ:k] n krita c

challenge ['tʃæləndʒ] v utmana; n utmaning c

chamber ['tʃeimbə] n kammare c

chambermaid ['tʃeimbəmeid] n städerska c

champagne [ʃæm'pein] n champagne c

champion ['tʃæmpjən] n mästare c; förkämpe c

chance [tʃɑ:ns] n slump c; chans c,

tillfällighet c; risk c; by ~ av en slump

change [tʃeindʒ] v förändra, ändra; växla; klä om sig; byta; n förändring c; småpengar pl

channel ['tʃænəl] n kanal c; English Channel Engelska kanalen

chaos ['keiɔs] n kaos nt

chaotic [kei'ɔtik] adj kaotisk

chap [tʃæp] n karl c

chapel ['tʃæpəl] n kapell nt

chaplain ['tʃæplin] n kaplan c

character ['kærəktə] n karaktär c

characteristic [,kærəktə'ristik] adj betecknande, karakteristisk; n kännetecken nt; karaktärsdrag nt

characterize ['kærəktəraiz] v karakterisera

charcoal ['tʃɑ:koul] n träkol nt

charge [tʃɑ:dʒ] v *ta betalt; *ålägga; anklaga; lasta; n avgift c; laddning c, börda c, belastning c; anklagelse c; ~ plate Am kreditkort nt; free of ~ kostnadsfri; in ~ of ansvarig för; *take ~ of *ta hand om

charity ['tʃærəti] n välgörenhet c

charm [tʃɑ:m] n tjusning c, charm c; amulett c

charming ['tʃɑ:miŋ] adj charmerande

chart [tʃɑ:t] n tabell c; diagram nt; sjökort nt; conversion ~ omräkningstabell c

chase [tʃeis] v förfölja; *fördriva, jaga bort; n jakt c

chasm ['kæzəm] n klyfta c

chassis ['ʃæsi] n (pl ~) chassi nt

chaste [tʃeist] adj kysk

chat [tʃæt] v prata, småprata; n pratstund c, prat nt, småprat nt

chatterbox ['tʃætəbɔks] n pratmakare c

chauffeur ['ʃoufə] n chaufför c

cheap [tʃi:p] adj billig; förmånlig

cheat [tʃi:t] v lura, fuska; *bedra

check [tʃek] v kolla, kontrollera; n rutigt mönster; nota c; nAm check c; check! schack!; ~ in checka in, *skriva in sig; ~ out lämna

check-book ['tʃekbuk] nAm checkhäfte nt

checkerboard ['tʃekəbɔːd] nAm schackbräde nt

checkers ['tʃekəz] plAm damspel nt

checkroom ['tʃekruːm] nAm garderob c

check-up ['tʃekʌp] n undersökning c

cheek [tʃiːk] n kind c

cheek-bone ['tʃiːkboun] n kindben nt

cheer [tʃiə] v heja, hälsa med jubel; ~ up muntra upp

cheerful ['tʃiəfəl] adj munter, glad

cheese [tʃiːz] n ost c

chef [ʃef] n kökschef c

chemical ['kemikəl] adj kemisk

chemist ['kemist] n apotekare c; chemist's apotek nt; kemikalieaffär c

chemistry ['kemistri] n kemi c

cheque [tʃek] n check c

cheque-book ['tʃekbuk] n checkhäfte nt

chequered ['tʃekəd] adj rutig

cherry ['tʃeri] n körsbär nt

chess [tʃes] n schack nt

chest [tʃest] n bröst nt; bröstkorg c; kista c; ~ of drawers byrå c

chestnut ['tʃesnʌt] n kastanj c

chew [tʃuː] v tugga

chewing-gum ['tʃuːiŋgʌm] n tuggummi nt

chicken ['tʃikin] n kyckling c

chickenpox ['tʃikinpɔks] n vattkoppor pl

chief [tʃiːf] n chef c; adj huvud-, över-

chieftain ['tʃiːftən] n hövding c

chilblain ['tʃilblein] n frostknöl c

child [tʃaild] n (pl children) barn nt

childbirth ['tʃaildbəːθ] n förlossning c

childhood ['tʃaildhud] n barndom c

Chile ['tʃili] Chile

Chilean ['tʃilian] adj chilensk; n chilenare c

chill [tʃil] n rysning nt

chilly ['tʃili] adj kylig

chimes [tʃaimz] pl klockspel nt

chimney ['tʃimni] n skorsten c

chin [tʃin] n haka c

China ['tʃainə] Kina

china ['tʃainə] n porslin nt

Chinese [tʃaiˈniːz] adj kinesisk; n kines c

chink [tʃiŋk] n spricka c

chip [tʃip] n flisa c; spelmark c; v kantstöta, tälja; chips pommes frites

chiropodist [kiˈrɔpədist] n fotspecialist c

chisel ['tʃizəl] n mejsel c

chives [tʃaivz] pl gräslök c

chlorine ['klɔːriːn] n klor c

chock-full [tʃɔkˈful] adj fullpackad, proppfull

chocolate ['tʃɔklət] n choklad c; chokladpralin c

choice [tʃɔis] n val nt; urval nt

choir [kwaiə] n kör c

choke [tʃouk] v kvävas; *strypa, kväva; n choke c

*choose [tʃuːz] v *välja

chop [tʃɔp] n kotlett c; v hacka

Christ [kraist] Kristus

christen ['krisən] v döpa

christening ['krisəniŋ] n dop nt

Christian ['kristʃən] adj kristen; ~ name förnamn nt

Christmas ['krisməs] jul c

chromium ['kroumiəm] n krom c

chronic ['krɔnik] adj kronisk

chronological [ˌkrɔnəˈlɔdʒikəl] adj kronologisk

chuckle ['tʃʌkəl] v småskratta

chunk [tʃʌŋk] n stycke nt

church [tʃɔ:tʃ] n kyrka c

churchyard [ˈtʃə:tʃja:d] n kyrkogård c

cigar [siˈga:] n cigarr c; ~ **shop** cigarraffär c

cigarette [ˌsigəˈret] n cigarrett c

cigarette-case [ˌsigəˈretkeis] n cigarrettetui nt

cigarette-holder [ˌsigəˈretˌhouldə] n cigarrettmunstycke nt

cigarette-lighter [ˌsigəˈretˌlaitə] n cigarrettändare c

cinema [ˈsinəmə] n biograf c

cinnamon [ˈsinəmən] n kanel c

circle [ˈsə:kəl] n cirkel c; krets c; balkong c; v *omge, *omsluta

circulation [ˌsə:kjuˈleiʃən] n cirkulation c; blodcirkulation c; omlopp nt

circumstance [ˈsə:kəmstæns] n omständighet c

circus [ˈsə:kəs] n cirkus c

citizen [ˈsitizən] n stadsbo c

citizenship [ˈsitizənʃip] n medborgarskap nt

city [ˈsiti] n stad c

civic [ˈsivik] adj medborgar-

civil [ˈsivəl] adj medborgerlig; hövlig; ~ **law** civilrätt c; ~ **servant** statstjänsteman c

civilian [siˈviljən] adj civil; n civilist c

civilization [ˌsivəlaiˈzeiʃən] n civilisation c

civilized [ˈsivəlaizd] adj civiliserad

claim [kleim] v kräva, fordra; *påstå; n anspråk nt, fordran c

clamp [klæmp] n klämma c; krampa c

clap [klæp] v applådera

clarify [ˈklærifai] v *klargöra

class [kla:s] n klass c

classical [ˈklæsikəl] adj klassisk

classify [ˈklæsifai] v indela

class-mate [ˈkla:smeit] n klasskamrat c

classroom [ˈkla:sru:m] n klassrum nt

clause [klɔ:z] n klausul c

claw [klɔ:] n klo c

clay [klei] n lera c

clean [kli:n] adj ren; v städa, *rengöra

cleaning [ˈkli:niŋ] n rengöring c; ~ **fluid** rengöringsmedel nt

clear [kliə] adj klar; tydlig; v röja

clearing [ˈkliəriŋ] n uthuggning c

cleft [kleft] n skreva c

clergyman [ˈklə:dʒimən] n (pl -men) präst c

clerk [kla:k] n kontorist c; bokhållare c; sekreterare c

clever [ˈklevə] adj intelligent; skicklig, klok

client [ˈklaiənt] n kund c; klient c

cliff [klif] n klippa c

climate [ˈklaimit] n klimat nt

climb [klaim] v klättra; n klättring c

clinic [ˈklinik] n klinik c

cloak [klouk] n cape c

cloakroom [ˈkloukru:m] n kapprum nt

clock [klɔk] n ur nt; **at ... o'clock** klockan ...

cloister [ˈklɔistə] n kloster nt

close¹ [klouz] v stänga, *sluta; **closed** adj stängd, sluten

close² [klous] adj nära

closet [ˈklɔzit] n skåp nt; garderob c

cloth [klɔθ] n tyg nt; trasa c

clothes [klouðz] pl kläder pl

clothes-brush [ˈklouðzbrʌʃ] n klädborste c

clothing [ˈklouðiŋ] n beklädnad c

cloud [klaud] n moln nt

cloud-burst [ˈklaudbə:st] n skyfall nt

cloudy [ˈklaudi] adj mulen, molnig

clover [ˈklouvə] n klöver c

clown [klaun] n clown c

club [klʌb] n klubb c, förening c; påk c, klubba c

clumsy [ˈklʌmzi] adj klumpig

clutch [klʌtʃ] n koppling c; grepp nt

coach [koutʃ] n buss c; vagn c; kaross c; tränare c

coachwork ['koutʃwəːk] n karosseri nt

coagulate [kou'ægjuleit] v koagulera

coal [koul] n kol nt

coarse [kɔːs] adj grov

coast [koust] n kust c

coat [kout] n överrock c, kappa c

coat-hanger ['kout,hæŋə] n galge c

cobweb ['kɔbweb] n spindelnät nt

cocaine [kou'kein] n kokain nt

cock [kɔk] n tupp c

cocktail ['kɔkteil] n cocktail c

coconut ['koukənʌt] n kokosnöt c

cod [kɔd] n (pl ~) torsk c

code [koud] n kod c

coffee ['kɔfi] n kaffe nt

cognac ['kɔnjæk] n konjak c

coherence [kou'hiərəns] n sammanhang nt

coin [kɔin] n mynt nt; slant c

coincide [,kouin'said] v *sammanfalla

cold [kould] adj kall; n kyla c; förkylning c; *catch a ~ bli förkyld

collapse [kə'læps] v kollapsa, *bryta samman

collar ['kɔlə] n halsband nt; krage c; ~ stud kragknapp c

collarbone ['kɔləboun] n nyckelben nt

colleague ['kɔliːg] n kollega c

collect [kə'lekt] v samla; hämta; samla in

collection [kə'lekʃən] n samling c; brevlådstömning c; kollekt c, insamling c

collective [kə'lektiv] adj kollektiv

collector [kə'lektə] n samlare c; insamlare c

college ['kɔlidʒ] n högre läroanstalt; högskola c

collide [kə'laid] v kollidera

collision [kə'liʒən] n sammanstötning c, kollision c; ombordläggning c

Colombia [kə'lɔmbiə] Colombia

Colombian [kə'lɔmbiən] adj colombiansk; n colombian c

colonel ['kəːnəl] n överste c

colony ['kɔləni] n koloni c

colour ['kʌlə] n färg c; v färga; ~ film färgfilm c

colourant ['kʌlərənt] n färgämne nt

colour-blind ['kʌləblaind] adj färgblind

coloured ['kʌləd] adj färgad

colourful ['kʌləfəl] adj färgrik, färgstark

column ['kɔləm] n pelare c; kolumn c; rubrik c

coma ['koumə] n koma c

comb [koum] v kamma; n kam c

combat ['kɔmbæt] n kamp c, strid c; v bekämpa, kämpa

combination [,kɔmbi'neiʃən] n kombination c

combine [kəm'bain] v kombinera

*come [kʌm] v *komma; ~ across råka träffa, stöta på; *få tag i

comedian [kə'miːdiən] n skådespelare c; komiker c

comedy ['kɔmədi] n lustspel nt, komedi c; musical ~ musikalisk komedi

comfort ['kʌmfət] n komfort c, bekvämlighet c; tröst c; v trösta

comfortable ['kʌmfətəbəl] adj bekväm, komfortabel

comic ['kɔmik] adj komisk

comics ['kɔmiks] pl tecknad serie

coming ['kʌmiŋ] n ankomst c

comma ['kɔmə] n kommatecken nt

command [kə'maːnd] v befalla; n befallning c

commander [kə'maːndə] n befälhavare c

commemoration [kə,memə'reiʃən] n minnesfest c

commence [kə'mens] v börja

comment [ˈkɔment] n kommentar c; v kommentera

commerce [ˈkɔməːs] n handel c

commercial [kəˈmɔːʃəl] adj kommersiell, handels-; n reklamsändning c; ~ law handelsrätt c

commission [kəˈmiʃən] n kommission c

commit [kəˈmit] v anförtro, överlämna; *begå, föröva

committee [kəˈmiti] n kommitté c, utskott nt

common [ˈkɔmən] adj gemensam; allmän, vanlig; simpel

commune [ˈkɔmjuːn] n kommun c

communicate [kəˈmjuːnikeit] v meddela

communication [kəˌmjuːniˈkeiʃən] n kommunikation c; meddelande nt

communism [ˈkɔmjunizəm] n kommunism c

communist [ˈkɔmjunist] n kommunist c

community [kəˈmjuːnəti] n gemenskap c, samhälle nt

commuter [kəˈmjuːtə] n pendlare c

compact [ˈkɔmpækt] adj kompakt

compact disc [ˈkɔmpækt disk] n CD-skiva c; ~ player CD-spelare c

companion [kəmˈpænjən] n följeslagare c

company [ˈkʌmpəni] n sällskap nt; bolag nt; företag nt, firma c

comparative [kəmˈpærətiv] adj relativ

compare [kəmˈpeə] v jämföra

comparison [kəmˈpærisən] n jämförelse c

compartment [kəmˈpɑːtmənt] n kupé c; fack nt

compass [ˈkʌmpəs] n kompass c

compel [kəmˈpel] v tvinga

compensate [ˈkɔmpənseit] v kompensera

compensation [ˌkɔmpənˈseiʃən] n kompensation c; skadeersättning c

compete [kəmˈpiːt] v tävla

competition [ˌkɔmpəˈtiʃən] n tävlan c; tävling c

competitor [kəmˈpetitər] n medtävlare c

compile [kəmˈpail] v sammanställa, samla ihop

complain [kəmˈplein] v klaga

complaint [kəmˈpleint] n reklamation c, klagomål nt; complaints book reklamationsbok c

complete [kəmˈpliːt] adj fullkomlig, komplett; v avsluta

completely [kəmˈpliːtli] adv fullkomligt, totalt, fullständigt

complex [ˈkɔmpleks] n komplex nt; adj invecklad

complexion [kəmˈplekʃən] n hy c

complicated [ˈkɔmplikeitid] adj komplicerad, invecklad

compliment [ˈkɔmplimənt] n komplimang c; v komplimentera, gratulera

compose [kəmˈpouz] v sammanställa

composer [kəmˈpouzə] n kompositör c

composition [ˌkɔmpəˈziʃən] n komposition c; sammansättning c

comprehensive [ˌkɔmpriˈhensiv] adj omfattande, innehållsrik

comprise [kəmˈpraiz] v *inbegripa, omfatta

compromise [ˈkɔmprəmaiz] n kompromiss c

compulsory [kəmˈpʌlsəri] adj obligatorisk

computer [kəmˈpjuːtə] n dator c

conceal [kənˈsiːl] v *dölja

conceited [kənˈsiːtid] adj egenkär

conceive [kənˈsiːv] v avla; tänka ut; fatta

concentrate [ˈkɔnsəntreit] v koncentrera

concentration [,kɔnsən'treiʃən] n koncentration c

conception [kən'sepʃən] n uppfattning c; befruktning c

concern [kən'sə:n] v beträffa, *angå; n oro c; angelägenhet c; koncern c

concerned [kən'sə:nd] adj bekymrad; inblandad

concerning [kən'sə:niŋ] prep angående, beträffande

concert ['kɔnsət] n konsert c; ~ hall konsertsal c

concession [kən'seʃən] n koncession c; beviljande nt

concise [kən'sais] adj kortfattad, koncis

conclusion [kən'klu:ʒən] n slut nt, slutsats c

concrete ['kɔnkri:t] adj konkret; n betong c

concurrence [kəŋ'kʌrəns] n sammanträffande c

concussion [kəŋ'kʌʃən] n hjärnskakning c

condition [kən'diʃən] n villkor nt; tillstånd nt, kondition c

conditional [kən'diʃənəl] adj villkorlig

conditioner [kən'diʃənə] n sköljmedel

condom ['kɔndəm] n kondom c

conduct[1] ['kɔndʌkt] n uppförande nt

conduct[2] [kən'dʌkt] v ledsaga; dirigera

conductor [kən'dʌktə] n förare c; dirigent c

confectioner [kən'fekʃənə] n konditor c

conference ['kɔnfərəns] n konferens c

confess [kən'fes] v erkänna; bikta sig; bekänna

confession [kən'feʃən] n bekännelse c; bikt c

confidence ['kɔnfidəns] n förtroende nt

confident ['kɔnfidənt] adj tillitsfull

confidential [,kɔnfi'denʃəl] adj konfidentiell

confirm [kən'fə:m] v bekräfta

confirmation [,kɔnfə'meiʃən] n bekräftelse c

confiscate ['kɔnfiskeit] v konfiskera

conflict ['kɔnflikt] n konflikt c

confuse [kən'fju:z] v förvirra

confusion [kən'fju:ʒən] n förvirring c

congratulate [kən'grætʃuleit] v lyckönska, gratulera

congratulation [kəŋ,grætʃu'leiʃən] n lyckönskning c, gratulation c

congregation [,kɔŋgri'geiʃən] n församling c; kongregation c

congress ['kɔŋgres] n kongress c

connect [kə'nekt] v *förbinda, koppla; koppla till, *anknyta; *ansluta

connection [kə'nekʃən] n förbindelse c; sammanhang nt, anknytning c

connoisseur [,kɔnə'sə:] n kännare c

connotation [,kɔnə'teiʃən] n bibetydelse c

conquer ['kɔŋkə] v erövra; besegra

conqueror ['kɔŋkərə] n erövrare c

conquest ['kɔŋkwest] n erövring c

conscience ['kɔnʃəns] n samvete nt

conscious ['kɔnʃəs] adj medveten

consciousness ['kɔnʃəsnəs] n medvetande nt

conscript ['kɔnskript] n värnpliktig c

consent [kən'sent] v samtycka; n samtycke nt, bifall nt

consequence ['kɔnsikwəns] n verkan c, följd c

consequently ['kɔnsikwəntli] adv följaktligen

conservative [kən'sə:vətiv] adj samhällsbevarande, konservativ

consider [kən'sidə] v betrakta; överväga; *anse

considerable [kən'sidərəbəl] adj betydlig; avsevärd, betydande considerate [kən'sidərət] *adj* hänsynsfull

consideration [kən,sidə'reiʃən] *n* övervägande *nt*; hänsyn *c*, hänsynsfullhet *c*

considering [kən'sidəriŋ] *prep* med hänsyn till

consignment [kən'sainmənt] *n* försändelse *c*

consist of [kən'sist] *bestå av

conspire [kən'spaiə] *v* *sammansvärja sig

constant ['kɔnstənt] *adj* ständig

constipated ['kɔnstipeitid] *adj* förstoppad

constipation [,kɔnsti'peiʃən] *n* förstoppning *c*

constituency [kən'stitʃuənsi] *n* valkrets *c*

constitution [,kɔnsti'tju:ʃən] *n* grundlag *c*; sammansättning *c*

construct [kən'strʌkt] *v* konstruera; bygga, uppföra

construction [kən'strʌkʃən] *n* konstruktion *c*; uppförande *nt*; bygge *nt*, byggnad *c*

consul ['kɔnsəl] *n* konsul *c*

consulate ['kɔnsjulət] *n* konsulat *nt*

consult [kən'sʌlt] *v* rådfråga

consultation [,kɔnsəl'teiʃən] *n* konsultation *c*; ~ **hours** mottagningstid *c*

consumer [kən'sju:mə] *n* konsument *c*

contact ['kɔntækt] *n* kontakt *c*, beröring *c*; *v* kontakta; ~ **lenses** kontaktlinser *pl*

contagious [kən'teidʒəs] *adj* smittosam, smittande

contain [kən'tein] *v* *innehålla; rymma

container [kən'teinə] *n* behållare *c*; container *c*

contemporary [kən'tempərəri] *adj* samtida; nutida; *n* samtida person

contempt [kən'tempt] *n* förakt *nt*,

ringaktning *c*

content [kən'tent] *adj* nöjd

contents ['kɔntents] *pl* innehåll *nt*

contest ['kɔntest] *n* strid *c*; tävling *c*

continent ['kɔntinənt] *n* kontinent *c*, världsdel *c*

continental [,kɔnti'nentəl] *adj* kontinental

continual [kən'tinjuəl] *adj* ständig; continually *adv* oupphörligen

continue [kən'tinju:] *v* *fortsätta, *fortgå

continuous [kən'tinjuəs] *adj* oavbruten, kontinuerlig

contour ['kɔntuə] *n* kontur *c*

contraceptive [,kɔntrə'septiv] *n* preventivmedel *nt*

contract[1] ['kɔntrækt] *n* kontrakt *nt*

contract[2] [kən'trækt] *v* *ådraga sig

contractor [kən'træktə] *n* entreprenör *c*

contradict [,kɔntrə'dikt] *v* *motsäga

contradictory [,kɔntrə'diktəri] *adj* motsägande

contrary ['kɔntrəri] *n* motsats *c*; *adj* motsatt; **on the ~** däremot

contrast ['kɔntrɑ:st] *n* kontrast *c*

contribution [,kɔntri'bju:ʃən] *n* bidrag *nt*

control [kən'troul] *n* kontroll *c*; *v* kontrollera

controversial [,kɔntrə'və:ʃəl] *adj* omtvistad, omstridd

convenience [kən'vi:njəns] *n* bekvämlighet *c*

convenient [kən'vi:njənt] *adj* bekväm; lämplig, passande

convent ['kɔnvənt] *n* kloster *nt*

conversation [,kɔnvə'seiʃən] *n* konversation *c*, samtal *nt*

convert [kən'və:t] *v* omvända; omräkna

convict[1] [kən'vikt] *v* förklara skyldig

convict[2] ['kɔnvikt] *n* brottsling *c*

conviction [kən'vikʃən] n övertygelse c; fällande dom

convince [kən'vins] v övertyga

convulsion [kən'vʌlʃən] n kramp c

cook [kuk] n kock c; v laga mat; tillaga

cookbook ['kukbuk] nAm kokbok c

cooker ['kukə] n spis c; gas ~ gasspis c

cookery-book ['kukəribuk] n kokbok c

cookie ['kuki] nAm kex nt

cool [ku:l] adj kylig; **cooling system** kylsystem nt

co-operation [kou₊ɔpə'reiʃən] n samarbete nt; samverkan c

co-operative [kou'ɔpərativ] adj kooperativ; samarbetsvillig; n kooperation c

co-ordinate [kou'ɔ:dineit] v samordna

co-ordination [kou₊ɔ:di'neiʃən] n samordning c

copper ['kɔpə] n koppar c

copy ['kɔpi] n kopia c; avskrift c; exemplar nt; v kopiera; härma; **carbon ~** karbonkopia c

coral ['kɔrəl] n korall c

cord [kɔ:d] n rep nt; lina c

cordial ['kɔ:diəl] adj hjärtlig

corduroy ['kɔ:dərɔi] n manchester c

core [kɔ:] n kärna c; kärnhus nt

cork [kɔ:k] n kork c

corkscrew ['kɔ:kskru:] n korkskruv c

corn [kɔ:n] n korn nt; spannmål c, säd c; liktorn c; ~ **on the cob** majskolv c

corner ['kɔ:nə] n hörn nt

cornfield ['kɔ:nfi:ld] n sädesfält nt

corpse [kɔ:ps] n lik nt

corpulent ['kɔ:pjulənt] adj korpulent; tjock

correct [kə'rekt] adj riktig, korrekt, rätt; v rätta, rätta till

correction [kə'rekʃən] n rättelse c

correctness [kə'rektnəs] n riktighet c

correspond [₊kɔri'spɔnd] v korrespondera; överensstämma, motsvara

correspondence [₊kɔri'spɔndəns] n överensstämmelse c, brevväxling c

correspondent [₊kɔri'spɔndənt] n korrespondent c

corridor ['kɔridɔ:] n korridor c

corrupt [kə'rʌpt] adj korrumperad; v korrumpera

corruption [kə'rʌpʃən] n korruption c

corset ['kɔ:sit] n korsett c

cosmetics [kɔz'metiks] pl skönhetsmedel pl, kosmetika pl

cost [kɔst] n kostnad c; pris nt

***cost** [kɔst] v kosta

cosy ['kouzi] adj mysig, hemtrevlig

cot [kɔt] nAm turistsäng c

cottage ['kɔtidʒ] n stuga c

cotton ['kɔtən] n bomull c

cotton-wool ['kɔtənwul] n bomull c

couch [kautʃ] n soffa c

cough [kɔf] n hosta c; v hosta

could [kud] v (p can)

council ['kaunsəl] n rådsförsamling c

councillor ['kaunsələ] n rådsmedlem c

counsel ['kaunsəl] n överläggning c, råd nt

counsellor ['kaunsələ] n rådgivare c

count [kaunt] v räkna; räkna ihop; medräkna; *anse; n greve c

counter ['kauntə] n disk c

counterfeit ['kauntəfi:t] v förfalska

counterfoil ['kauntəfɔil] n talong c

counterpane ['kauntəpein] n sängöverkast nt

countess ['kauntis] n grevinna c

country ['kʌntri] n land nt; landsbygd c; ~ **house** lantställe nt

countryman ['kʌntrimən] n (pl -men) landsman c

countryside ['kʌntrisaid] n landsbygd c

county ['kaunti] n grevskap nt

couple ['kʌpəl] n par nt
coupon ['ku:pɔn] n kupong c, biljett c
courage ['kʌridʒ] n tapperhet c, mod nt
courageous [kə'reidʒəs] adj modig, tapper
course [kɔ:s] n kurs c; rätt c; lopp nt; intensive ~ snabbkurs c; of ~ givetvis, naturligtvis
court [kɔ:t] n domstol c; hov nt
courteous ['kə:tiəs] adj artig
cousin ['kʌzən] n kusin c
cover ['kʌvə] v täcka; n skydd nt; lock nt; pärm c; ~ charge kuvert-avgift c
cow [kau] n ko c
coward ['kauəd] n ynkrygg c
cowardly ['kauədli] adj feg
crab [kræb] n krabba c
crack [kræk] n smäll c; spricka c; v smälla; *spricka, spräcka
cracker ['krækə] nAm kex nt
cradle ['kreidəl] n vagga c
cramp [kræmp] n kramp c
crane [krein] n lyftkran c
crankcase ['kræŋkkeis] n vevhus nt
crankshaft ['kræŋkʃɑ:ft] n vevaxel c
crash [kræʃ] n kollision c; v kollidera; störta; ~ barrier vägräcke nt
crate [kreit] n spjällåda c
crater ['kreitə] n krater c
crawl [krɔ:l] v *krypa; n crawlsim nt
craze [kreiz] n mani c
crazy ['kreizi] adj galen; vansinnig, tokig
creak [kri:k] v gnissla
cream [kri:m] n kräm c; grädde c; adj gräddfärgad
creamy ['kri:mi] adj grädd-
crease [kri:s] v skrynkla; n veck nt; skrynkla c
create [kri'eit] v skapa
creature ['kri:tʃə] n varelse c
credible ['kredibəl] adj trovärdig

credit ['kredit] n kredit c; v kreditera; ~ card kreditkort nt
creditor ['kreditə] n fordringsägare c
credulous ['kredjuləs] adj godtrogen
creek [kri:k] n vik c
*creep [kri:p] v *krypa
creepy ['kri:pi] adj kuslig
cremate [kri'meit] v kremera
cremation [kri'meiʃən] n kremering c
crew [kru:] n besättning c
cricket ['krikit] n kricket nt; syrsa c
crime [kraim] n brott nt
criminal ['kriminəl] n förbrytare c, brottsling c; adj kriminell, brotts-lig; ~ law strafflag c
criminality [,krimi'næləti] n brottslig-het c
crimson ['krimzən] adj karmosinröd
crippled ['kripəld] adj invalidiserad
crisis ['kraisis] n (pl crises) kris c
crisp [krisp] adj knaprig, frasig
critic ['kritik] n kritiker c
critical ['kritikəl] adj kritisk, farlig
criticism ['kritisizəm] n kritik c
criticize ['kritisaiz] v kritisera
crochet ['krouʃei] v virka
crockery ['krɔkəri] n lergods nt, pors-lin nt
crocodile ['krɔkədail] n krokodil c
crooked ['krukid] adj krokig, vriden; oärlig
crop [krɔp] n skörd c
cross [krɔs] v *gå över; adj vresig, arg; n kors nt
cross-eyed ['krɔsaid] adj skelögd
crossing ['krɔsiŋ] n överfart c; kors-ning c; övergångsställe nt
crossroads ['krɔsroudz] n gatukors-ning c
crosswalk ['krɔswɔ:k] nAm över-gångsställe nt
crow [krou] n kråka c
crowbar ['krouba:] n bräckjärn nt
crowd [kraud] n folkmassa c, hop c

crowded ['kraudid] *adj* fullpackad; överfull

crown [kraun] *n* krona *c*; *v* kröna

crucifix ['kru:sifiks] *n* krucifix *nt*

crucifixion [,kru:si'fikʃən] *n* korsfästelse *c*

crucify ['kru:sifai] *v* korsfästa

cruel [kruəl] *adj* grym

cruise [kru:z] *n* kryssning *c*

crumb [krʌm] *n* smula *c*

crusade [kru:'seid] *n* korståg *nt*

crust [krʌst] *n* skorpa *c*

crutch [krʌtʃ] *n* krycka *c*

cry [krai] *v* *gråta; *skrika; ropa; *n* skrik *nt*; rop *nt*

crystal ['kristəl] *n* kristall *c*; *adj* kristall-

Cuba ['kju:bə] Kuba

Cuban ['kju:bən] *adj* kubansk; *n* kuban *c*

cube [kju:b] *n* kub *c*; tärning *c*

cuckoo ['kuku:] *n* gök *c*

cucumber ['kju:kəmbə] *n* gurka *c*

cuddle ['kʌdəl] *v* krama, kela med

cudgel ['kʌdʒəl] *n* påk *c*

cuff [kʌf] *n* manschett *c*

cuff-links ['kʌfliŋks] *pl* manschettknappar *pl*

cul-de-sac ['kʌldəsæk] *n* återvändsgränd *c*

cultivate ['kʌltiveit] *v* odla

culture ['kʌltʃə] *n* kultur *c*

cultured ['kʌltʃəd] *adj* kultiverad

cunning ['kʌniŋ] *adj* listig

cup [kʌp] *n* kopp *c*; pokal *c*

cupboard ['kʌbəd] *n* skåp *nt*

curb [kə:b] *n* trottoarkant *c*; *v* tygla, kuva

cure [kjuə] *v* bota; *n* kur *c*; tillfrisknande *nt*

curio ['kjuəriou] *n* (pl ~s) raritet *c*

curiosity [,kjuəri'ɔsəti] *n* nyfikenhet *c*

curious ['kjuəriəs] *adj* vetgirig, nyfiken; märkvärdig

curl [kə:l] *v* locka; krusa; *n* lock *c*

curler ['kə:lə] *n* papiljott *c*

curling-tongs ['kə:liŋtɔŋz] *pl* locktång *c*

curly ['kə:li] *adj* lockig

currant ['kʌrənt] *n* korint *c*; vinbär *nt*

currency ['kʌrənsi] *n* valuta *c*; **foreign ~** utländsk valuta

current ['kʌrənt] *n* ström *c*; *adj* nuvarande, gällande; **alternating ~** växelström *c*; **direct ~** likström *c*

curry ['kʌri] *n* curry *c*

curse [kə:s] *v* *svära; förbanna; *n* svordom *c*

curtain ['kə:tən] *n* gardin *c*; ridå *c*

curve [kə:v] *n* kurva *c*; krökning *c*

curved [kə:vd] *adj* böjd

cushion ['kuʃən] *n* kudde *c*

custodian [kʌ'stoudiən] *n* vaktmästare *c*

custody ['kʌstədi] *n* häkte *nt*; förvaring *c*; förmynderskap *nt*

custom ['kʌstəm] *n* vana *c*; bruk *nt*

customary ['kʌstəməri] *adj* vanlig, sedvanlig, bruklig

customer ['kʌstəmə] *n* kund *c*; klient *c*

Customs ['kʌstəmz] *pl* tull *c*; **~ duty** tull *c*; **~ officer** tulltjänsteman *c*

cut [kʌt] *n* snitt *nt*; skärsår *c*

cut [kʌt] *v* *skära; klippa; *skära ned; **~ off** *skära av; klippa av; stänga av

cutlery ['kʌtləri] *n* bestick *nt*

cutlet ['kʌtlət] *n* kotlett *c*

cycle ['saikəl] *n* cykel *c*; kretslopp *nt*

cyclist ['saiklist] *n* cyklist *c*

cylinder ['silində] *n* cylinder *c*; **~ head** topplock *nt*

cystitis [si'staitis] *n* blåskatarr *c*

Czech Republic [,tʃek ri'pʌblik] Tjeckiska republiken

D

dad [dæd] *n* pappa *c*

daddy ['dædi] *n* pappa *c*

daffodil ['dæfədil] *n* påsklilja *c*

daily ['deili] *adj* daglig; *n* dagstidning *c*

dairy ['dɛəri] *n* mejeri *nt*

dam [dæm] *n* damm *c;* jordvall *c*

damage ['dæmidʒ] *n* skada *c; v* förstöra

damp [dæmp] *adj* fuktig; *n* fukt *c; v* fukta

dance [dɑːns] *v* dansa; *n* dans *c*

dandelion ['dændilaiən] *n* maskros *c*

dandruff ['dændrəf] *n* mjäll *nt*

Dane [dein] *n* dansk *c*

danger ['deindʒə] *n* fara *c*

dangerous ['deindʒərəs] *adj* farlig

Danish ['deiniʃ] *adj* dansk

dare [dɛə] *v* våga; utmana

daring ['dɛəriŋ] *adj* djärv, oförskräckt

dark [dɑːk] *adj* mörk; *n* mörker *nt*

darling ['dɑːliŋ] *n* älskling *c*

darn [dɑːn] *v* stoppa

dash [dæʃ] *v* rusa; *n* tankstreck *nt*

dashboard ['dæʃbɔːd] *n* instrumentbräda *c*

data ['deitə] *pl* data *pl*

date¹ [deit] *n* datum *nt;* träff *c; v* datera; **out of ~** omodern

date² [deit] *n* dadel *c*

daughter ['dɔːtə] *n* dotter *c*

dawn [dɔːn] *n* gryning *c;* dagning *c*

day [dei] *n* dag *c;* **by ~** om dagen; **~ trip** dagsutflykt *c;* **per ~** per dag; **the ~ before yesterday** i förrgår

daybreak ['deibreik] *n* dagbräckning *c*

daylight ['deilait] *n* dagsljus *nt*

dead [ded] *adj* död

deaf [def] *adj* döv

deal [diːl] *n* affärsuppgörelse *c,* affärstransaktion *c*

*deal [diːl] *v* dela ut; **~ with** befatta sig med; ***göra affärer med

dealer ['diːlə] *n* agent *c,* -handlare

dear [diə] *adj* kär; dyr; dyrbar

death [deθ] *n* död *c;* **~ penalty** dödsstraff *nt*

debate [di'beit] *n* debatt *c*

debit ['debit] *n* debet *c*

debt [det] *n* skuld *c*

decaffeinated [di:'kæfineitid] *adj* koffeinfri

deceit [di'si:t] *n* bedrägeri *nt*

deceive [di'si:v] *v* *bedra

December [di'sembə] december

decency ['di:sənsi] *n* anständighet *c*

decent ['di:sənt] *adj* anständig

decide [di'said] *v* *besluta, bestämma, *avgöra

decision [di'siʒən] *n* avgörande *nt,* beslut *nt*

deck [dek] *n* däck *nt;* **~ cabin** däckshytt *c;* **~ chair** vilstol *c*

declaration [ˌdeklə'reiʃən] *n* förklaring *c;* deklaration *c*

declare [di'klɛə] *v* förklara; ***uppge; förtulla

decoration [ˌdekə'reiʃən] *n* dekoration *c*

decrease [di:'kri:s] *v* *skära ned, minska; *avta; *n* minskning *c*

dedicate ['dedikeit] *v* ägna

deduce [di'dju:s] *v* härleda

deduct [di'dʌkt] *v* *dra av

deed [di:d] *n* handling *c,* gärning *c*

deep [di:p] *adj* djup

deep-freeze [ˌdi:p'fri:z] *n* frys *c*

deer [diə] *n* (pl ~) hjort *c*

defeat [di'fi:t] *v* besegra; *n* nederlag *nt*

defective [di'fektiv] *adj* bristfällig

defence [di'fens] *n* försvar *nt*

defend [di'fend] *v* försvara

deficiency [di'fiʃənsi] *n* brist *c*

deficit ['defisit] *n* underskott *nt*

define [di'fain] *v* definiera, bestämma

definite ['definit] *adj* bestämd

definition [,defi'niʃən] *n* definition *c*

deformed [di'fɔ:md] *adj* vanskapt, vanställd

degree [di'gri:] *n* grad *c*

delay [di'lei] *v* försena, *uppskjuta; *n* försening *c*; uppskov *nt*

delegate ['deligət] *n* delegat *c*

delegation [,deli'geiʃən] *n* deputation *c*, delegation *c*

deliberate[1] [di'libəreit] *v* *överlägga, överväga

deliberate[2] [di'libərət] *adj* överlagd

deliberation [di,libə'reiʃən] *n* överläggning *c*

delicacy ['delikəsi] *n* delikatess *c*

delicate ['delikət] *adj* fin; ömtålig; känslig

delicatessen [,delikə'tesən] *n* delikatessaffär *c*

delicious [di'liʃəs] *adj* utsökt, läcker

delight [di'lait] *n* förtjusning *c*, njutning *c*; *v* *glädja; delighted förtjust

delightful [di'laitfəl] *adj* härlig, förtjusande

deliver [di'livə] *v* leverera, avlämna; frälsa

delivery [di'livəri] *n* leverans *c*; förlossning *c*; frälsning *c*; ~ van varubil *c*

demand [di'mɑ:nd] *v* fordra, kräva; *n* begäran *c*; efterfrågan *c*

democracy [di'mɔkrəsi] *n* demokrati *c*

democratic [,demə'krætik] *adj* demokratisk

demolish [di'mɔliʃ] *v* *riva

demolition [,demə'liʃən] *n* rivning *c*

demonstrate ['demənstreit] *v* bevisa; demonstrera

demonstration [,demən'streiʃən] *n* demonstration *c*

den [den] *n* lya *c*

Denmark ['denmɑ:k] Danmark

denomination [di,nɔmi'neiʃən] *n* benämning *c*

dense [dens] *adj* tät

dent [dent] *n* buckla *c*

dentist ['dentist] *n* tandläkare *c*

denture ['dentʃə] *n* tandprotes *c*

deny [di'nai] *v* förneka; neka, *bestrida, vägra

deodorant [di:'oudərənt] *n* deodorant *c*

depart [di'pɑ:t] *v* avresa, avlägsna sig; *avlida

department [di'pɑ:tmənt] *n* avdelning *c*, departement *nt*; ~ store varuhus *nt*

departure [di'pɑ:tʃə] *n* avgång *c*, avresa *c*

dependant [di'pendənt] *adj* beroende

depend on [di'pend] bero på; *vara beroende av

deposit [di'pɔzit] *n* inbetalning *c*; handpenning *c*, pant *c*; avlagring *c*, sediment *nt*; *v* deponera

depository [di'pɔzitəri] *n* förvaringsrum *nt*

depot ['depou] *n* depå *c*; *nAm* station *c*

depressed [di'prest] *adj* deprimerad

depressing [di'presiŋ] *adj* nedslående

depression [di'preʃən] *n* depression *c*; lågtryck *nt*

deprive of [di'praiv] beröva

depth [depθ] *n* djup *nt*

deputy ['depjuti] *n* deputerad *c*; ställföreträdare *c*

descend [di'send] *v* *stiga ned

descendant [di'sendənt] *n* ättling *c*

descent [di'sent] *n* nedstigning *c*

describe [di'skraib] *v* *beskriva

description [di'skripʃən] *n* beskrivning

c; signalement nt

desert[1] ['dezət] n öken c; adj öde

desert[2] [di'zə:t] v desertera; *överge

deserve [di'zə:v] v förtjäna

design [di'zain] v *planlägga; n utkast nt; mönster nt

designate ['dezigneit] v bestämma

desirable [di'zaiərəbəl] adj önskvärd, åtråvärd

desire [di'zaiə] n önskan c; lust c, begär nt; v önska, längta

desk [desk] n skrivbord nt; talarstol c; skolbänk c

despair [di'speə] n förtvivlan c; v förtvivla

despatch [di'spætʃ] v avsända

desperate ['despərət] adj desperat

despise [di'spaiz] v förakta

despite [di'spait] prep trots

dessert [di'zə:t] n dessert c

destination [,desti'neiʃən] n bestämmelseort c

destine ['destin] v *avse, bestämma

destiny ['destini] n öde nt

destroy [di'strɔi] v förstöra

destruction [di'strʌkʃən] n förstörelse c; undergång c

detach [di'tætʃ] v avskilja

detail ['di:teil] n detalj c

detailed ['di:teild] adj detaljerad, utförlig

detect [di'tekt] v upptäcka

detective [di'tektiv] n detektiv c; ~ story detektivroman c

detergent [di'tə:dʒənt] n rengöringsmedel nt

determine [di'tə:min] v bestämma, fastställa

determined [di'tə:mind] adj beslutsam

detour ['di:tuə] n omväg c

devaluation [,di:vælju'eiʃən] n devalvering c

devalue [,di:'vælju:] v devalvera

develop [di'veləp] v utveckla; framkalla

development [di'veləpmənt] n utveckling c; framkallning c

deviate ['di:vieit] v *avvika

devil ['devəl] n djävul c

devise [di'vaiz] v uttänka

devote [di'vout] v ägna, offra

dew [dju:] n dagg c

diabetes [,daiə'bi:ti:z] n sockersjuka c, diabetes c

diabetic [,daiə'betik] n diabetiker c, sockersjuk c

diagnose [,daiəg'nouz] v ställa en diagnos

diagnosis [,daiəg'nousis] n (pl -ses) diagnos c

diagonal [dai'ægənəl] n diagonal c; adj diagonal

diagram ['daiəgræm] n diagram nt; grafisk framställning

dialect ['daiəlekt] n dialekt c

diamond ['daiəmənd] n diamant c

diaper ['daiəpə] nAm blöja c

diaphragm ['daiəfræm] n diafragma c; bländare c

diarrhoea [daiə'riə] n diarré c

diary ['daiəri] n fickalmanacka c; dagbok c

dictaphone ['diktəfoun] n diktafon c

dictate [dik'teit] v diktera

dictation [dik'teiʃən] n diktamen c; rättskrivning c

dictator [dik'teitə] n diktator c

dictionary ['dikʃənəri] n ordbok c

did [did] v (p do)

die [dai] v *dö

diesel ['di:zəl] n diesel c

diet ['daiət] n diet c

differ ['difə] v *vara olik

difference ['difərəns] n skillnad c

different ['difərənt] adj olik; annan

difficult ['difikəlt] adj svår; kinkig

difficulty ['difikəlti] n svårighet c

*dig [dig] v gräva

digest [di'dʒest] v smälta maten

digestible [di'dʒestəbəl] adj lättsmält

digestion [di'dʒestʃən] n matsmältning c

digit ['didʒit] n siffra c

digital ['didʒitəl] adj digital

dignified ['dignifaid] adj värdig

dike [daik] n fördämning c

dilapidated [di'læpideitid] adj förfallen

diligence ['dilidʒəns] n nit nt, flit c

diligent ['dilidʒənt] adj ihärdig, flitig, arbetsam

dilute [dai'lju:t] v förtunna, utspäda

dim [dim] adj matt, dunkel; vag, oklar

dine [dain] v *äta middag

dinghy ['diŋgi] n jolle c

dining-car ['dainiŋka:] n restaurangvagn c

dining-room ['dainiŋru:m] n matsal c

dinner ['dinə] n middag c, lunch c

dinner-jacket ['dinə,dʒækit] n smoking c

dinner-service ['dinə,sə:vis] n matservis c

diphtheria [dif'θiəriə] n difteri c

diploma [di'ploumə] n diplom nt

diplomat ['dipləmæt] n diplomat c

direct [di'rekt] adj direkt; v rikta; vägleda; leda; regissera

direction [di'rekʃən] n riktning c; instruktion c; regi c; styrelse c, direktion c; **directions for use** bruksanvisning c

directive [di'rektiv] n direktiv nt

director [di'rektə] n direktör c; regissör c

dirt [də:t] n smuts c

dirty ['də:ti] adj smutsig

disabled [di'seibəld] adj invalidiserad, handikappad

disadvantage [,disəd'va:ntidʒ] n nack-

del c

disagree [,disə'gri:] v *vara oenig, *vara oense

disagreeable [,disə'gri:əbəl] adj obehaglig

disappear [,disə'piə] v *försvinna

disappoint [,disə'pɔint] v *göra besviken; *be disappointing *vara en besvikelse

disappointment [,disə'pɔintmənt] n besvikelse c

disapprove [,disə'pru:v] v ogilla

disaster [di'za:stə] n katastrof c, olycka c

disastrous [di'za:strəs] adj katastrofal

disc [disk] n kota c, skiva c; grammofonskiva c; **slipped ~** diskbråck nt

discard [di'ska:d] v kassera

discharge [dis'tʃa:dʒ] v lossa; urladda; **~ of** *frita från

discipline ['disiplin] n disciplin c

discolour [di'skʌlə] v urbleka, avfärga; **discoloured** missfärgad

disconnect [,diskə'nekt] v åtskilja; stänga av; *ta loss

discontented [,diskən'tentid] adj missbelåten

discontinue [,diskən'tinju:] v sluta, *avbryta

discount ['diskaunt] n rabatt c, avdrag nt

discover [di'skʌvə] v upptäcka

discovery [di'skʌvəri] n upptäckt c

discuss [di'skʌs] v diskutera; debattera

discussion [di'skʌʃən] n diskussion c; överläggning c, debatt c, samtal nt

disease [di'zi:z] n sjukdom c

disembark [,disim'ba:k] v *landstiga, *gå i land

disgrace [dis'greis] n skam c

disguise [dis'gaiz] v förklä sig; n förklädnad c

disgusting [dis'gʌstiŋ] *adj* äcklig, vidrig

dish [diʃ] *n* tallrik *c*; serveringsfat *nt*, fat *nt*; maträtt *c*

dishonest [di'sɔnist] *adj* oärlig

disinfect [ˌdisin'fekt] *v* desinfektera

disinfectant [ˌdisin'fektənt] *n* desinfektionsmedel *nt*

dislike [di'slaik] *v* inte tycka om, tycka illa om; *n* antipati *c*, motvilja *c*

dislocated ['disləkeitid] *adj* ur led

dismiss [dis'mis] *v* skicka bort; avskeda

disorder [di'sɔ:də] *n* oreda *c*

dispatch [di'spætʃ] *v* avsända

display [di'splei] *v* utställa; visa; *n* utställning *c*

displease [di'spli:z] *v* misshaga, förarga

disposable [di'spouzəbəl] *adj* engångs-

disposal [di'spouzəl] *n* förfogande *nt*

dispose of [di'spouz] *göra sig av med

dispute [di'spju:t] *n* dispyt *c*; gräl *nt*, tvist *c*; *v* tvista, *bestrida

dissatisfied [di'sætisfaid] *adj* missnöjd

dissolve [di'zɔlv] *v* upplösa

dissuade from [di'sweid] avråda

distance ['distəns] *n* avstånd *nt*; ~ in kilometres kilometeravstånd *nt*

distant ['distənt] *adj* avlägsen

distinct [di'stiŋkt] *adj* tydlig; olik

distinction [di'stiŋkʃən] *n* skillnad *c*

distinguish [di'stiŋgwiʃ] *v* urskilja, *göra skillnad

distinguished [di'stiŋgwiʃt] *adj* framstående

distress [di'stres] *n* nöd *c*; ~ signal nödsignal *c*

distribute [di'stribju:t] *v* utdela

distributor [di'stribjutə] *n* distributör *c*; strömfördelare *c*

district ['distrikt] *n* distrikt *nt*; område *nt*; stadsdel *c*

disturb [di'stə:b] *v* störa

disturbance [di'stə:bəns] *n* störning *c*; oro *c*

ditch [ditʃ] *n* dike *nt*

dive [daiv] *v* *dyka

diversion [dai'və:ʃən] *n* trafikomläggning *c*; förströelse *c*

divide [di'vaid] *v* dela; indela; åtskilja

divine [di'vain] *adj* gudomlig

division [di'viʒən] *n* delning *c*; avdelning *c*

divorce [di'vɔ:s] *n* skilsmässa *c*; *v* skiljas, skilja sig

dizziness ['dizinəs] *n* yrsel *c*

dizzy ['dizi] *adj* yr

***do** [du:] *v* *göra; *vara nog

dock [dɔk] *n* docka *c*; kaj *c*; *v* docka

docker ['dɔkə] *n* hamnarbetare *c*

doctor ['dɔktə] *n* doktor *c*, läkare *c*

document ['dɔkjumənt] *n* handling *c*, intyg *nt*

dog [dɔg] *n* hund *c*

dogged ['dɔgid] *adj* envis

doll [dɔl] *n* docka *c*

dome [doum] *n* kupol *c*

domestic [də'mestik] *adj* hem-; inhemsk; *n* tjänare *c*

domicile ['dɔmisail] *n* hemort *c*

domination [ˌdɔmi'neiʃən] *n* herravälde *nt*

dominion [də'minjən] *n* makt *c*

donate [dou'neit] *v* donera

donation [dou'neiʃən] *n* donation *c*

done [dʌn] *v* (pp do)

donkey ['dɔŋki] *n* åsna *c*

donor ['dounə] *n* donator *c*

door [dɔ:] *n* dörr *c*; revolving ~ svängdörr *c*; sliding ~ skjutdörr *c*

doorbell ['dɔ:bel] *n* dörrklocka *c*

door-keeper ['dɔ:ˌki:pə] *n* dörrvaktmästare *c*

doorman ['dɔ:mən] *n* (pl -men) dörrvaktmästare *c*

dormitory ['dɔ:mitri] n sovsal c

dose [dous] n dos c

dot [dɔt] n punkt c

double ['dʌbəl] adj dubbel

doubt [daut] v tvivla, betvivla; n tvivel nt; without ~ utan tvivel

doubtful ['dautfəl] adj tvivelaktig; oviss

dough [dou] n deg c

down¹ [daun] adv ned; omkull, ner, nedåt; adj nedstämd; prep nedåt, nedför; ~ payment handpenning c

down² [daun] n dun nt

downpour ['daunpɔ:] n störtregn nt

downstairs [,daun'stɛəz] adv där nere, ner

downstream [,daun'stri:m] adv medströms

down-to-earth [,dauntu'ə:θ] adj omdömesgill

downwards ['daunwədz] adv nedåt

dozen ['dʌzən] n (pl ~, ~s) dussin nt

draft [drɑ:ft] n växel c

drag [dræg] v släpa

dragon ['drægən] n drake c

drain [drein] v dränera, *torrlägga; n avlopp nt

drama ['drɑ:mə] n drama nt; skådespel nt

dramatic [drə'mætik] adj dramatisk

dramatist ['dræmətist] n dramatiker c

drank [dræŋk] v (p drink)

draper ['dreipə] n manufakturhandlare c

draught [drɑ:ft] n drag nt; draughts damspel nt

draught-board ['drɑ:ftbɔ:d] n damspelsbräde nt

draw [drɔ:] n dragplåster nt, oavgjord match; dragning c

*draw [drɔ:] v rita; *dra; *ta ut; ~ up avfatta, redigera

drawbridge ['drɔ:bridʒ] n vindbrygga

c

drawer ['drɔ:ə] n låda c, byrålåda c; drawers kalsonger pl

drawing ['drɔ:iŋ] n teckning c

drawing-pin ['drɔ:iŋpin] n häftstift nt

drawing-room ['drɔ:iŋru:m] n salong c

dread [dred] v frukta; n fruktan c

dreadful ['dredfəl] adj förskräcklig, förfärlig

dream [dri:m] n dröm c

*dream [dri:m] v drömma

dress [dres] v klä på, klä sig; *förbinda; n klänning c

dressing-gown ['dresiŋgaun] n morgonrock c

dressing-room ['dresiŋru:m] n påklädningsrum c

dressing-table ['dresiŋ,teibəl] n toalettbord nt

dressmaker ['dres,meikə] n sömmerska c

drill [dril] v borra; träna; n borr c

drink [driŋk] n drink c, dryck c

*drink [driŋk] v *dricka

drinking-water ['driŋkiŋ,wɔ:tə] n dricksvatten nt

drip-dry [,drip'drai] adj strykfri

drive [draiv] n väg c; biltur c

*drive [draiv] v köra

driver ['draivə] n förare c

drizzle ['drizəl] n duggregn nt

drop [drɔp] v tappa; n droppe c

drought [draut] n torka c

drown [draun] v dränka; *be drowned drunkna

drug [drʌg] n drog c; medicin c

drugstore ['drʌgstɔ:] nAm apotek nt, kemikalieaffär c; varuhus nt

drum [drʌm] n trumma c

drunk [drʌŋk] adj (pp drink) berusad, full

dry [drai] adj torr; v torka

dry-clean [,drai'kli:n] v kemtvätta

dry-cleaner's [ˌdraiˈkliːnəz] n kemtvätt c

dryer [ˈdraiə] n torktumlare c

duchess [ˈdʌtʃis] n hertiginna c

duck [dʌk] n anka c

due [djuː] adj väntad; *bör betalas; betalbar

dues [djuːz] pl avgifter

dug [dʌg] v (p, pp dig)

duke [djuːk] n hertig c

dull [dʌl] adj tråkig, långtråkig; matt, dov; slö

dumb [dʌm] adj stum; dum

dune [djuːn] n dyn c

dung [dʌŋ] n dynga c

dunghill [ˈdʌŋhil] n gödselstack c

duration [djuˈreiʃən] n varaktighet c

during [ˈdjuəriŋ] prep under

dusk [dʌsk] n skymning c

dust [dʌst] n damm nt

dustbin [ˈdʌstbin] n soptunna c

dusty [ˈdʌsti] adj dammig

Dutch [dʌtʃ] adj holländsk, nederländsk

Dutchman [ˈdʌtʃmən] n (pl -men) holländare c, nederländare c

dutiable [ˈdjuːtiəbəl] adj tullpliktig

duty [ˈdjuːti] n plikt c; tullavgift c; Customs ~ tullavgift c

duty-free [ˌdjuːtiˈfriː] adj tullfri

dwarf [dwɔːf] n dvärg c

dye [dai] v färga; n färg c

dynamo [ˈdainəmou] n (pl ~s) dynamo c

dysentery [ˈdisəntri] n dysenteri c

E

each [iːtʃ] adj varje, var; ~ other varandra

eager [ˈiːgə] adj ivrig, otålig

eagle [ˈiːgəl] n örn c

ear [iə] n öra nt

earache [ˈiəreik] n örsprång nt

ear-drum [ˈiədrʌm] n trumhinna c

earl [əːl] n greve c

early [ˈəːli] adj tidig

earn [əːn] v tjäna, förtjäna

earnest [ˈəːnist] n allvar nt

earnings [ˈəːniŋz] pl inkomster, intäkter pl

earring [ˈiəriŋ] n örhänge nt

earth [əːθ] n jord c; mark c

earthenware [ˈəːθənwɛə] n lergods nt

earthquake [ˈəːθkweik] n jordbävning c

ease [iːz] n lätthet c; välbefinnande nt

east [iːst] n öster c, öst

Easter [ˈiːstə] påsk c

easterly [ˈiːstəli] adj östlig

eastern [ˈiːstən] adj ostlig, östra

easy [ˈiːzi] adj lätt; bekväm; ~ chair fåtölj c

easy-going [ˈiːziˌgouiŋ] adj avspänd, sorglös

*eat [iːt] v *äta

eavesdrop [ˈiːvzdrɔp] v tjuvlyssna

ebony [ˈebəni] n ebenholts c

eccentric [ikˈsentrik] adj excentrisk

echo [ˈekou] n (pl ~es) genljud nt, eko nt

eclipse [iˈklips] n förmörkelse c

economic [ˌiːkəˈnɔmik] adj ekonomisk

economical [ˌiːkəˈnɔmikəl] adj sparsam, ekonomisk

economist [iˈkɔnəmist] n ekonom c

economize [iˈkɔnəmaiz] v spara

economy [iˈkɔnəmi] n ekonomi c

ecstasy [ˈekstəzi] n extas c

Ecuador [ˈekwədɔː] Ecuador

Ecuadorian [ˌekwəˈdɔːriən] n ecuadorian c

eczema [ˈeksimə] n eksem nt

edge [edʒ] n kant c

edible [ˈedibəl] adj ätbar

edition [i'diʃən] *n* upplaga *c*; **morning** ~ morgonupplaga *c*

editor ['editə] *n* redaktör *c*

educate ['edʒukeit] *v* uppfostra, utbilda

education [,edʒu'keiʃən] *n* uppfostran *c*; utbildning *c*

eel [i:l] *n* ål *c*

effect [i'fekt] *n* verkan *c*; *v* *åstadkomma; **in** ~ faktiskt

effective [i'fektiv] *adj* verksam, effektiv

efficient [i'fiʃənt] *adj* effektiv, duglig, verksam

effort ['efət] *n* ansträngning *c*

egg [eg] *n* ägg *nt*

egg-cup ['egkʌp] *n* äggkopp *c*

eggplant ['egplɑ:nt] *n* äggplanta *c*

egg-yolk ['egjouk] *n* äggula *c*

egoistic [,egou'istik] *adj* egoistisk

Egypt ['i:dʒipt] Egypten

Egyptian [i'dʒipʃən] *adj* egyptisk; *n* egypter *c*

eiderdown ['aidədaun] *n* duntäcke *nt*

eight [eit] *num* åtta

eighteen [,ei'ti:n] *num* arton

eighteenth [,ei'ti:nθ] *num* artonde

eighth [eitθ] *num* åttonde

eighty ['eiti] *num* åttio

either ['aiðə] *pron* endera; **either ... or** antingen ... eller

elaborate [i'læbəreit] *v* utarbeta

elastic [i'læstik] *adj* elastisk; tänjbar; ~ **band** resårband *nt*

elasticity [,elæ'stisəti] *n* elasticitet *c*

elbow ['elbou] *n* armbåge *c*

elder ['eldə] *adj* äldre

elderly ['eldəli] *adj* äldre

eldest ['eldist] *adj* äldst

elect [i'lekt] *v* *välja

election [i'lekʃən] *n* val *nt*

electric [i'lektrik] *adj* elektrisk; ~ **cord** sladd *c*; ~ **razor** rakapparat *c*

electrician [,ilek'triʃən] *n* elektriker *c*

electricity [,ilek'trisəti] *n* elektricitet *c*

electronic [ilek'trɔnik] *adj* elektronisk

elegance ['eligəns] *n* elegans *c*

elegant ['eligənt] *adj* elegant

element ['elimənt] *n* element *nt*, beståndsdel *c*

elephant ['elifənt] *n* elefant *c*

elevator ['eliveitə] *nAm* hiss *c*

eleven [i'levən] *num* elva

eleventh [i'levənθ] *num* elfte

elf [elf] *n* (pl elves) älva *c*, alf *c*

eliminate [i'limineit] *v* eliminera

elm [elm] *n* alm *c*

else [els] *adv* annars

elsewhere [,el'sweə] *adv* någon annanstans

elucidate [i'lu:sideit] *v* belysa, förklara

emancipation [i,mænsi'peiʃən] *n* frigörelse *c*

embankment [im'bæŋkmənt] *n* vägbank *c*

embargo [em'bɑ:gou] *n* (pl ~es) embargo *nt*

embark [im'bɑ:k] *v* *gå ombord

embarkation [,embɑ:'keiʃən] *n* embarkering *c*

embarrass [im'bærəs] *v* genera, *göra förlägen; hindra; **embarrassed** förlägen; **embarrassing** pinsam

embassy ['embəsi] *n* ambassad *c*

emblem ['embləm] *n* emblem *nt*

embrace [im'breis] *v* krama, omfamna; *n* omfamning *c*

embroider [im'brɔidə] *v* brodera

embroidery [im'brɔidəri] *n* broderi *nt*

emerald ['emərəld] *n* smaragd *c*

emergency [i'mə:dʒənsi] *n* nödsituation *c*; nödläge *nt*; ~ **exit** nödutgång *c*

emigrant ['emigrənt] *n* utvandrare *c*

emigrate ['emigreit] *v* utvandra

emigration [,emi'greiʃən] *n* utvandring *c*

emotion [i'mouʃən] *n* sinnesrörelse *c*, känsla *c*

emperor ['empərə] *n* kejsare *c*

emphasize ['emfəsaiz] *v* betona

empire ['empaiə] *n* imperium *nt*, kejsardöme *nt*

employ [im'plɔi] *v* *sysselsätta, anställa; använda

employee [,emplɔi'i:] *n* anställd *c*, löntagare *c*

employer [im'plɔiə] *n* arbetsgivare *c*

employment [im'plɔimənt] *n* anställning *c*, arbete *nt;* ~ exchange arbetsförmedling *c*

empress ['empris] *n* kejsarinna *c*

empty ['empti] *adj* tom; *v* tömma

enable [i'neibəl] *v* *möjliggöra

enamel [i'næməl] *n* emalj *c*

enamelled [i'næməld] *adj* emaljerad

enchanting [in'tʃa:ntiŋ] *adj* förtrollande, bedårande

encircle [in'sə:kəl] *v* inringa, omringa; *innesluta

enclose [iŋ'klouz] *v* bifoga

enclosure [iŋ'klouʒə] *n* bilaga *c*

encounter [iŋ'kauntə] *v* möta, träffa; *n* sammanträffande *nt*

encourage [iŋ'kʌridʒ] *v* uppmuntra

encyclopaedia [en,saiklə'pi:diə] *n* uppslagsbok *c*

end [end] *n* ände *c*, slut *nt; v* sluta

ending ['endiŋ] *n* slut *nt*

endless ['endləs] *adj* oändlig

endorse [in'dɔ:s] *v* endossera

endure [in'djuə] *v* *stå ut med

enemy ['enəmi] *n* fiende *c*

energetic [,enə'dʒetik] *adj* energisk

energy ['enədʒi] *n* energi *c;* kraft *c*

engage [iŋ'geidʒ] *v* anställa; förplikta sig; engaged förlovad; upptagen

engagement [iŋ'geidʒmənt] *n* förlovning *c;* förpliktelse *c;* avtalat möte; ~ ring förlovningsring *c*

engine ['endʒin] *n* maskin *c*, motor *c;*

lokomotiv *nt*

engineer [,endʒi'niə] *n* ingenjör *c*

England ['iŋglənd] England

English ['iŋgliʃ] *adj* engelsk

Englishman ['iŋgliʃmən] *n* (pl -men) engelsman *c*

engrave [iŋ'greiv] *v* gravera

engraver [iŋ'greivə] *n* gravör *c*

engraving [iŋ'greiviŋ] *n* gravyr *c*

enigma [i'nigmə] *n* gåta *c*

enjoy [in'dʒɔi] *v* *njuta, *njuta av

enjoyable [in'dʒɔiəbəl] *adj* rolig, trevlig

enjoyment [in'dʒɔimənt] *n* nöje *nt*

enlarge [in'la:dʒ] *v* förstora; utvidga

enlargement [in'la:dʒmənt] *n* förstoring *c*

enormous [i'nɔ:məs] *adj* väldig, enorm

enough [i'nʌf] *adv* nog; *adj* tillräcklig

enquire [iŋ'kwaiə] *v* underrätta sig, förhöra sig; undersöka

enquiry [iŋ'kwaiəri] *n* undersökning *c;* förfrågan *c*

enter ['entə] *v* *gå in, inträda; *skriva in

enterprise ['entəpraiz] *n* företag *nt*

entertain [,entə'tein] *v* *underhålla, roa; *mottaga som gäst

entertainer [,entə'teinə] *n* underhållare *c*

entertaining [,entə'teiniŋ] *adj* underhållande, roande

entertainment [,entə'teinmənt] *n* underhållning *c*

enthusiasm [in'θju:ziæzəm] *n* entusiasm *c*

enthusiastic [in,θju:zi'æstik] *adj* entusiastisk

entire [in'taiə] *adj* hel

entirely [in'taiəli] *adv* helt

entrance ['entrəns] *n* ingång *c;* tillträde *nt;* inträde *nt*

entrance-fee ['entrənsfi:] *n* inträdesavgift c

entry ['entri] n ingång c; tillträde nt; anteckning c; no ~ tillträde förbjudet

envelope ['envəloup] n kuvert nt

envious ['enviəs] adj avundsjuk, avundsam

environment [in'vaiərənmənt] n miljö c; omgivning c

envoy ['envɔi] n envoyé c

envy ['envi] n avundsjuka c; v avundas

epic ['epik] n epos nt; adj episk

epidemic [,epi'demik] n epidemi c

epilepsy ['epilepsi] n epilepsi c

epilogue ['epilɔg] n epilog c

episode ['episoud] n episod c

equal ['i:kwəl] adj lika; v *vara likvärdig

equality [i'kwɔləti] n jämlikhet c

equalize ['i:kwəlaiz] v utjämna

equally ['i:kwəli] adv lika

equator [i'kweitə] n ekvatorn

equip [i'kwip] v utrusta, ekipera

equipment [i'kwipmənt] n utrustning c

equivalent [i'kwivələnt] adj motsvarande, likvärdig

eraser [i'reizə] n radergummi nt

erect [i'rekt] v uppbygga, upprätta; adj upprättstående, upprätt

err [ə:] v *ta fel, *missta; irra

errand ['erənd] n ärende nt

error ['erə] n misstag nt, fel nt

escalator ['eskəleitə] n rulltrappa c

escape [i'skeip] v *undslippa; *undgå, fly; n flykt c

escort¹ ['eskɔ:t] n eskort c

escort² [i'skɔ:t] v eskortera

especially [i'speʃəli] adv särskilt, i synnerhet

esplanade [,esplə'neid] n esplanad c

essay ['esei] n essä c; uppsats c

essence ['esəns] n essens c; väsen nt,

kärna c

essential [i'senʃəl] adj oumbärlig; väsentlig

essentially [i'senʃəli] adv väsentligen

establish [i'stæbliʃ] v etablera; fastställa

estate [i'steit] n lantegendom c

esteem [i'sti:m] n aktning c, respekt c; v uppskatta

estimate¹ ['estimeit] v värdera

estimate² ['estimət] n beräkning c

estuary ['estjuəri] n flodmynning c

etcetera [et'setərə] och så vidare

etching ['etʃiŋ] n etsning c

eternal [i'tə:nəl] adj evig

eternity [i'tə:nəti] n evighet c

Ethiopia [iθi'oupiə] Etiopien

Ethiopian [iθi'oupiən] adj etiopisk; n etiopier c

Europe ['juərəp] Europa

European [,juərə'pi:ən] adj europeisk; n europé c; ~ Union Europeiska Unionen

evacuate [i'vækjueit] v evakuera

evaluate [i'væljueit] v värdera

evaporate [i'væpəreit] v avdunsta

even ['i:vən] adj jämn, plan, lika; adv till och med

evening ['i:vniŋ] n kväll c; ~ dress aftonklädsel c

event [i'vent] n händelse c

eventual [i'ventʃuəl] adj slutlig

ever ['evə] adv någonsin; alltid

every ['evri] adj varje

everybody ['evri,bɔdi] pron var och en

everyday ['evridei] adj daglig

everyone ['evriwʌn] pron envar, var och en

everything ['evriθiŋ] pron allting

everywhere ['evriweə] adv överallt

evidence ['evidəns] n bevis nt

evident ['evidənt] adj tydlig

evil ['i:vəl] n ondska c; adj ond, elak

evolution [,i:və'lu:ʃən] n utveckling c

exact [ig'zækt] *adj* exakt

exactly [ig'zæktli] *adv* exakt

exaggerate [ig'zædʒəreit] *v* *överdriva

examination [ig,zæmi'neiʃən] *n* examen *c;* undersökning *c;* förhör *nt*

examine [ig'zæmin] *v* undersöka

example [ig'za:mpəl] *n* exempel *nt;* for ~ till exempel

excavation [,ekskə'veiʃən] *n* utgrävning *c*

exceed [ik'si:d] *v* *överskrida; överträffa

excel [ik'sel] *v* utmärka sig

excellent ['eksələnt] *adj* förträfflig

except [ik'sept] *prep* med undantag av, utom

exception [ik'sepʃən] *n* undantag *nt*

exceptional [ik'sepʃənəl] *adj* enastående, ovanlig

excerpt ['eksə:pt] *n* utdrag *nt*

excess [ik'ses] *n* överdrift *c*

excessive [ik'sesiv] *adj* överdriven

exchange [iks'tʃeindʒ] *v* växla, utbyta, byta ut; *n* byte *nt;* börs *c;* ~ office växelkontor *nt;* ~ rate växelkurs *c*

excite [ik'sait] *v* upphetsa

excitement [ik'saitmənt] *n* uppståndelse *c,* spänning *c*

exciting [ik'saitiŋ] *adj* spännande

exclaim [ik'skleim] *v* utropa

exclamation [,eksklə'meiʃən] *n* utrop *nt*

exclude [ik'sklu:d] *v* *utesluta

exclusive [ik'sklu:siv] *adj* exklusiv

exclusively [ik'sklu:sivli] *adv* enbart, uteslutande

excursion [ik'skə:ʃən] *n* utflykt *c*

excuse[1] [ik'skju:s] *n* ursäkt *c*

excuse[2] [ik'skju:z] *v* ursäkta

execute ['eksikju:t] *v* utföra

execution [,eksi'kju:ʃən] *n* avrättning *c;* utförande *nt*

executioner [,eksi'kju:ʃənə] *n* bödel *c*

executive [ig'zekjutiv] *adj* verkställande; *n* verkställande myndighet; direktör *c*

exempt [ig'ʒempt] *v* *frita, frikalla, befria; *adj* befriad

exemption [ig'ʒempʃən] *n* befrielse *c*

exercise ['eksəsaiz] *n* övning *c;* skriftligt prov; *v* öva; utöva

exhale [eks'heil] *v* utandas

exhaust [ig'zɔ:st] *n* avgas *c;* *v* utmatta; ~ gases avgaser *pl*

exhibit [ig'zibit] *v* ställa ut; förevisa, uppvisa

exhibition [,eksi'biʃən] *n* utställning *c*

exile ['eksail] *n* landsflykt *c;* landsflykting *c*

exist [ig'zist] *v* existera

existence [ig'zistəns] *n* existens *c*

exit ['eksit] *n* utgång *c;* utfart *c*

exotic [ig'zɔtik] *adj* exotisk

expand [ik'spænd] *v* utvidga; utbreda

expect [ik'spekt] *v* vänta sig

expectation [,ekspek'teiʃən] *n* förväntan *c*

expedition [,ekspə'diʃən] *n* expedition *c;* snabbhet *c*

expel [ik'spel] *v* utvisa

expenditure [ik'spenditʃə] *n* utgifter, åtgång *c*

expense [ik'spens] *n* utgift *c;* expenses *pl* omkostnader *pl*

expensive [ik'spensiv] *adj* dyrbar, dyr; kostsam

experience [ik'spiəriəns] *n* erfarenhet *c;* *v* *erfara, uppleva; experienced erfaren

experiment [ik'sperimənt] *n* experiment *nt,* försök *nt;* *v* experimentera

expert ['ekspə:t] *n* fackman *c,* expert *c;* *adj* sakkunnig

expire [ik'spaiə] *v* utlöpa, *förfalla; utandas; expired ogiltig

expiry [ik'spaiəri] n förfallodag c, utgång c

explain [ik'splein] v förklara

explanation [‚eksplə'neiʃən] n förklaring c

explicit [ik'splisit] adj tydlig, uttrycklig

explode [ik'sploud] v explodera

exploit [ik'sploit] v *utsuga, utnyttja

explore [ik'splɔ:] v utforska

explosion [ik'splouʒən] n explosion c

explosive [ik'splousiv] adj explosiv; n sprängämne nt

export[1] [ik'spɔ:t] v exportera

export[2] ['ekspɔ:t] n export c

exportation [‚ekspɔ:'teiʃən] n utförsel c

exports ['ekspɔ:ts] pl export c

exposition [‚ekspə'ziʃən] n utställning c

exposure [ik'spouʒə] n utsättande nt; exponering c; ~ meter exponeringsmätare c

express [ik'spres] v uttrycka; *ge uttryck åt; adj snabbgående; uttrycklig; ~ train expresståg nt

expression [ik'spreʃən] n uttryck nt; yttrande nt

exquisite [ik'skwizit] adj utsökt

extend [ik'stend] v förlänga; utvidga; bevilja

extension [ik'stenʃən] n förlängning c; utvidgande nt; anknytningslinje c: ~ cord förlängningssladd c

extensive [ik'stensiv] adj omfångsrik; vidsträckt, omfattande

extent [ik'stent] n utsträckning c, omfång nt

exterior [ek'stiəriə] adj yttre; n yttre nt

external [ek'stə:nəl] adj utvändig

extinguish [ik'stiŋgwiʃ] v släcka

extort [ik'stɔ:t] v utpressa

extortion [ik'stɔ:ʃən] n utpressning c

extra ['ekstrə] adj extra

extract[1] [ik'strækt] v *utdra

extract[2] ['ekstrækt] n utdrag nt

extradite ['ekstrədait] v utlämna

extraordinary [ik'strɔ:dənri] adj utomordentlig

extravagant [ik'strævəgənt] adj överdriven, extravagant, slösaktig

extreme [ik'stri:m] adj extrem; ytterlig, yttersta; n ytterlighet c

exuberant [ig'zju:bərənt] adj översvallande

eye [ai] n öga nt

eyebrow ['aibrau] n ögonbryn nt

eyelash ['ailæʃ] n ögonfrans c

eyelid ['ailid] n ögonlock nt

eye-pencil ['ai‚pensəl] n ögonbrynspenna c

eye-shadow ['ai‚ʃædou] n ögonskugga c

eye-witness ['ai‚witnəs] n ögonvittne nt

F

fable ['feibəl] n fabel c

fabric ['fæbrik] n tyg nt; struktur c

façade [fə'sɑ:d] n fasad c

face [feis] n ansikte nt; v konfrontera, *vara vänd mot; ~ massage ansiktsmassage c; **facing** mittemot

face-cream ['feiskri:m] n ansiktskräm c

face-pack ['feispæk] n ansiktsmask c

face-powder ['feis‚paudə] n ansiktspuder nt

facility [fə'siləti] n lätthet c

fact [fækt] n faktum nt; in ~ i själva verket

factor ['fæktə] n faktor c

factory ['fæktəri] n fabrik c

factual ['fæktʃuəl] adj faktisk

faculty [ˈfækəlti] n förmåga c; fallenhet c, talang c; fakultet c

fad [fæd] n infall nt; mani c

fade [feid] v blekna

faience [faiˈɑːs] n fajans c

fail [feil] v misslyckas; fattas; försumma; kuggas; **without** ~ helt säkert

failure [ˈfeiljə] n misslyckande nt

faint [feint] v svimma; adj vag, svag

fair [feə] n marknad c; varumässa c; adj just, rättvis; ljushårig, blond; fager

fairly [ˈfeəli] adv tämligen, ganska

fairy [ˈfeəri] n fe c

fairytale [ˈfeəriteil] n saga c

faith [feiθ] n tro c; tillit c

faithful [ˈfeiθful] adj trogen

fake [feik] n förfalskning c

fall [fɔːl] n fall nt; nAm höst c

***fall** [fɔːl] v *falla

false [fɔːls] adj falsk; fel, oäkta; ~ **teeth** löständer pl

falter [ˈfɔːltə] v vackla; stamma

fame [feim] n ryktbarhet c, berömmelse c; rykte nt

familiar [fəˈmiljə] adj välkänd; familjär

family [ˈfæməli] n familj c; släkt c; ~ **name** efternamn nt

famous [ˈfeiməs] adj berömd

fan [fæn] n fläkt c; solfjäder c; beundrare c; ~ **belt** fläktrem c

fanatical [fəˈnætikəl] adj fanatisk

fancy [ˈfænsi] v *ha lust att, tycka om; tänka sig, föreställa sig; n nyck c; fantasi c

fantastic [fænˈtæstik] adj fantastisk

fantasy [ˈfæntəzi] n fantasi c

far [fɑː] adj lång; adv mycket; **by** ~ på långt när; **so** ~ hittills

far-away [ˈfɑːrəwei] adj långt bort

farce [fɑːs] n fars c

fare [feə] n biljettpris nt; mat c, kost

c

farm [fɑːm] n lantbruk nt

farmer [ˈfɑːmə] n lantbrukare c; **farmer's wife** lantbrukarhustru c

farmhouse [ˈfɑːmhaus] n lantgård c

far-off [ˈfɑːrɔf] adj avlägsen

fascinate [ˈfæsineit] v fascinera

fascism [ˈfæʃizəm] n fascism c

fascist [ˈfæʃist] adj fascistisk; n fascist c

fashion [ˈfæʃən] n mode nt; sätt nt

fashionable [ˈfæʃənəbəl] adj modern

fast [fɑːst] adj snabb, hastig

fasten [ˈfɑːsən] v fästa, spänna fast; stänga

fastener [ˈfɑːsənə] n spänne nt

fat [fæt] adj tjock, fet; n fett nt

fatal [ˈfeitəl] adj ödesdiger, fatal, dödlig

fate [feit] n öde nt

father [ˈfɑːðə] n far c; pater c

father-in-law [ˈfɑːðərinlɔː] n (pl fathers-) svärfar c

fatherland [ˈfɑːðəlænd] n fosterland nt

fatness [ˈfætnəs] n fetma c

fatty [ˈfæti] adj fet

faucet [ˈfɔːsit] nAm vattenkran c

fault [fɔːlt] n fel nt; defekt c

faultless [ˈfɔːltləs] adj felfri; oklanderlig

faulty [ˈfɔːlti] adj bristfällig

favour [ˈfeivə] n välvilja c, tjänst c; v favorisera, gynna

favourable [ˈfeivərəbəl] adj gynnsam

favourite [ˈfeivərit] n favorit c, gunstling c; adj älsklings-

fawn [fɔːn] adj gulbrun; n rådjurskalv c, hjortkalv c

fax [fæks] n (tele)fax nt; **send a** ~ skicka ett fax, faxa

fear [fiə] n rädsla c, oro c; v frukta

feasible [ˈfiːzəbəl] adj utförbar

feast [fiːst] n fest c

feat [fiːt] n bragd c, prestation c

feather ['feðə] n fjäder c

feature ['fi:tʃə] n kännemärke nt; ansiktsdrag nt

February ['februəri] februari

federal ['fedərəl] adj förbunds-

federation [,fedə'reiʃən] n federation c; förbundsstat c

fee [fi:] n arvode nt

feeble ['fi:bəl] adj svag

*feed [fi:d] v mata; fed up with utled på

*feel [fi:l] v känna; känna på; ~ like *ha lust att

feeling ['fi:liŋ] n känsla c; känsel c

fell [fel] v (p fall)

fellow ['felou] n karl c

felt¹ [felt] n filt c

felt² [felt] v (p, pp feel)

female ['fi:meil] adj hon- pref

feminine ['feminin] adj feminin

fence [fens] n stängsel nt; staket nt; v fäkta

fender ['fendə] n stötfångare c

ferment [fə'ment] v jäsa

ferry-boat ['feribout] n färja c

fertile ['fə:tail] adj fruktbar

festival ['festivəl] n festival c

festive ['festiv] adj festlig

fetch [fetʃ] v hämta

feudal ['fju:dəl] adj feodal

fever ['fi:və] n feber c

feverish ['fi:vəriʃ] adj febrig

few [fju:] adj få

fiancé [fi'ã:sei] n fästman c

fiancée [fi'ã:sei] n fästmö c

fibre ['faibə] n fiber c

fiction ['fikʃən] n skönlitteratur c, fiktion c

field [fi:ld] n fält nt, åker c; ~ glasses fältkikare c

fierce [fiəs] adj vild, häftig

fifteen [,fif'ti:n] num femton

fifteenth [,fif'ti:nθ] num femtonde

fifth [fifθ] num femte

fifty ['fifti] num femtio

fig [fig] n fikon nt

fight [fait] n slagsmål nt; kamp c, strid c

*fight [fait] v *strida, *slåss, kämpa

figure ['figə] n figur c; siffra c

file [fail] n fil c; brevpärm c, dossié c; rad c

Filipino [,fili'pi:nou] n filippinare c

fill [fil] v fylla; ~ in fylla i; filling station bensinstation c; ~ out Am fylla i; ~ up tanka

filling ['filiŋ] n plomb c; fyllning c

film [film] n film c; v filma

filter ['filtə] n filter nt

filthy ['filθi] adj lortig, smutsig

final ['fainəl] adj slutlig

finance [fai'næns] v finansiera

finances [fai'nænsiz] pl finanser pl

financial [fai'nænʃəl] adj finansiell

finch [fintʃ] n bofink c

*find [faind] v hitta, *finna

fine [fain] n böter pl; adj fin; skön; härlig, utmärkt; ~ arts de sköna konsterna

finger ['fiŋgə] n finger nt; little ~ lillfinger nt

fingerprint ['fiŋgəprint] n fingeravtryck nt

finish ['finiʃ] v avsluta, sluta; fullborda; n slut nt; mållinje c; finished färdig

Finland ['finlənd] Finland

Finn [fin] n finländare c

Finnish ['finiʃ] adj finsk

fire [faiə] n eld c; eldsvåda c; v *skjuta; avskeda

fire-alarm ['faiərə,la:m] n brandalarm c

fire-brigade ['faiəbri,geid] n brandkår c

fire-escape ['faiəri,skeip] n brandstege c

fire-extinguisher ['faiərik,stiŋgwiʃə] n

brandsläckare c

fireplace [ˈfaiəpleis] n öppen spis

fireproof [ˈfaiəpruːf] adj brandsäker; eldfast

firm [fəːm] adj fast; solid; n firma c

first [fəːst] num första; **at ~** först; **i början; ~ name** förnamn nt

first-aid [ˌfəːstˈeid] n första hjälpen; **~ kit** förbandslåda c; **~ post** hjälpstation c

first-class [ˌfəːstˈklɑːs] adj förstklassig

first-rate [ˌfəːstˈreit] adj förstklassig

fir-tree [ˈfəːtriː] n gran c, barrträd nt

fish¹ [fiʃ] n (pl ~, ~es) fisk c; **~ shop** fiskaffär c

fish² [fiʃ] v fiska; meta; **fishing gear** fiskredskap nt; **fishing hook** metkrok c; **fishing industry** fiskerinäring c; **fishing licence** fiskekort nt; **fishing line** metrev c; **fishing net** fisknät nt; **fishing rod** metspö nt; **fishing tackle** fiskedon nt

fishbone [ˈfiʃboun] n fiskben nt

fisherman [ˈfiʃəmən] n (pl -men) fiskare c

fist [fist] n knytnäve c

fit [fit] adj lämplig; n anfall nt; v passa; **fitting room** provrum nt

five [faiv] num fem

fix [fiks] v laga

fixed [fikst] adj fästad, orörlig

fizz [fiz] n brus nt

fjord [fjɔːd] n fjord c

flag [flæg] n flagga c

flame [fleim] n låga c

flamingo [fləˈmiŋgou] n (pl ~s, ~es) flamingo c

flannel [ˈflænəl] n flanell c

flash [flæʃ] n blixt c, glimt c

flash-bulb [ˈflæʃbʌlb] n blixtlampa c

flash-light [ˈflæʃlait] n ficklampa c

flask [flɑːsk] n plunta c; **thermos ~** termos c

flat [flæt] adj flat, platt; n lägenhet c; **~ tyre** punktering c

flavour [ˈfleivə] n smak c; v smaksätta, krydda

fleet [fliːt] n flotta c

flesh [fleʃ] n kött nt

flew [fluː] v (p fly)

flex [fleks] n sladd c

flexible [ˈfleksibəl] adj böjlig; smidig

flight [flait] n flygresa c; **charter ~** charterflyg nt

flint [flint] n flintsten c

float [flout] v *flyta; n flöte nt, flottör c

flock [flɔk] n hjord c

flood [flʌd] n översvämning c; flod c

floor [flɔː] n golv nt; våning c

florist [ˈflɔrist] n blomsterhandlare c

flour [flauə] n mjöl nt, vetemjöl nt

flow [flou] v *flyta, strömma

flower [flauə] n blomma c

flowerbed [ˈflauəbed] n rabatt c

flower-shop [ˈflauəʃɔp] n blomsterhandel c

flown [floun] v (pp fly)

flu [fluː] n influensa c

fluent [ˈfluːənt] adj flytande

fluid [ˈfluːid] adj flytande; n vätska c

flute [fluːt] n flöjt c

fly [flai] n fluga c; gylf c

***fly** [flai] v *flyga

foam [foum] n skum nt; v skumma

foam-rubber [ˈfoumˌrʌbə] n skumgummi nt

focus [ˈfoukəs] n brännpunkt c

fog [fɔg] n dimma c

foggy [ˈfɔgi] adj dimmig

foglamp [ˈfɔglæmp] n dimlykta c

fold [fould] v *vika; n veck nt

folk [fouk] n folk nt; **~ song** folkvisa c

folk-dance [ˈfoukdɑːns] n folkdans c

folklore [ˈfouklɔː] n folklore c

follow [ˈfɔlou] v följa efter; **following**

adj nästa, följande

*be fond of [bi: fɔnd ɔv] tycka om

food [fuːd] n mat c; föda c; ~ poisoning matförgiftning c

foodstuffs ['fuːdstʌfs] pl matvaror pl

fool [fuːl] n dumbom c, dåre c; v skoja, lura

foolish ['fuːliʃ] adj löjlig, dåraktig; dum

foot [fut] n (pl feet) fot c; ~ powder fotpuder nt; on ~ till fots

football ['futbɔːl] n fotboll c; ~ match fotbollsmatch c

foot-brake ['futbreik] n fotbroms c

footpath ['futpɑːθ] n gångstig c

footwear ['futweə] n skodon nt

for [fɔ:, fə] prep till; i; av, på grund av, för; conj för

*forbid [fə'bid] v *förbjuda

force [fɔːs] v tvinga; forcera; n makt c, kraft c; våld nt; by ~ med tvång; driving ~ drivkraft c

ford [fɔːd] n vadställe nt

forecast ['fɔːkɑːst] n förutsägelse c; v *förutsäga

foreground ['fɔːɡraund] n förgrund c

forehead ['fɔred] n panna c

foreign ['fɔrin] adj utländsk; främmande

foreigner ['fɔrinə] n utlänning c

foreman ['fɔːmən] n (pl -men) förman c

foremost ['fɔːmoust] adj förnämst

foresail ['fɔːseil] n fock c

forest ['fɔrist] n skog c

forester ['fɔristə] n skogvaktare c

forge [fɔːdʒ] v förfalska

*forget [fə'ɡet] v glömma

forgetful [fə'ɡetfəl] adj glömsk

*forgive [fə'ɡiv] v *förlåta

fork [fɔːk] n gaffel c; vägskäl nt; v förgrenas, dela sig

form [fɔːm] n form c; formulär nt; klass c; v forma

formal ['fɔːməl] adj formell

formality [fɔː'mæləti] n formalitet c

former ['fɔːmə] adj förutvarande; före detta; formerly förr, förut

formula ['fɔːmjulə] n (pl ~e, ~s) formel c

fort [fɔːt] n fort nt

fortnight ['fɔːtnait] n fjorton dagar

fortress ['fɔːtris] n fästning c

fortunate ['fɔːtʃənət] adj lycklig

fortune ['fɔːtʃuːn] n förmögenhet c; öde nt, lycka c

forty ['fɔːti] num fyrtio

forward ['fɔːwəd] adv fram, framåt; v eftersända

foster-parents ['fɔstə,peərənts] pl fosterföräldrar pl

fought [fɔːt] v (p, pp fight)

foul [faul] adj osnygg; gemen

found¹ [faund] v (p, pp find)

found² [faund] v grunda, stifta

foundation [faun'deiʃən] n stiftelse c; ~ cream underlagskräm c

fountain ['fauntin] n fontän c; källa c

fountain-pen ['fauntinpen] n reservoarpenna c

four [fɔː] num fyra

fourteen [,fɔː'tiːn] num fjorton

fourteenth [,fɔː'tiːnθ] num fjortonde

fourth [fɔːθ] num fjärde

fowl [faul] n (pl ~s, ~) fjäderfä nt

fox [fɔks] n räv c

foyer ['fɔiei] n foajé c

fraction ['frækʃən] n bråkdel c

fracture ['fræktʃə] v *bryta; n brott nt

fragile ['frædʒail] adj skör; bräcklig

fragment ['fræɡmənt] n brottstycke nt

frame [freim] n ram c; montering c

France [frɑːns] Frankrike

franchise ['fræntʃaiz] n koncession c, rösträtt c

fraternity [frə'tə:nəti] n broderlighet c

fraud [frɔːd] n bedrägeri nt

fray [frei] v fransa sig

free [friː] adj fri; gratis; ~ of charge kostnadsfri; ~ ticket fribiljett c

freedom ['friːdəm] n frihet c

*freeze [friːz] v *frysa

freezing ['friːziŋ] adj iskall

freezing-point ['friːziŋpɔint] n fryspunkt c

freight [freit] n frakt c, last c

freight-train ['freittrein] nAm godståg nt

French [frentʃ] adj fransk

Frenchman ['frentʃmən] n (pl -men) fransman m

frequency ['friːkwənsi] n frekvens c; förekomst c

frequent ['friːkwənt] adj ofta förekommande, vanlig; frequently ofta

fresh [freʃ] adj färsk; ny; uppfriskande; ~ water sötvatten nt

friction ['frikʃən] n friktion c

Friday ['fraidi] fredag c

fridge [fridʒ] n kylskåp nt

friend [frend] n vän c; väninna c

friendly ['frendli] adj vänlig, vänskaplig

friendship ['frendʃip] n vänskap c

fright [frait] n fruktan c, skräck c

frighten ['fraitən] v skrämma

frightened ['fraitənd] adj skrämd; *be ~ *bli förskräckt

frightful ['fraitfəl] adj förskräcklig, förfärlig

fringe [frindʒ] n frans c

frock [frɔk] n klänning c

frog [frɔg] n groda c

from [frɔm] prep från; av; från och med

front [frʌnt] n framsida c; in ~ of framför

frontier ['frʌntiə] n gräns c

frost [frɔst] n frost c

froth [frɔθ] n skum nt

frozen ['frouzən] adj frusen; ~ food djupfryst mat

fruit [fruːt] n frukt c

fry [frai] v steka

frying-pan ['fraiiŋpæn] n stekpanna c

fuel ['fjuːəl] n bränsle nt; bensin c; ~ pump Am bensinpump c

full [ful] adj full; ~ board helpension c; ~ stop punkt c; ~ up fullsatt

fun [fʌn] n nöje nt; skoj nt

function ['fʌŋkʃən] n funktion c

fund [fʌnd] n fond c

fundamental [ˌfʌndə'mentəl] adj grundläggande

funeral ['fjuːnərəl] n begravning c

funnel ['fʌnəl] n tratt c

funny ['fʌni] adj rolig, lustig; konstig

fur [fəː] n päls c; ~ coat päls c; furs pälsverk nt

furious ['fjuəriəs] adj ursinnig, rasande

furnace ['fəːnis] n ugn c

furnish ['fəːniʃ] v leverera, *förse; möblera; ~ with *förse med

furniture ['fəːnitʃə] n möbler pl

furrier ['fʌriə] n körsnär c

further ['fəːðə] adj avlägsnare; ytterligare

furthermore ['fəːðəmɔː] adv dessutom

furthest ['fəːðist] adj längst bort

fuse [fjuːz] n propp c; stubintråd c

fuss [fʌs] n bråk nt, väsen nt

future ['fjuːtʃə] n framtid c; adj framtida

G

gable ['geibəl] n gavel c

gadget ['gædʒit] n grej c

gaiety ['geiəti] n munterhet c, glädje c

gain [gein] v *vinna; n förvärv nt, förtjänst c

gait [geit] n gångart c, hållning c

gale [geil] n storm c

gall [gɔ:l] n galla c; ~ **bladder** gallblåsa c

gallery [ˈgæləri] n galleri nt; konstgalleri nt

gallop [ˈgæləp] n galopp c

gallows [ˈgælouz] pl galge c

gallstone [ˈgɔ:lstoun] n gallsten c

game [geim] n spel nt; villebråd nt; ~ **reserve** djurreservat nt

gang [gæŋ] n gäng nt; skift nt

gangway [ˈgæŋwei] n landgång c

gaol [dʒeil] n fängelse nt

gap [gæp] n öppning c

garage [ˈgærɑ:ʒ] n garage nt; v ställa in i garaget

garbage [ˈgɑ:bidʒ] n avfall nt, sopor pl

garden [ˈgɑ:dən] n trädgård c; **public** ~ offentlig park; **zoological gardens** djurpark c

gardener [ˈgɑ:dənə] n trädgårdsmästare c

gargle [ˈgɑ:gəl] v gurgla

garlic [ˈgɑ:lik] n vitlök c

gas [gæs] n gas c; nAm bensin c; ~ **cooker** gaskök nt; ~ **pump** Am bensinpump c; ~ **station** bensinstation c; ~ **stove** gasspis c

gasoline [ˈgæsəli:n] nAm bensin c

gastric [ˈgæstrik] adj mag-; ~ **ulcer** magsår nt

gasworks [ˈgæswə:ks] n gasverk nt

gate [geit] n port c; grind c

gather [ˈgæðə] v samla; samlas; skörda

gauge [geidʒ] n mätare c

gauze [gɔ:z] n gasväv c

gave [geiv] v (p give)

gay [gei] adj munter; brokig

gaze [geiz] v stirra

gazetteer [ˌgæzəˈtiə] n geografiskt lexikon

gear [giə] n växel c; utrustning c; **change** ~ växla; ~ **lever** växelspak c

gear-box [ˈgiəbɔks] n växellåda c

gem [dʒem] n juvel c, ädelsten c; klenod c

gender [ˈdʒendə] n genus nt

general [ˈdʒenərəl] adj allmän; n general c; ~ **practitioner** allmänpraktiserande läkare; in ~ i allmänhet

generate [ˈdʒenəreit] v alstra

generation [ˌdʒenəˈreiʃən] n generation c

generator [ˈdʒenəreitər] n generator c

generosity [ˌdʒenəˈrɔsəti] n givmildhet c

generous [ˈdʒenərəs] adj generös, givmild

genital [ˈdʒenitəl] adj köns-

genius [ˈdʒi:niəs] n geni nt

gentle [ˈdʒentəl] adj mild; blid; varsam

gentleman [ˈdʒentəlmən] n (pl -men) herre c

genuine [ˈdʒenjuin] adj äkta

geography [dʒiˈɔgrəfi] n geografi c

geology [dʒiˈɔlədʒi] n geologi c

geometry [dʒiˈɔmətri] n geometri c

germ [dʒə:m] n bacill c; grodd c

German [ˈdʒə:mən] adj tysk; n tysk c

Germany [ˈdʒə:məni] Tyskland

gesticulate [dʒiˈstikjuleit] v gestikulera

*get [get] v *få; hämta; *bli; ~ **back** *gå tillbaka, *komma tillbaka; ~ **off** *stiga av; ~ **on** *stiga på; *göra framsteg; ~ **up** resa sig, *stiga upp

ghost [goust] n spöke nt; ande c

giant [ˈdʒaiənt] n jätte c

giddiness [ˈgidinəs] n yrsel c

giddy ['gidi] adj yr
gift [gift] n gåva c; talang c
gifted ['giftid] adj begåvad
gigantic [dʒai'gæntik] adj väldig
giggle ['gigəl] v fnittra
gill [gil] n gäl c
gilt [gilt] adj förgylld
ginger ['dʒindʒə] n ingefära c
gipsy ['dʒipsi] n zigenare c
girdle ['gə:dəl] n gördel c
girl [gə:l] n flicka c; ~ guide flick-
scout c
*give [giv] v *ge; överräcka; ~ away
förråda; ~ in *ge efter; ~ up *ge
upp
glacier ['glæsiə] n glaciär c
glad [glæd] adj glad; gladly gärna,
med glädje
gladness ['glædnəs] n glädje c
glamorous ['glæmərəs] adj charme-
rande, förtrollande
glance [gla:ns] n blick c; v kasta en
blick
gland [glænd] n körtel c
glare [gleə] n skarpt sken; sken nt
glaring ['gleəriŋ] adj bländande; på-
fallande; gräll
glass [gla:s] n glas nt; glas-; glasses
glasögon pl; magnifying ~ försto-
ringsglas nt
glaze [gleiz] v glasa; glasera
glen [glen] n dalgång c
glide [glaid] v *glida
glider ['glaidə] n segelflygplan nt
glimpse [glimps] n skymt c; glimt c; v
skymta
global ['gloubəl] adj världsomfattan-
de
globe [gloub] n jordklot nt, glob c
gloom [glu:m] n dunkelhet c
gloomy ['glu:mi] adj dyster
glorious ['glɔ:riəs] adj praktfull
glory ['glɔ:ri] n berömmelse c, ära c,
lovord nt

gloss [glɔs] n glans c
glossy ['glɔsi] adj blank
glove [glʌv] n handske c
glow [glou] v glöda; n glöd c
glue [glu:] n lim nt
*go [gou] v *gå; *bli; ~ ahead
*fortsätta; ~ away *fara; ~ back
*gå tillbaka; ~ home *gå hem; ~
in *gå in; ~ on *fortsätta; ~ out
*gå ut; ~ through *genomgå
goal [goul] n mål nt
goalkeeper ['goul,ki:pə] n målvakt c
goat [gout] n get c
god [gɔd] n gud c
goddess ['gɔdis] n gudinna c
godfather ['gɔd,fa:ðə] n gudfar c
goggles ['gɔgəlz] pl skyddsglasögon
pl
gold [gould] n guld nt; ~ leaf blad-
guld nt
golden ['gouldən] adj gyllene
goldmine ['gouldmain] n guldgruva c
goldsmith ['gouldsmiθ] n guldsmed c
golf [gɔlf] n golf c
golf-club ['gɔlfklʌb] n golfklubb c
golf-course ['gɔlfkɔ:s] n golfbana c
golf-links ['gɔlfliŋks] n golfbana c
gondola ['gɔndələ] n gondol c
gone [gɔn] adv (pp go) borta
good [gud] adj bra, god; snäll
good-bye! [,gud'bai] adjö!
good-humoured [,gud'hju:məd] adj
gladlynt
good-looking [,gud'lukiŋ] adj snygg
good-natured [,gud'neitʃəd] adj god-
modig
goods [gudz] pl varor pl; ~ train
godståg nt
good-tempered [,gud'tempəd] adj
godlynt
goodwill [,gud'wil] n välvilja c
goose [gu:s] n (pl geese) gås c
gooseberry ['guzbəri] n krusbär nt
goose-flesh ['gu:sfleʃ] n gåshud c

gorge [gɔ:dʒ] n bergsklyfta c

gorgeous ['gɔ:dʒəs] adj praktfull

gospel ['gɔspəl] n evangelium nt

gossip ['gɔsip] n skvaller nt; v skvallra

got [gɔt] v (p, pp get)

gourmet ['guəmei] n gastronom c

gout [gaut] n gikt c

govern ['gʌvən] v regera

governess ['gʌvənis] n guvernant c

government ['gʌvənmənt] n regering c, styrelse c

governor ['gʌvənə] n guvernör c

gown [gaun] n klänning c

grace [greis] n grace c; nåd c

graceful ['greisfəl] adj graciös; intagande; behaglig

grade [greid] n grad c; v klassificera

gradient ['greidiənt] n stigning c

gradual ['grædʒuəl] adj gradvis

graduate ['grædʒueit] v *ta examen

grain [grein] n korn nt, sädeskorn nt

gram [græm] n gram nt

grammar ['græmə] n grammatik c

grammatical [grə'mætikəl] adj grammatisk

gramophone ['græməfoun] n grammofon c

grand [grænd] adj storslagen

granddaughter ['græn,dɔ:tə] n sondotter c, dotterdotter c

grandfather ['græn,fɑ:ðə] n farfar c, morfar c

grandmother ['græn,mʌðə] n farmor c; mormor c

grandparents ['græn,pɛərənts] pl morföräldrar pl, farföräldrar pl

grandson ['grænsʌn] n sonson c, dotterson c

granite ['grænit] n granit c

grant [grɑ:nt] v bevilja, *medge; n bidrag nt, stipendium nt

grapefruit ['greipfru:t] n grapefrukt c

grapes [greips] pl vindruvor pl

graph [græf] n diagram nt

graphic ['græfik] adj grafisk

grasp [grɑ:sp] v *gripa; n grepp nt

grass [grɑ:s] n gräs nt

grasshopper ['grɑ:s,hɔpə] n gräshoppa c

grate [greit] n spisgaller c; v *riva

grateful ['greitfəl] adj tacksam

grater ['greitə] n rivjärn nt

gratis ['grætis] adj gratis

gratitude ['grætitju:d] n tacksamhet c

gratuity [grə'tju:əti] n gratifikation c

grave [greiv] n grav c; adj allvarlig

gravel ['grævəl] n grus nt

gravestone ['greivstoun] n gravsten c

graveyard ['greivjɑ:d] n begravningsplats c

gravity ['grævəti] n tyngdkraft c; allvar nt

gravy ['greivi] n sky c

graze [greiz] v beta; n skrubbsår nt

grease [gri:s] n fett nt; v *smörja

greasy ['gri:si] adj flottig, oljig

great [greit] adj stor; Great Britain Storbritannien

Greece [gri:s] Grekland

greed [gri:d] n habegär nt

greedy ['gri:di] adj hagalen; glupsk

Greek [gri:k] adj grekisk; n grek c

green [gri:n] adj grön; ~ card grönt kort

greengrocer ['gri:n,grousə] n grönsakshandlare c

greenhouse ['gri:nhaus] n drivhus nt, växthus nt

greens [gri:nz] pl grönsaker pl

greet [gri:t] v hälsa

greeting ['gri:tiŋ] n hälsning c

grey [grei] adj grå

greyhound ['greihaund] n vinthund c

grief [gri:f] n sorg c, bedrövelse c

grieve [gri:v] v sörja

grill [gril] n grill c; v grilla

grill-room ['grilru:m] n grillrestau-

rang *c*
grin [grin] *v* flina; *n* flin *nt*
*grind [graind] *v* mala; finmala
grip [grip] *v* *gripa; *n* grepp *nt*;
  nAm kappsäck *c*
grit [grit] *n* grus *nt*
groan [groun] *v* stöna
grocer ['grousə] *n* specerihandlare *c*;
  grocer's speceriaffär *c*
groceries ['grousəriz] *pl* specerier *pl*
groin [grɔin] *n* ljumske *c*
groove [gru:v] *n* skåra *c*, fåra *c*
gross¹ [grous] *n* (pl ~) gross *nt*
gross² [grous] *adj* grov; brutto-
grotto ['grɔtou] *n* (pl ~es, ~s) grot-
  ta *c*
ground¹ [graund] *n* grund *c*, mark *c*;
  ~ **floor** bottenvåning *c*; **grounds**
  mark *c*
ground² [graund] *v* (p, pp grind)
group [gru:p] *n* grupp *c*
grouse [graus] *n* (pl ~) vildhönsfå-
  gel *c*, ripa *c*
grove [grouv] *n* skogsdunge *c*
*grow [grou] *v* växa; odla; *bli
growl [graul] *v* morra
grown-up ['grounʌp] *adj* vuxen; *n*
  vuxen *c*
growth [grouθ] *n* växt *c*; svulst *c*
grudge [grʌdʒ] *v* missunna
grumble ['grʌmbəl] *v* knorra
guarantee [,gærən'ti:] *n* garanti *c*; sä-
  kerhet *c*; *v* garantera
guarantor [,gærən'tɔ:] *n* borgensman
  c
guard [gɑ:d] *n* vakt *c*; *v* bevaka
guardian ['gɑ:diən] *n* förmyndare *c*
guess [ges] *v* gissa; förmoda; *n* för-
  modan *c*
guest [gest] *n* gäst *c*
guest-house ['gesthaus] *n* pensionat
  nt
guest-room ['gestru:m] *n* gästrum *nt*
guide [gaid] *n* reseledare *c*; guide *c*; *v*

vägleda; guida
guidebook ['gaidbuk] *n* resehandbok
  c
guide-dog ['gaiddɔg] *n* ledarhund *c*
guilt [gilt] *n* skuld *c*
guilty ['gilti] *adj* skyldig
guinea-pig ['ginipig] *n* marsvin *nt*
guitar [gi'tɑ:] *n* gitarr *c*
gulf [gʌlf] *n* bukt *c*
gull [gʌl] *n* mås *c*
gum [gʌm] *n* tandkött *nt*; gummi *nt*;
  klister *nt*
gun [gʌn] *n* gevär *nt*; kanon *c*
gunpowder ['gʌn,paudə] *n* krut *nt*
gust [gʌst] *n* kastby *c*
gusty ['gʌsti] *adj* stormig
gut [gʌt] *n* tarm *c*; **guts** mod *nt*
gutter ['gʌtə] *n* rännsten *c*
guy [gai] *n* karl *c*
gymnasium [dʒim'neiziəm] *n* (pl ~s,
  -sia) gymnastiksal *c*
gymnast ['dʒimnæst] *n* gymnast *c*
gymnastics [dʒim'næstiks] *pl* gymna-
  stik *c*
gynaecologist [,gainə'kɔlədʒist] *n* gy-
  nekolog *c*

H

haberdashery ['hæbədæʃəri] *n* sybe-
  hörsaffär *c*
habit ['hæbit] *n* vana *c*
habitable ['hæbitəbəl] *adj* beboelig
habitual [hə'bitʃuəl] *adj* invand
had [hæd] *v* (p, pp have)
haddock ['hædək] *n* (pl ~) kolja *c*
haemorrhage ['heməridʒ] *n* blödning
  c
haemorrhoids ['hemərɔidz] *pl* hemor-
  rojder *pl*
hail [heil] *n* hagel *nt*
hair [hɛə] *n* hår *nt*; ~ **cream** hår-

kräm c; ~ **gel** hårgelé nt; ~
piece löshår nt; ~ **rollers** hårrullar pl

hairbrush ['heəbrʌʃ] n hårborste c

haircut ['heəkʌt] n hårklippning c

hair-do ['heədu:] n frisyr c

hairdresser ['heə,dresə] n damfrisör c

hair-dryer ['heədraiə] n hårtork c

hair-grip ['heəgrip] n hårspänne nt

hair-net ['heənet] n hårnät nt

hair-oil ['heərɔil] n hårolja c

hairpin ['heəpin] n hårnål c

hair-spray ['heəsprei] n hårspray nt

hairy ['heəri] adj hårig

half[1] [hɑ:f] adj halv; adv till hälften

half[2] [hɑ:f] n (pl halves) hälft c

half-time [,hɑ:f'taim] n halvlek c

halfway [,hɑ:f'wei] adv halvvägs

halibut ['hælibət] n (pl ~) helgeflundra c

hall [hɔ:l] n hall c; sal c

halt [hɔ:lt] v stanna

halve [hɑ:v] v halvera

ham [hæm] n skinka c

hamlet ['hæmlət] n liten by

hammer ['hæmə] n hammare c

hammock ['hæmək] n hängmatta c

hamper ['hæmpə] n matkorg c

hand [hænd] n hand c; v överlämna; ~ **cream** handkräm c

handbag ['hændbæg] n handväska c

handbook ['hændbuk] n handbok c

hand-brake ['hændbreik] n handbroms c

handcuffs ['hændkʌfs] pl handbojor pl

handful ['hændful] n handfull c

handicraft ['hændikrɑ:ft] n hantverk nt; konsthantverk nt

handkerchief ['hæŋkətʃif] n näsduk c

handle ['hændəl] n skaft nt, handtag nt; v hantera; behandla

hand-made [,hænd'meid] adj handgjord

handshake ['hændʃeik] n handslag nt

handsome ['hænsəm] adj snygg

handwork ['hændwə:k] n hantverk nt

handwriting ['hænd,raitiŋ] n handstil c

***hang** [hæŋ] v hänga

hanger ['hæŋə] n klädhängare c

hangover ['hæŋ,ouvə] n baksmälla c

happen ['hæpən] v hända, ske

happening ['hæpəniŋ] n händelse c

happiness ['hæpinəs] n lycka c

happy ['hæpi] adj belåten, lycklig

harbour ['hɑ:bə] n hamn c

hard [hɑ:d] adj hård; svår; **hardly** knappt

hardware ['hɑ:dweə] n järnvaror pl; ~ **store** järnhandel c

hare [heə] n hare c

harm [hɑ:m] n skada c; ont nt; v skada, *göra illa

harmful ['hɑ:mfəl] adj skadlig

harmless ['hɑ:mləs] adj oförarglig

harmony ['hɑ:məni] n harmoni c

harp [hɑ:p] n harpa c

harpsichord ['hɑ:psikɔ:d] n cembalo c

harsh [hɑ:ʃ] adj sträv; sträng; grym

harvest ['hɑ:vist] n skörd c

has [hæz] v (pr have)

haste [heist] n brådska c, hast c

hasten ['heisən] v skynda sig

hasty ['heisti] adj hastig

hat [hæt] n hatt c; ~ **rack** hatthylla c

hatch [hætʃ] n lucka c

hate [heit] v hata; n hat nt

hatred ['heitrid] n hat nt

haughty ['hɔ:ti] adj högdragen

haul [hɔ:l] v släpa

***have** [hæv] v *ha; *få; ~ **to** *måste

haversack ['hævəsæk] n ränsel c

hawk [hɔ:k] n hök c; falk c

hay [hei] n hö nt; ~ **fever** hösnuva c

hazard ['hæzəd] n risk c

haze [heiz] n dis nt

hazelnut ['heizəlnʌt] n hasselnöt c

hazy ['heizi] *adj* disig

he [hi:] *pron* han

head [hed] *n* huvud *nt; v* leda; ~ of state statsöverhuvud *nt;* ~ teacher överlärare *c*

headache ['hedeik] *n* huvudvärk *c*

heading ['hediŋ] *n* överskrift *c*

headlamp ['hedlæmp] *n* strålkastare *c*

headland ['hedlənd] *n* udde *c*

headlight ['hedlait] *n* strålkastare *c*

headline ['hedlain] *n* rubrik *c*

headmaster [,hed'ma:stə] *n* rektor *c*

headquarters [,hed'kwɔ:təz] *pl* högkvarter *nt*

head-strong ['hedstrɔŋ] *adj* envis

head-waiter [,hed'weitə] *n* hovmästare *c*

heal [hi:l] *v* läka

health [helθ] *n* hälsa *c;* ~ centre hälsovårdscentral *c;* ~ certificate friskintyg *nt*

healthy ['helθi] *adj* frisk

heap [hi:p] *n* hög *c*

*hear [hiə] *v* höra

hearing ['hiəriŋ] *n* hörsel *c*

heart [ha:t] *n* hjärta *nt;* innersta *nt;* by ~ utantill; ~ attack hjärtattack *c*

heartburn ['ha:tbə:n] *n* halsbränna *c*

hearth [ha:θ] *n* eldstad *c*

heartless ['ha:tləs] *adj* hjärtlös

hearty ['ha:ti] *adj* hjärtlig

heat [hi:t] *n* hetta *c,* värme *c; v* uppvärma; heating pad värmedyna *c*

heater ['hi:tə] *n* kamin *c;* immersion ~ doppvärmare *c*

heath [hi:θ] *n* hed *c*

heathen ['hi:ðən] *n* hedning *c; adj* hednisk

heather ['heðə] *n* ljung *c*

heating ['hi:tiŋ] *n* uppvärmning *c*

heaven ['hevən] *n* himmel *c*

heavy ['hevi] *adj* tung

Hebrew ['hi:bru:] *n* hebreiska *c*

hedge [hedʒ] *n* häck *c*

hedgehog ['hedʒhɔg] *n* igelkott *c*

heel [hi:l] *n* häl *c;* klack *c*

height [hait] *n* höjd *c;* höjdpunkt *c*

hell [hel] *n* helvete *nt*

hello! [he'lou] hej!; goddag!

helm [helm] *n* rorkult *c*

helmet ['helmit] *n* hjälm *c*

helmsman ['helmzmən] *n* rorsman *c*

help [help] *v* hjälpa; *n* hjälp *c*

helper ['helpə] *n* hjälp *c*

helpful ['helpfəl] *adj* hjälpsam

helping ['helpiŋ] *n* portion *c*

hem [hem] *n* fåll *c*

hemp [hemp] *n* hampa *c*

hen [hen] *n* höna *c*

henceforth [,hens'fɔ:θ] *adv* hädanefter

her [hə:] *pron* henne; *adj* hennes

herb [hə:b] *n* ört *c*

herd [hə:d] *n* hjord *c*

here [hiə] *adv* här; ~ you are var så god

hereditary [hi'reditəri] *adj* ärftlig

hernia ['hə:niə] *n* brock *nt*

hero ['hiərou] *n* (pl ~es) hjälte *c*

heron ['herən] *n* häger *c*

herring ['heriŋ] *n* (pl ~, ~s) sill *c*

herself [hə:'self] *pron* sig; själv

hesitate ['heziteit] *v* tveka

heterosexual [,hetərə'sekʃuəl] *adj* heterosexuell

hiccup ['hikʌp] *n* hicka *c*

hide [haid] *n* djurhud *c,* skinn *nt*

*hide [haid] *v* gömma; *dölja

hideous ['hidiəs] *adj* avskyvärd

hierarchy ['haiəra:ki] *n* hierarki *c*

high [hai] *adj* hög

highway ['haiwei] *n* landsväg *c; nAm* motorväg *c*

hijack ['haidʒæk] *v* kapa

hijacker ['haidʒækə] *n* kapare *c*

hike [haik] *v* vandra

hill [hil] *n* kulle *c;* backe *c*

hillside ['hilsaid] n sluttning c

hilltop ['hiltɔp] n backkrön nt

hilly ['hili] adj backig, kuperad

him [him] pron honom

himself [him'self] pron sig; själv

hinder ['hində] v hindra

hinge [hindʒ] n gångjärn nt

hip [hip] n höft c

hire [haiə] v hyra; for ~ till uthyrning

hire-purchase [,haiə'pə:tʃəs] n avbetalningsköp nt

his [hiz] adj hans

historian [hi'stɔ:riən] n historiker c

historic [hi'stɔrik] adj historisk

historical [hi'stɔrikəl] adj historisk

history ['histəri] n historia c

hit [hit] n schlager c

*hit [hit] v *slå; träffa

hitchhike ['hitʃhaik] v lifta

hitchhiker ['hitʃ,haikə] n liftare c

hoarse [hɔ:s] adj skrovlig, hes

hobby ['hɔbi] n hobby c

hobby-horse ['hɔbihɔ:s] n käpphäst c

hockey ['hɔki] n hockey c

hoist [hɔist] v hissa

hold [hould] n lastrum nt

*hold [hould] v *hålla fast, *hålla; *bibehålla; ~ on *hålla sig fast; ~ up stötta, *hålla uppe

hold-up ['houldʌp] n väpnat rån

hole [houl] n hål nt

holiday ['hɔlədi] n semester c; helgdag c; ~ camp ferieläger nt; ~ resort semesterort c; on ~ på semester

Holland ['hɔlənd] Holland

hollow ['hɔlou] adj ihålig

holy ['houli] adj helig

homage ['hɔmidʒ] n hyllning c

home [houm] n hem nt; hus nt, vårdhem nt; adv hemma, hem; at ~ hemma

home-made [,houm'meid] adj hem-

gjord

homesickness ['houm,siknəs] n hemlängtan c

homosexual [,houmə'sekʃuəl] adj homosexuell

honest ['ɔnist] adj ärlig; uppriktig

honesty ['ɔnisti] n ärlighet c

honey ['hʌni] n honung c

honeymoon ['hʌnimu:n] n smekmånad c, bröllopsresa c

honk [hʌŋk] vAm tuta

honour ['ɔnə] n heder c; v hedra, ära

honourable ['ɔnərəbəl] adj ärofull; rättskaffens

hood [hud] n kapuschong c; nAm motorhuv c

hoof [hu:f] n hov c

hook [huk] n krok c

hoot [hu:t] v tuta

hooter ['hu:tə] n signalhorn nt

hoover ['hu:və] v *dammsuga

hop¹ [hɔp] v hoppa; n hopp nt

hop² [hɔp] n humle c

hope [houp] n hopp nt; v hoppas

hopeful ['houpfəl] adj hoppfull

hopeless ['houpləs] adj hopplös

horizon [hə'raizən] n horisont c

horizontal [,hɔri'zɔntəl] adj horisontal

horn [hɔ:n] n horn nt; blåsinstrument nt; signalhorn nt

horrible ['hɔribəl] adj förskräcklig; ryslig, avskyvärd, gräslig

horror ['hɔrə] n skräck c, fasa c

hors-d'œuvre [ɔ:'də:vr] n förrätt c

horse [hɔ:s] n häst c

horseman ['hɔ:smən] n (pl -men) ryttare c

horsepower ['hɔ:s,pauə] n hästkraft c

horserace ['hɔ:sreis] n hästkapplöpning c

horseradish ['hɔ:s,rædiʃ] n pepparrot c

horseshoe ['hɔ:sʃu:] n hästsko c

horticulture ['hɔ:tikʌltʃə] n trädgårdsodling c

hosiery ['houʒəri] n trikåvaror pl

hospitable ['hɔspitəbəl] adj gästfri

hospital ['hɔspitəl] n sjukhus nt, lasarett nt

hospitality [,hɔspi'tæləti] n gästfrihet c

host [houst] n värd c

hostage ['hɔstidʒ] n gisslan c

hostel ['hɔstəl] n härbärge nt

hostess ['houstis] n värdinna c

hostile ['hɔstail] adj fientlig

hot [hɔt] adj varm, het

hotel [hou'tel] n hotell nt

hot-tempered [,hɔt'tempəd] adj hetlevrad

hour [auə] n timme c

hourly ['auəli] adj varje timme

house [haus] n hus nt; bostad c; ~ **agent** fastighetsmäklare c; ~ **block** Am husblock nt; **public** ~ restaurang c

houseboat ['hausbout] n husbåt c

household ['haushould] n hushåll nt

housekeeper ['haus,ki:pə] n hushållerska c

housekeeping ['haus,ki:piŋ] n hushållning c, hushållssysslor pl

housemaid ['hausmeid] n hembiträde nt

housewife ['hauswaif] n hemmafru c

housework ['hauswə:k] n hushållsarbete nt

how [hau] adv hur; så; ~ **many** hur många; ~ **much** hur mycket

however [hau'evə] conj likväl, emellertid

hug [hʌg] v omfamna; n kram c

huge [hju:dʒ] adj kolossal, jättestor, väldig

hum [hʌm] v nynna

human ['hju:mən] adj mänsklig; ~ **being** människa c

humanity [hju'mænəti] n mänsklighet

c

humble ['hʌmbəl] adj ödmjuk

humid ['hju:mid] adj fuktig

humidity [hju'midəti] n fuktighet c

humorous ['hju:mərəs] adj skämtsam, humoristisk, lustig

humour ['hju:mə] n humor c

hundred ['hʌndrəd] n hundra

Hungarian [hʌŋ'geəriən] adj ungersk; n ungrare c

Hungary ['hʌŋgəri] Ungern

hunger ['hʌŋgə] n hunger c

hungry ['hʌŋgri] adj hungrig

hunt [hʌnt] v jaga; n jakt c

hunter ['hʌntə] n jägare c

hurricane ['hʌrikən] n orkan c; ~ **lamp** stormlykta c

hurry ['hʌri] v skynda sig; n brådska c; **in a** ~ fort

*hurt [hə:t] v värka, skada; såra

hurtful ['hə:tfəl] adj skadlig

husband ['hʌzbənd] n äkta man, make c

hut [hʌt] n hydda c

hydrogen ['haidrədʒən] n väte nt

hygiene ['haidʒi:n] n hygien c

hygienic [hai'dʒi:nik] adj hygienisk

hymn [him] n hymn c; psalm c

hyphen ['haifən] n bindestreck nt

hypocrisy [hi'pɔkrəsi] n hyckleri nt

hypocrite ['hipəkrit] n hycklare c

hypocritical [,hipə'kritikəl] adj hycklande, skenhelig

hysterical [hi'sterikəl] adj hysterisk

I

I [ai] pron jag

ice [ais] n is c

ice-bag ['aisbæg] n isblåsa c

ice-cream ['aiskri:m] n glass c

Iceland ['aislənd] Island

Icelander ['aisləndə] n islänning c

Icelandic [ais'lændik] adj isländsk

icon ['aikɔn] n ikon c

idea [ai'diə] n idé c; tanke c, infall nt; begrepp nt, föreställning c

ideal [ai'diəl] adj idealisk; n ideal nt

identical [ai'dentikəl] adj identisk

identification [ai,dentifi'keiʃən] n identifiering c; legitimation c

identify [ai'dentifai] v identifiera

identity [ai'dentəti] n identitet c; ~ card identitetskort nt

idiom ['idiəm] n idiom nt

idiomatic [,idiə'mætik] adj idiomatisk

idiot ['idiət] n idiot c

idiotic [,idi'ɔtik] adj idiotisk

idle ['aidəl] adj overksam; lat; gagnlös, tom

idol ['aidəl] n avgud c; idol c

if [if] conj om; ifall

ignition [ig'niʃən] n tändning c; ~ coil tändspole c

ignorant ['ignərənt] adj okunnig

ignore [ig'nɔ:] v ignorera

ill [il] adj sjuk; dålig; elak

illegal [i'li:gəl] adj olaglig, illegal

illegible [i'ledʒəbəl] adj oläslig

illiterate [i'litərət] n analfabet c

illness ['ilnəs] n sjukdom c

illuminate [i'lu:mineit] v lysa upp

illumination [i,lu:mi'neiʃən] n belysning c

illusion [i'lu:ʒən] n illusion c; villfarelse c

illustrate ['iləstreit] v illustrera

illustration [,ilə'streiʃən] n illustration c

image ['imidʒ] n bild c

imaginary [i'mædʒinəri] adj inbillad

imagination [i,mædʒi'neiʃən] n fantasi c, inbillning c

imagine [i'mædʒin] v föreställa sig; inbilla sig; tänka sig

imitate ['imiteit] v imitera, efterlikna

imitation [,imi'teiʃən] n imitation c

immediate [i'mi:djət] adj omedelbar

immediately [i'mi:djətli] adv genast, omedelbart

immense [i'mens] adj enorm, oerhörd, oändlig

immigrant ['imigrənt] n invandrare c

immigrate ['imigreit] v immigrera

immigration [,imi'greiʃən] n invandring c

immodest [i'mɔdist] adj oblyg

immunity [i'mju:nəti] n immunitet c

immunize ['imjunaiz] v immunisera

impartial [im'pɑ:ʃəl] adj opartisk

impassable [im'pɑ:səbəl] adj oframkomlig

impatient [im'peiʃənt] adj otålig

impede [im'pi:d] v hindra

impediment [im'pedimənt] n hinder nt

imperfect [im'pɔ:fikt] adj ofullkomlig

imperial [im'piəriəl] adj kejserlig; imperial-

impersonal [im'pɔ:sənəl] adj opersonlig

impertinence [im'pɔ:tinəns] n näsvishet c

impertinent [im'pɔ:tinənt] adj oförskämd, fräck, näsvis

implement¹ ['implimənt] n redskap nt, verktyg nt

implement² ['impliment] v utföra, *fullgöra

imply [im'plai] v antyda; *innebära

impolite [,impə'lait] adj ohövlig

import¹ [im'pɔ:t] v införa, importera

import² ['impɔ:t] n import c, införsel c, importvara c; ~ duty importtull c

importance [im'pɔ:təns] n betydelse c

important [im'pɔ:tənt] adj viktig, betydelsefull

importer [im'pɔ:tə] n importör c

imposing [im'pouziŋ] adj imponerande

impossible [im'pɔsəbəl] *adj* omöjlig
impotence ['impətəns] *n* impotens *c*
impotent ['impətənt] *adj* impotent
impound [im'paund] *v* *beslagta
impress [im'pres] *v* *göra intryck på, imponera
impression [im'preʃən] *n* intryck *nt*
impressive [im'presiv] *adj* imponerande
imprison [im'prizən] *v* fängsla
imprisonment [im'prizənmənt] *n* fångenskap *c*
improbable [im'prɔbəbəl] *adj* otrolig
improper [im'prɔpə] *adj* opassande, felaktig
improve [im'pru:v] *v* förbättra
improvement [im'pru:vmənt] *n* förbättring *c*
improvise ['imprəvaiz] *v* improvisera
impudent ['impjudənt] *adj* oförskämd
impulse ['impʌls] *n* impuls *c*; stimulans *c*
impulsive [im'pʌlsiv] *adj* impulsiv
in [in] *prep* i; om, på; *adv* in
inaccessible [ˌinæk'sesəbəl] *adj* otillgänglig
inaccurate [i'nækjurət] *adj* oriktig
inadequate [i'nædikwət] *adj* otillräcklig
incapable [iŋ'keipəbəl] *adj* oduglig
incense ['insens] *n* rökelse *c*
incident ['insidənt] *n* händelse *c*
incidental [ˌinsi'dentəl] *adj* tillfällig
incite [in'sait] *v* sporra
inclination [ˌiŋkli'neiʃən] *n* benägenhet *c*
incline [iŋ'klain] *n* sluttning *c*
inclined [iŋ'klaind] *adj* benägen; lutande; *be ~ to *vara benägen att
include [iŋ'klu:d] *v* innefatta, omfatta; included inberäknad
inclusive [iŋ'klu:siv] *adj* inklusive
income ['iŋkəm] *n* inkomst *c*
income-tax ['iŋkəmtæks] *n* inkomst-

skatt *c*
incompetent [iŋ'kɔmpətənt] *adj* inkompetent
incomplete [ˌiŋkəm'pli:t] *adj* ofullständig
inconceivable [ˌiŋkən'si:vəbəl] *adj* ofattbar
inconspicuous [ˌiŋkən'spikjuəs] *adj* oansenlig, försynt
inconvenience [ˌiŋkən'vi:njəns] *n* olägenhet *c*, besvär *nt*
inconvenient [ˌiŋkən'vi:njənt] *adj* olämplig; besvärlig
incorrect [ˌiŋkə'rekt] *adj* felaktig, oriktig
increase¹ [iŋ'kri:s] *v* öka; *tillta
increase² ['iŋkri:s] *n* ökning *c*
incredible [iŋ'kredəbəl] *adj* otrolig
incurable [iŋ'kjuərəbəl] *adj* obotlig
indecent [in'di:sənt] *adj* opassande
indeed [in'di:d] *adv* verkligen
indefinite [in'definit] *adj* obestämd
indemnity [in'demnəti] *n* skadeersättning *c*, gottgörelse *c*
independence [ˌindi'pendəns] *n* självständighet *c*
independent [ˌindi'pendənt] *adj* självständig; oberoende
index ['indeks] *n* register *nt*, förteckning *c*; ~ finger pekfinger *nt*
India ['indiə] Indien
Indian ['indiən] *adj* indisk; indiansk; indier *c*; indian *c*
indicate ['indikeit] *v* påpeka, antyda, visa
indication [ˌindi'keiʃən] *n* tecken *nt*, antydan *c*
indicator ['indikeitə] *n* indikator *c*, blinker *c*
indifferent [in'difərənt] *adj* likgiltig
indigestion [ˌindi'dʒestʃən] *n* matsmältningsbesvär *nt*
indignation [ˌindig'neiʃən] *n* harm *c*, upprördhet *c*

indirect [ˌindiˈrekt] *adj* indirekt
individual [ˌindiˈvidʒuəl] *adj* enskild, individuell; *n* individ *c*, enskild person
Indonesia [ˌindəˈniːziə] Indonesien
Indonesian [ˌindəˈniːziən] *adj* indonesisk; *n* indones *c*
indoor [ˈindɔː] *adj* inomhus-
indoors [ˌinˈdɔːz] *adv* inomhus
indulge [inˈdʌldʒ] *v* *ge efter
industrial [inˈdʌstriəl] *adj* industriell; ~ area industriområde *nt*
industrious [inˈdʌstriəs] *adj* flitig
industry [ˈindəstri] *n* industri *c*
inedible [iˈnedibəl] *adj* oätbar
inefficient [ˌiniˈfiʃənt] *adj* ineffektiv; oduglig
inevitable [iˈnevitəbəl] *adj* oundviklig
inexpensive [ˌinikˈspensiv] *adj* billig
inexperienced [ˌinikˈspiəriənst] *adj* oerfaren
infant [ˈinfənt] *n* spädbarn *nt*
infantry [ˈinfəntri] *n* infanteri *nt*
infect [inˈfekt] *v* infektera, smitta
infection [inˈfekʃən] *n* infektion *c*
infectious [inˈfekʃəs] *adj* smittosam
infer [inˈfɜː] *v* *innebära, *dra en slutsats
inferior [inˈfiəriə] *adj* underlägsen, sämre; mindervärdig; nedre
infinite [ˈinfinət] *adj* oändlig
infinitive [inˈfinitiv] *n* infinitiv *c*
infirmary [inˈfɜːməri] *n* sjukvårdsrum *nt*
inflammable [inˈflæməbəl] *adj* eldfarlig
inflammation [ˌinfləˈmeiʃən] *n* inflammation *c*
inflatable [inˈfleitəbəl] *adj* uppblåsbar
inflate [inˈfleit] *v* blåsa upp
inflation [inˈfleiʃən] *n* inflation *c*
influence [ˈinfluəns] *n* påverkan *c*; *v* påverka
influential [ˌinfluˈenʃəl] *adj* inflytelserik
influenza [ˌinfluˈenzə] *n* influensa *c*
inform [inˈfɔːm] *v* informera; meddela, underrätta
informal [inˈfɔːməl] *adj* informell
information [ˌinfəˈmeiʃən] *n* uppgift *c*; upplysning *c*, meddelande *nt*; ~ bureau upplysningsbyrå *c*
infra-red [ˌinfrəˈred] *adj* infraröd
infrequent [inˈfriːkwənt] *adj* sällsynt
ingredient [inˈgriːdiənt] *n* ingrediens *c*
inhabit [inˈhæbit] *v* bebo
inhabitable [inˈhæbitəbəl] *adj* beboelig
inhabitant [inˈhæbitənt] *n* invånare *c*
inhale [inˈheil] *v* inandas
inherit [inˈherit] *v* ärva
inheritance [inˈheritəns] *n* arv *nt*
initial [iˈniʃəl] *adj* ursprunglig, första; *n* initial *c*; *v* parafera
initiative [iˈniʃətiv] *n* initiativ *nt*
inject [inˈdʒekt] *v* inspruta
injection [inˈdʒekʃən] *n* injektion *c*
injure [ˈindʒə] *v* skada, såra
injury [ˈindʒəri] *n* skada *c*, oförrätt *c*
injustice [inˈdʒʌstis] *n* orättvisa *c*
ink [iŋk] *n* bläck *nt*
inlet [ˈinlet] *n* sund *nt*, inlopp *nt*
inn [in] *n* värdshus *nt*
inner [ˈinə] *adj* inre; ~ tube innerslang *c*
inn-keeper [ˈinˌkiːpə] *n* värdshusvärd *c*
innocence [ˈinəsəns] *n* oskuld *c*
innocent [ˈinəsənt] *adj* oskyldig
inoculate [iˈnɔkjuleit] *v* ympa
inoculation [iˌnɔkjuˈleiʃən] *n* ympning *c*
inquire [iŋˈkwaiə] *v* *ta reda på, förhöra sig, förfråga sig
inquiry [iŋˈkwaiəri] *n* förfrågan *c*; undersökning *c*; ~ office upplysningsbyrå *c*
inquisitive [iŋˈkwizətiv] *adj* frågvis
insane [inˈsein] *adj* sinnessjuk

inscription [in'skripʃən] *n* inskription *c*

insect ['insekt] *n* insekt *c*; ~ **repellent** insektsmedel *nt*

insecticide [in'sektisaid] *n* insektsgift *nt*

insensitive [in'sensətiv] *adj* känslolös

insert [in'sə:t] *v* infoga, stoppa in

inside [,in'said] *n* insida *c*; *adj* inre; *adv* inne; inuti; *prep* innanför, in i; ~ **out** ut och in

insight ['insait] *n* insikt *c*

insignificant [,insig'nifikənt] *adj* obetydlig; oansenlig, intetsägande; oviktig

insist [in'sist] *v* insistera; *vidhålla

insolence ['insələns] *n* oförskämdhet *c*

insolent ['insələnt] *adj* oförskämd, fräck

insomnia [in'sɔmniə] *n* sömnlöshet *c*

inspect [in'spekt] *v* inspektera, undersöka, granska

inspection [in'spekʃən] *n* inspektion *c*; kontroll *c*

inspector [in'spektə] *n* inspektor *c*, inspektör *c*

inspire [in'spaiə] *v* inspirera

install [in'stɔ:l] *v* installera

installation [,instə'leiʃən] *n* installation *c*

instalment [in'stɔ:lmənt] *n* avbetalning *c*

instance ['instəns] *n* exempel *nt*; fall *nt*; **for** ~ till exempel

instant ['instənt] *n* ögonblick *nt*

instantly ['instəntli] *adv* ögonblickligen, omedelbart

instead of [in'sted ɔv] i stället för

instinct ['instiŋkt] *n* instinkt *c*

institute ['institju:t] *n* institut *nt*; anstalt *c*; *v* stifta, inrätta

institution [,insti'tju:ʃən] *n* institution *c*, grundande *nt*

instruct [in'strʌkt] *v* instruera

instruction [in'strʌkʃən] *n* undervisning *c*

instructive [in'strʌktiv] *adj* lärorik

instructor [in'strʌktə] *n* lärare *c*, instruktör *c*

instrument ['instrumənt] *n* instrument *nt*; **musical** ~ musikinstrument *nt*

insufficient [,insə'fiʃənt] *adj* otillräcklig

insulate ['insjuleit] *v* isolera

insulation [,insju'leiʃən] *n* isolering *c*

insulator ['insjuleitə] *n* isolator *c*

insult¹ [in'sʌlt] *v* förolämpa

insult² ['insʌlt] *n* förolämpning *c*

insurance [in'ʃuərəns] *n* försäkring *c*; ~ **policy** försäkringsbrev *nt*

insure [in'ʃuə] *v* försäkra

intact [in'tækt] *adj* intakt

intellect ['intəlekt] *n* förstånd *nt*, intellekt *nt*

intellectual [,intə'lektʃuəl] *adj* intellektuell

intelligence [in'telidʒəns] *n* intelligens *c*

intelligent [in'telidʒənt] *adj* intelligent

intend [in'tend] *v* ämna

intense [in'tens] *adj* intensiv; häftig

intention [in'tenʃən] *n* avsikt *c*

intentional [in'tenʃənəl] *adj* avsiktlig

intercourse ['intəkɔ:s] *n* umgänge *nt*

interest ['intrəst] *n* intresse *nt*; ränta *c*; *v* intressera

interesting ['intrəstiŋ] *adj* intressant

interfere [,intə'fiə] *v* *ingripa; ~ **with** blanda sig i

interference [,intə'fiərəns] *n* inblandning *c*

interim ['intərim] *n* mellantid *c*

interior [in'tiəriə] *n* insida *c*; interiör *c*; inrikesärenden

interlude ['intəlu:d] *n* mellanspel *nt*

intermediary [,intə'mi:djəri] *n* förmedlare *c*

intermission [ˌintəˈmiʃən] *n* paus *c*

internal [inˈtəːnəl] *adj* inre; invärtes; inhemsk, invändig

international [ˌintəˈnæʃənəl] *adj* internationell

interpret [inˈtəːprit] *v* tolka

interpreter [inˈtəːpritə] *n* tolk *c*

interrogate [inˈterəgeit] *v* förhöra

interrogation [inˌterəˈgeiʃən] *n* förhör *nt*

interrogative [ˌintəˈrogətiv] *adj* interrogativ

interrupt [ˌintəˈrʌpt] *v* *avbryta

interruption [ˌintəˈrʌpʃən] *n* avbrott *nt*

intersection [ˌintəˈsekʃən] *n* skärning *c*, vägkorsning *c*

interval [ˈintəvəl] *n* paus *c*; intervall *c*

intervene [ˌintəˈviːn] *v* *ingripa

interview [ˈintəvjuː] *n* intervju *c*

intestine [inˈtestin] *n* tarm *c*

intimate [ˈintimət] *adj* förtrolig

into [ˈintu] *prep* in i

intolerable [inˈtolərəbəl] *adj* outhärdlig

intoxicated [inˈtoksikeitid] *adj* berusad

intrigue [inˈtriːg] *n* intrig *c*

introduce [ˌintrəˈdjuːs] *v* presentera, introducera; införa

introduction [ˌintrəˈdʌkʃən] *n* presentation *c*; inledning *c*

invade [inˈveid] *v* invadera

invalid[1] [ˈinvaliːd] *n* invalid *c*; *adj* invalidiserad

invalid[2] [inˈvælid] *adj* ogiltig

invasion [inˈveiʒən] *n* invasion *c*

invent [inˈvent] *v* *uppfinna; uppdikta

invention [inˈvenʃən] *n* uppfinning *c*

inventive [inˈventiv] *adj* uppfinningsrik

inventor [inˈventə] *n* uppfinnare *c*

inventory [ˈinvəntri] *n* inventering *c*

invert [inˈvəːt] *v* kasta om, vända upp och ner

invest [inˈvest] *v* investera; placera pengar

investigate [inˈvestigeit] *v* efterforska, utreda

investigation [inˌvestiˈgeiʃən] *n* utredning *c*

investment [inˈvestmənt] *n* investering *c*, kapitalplacering *c*

investor [inˈvestə] *n* aktieägare *c*, investerare *c*

invisible [inˈvizəbəl] *adj* osynlig

invitation [ˌinviˈteiʃən] *n* inbjudan *c*

invite [inˈvait] *v* *inbjuda

invoice [ˈinvois] *n* faktura *c*

involve [inˈvolv] *v* inblanda

inwards [ˈinwədz] *adv* inåt

iodine [ˈaiədiːn] *n* jod *c*

Iran [iˈrɑːn] Iran

Iranian [iˈreiniən] *adj* iransk; *n* iranier *c*

Iraq [iˈrɑːk] Irak

Iraqi [iˈrɑːki] *adj* irakisk; *n* irakier *c*

irascible [iˈræsibəl] *adj* lättretlig

Ireland [ˈaiələnd] Irland

Irish [ˈaiəriʃ] *adj* irländsk

Irishman [ˈaiəriʃmən] *n* (pl -men) irländare *c*

iron [ˈaiən] *n* järn *nt*; strykjärn *nt*; järn-; *v* *stryka

ironical [aiˈronikəl] *adj* ironisk

ironworks [ˈaiənwəːks] *n* järnverk *nt*

irony [ˈaiərəni] *n* ironi *c*

irregular [iˈregjulə] *adj* oregelbunden

irreparable [iˈrepərəbəl] *adj* oreparerbar

irrevocable [iˈrevəkəbəl] *adj* återkallelig

irritable [ˈiritəbəl] *adj* lättretad

irritate [ˈiriteit] *v* irritera, reta

is [iz] *v* (pr be)

island [ˈailənd] *n* ö *c*

isolate [ˈaisəleit] *v* isolera

isolation [ˌaisəˈleiʃən] n isolering c

Israel [ˈizreil] Israel

Israeli [izˈreili] adj israelisk; n israelier c

issue [ˈiʃuː] v *utge; n utgivning c, upplaga c; fråga c, tvisteämne nt; resultat nt, utgång c, följd c, konsekvens c

isthmus [ˈisməs] n näs nt

it [it] pron den, det

Italian [iˈtæljən] adj italiensk; n italienare c

italics [iˈtæliks] pl kursivering c

Italy [ˈitəli] Italien

itch [itʃ] n klåda c; v klia

item [ˈaitəm] n post c; punkt c

itinerant [aiˈtinərənt] adj kringresande

itinerary [aiˈtinərəri] n resrutt c, resplan c

ivory [ˈaivəri] n elfenben nt

ivy [ˈaivi] n murgröna c

J

jack [dʒæk] n domkraft c

jacket [ˈdʒækit] n kavaj c, jacka c; bokomslag nt

jade [dʒeid] n jade c

jail [dʒeil] n fängelse nt

jailer [ˈdʒeilə] n fångvaktare c

jam [dʒæm] n sylt c; trafikstockning c

janitor [ˈdʒænitə] n portvakt c

January [ˈdʒænjuəri] januari

Japan [dʒəˈpæn] Japan

Japanese [ˌdʒæpəˈniːz] adj japansk; n japan c

jar [dʒaː] n kruka c; skakning c

jaundice [ˈdʒɔːndis] n gulsot c

jaw [dʒɔː] n käke c

jealous [ˈdʒeləs] adj svartsjuk

jealousy [ˈdʒeləsi] n svartsjuka c

jeans [dʒiːnz] pl jeans pl

jelly [ˈdʒeli] n gelé c

jelly-fish [ˈdʒelifiʃ] n manet c

jersey [ˈdʒəːzi] n jerseytyg nt; ylletröja c

jet [dʒet] n stråle c; jetplan nt

jetty [ˈdʒeti] n hamnpir c

Jew [dʒuː] n jude c

jewel [ˈdʒuːəl] n smycke c

jeweller [ˈdʒuːələ] n juvelerare c; guldsmedsaffär c

jewellery [ˈdʒuːəlri] n smycken; juveler

Jewish [ˈdʒuːiʃ] adj judisk

job [dʒɔb] n jobb nt; plats c, arbete nt

jockey [ˈdʒɔki] n jockey c

join [dʒɔin] v *förbinda; *ansluta sig till; förena, sammanfoga

joint [dʒɔint] n led c; sammanfogning c; adj gemensam, förenad

jointly [ˈdʒɔintli] adv gemensamt

joke [dʒouk] n vits c, skämt nt

jolly [ˈdʒɔli] adj lustig; glad; trevlig; livad

Jordan [ˈdʒɔːdən] Jordanien

Jordanian [dʒɔːˈdeiniən] adj jordansk; n jordanier c

journal [ˈdʒəːnəl] n journal c, tidskrift c

journalism [ˈdʒəːnəlizəm] n journalism c

journalist [ˈdʒəːnəlist] n journalist c

journey [ˈdʒəːni] n resa c

joy [dʒɔi] n fröjd c, glädje c

joyful [ˈdʒɔifəl] adj förtjust, glad; glädjande

jubilee [ˈdʒuːbiliː] n jubileum nt

judge [dʒʌdʒ] n domare; v döma; bedöma

judgment [ˈdʒʌdʒmənt] n dom c

jug [dʒʌg] n tillbringare c

juice [dʒuːs] n saft c, juice c

juicy [ˈdʒuːsi] adj saftig

July [dʒuˈlai] juli

jump [dʒʌmp] v hoppa; n språng nt, hopp nt

jumper [ˈdʒʌmpə] n jumper c

junction [ˈdʒʌŋkʃən] n vägkorsning c; knutpunkt c

June [dʒuːn] juni

jungle [ˈdʒʌŋgəl] n djungel c, urskog c

junior [ˈdʒuːnjə] adj junior

junk [dʒʌŋk] n skräp nt; djonk c

jury [ˈdʒuəri] n jury c

just [dʒʌst] adj rättvis, berättigad; riktig; adv just; precis

justice [ˈdʒʌstis] n rätt c; rättvisa c

juvenile [ˈdʒuːvənail] adj ungdomlig

K

kangaroo [ˌkæŋgəˈruː] n känguru c

keel [kiːl] n köl c

keen [kiːn] adj livlig, angelägen; skarp

*keep [kiːp] v *hålla; bevara; *fortsätta; ~ away from hålla sig på avstånd från; ~ off *låta vara; ~ on *fortsätta; ~ quiet *tiga; ~ up *hålla ut; ~ up with hänga med

keg [keg] n kagge c

kennel [ˈkenəl] n hundkoja c; kennel c

Kenya [ˈkenjə] Kenya

kerosene [ˈkerəsiːn] n fotogen c

kettle [ˈketəl] n kittel c

key [kiː] n nyckel c

keyhole [ˈkiːhoul] n nyckelhål nt

khaki [ˈkɑːki] n kaki c

kick [kik] v sparka; n spark c

kick-off [ˌkiˈkɔf] n avspark c

kid [kid] n barn nt, unge c; getskinn nt; v *driva med

kidney [ˈkidni] n njure c

kill [kil] v *slå ihjäl, döda

kilogram [ˈkiləgræm] n kilo nt

kilometre [ˈkiləˌmiːtə] n kilometer c

kind [kaind] adj snäll, vänlig; god; n sort c

kindergarten [ˈkindəˌgɑːtən] n lekskola c

king [kiŋ] n kung c

kingdom [ˈkiŋdəm] n kungarike nt; rike nt

kiosk [ˈkiːɔsk] n kiosk c

kiss [kis] n kyss c, puss c; v kyssa

kit [kit] n utrustning c

kitchen [ˈkitʃin] n kök nt; ~ garden köksträdgård c

knapsack [ˈnæpsæk] n ryggsäck c

knave [neiv] n knekt c

knee [niː] n knä nt

kneecap [ˈniːkæp] n knäskål c

*kneel [niːl] v knäböja

knew [njuː] v (p know)

knickers [ˈnikəz] pl underbyxor pl

knife [naif] n (pl knives) kniv c

knight [nait] n riddare c

*knit [nit] v sticka

knob [nɔb] n handtag nt

knock [nɔk] v knacka; n knackning c; ~ against stöta emot; ~ down *slå omkull

knot [nɔt] n knut c; v *knyta

*know [nou] v *veta, känna

knowledge [ˈnɔlidʒ] n kunskap c

knuckle [ˈnʌkəl] n knoge c

L

label [ˈleibəl] n etikett c; v etikettera

laboratory [ləˈbɔrətəri] n laboratorium nt

labour [ˈleibə] n arbete nt; förlossningsarbete nt; v anstränga sig; labor permit Am arbetstillstånd nt labourer ['leibərə] n arbetare c

labour-saving ['leibə,seiviŋ] adj arbetsbesparande

labyrinth ['læbərinθ] n labyrint c

lace [leis] n spets c; skosnöre nt

lack [læk] n saknad c, brist c; v sakna

lacquer ['lækə] n lack nt

lad [læd] n pojke c, gosse c

ladder ['lædə] n stege c

lady ['leidi] n dam c; ladies' room damtoalett c

lagoon [lə'gu:n] n lagun c

lake [leik] n sjö c

lamb [læm] n lamm nt; lammkött nt

lame [leim] adj ofärdig, halt, förlamad

lamentable ['læməntəbəl] adj bedrövlig

lamp [læmp] n lampa c

lamp-post ['læmppoust] n lyktstolpe c

lampshade ['læmpʃeid] n lampskärm c

land [lænd] n land nt; v landa; *gå i land

landlady ['lænd,leidi] n hyresvärdinna c

landlord ['lændlɔ:d] n hyresvärd c

landmark ['lændmɑ:k] n landmärke nt

landscape ['lændskeip] n landskap nt

lane [lein] n gränd c, smal gata; körfil c

language ['læŋgwidʒ] n språk nt; ~ laboratory språklaboratorium nt

lantern ['læntən] n lykta c

lapel [lə'pel] n rockslag nt

larder ['lɑ:də] n skafferi nt

large [lɑ:dʒ] adj stor; rymlig

lark [lɑ:k] n lärka c

laryngitis [,lærin'dʒaitis] n strupkatarr c

last [lɑ:st] adj sist; förra; v vara; at ~ till sist; till slut

lasting ['lɑ:stiŋ] adj varaktig

latchkey ['lætʃki:] n portnyckel c

late [leit] adj sen; för sent

lately ['leitli] adv på sista tiden, nyligen

lather ['lɑ:ðə] n lödder nt

Latin America ['lætin ə'merikə] Latinamerika

Latin-American [,lætinə'merikən] adj latinamerikansk

latitude ['lætitju:d] n breddgrad c

laugh [lɑ:f] v skratta; n skratt nt

laughter ['lɑ:ftə] n skratt nt

launch [lɔ:ntʃ] v lansera; *sjösätta; *avskjuta; *avsluta

launching ['lɔ:ntʃiŋ] n sjösättning c

launderette [,lɔ:ndə'ret] n tvättomat c

laundry ['lɔ:ndri] n tvättinrättning c; tvätt c

lavatory ['lævətəri] n toalett c

lavish ['læviʃ] adj slösaktig

law [lɔ:] n lag c; juridik c; ~ court domstol c

lawful ['lɔ:fəl] adj laglig

lawn [lɔ:n] n gräsmatta c

lawsuit ['lɔ:su:t] n rättegång c, process c

lawyer ['lɔ:jə] n advokat c; jurist c

laxative ['læksətiv] n avföringsmedel nt

*lay [lei] v placera, *lägga, *sätta; ~ bricks mura

layer [leiə] n lager nt

layman ['leimən] n lekman c

lazy ['leizi] adj lat

*lead [li:d] v leda

lead¹ [li:d] n försprång nt; ledning c; koppel nt

lead² [led] n bly nt

leader ['li:də] n ledare c

leadership ['li:dəʃip] n ledarskap nt

leading ['li:diŋ] adj förnämst, ledande

leaf [li:f] n (pl leaves) löv nt, blad nt

league [li:g] n förbund nt

leak [li:k] v läcka; n läcka c

leaky ['li:ki] *adj* otät

lean [li:n] *adj* mager

*lean [li:n] *v* luta sig

leap [li:p] *n* hopp *nt*

*leap [li:p] *v* skutta, hoppa

leap-year ['li:pjiə] *n* skottår *nt*

*learn [lə:n] *v* lära sig

learner ['lə:nə] *n* nybörjare *c*

lease [li:s] *n* hyreskontrakt *nt;* arrende *nt; v* hyra, arrendera ut; arrendera

leash [li:ʃ] *n* koppel *nt*

least [li:st] *adj* minst; **at ~** åtminstone

leather ['leðə] *n* läder *nt;* läder-, skinn-

leave [li:v] *n* ledighet *c*

*leave [li:v] *v* lämna, *ge sig av, resa bort, *låta; **~ behind** efterlämna; **~ out** utelämna

Lebanese [,lebə'ni:z] *adj* libanesisk; *n* libanes *c*

Lebanon ['lebənən] Libanon

lecture ['lektʃə] *n* föreläsning *c,* föredrag *nt*

left¹ [left] *adj* vänster

left² [left] *v* (p, pp leave)

left-hand ['lefthænd] *adj* vänster

left-handed [,left'hændid] *adj* vänsterhänt

leg [leg] *n* ben *nt*

legacy ['legəsi] *n* legat *nt*

legal ['li:gəl] *adj* legal, laglig; juridisk

legalization [,li:gəlai'zeiʃən] *n* legalisering *c*

legation [li'geiʃən] *n* legation *c*

legible ['ledʒibəl] *adj* läslig

legitimate [li'dʒitimət] *adj* rättmätig, legitim

leisure ['leʒə] *n* ledighet *c*

lemon ['lemən] *n* citron *c*

lemonade [,lemə'neid] *n* läskedryck *c*

*lend [lend] *v* låna ut

length [leŋθ] *n* längd *c*

lengthen ['leŋθən] *v* förlänga

lengthways ['leŋθweiz] *adv* på längden

lens [lenz] *n* lins *c;* **telephoto ~** teleobjektiv *nt;* **zoom ~** zoomlins *c*

leprosy ['leprəsi] *n* spetälska *c*

less [les] *adv* mindre

lessen ['lesən] *v* förminska

lesson ['lesən] *n* läxa *c,* lektion *c*

*let [let] *v* *låta; hyra ut; **~ down** *svika

letter ['letə] *n* brev *nt;* bokstav *c;* **~ of credit** kreditiv *nt;* **~ of recommendation** rekommendationsbrev *nt*

letter-box ['letəbɔks] *n* brevlåda *c*

lettuce ['letis] *n* grönsallad *c*

level ['levəl] *adj* slät; plan, jämn; *n* plan *nt,* nivå *c;* vattenpass *nt; v* jämna, utjämna; **~ crossing** järnvägsövergång *c*

lever ['li:və] *n* hävstång *c,* spak *c*

liability [,laiə'biləti] *n* skyldighet *c*

liable ['laiəbəl] *adj* ansvarig, benägen; **~ to** utsatt för

liberal ['libərəl] *adj* liberal; frikostig, rundhänt, givmild

liberation [,libə'reiʃən] *n* frigörelse *c,* befrielse *c;* frigivande *nt*

Liberia [lai'biəriə] Liberia

Liberian [lai'biəriən] *adj* liberiansk; *n* liberian *c*

liberty ['libəti] *n* frihet *c*

library ['laibrəri] *n* bibliotek *nt*

licence ['laisəns] *n* licens *c;* tillståndsbevis *nt;* **driving ~** körkort *nt;* **~ number** *Am* registreringsnummer *nt;* **~ plate** nummerplåt *c*

license ['laisəns] *v* *ge rättighet, auktorisera

lick [lik] *v* slicka; övertrumfa

lid [lid] *n* lock *nt*

lie [lai] *v* *ljuga; *n* lögn *c*

*lie [lai] *v* *ligga; **~ down** *lägga

sig
life [laif] *n* (pl lives) liv *nt;* ~ **insurance** livförsäkring *c*
lifebelt [ˈlaifbelt] *n* livbälte *nt*
lifetime [ˈlaiftaim] *n* livstid *c*
lift [lift] *v* lyfta, höja; *n* hiss *c;* skjuts *c*
light [lait] *n* ljus *nt; adj* lätt; ljus; ~ **bulb** glödlampa *c*
*****light** [lait] *v* tända
lighter [ˈlaitə] *n* tändare *c*
lighthouse [ˈlaithaus] *n* fyr *c*
lighting [ˈlaitiŋ] *n* belysning *c*
lightning [ˈlaitniŋ] *n* blixt *c*
like [laik] *v* tycka om; *adj* lik; *conj* såsom; *prep* liksom
likely [ˈlaikli] *adj* sannolik
like-minded [ˌlaikˈmaindid] *adj* likasinnad
likewise [ˈlaikwaiz] *adv* likaså, likaledes
lily [ˈlili] *n* lilja *c*
limb [lim] *n* lem *c*
lime [laim] *n* kalk *c;* lind *c;* grön citron
limetree [ˈlaimtri:] *n* lind *c*
limit [ˈlimit] *n* gräns *c; v* begränsa
limp [limp] *v* halta; *adj* slapp
line [lain] *n* rad *c;* streck *nt;* lina *c;* linje *c;* **stand in** ~ *Am* köa
linen [ˈlinin] *n* linne *nt*
liner [ˈlainə] *n* linjefartyg *c*
lingerie [ˈlɔ̃ʒəri:] *n* damunderkläder *pl*
lining [ˈlainiŋ] *n* foder *nt*
link [liŋk] *v* *sammanbinda; *n* länk *c*
lion [ˈlaiən] *n* lejon *nt*
lip [lip] *n* läpp *c*
lipsalve [ˈlipsɑ:v] *n* cerat *nt*
lipstick [ˈlipstik] *n* läppstift *nt*
liqueur [liˈkjuə] *n* likör *c*
liquid [ˈlikwid] *adj* flytande; *n* vätska *c*
liquor [ˈlikə] *n* sprit *c*

liquorice [ˈlikəris] *n* lakrits *c*
list [list] *n* lista *c; v* *inskriva
listen [ˈlisən] *v* lyssna
listener [ˈlisnə] *n* lyssnare *c*
literary [ˈlitrəri] *adj* litterär, litteratur-
literature [ˈlitrətʃə] *n* litteratur *c*
litre [ˈli:tə] *n* liter *c*
litter [ˈlitə] *n* avfall *nt;* kull *c*
little [ˈlitəl] *adj* liten; föga
live¹ [liv] *v* leva; bo
live² [laiv] *adj* levande
livelihood [ˈlaivlihud] *n* uppehälle *nt*
lively [ˈlaivli] *adj* livfull
liver [ˈlivə] *n* lever *c*
living-room [ˈliviŋru:m] *n* vardagsrum *nt*
load [loud] *n* last *c;* börda *c; v* lasta
loaf [louf] *n* (pl loaves) limpa *c*
loan [loun] *n* lån *nt*
lobby [ˈlɔbi] *n* vestibul *c;* foajé *c*
lobster [ˈlɔbstə] *n* hummer *c*
local [ˈloukəl] *adj* lokal-, lokal; ~ **call** lokalsamtal *nt;* ~ **train** lokaltåg *nt*
locality [louˈkæləti] *n* samhälle *nt*
locate [louˈkeit] *v* lokalisera
location [louˈkeiʃən] *n* läge *nt*
lock [lɔk] *v* låsa; *n* lås *nt;* sluss *c;* ~ **up** låsa in
locomotive [ˌloukəˈmoutiv] *n* lok *nt*
lodge [lɔdʒ] *v* inkvartera; *n* jaktstuga *c*
lodger [ˈlɔdʒə] *n* inackordering *c*
lodgings [ˈlɔdʒiŋz] *pl* inkvartering *c*
log [lɔg] *n* vedträ *nt;* stock *c*
logic [ˈlɔdʒik] *n* logik *c*
logical [ˈlɔdʒikəl] *adj* logisk
lonely [ˈlounli] *adj* ensam
long [lɔŋ] *adj* lång; långvarig; ~ **for** längta efter; **no longer** inte längre
longing [ˈlɔŋiŋ] *n* längtan *c*
longitude [ˈlɔndʒitju:d] *n* längdgrad *c*
look [luk] *v* titta; tyckas, *se ut; *n* blick *c;* utseende *nt;* ~ **after** sköta,

passa, *ta hand om; ~ at *se på, titta på; ~ for leta efter; ~ out *se upp; ~ up *slå upp

looking-glass [ˈlukiŋglɑːs] n spegel c

loop [luːp] n ögla c

loose [luːs] adj lös

loosen [ˈluːsən] v lossa

lord [lɔːd] n lord c

lorry [ˈlɔri] n lastbil c

***lose** [luːz] v mista, förlora

loss [lɔs] n förlust c

lost [lɔst] adj vilsegången; försvunnen; ~ **and found** hittegods nt; ~ **property office** hittegodsmagasin nt

lot [lɔt] n lott c; mängd c, hög c

lottery [ˈlɔtəri] n lotteri nt

loud [laud] adj högljudd, gäll

loud-speaker [ˌlaudˈspiːkə] n högtalare c

lounge [laundʒ] n sällskapsrum nt

louse [laus] n (pl lice) lus c

love [lʌv] v älska, *hålla av; n kärlek c; in ~ förälskad

lovely [ˈlʌvli] adj söt, förtjusande, ljuvlig

lover [ˈlʌvə] n älskare c

love-story [ˈlʌvˌstɔːri] n kärlekshistoria c

low [lou] adj låg; djup; nedstämd; ~ **tide** ebb c

lower [ˈlouə] v sänka; minska; adj lägre, undre

lowlands [ˈlouləndz] pl lågland nt

loyal [ˈlɔiəl] adj lojal

lubricate [ˈluːbrikeit] v *smörja, olja

lubrication [ˌluːbriˈkeiʃən] n smörjning c; ~ **oil** smörjolja c; ~ **system** smörjsystem nt

luck [lʌk] n lycka c, tur c; slump c; **bad** ~ otur c

lucky [ˈlʌki] adj lyckosam, tursam; ~ **charm** amulett c

ludicrous [ˈluːdikrəs] adj löjeväckande, löjlig

luggage [ˈlʌgidʒ] n bagage nt; **hand** ~ handbagage nt; **left** ~ **office** bagageinlämning c; ~ **rack** bagagehylla c; ~ **van** resgodsfinka c

lukewarm [ˈljuːkwɔːm] adj ljum

lumbago [lʌmˈbeigou] n ryggskott nt

luminous [ˈluːminəs] adj lysande

lump [lʌmp] n klump c, bit c; bula c; ~ **of sugar** sockerbit c; ~ **sum** klumpsumma c

lumpy [ˈlʌmpi] adj klimpig

lunacy [ˈluːnəsi] n vansinne nt

lunatic [ˈluːnətik] adj vansinnig; n sinnessjuk c

lunch [lʌntʃ] n lunch c

luncheon [ˈlʌntʃən] n lunch c

lung [lʌŋ] n lunga c

lust [lʌst] n åtrå c

luxurious [lʌgˈʒuəriəs] adj luxuös

luxury [ˈlʌkʃəri] n lyx c

M

machine [məˈʃiːn] n maskin c, apparat c

machinery [məˈʃiːnəri] n maskineri nt

mackerel [ˈmækrəl] n (pl ~) makrill c

mackintosh [ˈmækintɔʃ] n regnrock c

mad [mæd] adj sinnesförvirrad, vanvettig, tokig; rasande

madness [ˈmædnəs] n vansinne nt

magazine [ˌmægəˈziːn] n tidskrift c; magasin nt

magic [ˈmædʒik] n magi c, trollkonst c; adj magisk

magician [məˈdʒiʃən] n trollkarl c

magistrate [ˈmædʒistreit] n rådman c

magnetic [mægˈnetik] adj magnetisk

magneto [mægˈniːtou] n (pl ~s) magnetapparat c

magnificent [mæg'nifisənt] adj ståtlig; magnifik, praktfull

magpie ['mægpai] n skata c

maid [meid] n hembiträde nt

maiden name ['meidən neim] flicknamn nt

mail [meil] n post c; v posta; ~ order Am postanvisning c

mailbox ['meilbɔks] nAm brevlåda c

main [mein] adj huvud-; störst; ~ deck överdäck nt; ~ line huvudlinje c; ~ road huvudväg c; ~ street huvudgata c

mainland ['meinlənd] n fastland nt

mainly ['meinli] adv huvudsakligen

mains [meinz] pl huvudledning c

maintain [mein'tein] v *upprätthålla

maintenance ['meintənəns] n underhåll nt

maize [meiz] n majs c

major ['meidʒə] adj större; störst; n major c

majority [mə'dʒɔrəti] n majoritet c

*make [meik] v *göra; tjäna; *hinna med; ~ do with klara sig med; ~ good *gottgöra; ~ up *sätta upp, *göra upp

make-up ['meikʌp] n smink c

malaria [mə'lɛəriə] n malaria c

Malay [mə'lei] n malaysier c

Malaysia [mə'leiziə] Malaysia

Malaysian [mə'leiziən] adj malaysisk

male [meil] adj han-, mans-, manlig

malicious [mə'liʃəs] adj illvillig

malignant [mə'lignənt] adj elakartad

mallet ['mælit] n klubba c

malnutrition [,mælnju'triʃən] n undernäring c

mammal ['mæməl] n däggdjur nt

mammoth ['mæməθ] n mammut c

man [mæn] n (pl men) man c; människa c; men's room herrtoalett c

manage ['mænidʒ] v styra; lyckas

manageable ['mænidʒəbəl] adj hanterlig

management ['mænidʒmənt] n styrelse c; direktion c

manager ['mænidʒə] n direktör c, chef c

mandarin ['mændərin] n mandarin c

mandate ['mændeit] n mandat nt

manger ['meindʒə] n foderbehållare c

manicure ['mænikjuə] n manikyr c; v manikyrera

mankind [mæn'kaind] n mänsklighet c

mannequin ['mænəkin] n skyltdocka c

manner ['mænə] n sätt nt, vis nt; manners pl uppförande nt

man-of-war [,mænəv'wɔ:] n örlogsfartyg nt

manor-house ['mænəhaus] n herrgård c

mansion ['mænʃən] n patricierhus nt

manual ['mænjuəl] adj hand-

manufacture [,mænju'fæktʃə] v tillverka

manufacturer [,mænju'fæktʃərə] n fabrikant c

manure [mə'njuə] n gödsel c

manuscript ['mænjuskript] n manuskript nt

many ['meni] adj många

map [mæp] n karta c; plan c

maple ['meipəl] n lönn c

marble ['mɑ:bəl] n marmor c; spelkula c

March [mɑ:tʃ] mars

march [mɑ:tʃ] v marschera; n marsch c

mare [mɛə] n sto nt

margarine [,mɑ:dʒə'ri:n] n margarin nt

margin ['mɑ:dʒin] n marginal c

maritime ['mæritaim] adj maritim

mark [mɑ:k] v märka; markera; utmärka; n märke nt; betyg nt; skottavla c

market ['mɑ:kit] n marknad c, saluhall c

market-place ['mɑ:kitpleis] n torg nt; marknadsplats c

marmalade ['mɑ:məleid] n marmelad c

marriage ['mæridʒ] n äktenskap nt

marrow ['mærou] n märg c

marry ['mæri] v gifta sig

marsh [mɑ:ʃ] n summpark c

marshy ['mɑ:ʃi] adj sumpig

martyr ['mɑ:tə] n martyr c

marvel ['mɑ:vəl] n under nt; v förundra sig

marvellous ['mɑ:vələs] adj underbar

mascara [mæ'skɑ:rə] n maskara c

masculine ['mæskjulin] adj manlig

mash [mæʃ] v mosa

mask [mɑ:sk] n mask c

Mass [mæs] n mässa c

mass [mæs] n mängd c, massa c; klump c; ~ **production** massproduktion c

massage ['mæsɑ:ʒ] n massage c; v massera

masseur [mæ'sə:] n massör c

massive ['mæsiv] adj massiv

mast [mɑ:st] n mast c

master ['mɑ:stə] n mästare c; arbetsgivare c; lektor c, lärare c; v bemästra

masterpiece ['mɑ:stəpi:s] n mästerverk nt

mat [mæt] n matta c; adj matt

match [mætʃ] n tändsticka c; jämlike c, match c, parti nt; v passa ihop

match-box ['mætʃbɔks] n tändsticksask c

material [mə'tiəriəl] n material nt; tyg nt; adj materiell

mathematical [,mæθə'mætikəl] adj matematisk

mathematics [,mæθə'mætiks] n matematik c

matrimonial [,mætri'mouniəl] adj äktenskaplig

matrimony ['mætriməni] n äktenskap nt

matter ['mætə] n materia c, ämne nt; angelägenhet c, fråga c; v *vara viktigt; **as a ~ of fact** faktiskt, i själva verket

matter-of-fact [,mætərəv'fækt] adj torr och saklig

mattress ['mætrəs] n madrass c

mature [mə'tjuə] adj mogen

maturity [mə'tjuərəti] n mogen ålder, mognad c

mausoleum [,mɔ:sə'li:əm] n mausoleum nt

mauve [mouv] adj rödlila

May [mei] maj

***may** [mei] v *kunna; *få

maybe ['meibi:] adv kanske

mayor [meə] n borgmästare c

maze [meiz] n labyrint c; virrvarr nt

me [mi:] pron mig

meadow ['medou] n äng c

meal [mi:l] n måltid c, mål nt

mean [mi:n] adj gemen; medel-; n genomsnitt nt

***mean** [mi:n] v betyda; mena

meaning ['mi:niŋ] n mening c

meaningless ['mi:niŋləs] adj meningslös

means [mi:nz] n medel nt; **by no ~** inte alls

in the meantime [in ðə 'mi:ntaim] under tiden

meanwhile ['mi:nwail] adv under tiden

measles ['mi:zəlz] n mässling c

measure ['meʒə] v mäta; n mått nt; åtgärd c

meat [mi:t] n kött nt

mechanic [mi'kænik] n mekaniker c, montör c

mechanical [mi'kænikəl] adj mekanisk

mechanism ['mekənizəm] *n* meka-
nism *c*

medal ['medəl] *n* medalj *c*

mediaeval [,medi'i:vəl] *adj* medeltida

mediate ['mi:dieit] *v* medla

mediator ['mi:dieitə] *n* medlare *c*

medical ['medikəl] *adj* medicinsk

medicine ['medsin] *n* medicin *c*; lä-
karvetenskap *c*

meditate ['mediteit] *v* meditera

Mediterranean [,meditə'reiniən] Me-
delhavet

medium ['mi:diəm] *adj* genomsnittlig,
medel-, medelmåttig

*meet [mi:t] *v* träffa, möta

meeting ['mi:tiŋ] *n* sammanträde *nt*;
möte *nt*

meeting-place ['mi:tiŋpleis] *n* mötes-
plats *c*

melancholy ['melənkəli] *n* vemod *nt*

mellow ['melou] *adj* mjuk, fyllig

melodrama ['melə,dra:mə] *n* melodra-
ma *nt*

melody ['melədi] *n* melodi *c*

melon ['melən] *n* melon *c*

melt [melt] *v* smälta

member ['membə] *n* medlem *c*;
Member of Parliament riksdags-
man *c*

membership ['membəʃip] *n* medlem-
skap *nt*

memo ['memou] *n* (pl ~s) memoran-
dum *nt*

memorable ['memərəbəl] *adj* minnes-
värd

memorial [mə'mɔ:riəl] *n* minnesmär-
ke *nt*

memorize ['meməraiz] *v* lära sig
utantill

memory ['meməri] *n* minne *nt*

mend [mend] *v* laga, reparera

menstruation [,menstru'eiʃən] *n* men-
struation *c*

mental ['mentəl] *adj* mental

mention ['menʃən] *v* nämna, omnäm-
na; *n* omnämnande *nt*

menu ['menju:] *n* matsedel *c*, meny *c*

merchandise ['mə:tʃəndaiz] *n* han-
delsvaror *pl*

merchant ['mə:tʃənt] *n* köpman *c*

merciful ['mə:sifəl] *adj* barmhärtig

mercury ['mə:kjuri] *n* kvicksilver *nt*

mercy ['mə:si] *n* barmhärtighet *c*

mere [miə] *adj* blott och bar

merely ['miəli] *adv* endast

merger ['mə:dʒə] *n* sammanslagning
c

merit ['merit] *v* förtjäna; *n* förtjänst *c*

mermaid ['mə:meid] *n* sjöjungfru *c*

merry ['meri] *adj* munter

merry-go-round ['merigou,raund] *n*
karusell *c*

mesh [meʃ] *n* maska *c*

mess [mes] *n* oordning *c*, oreda *c*; ~
up spoliera

message ['mesidʒ] *n* meddelande *nt*

messenger ['mesindʒə] *n* bud *nt*

metal ['metəl] *n* metall *c*; metall-

meter ['mi:tə] *n* mätare *c*

method ['meθəd] *n* metod *c*, förfa-
ringssätt *nt*; ordning *c*

methodical [mə'θodikəl] *adj* metodisk

methylated spirits ['meθəleitid 'spirits]
denaturerad sprit

metre ['mi:tə] *n* meter *c*

metric ['metrik] *adj* metrisk

Mexican ['meksikən] *adj* mexikansk;
n mexikanare *c*

Mexico ['meksikou] Mexiko

mezzanine ['mezəni:n] *n* mellanvå-
ning *c*

microphone ['maikrəfoun] *n* mikrofon
c

midday ['middei] *n* mitt på dagen

middle ['midəl] *n* mitt *c*; *adj* mellers-
ta; Middle Ages Medeltiden; ~
class medelklass *c*; middle-class
adj borgerlig

midnight ['midnait] n midnatt c

midst [midst] n mitt c

midsummer ['mid,sʌmə] n midsommar c

midwife ['midwaif] n (pl -wives) barnmorska c

might [mait] n makt c

*might [mait] v *kunna

mighty ['maiti] adj mäktig

migraine ['migrein] n migrän c

mild [maild] adj mild

mildew ['mildju] n mögel nt

milestone ['mailstoun] n milstolpe c

milieu ['mi:ljə:] n miljö c

military ['militəri] adj militär-; ~ force krigsmakt c

milk [milk] n mjölk c

milkman ['milkmən] n (pl -men) mjölkbud nt

milk-shake ['milkʃeik] n milkshake c

milky ['milki] adj mjölkig

mill [mil] n kvarn c; fabrik c

miller ['milə] n mjölnare c

milliner ['milinə] n modist c

million ['miljən] n miljon c

millionaire [,miljə'nɛə] n miljonär c

mince [mins] v finhacka

mind [maind] n begåvning c; v *ha något emot; bry sig om, akta, akta sig för

mine [main] n gruva c

miner ['mainə] n gruvarbetare c

mineral ['minərəl] n mineral nt; ~ water mineralvatten nt

miniature ['minjətʃə] n miniatyr c

minimum ['miniməm] n minimum nt

mining ['mainiŋ] n gruvdrift c

minister ['ministə] n minister c; präst c; Prime Minister statsminister c

ministry ['ministri] n departement nt

mink [miŋk] n mink c

minor ['mainə] adj liten, mindre; underordnad; n minderårig c

minority [mai'nɔrəti] n minoritet c

mint [mint] n mynta c

minus ['mainəs] prep minus

minute[1] ['minit] n minut c; minutes protokoll nt

minute[2] [mai'nju:t] adj ytterst liten

miracle ['mirəkəl] n mirakel nt

miraculous [mi'rækjuləs] adj otrolig

mirror ['mirə] n spegel c

misbehave [,misbi'heiv] v uppföra sig illa

miscarriage [mis'kæridʒ] n missfall nt

miscellaneous [,misə'leiniəs] adj blandad

mischief ['mistʃif] n ofog nt; skada c, förtret c, åverkan c

mischievous ['mistʃivəs] adj odygdig, skadlig

miserable ['mizərəbəl] adj olycklig, eländig

misery ['mizəri] n elände nt; nöd c

misfortune [mis'fɔ:tʃən] n otur c, olycka c

*mislay [mis'lei] v *förlägga

misplaced [mis'pleist] adj malplacerad

mispronounce [,misprə'nauns] v uttala fel

miss[1] [mis] fröken c

miss[2] [mis] v missa

missing ['misiŋ] adj försvunnen; ~ person försvunnen person

mist [mist] n dimma c

mistake [mi'steik] n fel nt, misstag nt

*mistake [mi'steik] v förväxla, *missförstå

mistaken [mi'steikən] adj felaktig; *be ~ *missta sig

mister ['mistə] herr

mistress ['mistrəs] n husmor c; föreståndarinna c; älskarinna c

mistrust [mis'trʌst] v misstro

misty ['misti] adj disig

*misunderstand [,misʌndə'stænd] v *missförstå

misunderstanding [ˌmisʌndəˈstændiŋ] *n* missförstånd *nt*

misuse [misˈjuːs] *n* missbruk *nt*

mittens [ˈmitənz] *pl* tumvantar *pl*

mix [miks] *v* blanda; ~ with *umgås med

mixed [mikst] *adj* blandad

mixer [ˈmiksə] *n* mixer *c*

mixture [ˈmikstʃə] *n* blandning *c*

moan [moun] *v* jämra sig

moat [mout] *n* vallgrav *c*

mobile [ˈmoubail] *adj* rörlig

mock [mɔk] *v* håna

mockery [ˈmɔkəri] *n* hån *nt*

model [ˈmɔdəl] *n* modell *c*; mannekäng *c*; *v* modellera, forma

moderate [ˈmɔdərət] *adj* måttlig, moderat; medelmåttig

modern [ˈmɔdən] *adj* modern

modest [ˈmɔdist] *adj* blygsam, anspråkslös

modesty [ˈmɔdisti] *n* blygsamhet *c*

modify [ˈmɔdifai] *v* ändra

mohair [ˈmouhɛə] *n* mohair *c*

moist [mɔist] *adj* fuktig

moisten [ˈmɔisən] *v* fukta

moisture [ˈmɔistʃə] *n* fuktighet *c*; moisturizing cream fuktighetsbevarande kräm

molar [ˈmoulə] *n* kindtand *c*

moment [ˈmoumənt] *n* ögonblick *nt*

momentary [ˈmouməntəri] *adj* tillfällig

monarch [ˈmɔnək] *n* monark *c*

monarchy [ˈmɔnəki] *n* monarki *c*

monastery [ˈmɔnəstri] *n* kloster *nt*

Monday [ˈmʌndi] måndag *c*

monetary [ˈmʌnitəri] *adj* monetär; ~ unit myntenhet *c*

money [ˈmʌni] *n* pengar *pl*; ~ exchange växelkontor *nt*; ~ order postanvisning *c*

monk [mʌŋk] *n* munk *c*

monkey [ˈmʌŋki] *n* apa *c*

monologue [ˈmɔnɔlɔg] *n* monolog *c*

monopoly [məˈnɔpəli] *n* monopol *nt*

monotonous [məˈnɔtənəs] *adj* monoton

month [mʌnθ] *n* månad *c*

monthly [ˈmʌnθli] *adj* månatlig; ~ magazine månadstidning *c*

monument [ˈmɔnjumənt] *n* monument *nt*, minnesmärke *nt*

mood [muːd] *n* humör *nt*

moon [muːn] *n* måne *c*

moonlight [ˈmuːnlait] *n* månsken *nt*

moor [muə] *n* ljunghed *c*, hed *c*

moose [muːs] *n* (pl ~, ~s) älg *c*

moped [ˈmouped] *n* moped *c*

moral [ˈmɔrəl] *n* moral *c*; *adj* sedlig, moralisk

morality [məˈræləti] *n* morallära *c*

more [mɔː] *adj* fler; once ~ en gång till

moreover [mɔːˈrouvə] *adv* dessutom, för övrigt

morning [ˈmɔːniŋ] *n* morgon *c*, förmiddag *c*; ~ paper morgontidning *c*; this ~ i morse

Moroccan [məˈrɔkən] *adj* marockansk; *n* marockan *c*

Morocco [məˈrɔkou] Marocko

morphia [ˈmɔːfiə] *n* morfin *nt*

morphine [ˈmɔːfiːn] *n* morfin *nt*

morsel [ˈmɔːsəl] *n* bit *c*

mortal [ˈmɔːtəl] *adj* dödlig

mortgage [ˈmɔːgidʒ] *n* hypotek *nt*, inteckning *c*

mosaic [məˈzeiik] *n* mosaik *c*

mosque [mɔsk] *n* moské *c*

mosquito [məˈskiːtou] *n* (pl ~es) mygga *c*; moskit *c*

mosquito-net [məˈskiːtounet] *n* myggnät *nt*

moss [mɔs] *n* mossa *c*

most [moust] *adj* (de) flesta; at ~ på sin höjd; ~ of all mest av allt

mostly [ˈmoustli] *adv* för det mesta

motel [mou'tel] n motell nt

moth [mɔθ] n mal c

mother ['mʌðə] n mor c; ~ tongue modersmål nt

mother-in-law ['mʌðərinlɔ:] n (pl mothers-) svärmor c

mother-of-pearl [,mʌðərən'pə:l] n pärlemor c

motion ['mouʃən] n rörelse c; motion c

motive ['moutiv] n motiv nt

motor ['moutə] n motor c; v bila; ~ body Am karosseri nt; starter ~ startmotor c

motorbike ['moutəbaik] nAm moped c

motor-boat ['moutəbout] n motorbåt c

motor-car ['moutəka:] n bil c

motor-cycle ['moutə,saikəl] n motorcykel c

motorist ['moutərist] n bilist c

motorway ['moutəwei] n motorväg c

motto ['mɔtou] n (pl ~es, ~s) motto nt

mouldy ['mouldi] adj möglig

mound [maund] n kulle c

mount [maunt] v *bestiga; montera; n berg nt; montering c

mountain ['mauntin] n berg nt; ~ pass bergspass nt; ~ range bergskedja c

mountaineering [,maunti'niəriŋ] n bergsbestigning c

mountainous ['mauntinəs] adj bergig

mourning ['mɔ:niŋ] n sorg c

mouse [maus] n (pl mice) mus c

moustache [mə'sta:ʃ] n mustasch c

mouth [mauθ] n mun c; gap nt, käft c; mynning c

mouthwash ['mauθwɔʃ] n munvatten nt

movable ['mu:vəbəl] adj flyttbar

move [mu:v] v *sätta i rörelse; flytta;

röra sig; röra; n drag nt, steg nt; flyttning c

movement ['mu:vmənt] n rörelse c

movie ['mu:vi] n film c; movies Am bio c; ~ theater bio c

much [mʌtʃ] adj många; adv mycket; as ~ lika mycket; likaså

muck [mʌk] n dynga c

mud [mʌd] n gyttja c

muddle ['mʌdəl] n oreda c, röra c, virrvarr nt; v förvirra

muddy ['mʌdi] adj lerig

mud-guard ['mʌdga:d] n stänkskärm c

muffler ['mʌflə] nAm ljuddämpare c

mug [mʌg] n mugg c

mulberry ['mʌlbəri] n mullbär nt

mule [mju:l] n mulåsna c

mullet ['mʌlit] n multe c

multiplication [,mʌltipli'keiʃən] n multiplikation c

multiply ['mʌltiplai] v multiplicera

mumps [mʌmps] n påssjuka c

municipal [mju:'nisipəl] adj kommunal-

municipality [mju:,nisi'pæləti] n kommun c

murder ['mə:də] n mord nt; v mörda

murderer ['mə:dərə] n mördare c

muscle ['mʌsəl] n muskel c

muscular ['mʌskjulə] adj muskulös

museum [mju:'zi:əm] n museum nt

mushroom ['mʌʃru:m] n svamp c

music ['mju:zik] n musik c; ~ academy konservatorium nt

musical ['mju:zikəl] adj musikalisk; n musikal c

music-hall ['mju:zikhɔ:l] n revyteater c

musician [mju:'ziʃən] n musiker c

muslin ['mʌzlin] n muslin nt

mussel ['mʌsəl] n blåmussla c

*must [mʌst] v *måste

mustard ['mʌstəd] n senap c

mute [mju:t] adj stum
mutiny ['mju:tini] n myteri nt
mutton ['mʌtən] n fårkött nt
mutual ['mju:tʃuəl] adj inbördes, öm-
sesidig
my [mai] adj min
myself [mai'self] pron mig; själv
mysterious [mi'stiəriəs] adj gåtfull,
mystisk
mystery ['mistəri] n mysterium nt
myth [miθ] n myt c

N

nag [næg] v tjata
nail [neil] n nagel c; spik c
nailbrush ['neilbrʌʃ] n nagelborste c
nail-file ['neilfail] n nagelfil c
nail-polish ['neil,poliʃ] n nagellack nt
nail-scissors ['neil,sizəz] pl nagelsax c
naïve [na:'i:v] adj naiv
naked ['neikid] adj naken; kal
name [neim] n namn nt; v uppkalla;
in the ~ of i ... namn
namely ['neimli] adv nämligen
nap [næp] n tupplur c
napkin ['næpkin] n servett c
nappy ['næpi] n blöja c
narcosis [na:'kousis] n (pl -ses) nar-
kos c
narcotic [na:'kotik] n narkotika c;
narkoman c
narrow ['nærou] adj trång, snäv,
smal
narrow-minded [,nærou'maindid] adj
inskränkt
nasty ['na:sti] adj smutsig, obehaglig;
otäck
nation ['neiʃən] n nation c; folk nt
national ['næʃənəl] adj nationell; folk-
: stats-; ~ anthem nationalsång c;
~ dress nationaldräkt c; ~ park

nationalpark c
nationality [,næʃə'næləti] n nationali-
tet c
nationalize ['næʃənəlaiz] v nationalise-
ra
native ['neitiv] n inföding c; adj in-
född, inhemsk; ~ country foster-
land nt, hemland nt; ~ language
modersmål nt
natural ['nætʃərəl] adj naturlig; med-
född
naturally ['nætʃərəli] adv naturligtvis
nature ['neitʃə] n natur c
naughty ['nɔ:ti] adj odygdig, stygg
nausea ['nɔ:siə] n illamående nt
naval ['neivəl] adj flott-
navel ['neivəl] n navel c
navigable ['nævigəbəl] adj segelbar
navigate ['nævigeit] v navigera; scgla
navigation [,nævi'geiʃən] n navigation
c; sjöfart c
navy ['neivi] n flotta c
near [niə] adj nära, närbelägen
nearby ['niəbai] adj närliggande
nearly ['niəli] adv närapå, nästan
neat [ni:t] adj prydlig; oblandad, ren;
klar, koncis
necessary ['nesəsəri] adj nödvändig
necessity [nə'sesəti] n nödvändighet c
neck [nek] n hals c; nape of the ~
nacke c
necklace ['nekləs] n halsband nt
necktie ['nektai] n slips c
need [ni:d] v behöva, *måste; n be-
hov nt; nödvändighet c; ~ to *må-
ste
needle ['ni:dəl] n nål c
needlework ['ni:dəlwə:k] n handarbe-
te nt
negative ['negətiv] adj nekande, ne-
gativ; n negativ nt
neglect [ni'glekt] v försumma; n slarv
nt
neglectful [ni'glektfəl] adj försumlig

negligee ['negliʒei] n negligé c
negotiate [ni'gouʃieit] v förhandla
negotiation [ni,gouʃi'eiʃən] n förhandling c
Negro ['ni:grou] n (pl ~es) neger c
neighbour ['neibə] n granne c
neighbourhood ['neibəhud] n grannskap nt
neighbouring ['neibəriŋ] adj angränsande
neither ['naiðə] pron ingendera; neither ... nor varken ... eller
neon ['ni:ɔn] n neon nt
nephew ['nefju:] n systerson c, brorson c
nerve [nə:v] n nerv c; fräckhet c
nervous ['nə:vəs] adj nervös
nest [nest] n bo nt
net [net] n nät nt; adj netto-
the Netherlands ['neðələndz] Nederländerna
network ['netwə:k] n nätverk nt
neuralgia [njuə'rældʒə] n neuralgi c
neurosis [njuə'rousis] n neuros c
neuter ['nju:tə] adj neutrum
neutral ['nju:trəl] adj neutral
never ['nevə] adv aldrig
nevertheless [,nevəðə'les] adv inte desto mindre
new [nju:] adj ny; New Year nyår nt
news [nju:z] n nyhet c, dagsnyheter pl
newsagent ['nju:,zeidʒənt] n tidningsförsäljare c
newspaper ['nju:z,peipə] n dagstidning c
newsreel ['nju:zri:l] n journalfilm c
newsstand ['nju:zstænd] n tidningskiosk c
New Zealand [nju: 'zi:lənd] Nya Zeeland
next [nekst] adj nästa, följande; ~ to bredvid
next-door [,nekst'dɔ:] adv näst intill

nice [nais] adj snäll, söt, trevlig; god; sympatisk
nickel ['nikəl] n nickel c
nickname ['nikneim] n smeknamn nt
nicotine ['nikəti:n] n nikotin nt
niece [ni:s] n systerdotter c, brorsdotter c
Nigeria [nai'dʒiəriə] Nigeria
Nigerian [nai'dʒiəriən] adj nigeriansk; n nigerian c
night [nait] n natt c; kväll c; by ~ om natten; ~ flight nattflyg nt; ~ rate nattaxa c; ~ train nattåg nt
nightclub ['naitklʌb] n nattklubb c
night-cream ['naitkri:m] n nattkräm c
nightdress ['naitdres] n nattlinne nt
nightingale ['naitiŋgeil] n näktergal c
nightly ['naitli] adj nattlig
nightmare ['naitmeə] n mardröm c
nil [nil] ingenting, noll
nine [nain] num nio
nineteen [,nain'ti:n] num nitton
nineteenth [,nain'ti:nθ] num nittonde
ninety ['nainti] num nittio
ninth [nainθ] num nionde
nitrogen ['naitrədʒən] n kväve nt
no [nou] nej; adj ingen; ~ one ingen
nobility [nou'biləti] n adel c
noble ['noubəl] adj adlig; ädel
nobody ['noubədi] pron ingen
nod [nɔd] n nick c; v nicka
noise [nɔiz] n ljud nt; oväsen nt, buller nt
noisy ['nɔizi] adj bullrig; högljudd
nominal ['nɔminəl] adj nominell, obetydlig
nominate ['nɔmineit] v nominera, utnämna
nomination [,nɔmi'neiʃən] n nominering c; utnämning c
none [nʌn] pron ingen
nonsense ['nɔnsəns] n dumheter pl
noon [nu:n] n klockan tolv
normal ['nɔ:məl] adj vanlig, normal

north [nɔːθ] n nord c; adj nordlig;
  North Pole Nordpolen
north-east [ˌnɔːθˈiːst] n nordost c
northerly [ˈnɔːðəli] adj nordlig
northern [ˈnɔːðən] adj norra
north-west [ˌnɔːθˈwest] n nordväst c
Norway [ˈnɔːwei] Norge
Norwegian [nɔːˈwiːdʒən] adj norsk; n
  norrman c
nose [nouz] n näsa c
nosebleed [ˈnouzbliːd] n näsblod nt
nostril [ˈnɔstril] n näsborre c
not [nɔt] adv inte
notary [ˈnoutəri] n juridiskt ombud
note [nout] n anteckning c; fotnot c;
  ton c; v anteckna; observera, note-
  ra
notebook [ˈnoutbuk] n antecknings-
  bok c
noted [ˈnoutid] adj välkänd
notepaper [ˈnoutˌpeipə] n brevpapper
  nt
nothing [ˈnʌθiŋ] n ingenting, intet nt
notice [ˈnoutis] v *lägga märke till,
  uppmärksamma, märka; *se; n
  meddelande nt, uppsägning c; upp-
  märksamhet c
noticeable [ˈnoutisəbəl] adj märkbar;
  anmärkningsvärd
notify [ˈnoutifai] v meddela; under-
  rätta
notion [ˈnouʃən] n aning c, begrepp nt
notorious [nouˈtɔːriəs] adj beryktad
nougat [ˈnuːgaː] n nougat c
nought [nɔːt] n nolla c
noun [naun] n substantiv nt
nourishing [ˈnʌriʃiŋ] adj närande
novel [ˈnɔvəl] n roman c
novelist [ˈnɔvəlist] n romanförfattare
  c
November [nouˈvembə] november
now [nau] adv nu; ~ and then då
  och då
nowadays [ˈnauədeiz] adv nuförtiden

nowhere [ˈnouweə] adv ingenstans
nozzle [ˈnɔzəl] n munstycke nt
nuance [njuˈãːs] n nyans c
nuclear [ˈnjuːkliə] adj kärn-; ~ en-
  ergy kärnkraft c
nucleus [ˈnjuːkliəs] n kärna c
nude [njuːd] adj naken; n akt c
nuisance [ˈnjuːsəns] n besvär nt
numb [nʌm] adj utan känsel; dom-
  nad, förlamad
number [ˈnʌmbə] n nummer nt; tal
  nt, antal nt
numeral [ˈnjuːmərəl] n räkneord nt
numerous [ˈnjuːmərəs] adj talrik
nun [nʌn] n nunna c
nunnery [ˈnʌnəri] n nunnekloster nt
nurse [nəːs] n sjuksköterska c; barn-
  sköterska c; v vårda; amma
nursery [ˈnəːsəri] n barnkammare c;
  daghem nt; plantskola c
nut [nʌt] n nöt c; mutter c
nutcrackers [ˈnʌtˌkrækəz] pl nötknäp-
  pare c
nutmeg [ˈnʌtmeg] n muskotnöt c
nutritious [njuːˈtriʃəs] adj närande
nutshell [ˈnʌtʃel] n nötskal nt
nylon [ˈnailɔn] n nylon nt

O

oak [ouk] n ek c
oar [ɔː] n åra c
oasis [ouˈeisis] n (pl oases) oas c
oath [ouθ] n ed c
oats [outs] pl havre c
obedience [əˈbiːdiəns] n lydnad c
obedient [əˈbiːdiənt] adj lydig
obey [əˈbei] v lyda
object¹ [ˈɔbdʒikt] n objekt nt; före-
  mål nt; syfte nt
object² [əbˈdʒekt] v invända, prote-
  stera

objection [əb'dʒekʃən] n invändning c

objective [əb'dʒektiv] adj objektiv; n mål nt

obligatory [ə'bligətəri] adj obligatorisk

oblige [ə'blaidʒ] v förplikta; *be obliged to *vara tvungen att; *måste

obliging [ə'blaidʒiŋ] adj tillmötesgående

oblong ['ɔblɔŋ] adj avlång, rektangulär; n rektangel c

obscene [əb'si:n] adj oanständig

obscure [əb'skjuə] adj dunkel, skum, oklar, mörk

observation [ˌɔbzə'veiʃən] n iakttagelse c, observation c

observatory [əb'zə:vətri] n observatorium nt

observe [əb'zə:v] v observera, *iakttta

obsession [əb'seʃən] n besatthet c

obstacle ['ɔbstəkəl] n hinder nt

obstinate ['ɔbstinət] adj envis; hårdnackad

obtain [əb'tein] v *erhålla, skaffa sig

obtainable [əb'teinəbəl] adj anskaffbar

obvious ['ɔbviəs] adj tydlig

occasion [ə'keiʒən] n tillfälle nt; anledning c

occasionally [ə'keiʒənəli] adv då och då

occupant ['ɔkjupənt] n innehavare c

occupation [ˌɔkju'peiʃən] n sysselsättning c; ockupation c

occupy ['ɔkjupai] v ockupera, *uppta, *besätta; occupied adj ockuperad, upptagen

occur [ə'kə:] v ske, hända, *förekomma

occurrence [ə'kʌrəns] n händelse c

ocean ['ouʃən] n världshav nt

October [ɔk'toubə] oktober

octopus ['ɔktəpəs] n bläckfisk c

oculist ['ɔkjulist] n ögonläkare c

odd [ɔd] adj underlig, konstig; udda

odour ['oudə] n lukt c

of [ɔv, əv] prep av

off [ɔf] adv av; iväg; prep från

offence [ə'fens] n förseelse c; kränkning c, anstöt c

offend [ə'fend] v såra, kränka; *förgå sig

offensive [ə'fensiv] adj offensiv; anstötlig, kränkande; n offensiv c

offer ['ɔfə] v *erbjuda; *bjuda; n erbjudande nt

office ['ɔfis] n kontor nt; ämbete nt; ~ hours kontorstid c

officer ['ɔfisə] n officer c

official [ə'fiʃəl] adj officiell

off-licence ['ɔf,laisəns] n systembolag nt

often ['ɔfən] adv ofta

oil [ɔil] n olja c; fuel ~ brännolja c; ~ filter oljefilter nt; ~ pressure oljetryck nt

oil-painting [ˌɔil'peintiŋ] n oljemålning c

oil-refinery ['ɔilri,fainəri] n oljeraffinaderi nt

oil-well ['ɔilwel] n oljekälla c, oljefyndighet c

oily ['ɔili] adj oljig

ointment ['ɔintmənt] n salva c

okay! [ou'kei] fint!

old [ould] adj gammal; ~ age ålderdom c

old-fashioned [ˌould'fæʃənd] adj gammaldags, gammalmodig

olive ['ɔliv] n oliv c; ~ oil olivolja c

omelette ['ɔmlət] n omelett c

ominous ['ɔminəs] adj olycksbådande

omit [ə'mit] v utelämna

omnipotent [ɔm'nipətənt] adj allsmäktig

on [ɔn] prep på; vid

once [wʌns] adv en gång; at ~ genast; ~ more ännu en gång

oncoming ['ɔnˌkʌmiŋ] adj förestående, mötande

one [wʌn] num en; pron man

oneself [wʌn'self] pron själv

onion ['ʌnjən] n lök c

only ['ounli] adj enda; adv endast, bara, blott; conj men

onwards ['ɔnwədz] adv framåt, vidare

onyx ['ɔniks] n onyx c

opal ['oupəl] n opal c

open ['oupən] v öppna; adj öppen; öppenhjärtig

opening ['oupəniŋ] n öppning c

opera ['ɔpərə] n opera c; ~ house operahus nt

operate ['ɔpəreit] v fungera; operera

operation [ˌɔpə'reiʃən] n funktion c; operation c

operator ['ɔpəreitə] n telefonist c

operetta [ˌɔpə'retə] n operett c

opinion [ə'pinjən] n uppfattning c, åsikt c

opponent [ə'pounənt] n motståndare c

opportunity [ˌɔpə'tju:nəti] n tillfälle nt

oppose [ə'pouz] v opponera sig

opposite ['ɔpəzit] prep mittemot; adj motstående, motsatt

opposition [ˌɔpə'ziʃən] n opposition c

oppress [ə'pres] v förtrycka, tynga

optician [ɔp'tiʃən] n optiker c

optimism ['ɔptimizəm] n optimism c

optimist ['ɔptimist] n optimist c

optimistic [ˌɔpti'mistik] adj optimistisk

optional ['ɔpʃənəl] adj valfri

or [ɔ:] conj eller

oral ['ɔ:rəl] adj muntlig

orange ['ɔrindʒ] n apelsin c; adj brandgul

orchard ['ɔ:tʃəd] n fruktträdgård c

orchestra ['ɔ:kistrə] n orkester c; ~ seat Am parkett c

order ['ɔ:də] v befalla; beställa; n ordningsföljd c, ordning c; befallning c, order c; beställning c; in ~ i ordning; in ~ to för att; made to ~ gjord på beställning; out of ~ funktionsoduglig; postal ~ postanvisning c

order-form ['ɔ:dəfɔ:m] n orderblankett c

ordinary ['ɔ:dənri] adj vanlig, alldaglig

ore [ɔ:] n malm c

organ ['ɔ:gən] n organ nt; orgel c

organic [ɔ:'gænik] adj organisk

organization [ˌɔ:gənai'zeiʃən] n organisation c

organize ['ɔ:gənaiz] v organisera

Orient ['ɔ:riənt] n Orienten

oriental [ˌɔ:ri'entəl] adj orientalisk

orientate ['ɔ:riənteit] v orientera sig

origin ['ɔridʒin] n ursprung nt; härstamning c, härkomst c

original [ə'ridʒinəl] adj ursprunglig, originell

originally [ə'ridʒinəli] adv ursprungligen

ornament ['ɔ:nəmənt] n utsmyckning c

ornamental [ˌɔ:nə'mentəl] adj prydnads-, dekorativ

orphan ['ɔ:fən] n föräldralöst barn

orthodox ['ɔ:θədɔks] adj ortodox

ostrich ['ɔstritʃ] n struts c

other ['ʌðə] adj annan

otherwise ['ʌðəwaiz] conj annars; adv annorlunda

*ought to [ɔ:t] *böra

our [auə] adj vår

ourselves [auə'selvz] pron oss; själva

out [aut] adv ute, ut; ~ of utanför, från

outbreak ['autbreik] n utbrott nt

outcome ['autkʌm] n följd c, resultat nt

*outdo [ˌautˈduː] v överträffa
outdoors [ˌautˈdɔːz] adv utomhus
outfit [ˈautfit] n utrustning c
outline [ˈautlain] n ytterlinje c; v teckna konturerna av, skissera
outlook [ˈautluk] n utsikt c; syn c
output [ˈautput] n produktion c
outrage [ˈautreidʒ] n illgärning c, våldsdåd nt
outside [ˌautˈsaid] adv utomhus; prep utanför; n utsida c
outsize [ˈautsaiz] n extrastorlek c
outskirts [ˈautskəːts] pl utkant c
outstanding [ˌautˈstændiŋ] adj framstående, framträdande, utestående
outward [ˈautwəd] adj yttre
outwards [ˈautwədz] adv utåt
oval [ˈouvəl] adj oval
oven [ˈʌvən] n ugn c; microwave ~ mikrovågsugn c
over [ˈouvə] prep över, ovanför; adv över; adj över; ~ there där borta
overall [ˈouvərɔːl] adj sammanlagd
overalls [ˈouvərɔːlz] pl overall c
overcast [ˈouvəkɑːst] adj mulen
overcoat [ˈouvəkout] n överrock c
*overcome [ˌouvəˈkʌm] v *övervinna
overdue [ˌouvəˈdjuː] adj försenad; förfallen till betalning
overgrown [ˌouvəˈgroun] adj igenvuxen
overhaul [ˌouvəˈhɔːl] v undersöka, *genomgå; *hinna ifatt
overhead [ˌouvəˈhed] adv ovan
overlook [ˌouvəˈluk] v *förbise
overnight [ˌouvəˈnait] adv över natten
overseas [ˌouvəˈsiːz] adj över haven
oversight [ˈouvəsait] n förbiseende nt; uppsikt c
*oversleep [ˌouvəˈsliːp] v *försova sig
overstrung [ˌouvəˈstrʌŋ] adj överspänd
*overtake [ˌouvəˈteik] v köra om; no overtaking omkörning förbjuden

over-tired [ˌouvəˈtaiəd] adj uttröttad
overture [ˈouvətʃə] n ouvertyr c
overweight [ˈouvəweit] n övervikt c
overwhelm [ˌouvəˈwelm] v överväldiga
overwork [ˌouvəˈwəːk] v överanstränga sig
owe [ou] v *vara skyldig; *ha att tacka för; owing to med anledning av
owl [aul] n uggla c
own [oun] v äga; adj egen
owner [ˈounə] n ägare c, innehavare c
ox [ɔks] n (pl oxen) oxe c
oxygen [ˈɔksidʒən] n syre nt
oyster [ˈɔistə] n ostron nt

P

pace [peis] n sätt att *gå; steg nt; tempo nt
Pacific Ocean [pəˈsifik ˈouʃən] Stilla havet
pacifism [ˈpæsifizəm] n pacifism c
pacifist [ˈpæsifist] n pacifist c; pacifistisk
pack [pæk] v packa; ~ up packa in
package [ˈpækidʒ] n paket c
packet [ˈpækit] n paket nt
packing [ˈpækiŋ] n packning c, förpackning c
pad [pæd] n dyna c; anteckningsblock nt
paddle [ˈpædəl] n paddel c
padlock [ˈpædlɔk] n hänglås nt
pagan [ˈpeigən] adj hednisk; n hedning c
page [peidʒ] n sida c
page-boy [ˈpeidʒbɔi] n hotellpojke c
pail [peil] n ämbar nt
pain [pein] n smärta c; pains möda c

painful ['peinfəl] adj smärtsam

painless ['peinləs] adj smärtfri

paint [peint] n målarfärg c; v måla

paint-box ['peintbɔks] n färglåda c

paint-brush ['peintbrʌʃ] n pensel c

painter ['peintə] n målare c

painting ['peintiŋ] n målning c

pair [peə] n par nt

Pakistan [ˌpɑ:ki'stɑ:n] Pakistan

Pakistani [ˌpɑ:ki'stɑ:ni] adj pakistansk; n pakistanier c

palace ['pæləs] n palats nt

pale [peil] adj blek; ljus

palm [pɑ:m] n palm c; handflata c

palpable ['pælpəbəl] adj kännbar, påtaglig

palpitation [ˌpælpi'teiʃən] n hjärtklappning c

pan [pæn] n panna c

pane [pein] n ruta c

panel ['pænəl] n panel c

panelling ['pænəliŋ] n panel c

panic ['pænik] n panik c

pant [pænt] v flämta

panties ['pæntiz] pl trosor pl

pants [pænts] n underbyxor pl; plAm byxor pl

pant-suit ['pæntsu:t] n byxdräkt c

panty-hose ['pæntihouz] n strumpbyxor pl

paper ['peipə] n papper nt; tidning c; pappers-; carbon ~ karbonpapper nt; ~ bag papperspåse c; ~ napkin pappersservett c; typing ~ skrivmaskinspapper nt; wrapping ~ omslagspapper nt

paperback ['peipəbæk] n pocketbok c

paper-knife ['peipənaif] n papperskniv c

parade [pə'reid] n parad c

paraffin ['pærəfin] n fotogen c

paragraph ['pærəɡrɑ:f] n paragraf c

parakeet ['pærəki:t] n papegoja c

paralise ['pærəlaiz] v paralysera

parallel ['pærəlel] adj jämlöpande, parallell; n parallell c

parcel ['pɑ:səl] n paket nt

pardon ['pɑ:dən] n förlåtelse c; benådning c

parents ['peərənts] pl föräldrar pl

parents-in-law ['peərəntsinlɔ:] pl svärföräldrar pl

parish ['pæriʃ] n församling c

park [pɑ:k] n park c; v parkera

parking ['pɑ:kiŋ] n parkering c; no ~ parkering förbjuden; ~ fee parkeringsavgift c; ~ light parkeringsljus nt; ~ lot Am parkeringsplats c; ~ meter parkeringsmätare c; ~ zone parkeringszon c

parliament ['pɑ:ləmənt] n riksdag c, parlament nt

parliamentary [ˌpɑ:lə'mentəri] adj parlamentarisk

parrot ['pærət] n papegoja c

parsley ['pɑ:sli] n persilja c

parson ['pɑ:sən] n präst c

parsonage ['pɑ:sənidʒ] n prästgård c

part [pɑ:t] n del c; stycke nt; v skilja; spare ~ reservdel c

partial ['pɑ:ʃəl] adj ofullständig; partisk

participant [pɑ:'tisipənt] n deltagare c

participate [pɑ:'tisipeit] v *delta

particular [pə'tikjulə] adj särskild; noga; in ~ särskilt

partition [pɑ:'tiʃən] n skiljevägg c; delning c, del c

partly ['pɑ:tli] adv delvis

partner ['pɑ:tnə] n partner c; kompanjon c

partridge ['pɑ:tridʒ] n rapphöna c

party ['pɑ:ti] n parti nt; kalas nt, fest c; sällskap nt

pass [pɑ:s] v *förflyta, passera; *ge; *bli godkänd; vAm köra om; n bergspass nt; pass nt; no passing Am omkörning förbjuden; ~ by *gå förbi; ~ **through** *gå igenom

passage ['pæsidʒ] n passage c; överfart c; avsnitt nt; genomresa c

passenger ['pæsəndʒə] n passagerare c; ~ **car** Am järnvägsvagn c

passer-by [,pɑ:sə'bai] n förbipasserande c

passion ['pæʃən] n lidelse c, passion c; raseri nt

passionate ['pæʃənət] adj lidelsefull

passive ['pæsiv] adj passiv

passport ['pɑ:spɔ:t] n pass nt; ~ **control** passkontroll c; ~ **photograph** passfoto nt

password ['pɑ:swɔ:d] n lösenord nt

past [pɑ:st] n det förflutna; adj förfluten, förra; prep förbi

paste [peist] n pasta c; v klistra

pastry ['peistri] n bakelser pl; ~ **shop** konditori nt

pasture ['pɑ:stʃə] n betesmark c

patch [pætʃ] v lappa

patent ['peitənt] n patent nt, patentbrev nt

path [pɑ:θ] n stig c

patience ['peiʃəns] n tålamod nt

patient ['peiʃənt] adj tålmodig; n patient c

patriot ['peitriət] n patriot c

patrol [pə'troul] n patrull c; v patrullera; övervaka

pattern ['pætən] n mönster nt

pause [pɔ:z] n paus c; v pausa

pave [peiv] v *stenlägga

pavement ['peivmənt] n trottoar c; gatubeläggning c

pavilion [pə'viljən] n paviljong c

paw [pɔ:] n tass c

pawn [pɔ:n] v *pantsätta; n schackbonde

pawnbroker ['pɔ:n,broukə] n pantlånare c

pay [pei] n avlöning c, lön c

*pay [pei] v betala; löna sig; ~ **at-** tention to uppmärksamma; **paying** lönande; ~ **off** slutbetala; ~ **on account** avbetala

pay-desk ['peidesk] n kassa c

payee [pei'i:] n betalningsmottagare c

payment ['peimənt] n betalning c

pea [pi:] n ärta c

peace [pi:s] n fred c

peaceful ['pi:sfəl] adj fridfull

peach [pi:tʃ] n persika c

peacock ['pi:kɔk] n påfågel c

peak [pi:k] n topp c; höjdpunkt c; ~ **hour** rusningstid c; ~ **season** högsäsong c

peanut ['pi:nʌt] n jordnöt c

pear [pɛə] n päron nt

pearl [pə:l] n pärla c

peasant ['pezənt] n bonde c

pebble ['pebəl] n strandsten c

peculiar [pi'kju:ljə] adj egendomlig, säregen

peculiarity [pi,kju:li'ærəti] n egendomlighet c

pedal ['pedəl] n pedal c

pedestrian [pi'destriən] n fotgängare c; no pedestrians förbjudet för fotgängare; ~ **crossing** övergångsställe för fotgängare

pedicure ['pedikjuə] n fotvård c

peel [pi:l] v skala; n skal nt

peep [pi:p] v kika

peg [peg] n pinne c, hängare c, sprint c

pelican ['pelikən] n pelikan c

pelvis ['pelvis] n bäcken nt

pen [pen] n penna c

penalty ['penəlti] n böter pl; straff nt; ~ **kick** straffspark c

pencil ['pensəl] n blyertspenna c

pencil-sharpener ['pensəl,ʃɑ:pnə] n pennvässare c

pendant ['pendənt] n hängsmycke nt

penetrate ['penitreit] v genomtränga

penguin ['peŋwin] n pingvin c

penicillin [‚peni'silin] n penicillin nt

peninsula [pə'ninsjulə] n halvö c

penknife ['pennaif] n (pl -knives) pennkniv c

pension¹ ['pā:siŏ:] n pensionat nt

pension² ['penʃən] n pension c

people ['pi:pəl] pl folk pl; n folk nt

pepper ['pepə] n peppar c

peppermint ['pepəmint] n pepparmint nt

perceive [pə'si:v] v *förnimma

percent [pə'sent] n procent c

percentage [pə'sentidʒ] n procent c

perceptible [pə'septibəl] adj märkbar

perception [pə'sepʃən] n förnimmelse c

perch [pə:tʃ] (pl ~) abborre c

percolator ['pə:kəleitə] n kaffebryg- gare c

perfect ['pə:fikt] adj perfekt, full- komlig

perfection [pə'fekʃən] n fullkomlighet c

perform [pə'fɔ:m] v utföra

performance [pə'fɔ:məns] n föreställ- ning c

perfume ['pə:fju:m] n parfym c

perhaps [pə'hæps] adv kanske; kan- hända

peril ['peril] n fara c

perilous ['periləs] adj livsfarlig

period ['piəriəd] n period c; punkt c

periodical [‚piəri'ɔdikəl] n tidskrift c; adj periodisk

perish ['periʃ] v *omkomma

perishable ['periʃəbəl] adj ömtålig

perjury ['pə:dʒəri] n mened c

permanent ['pə:mənənt] adj varaktig, beständig, ständig; fast, stadigvar- ande; ~ wave permanent c

permission [pə'miʃən] n tillåtelse c, tillstånd nt; lov nt, tillståndsbevis nt

permit¹ [pə'mit] v *tillåta

permit² ['pə:mit] n tillståndsbevis nt, tillstånd nt

peroxide [pə'rɔksaid] n vätesuperoxid c

perpendicular [‚pə:pən'dikjulə] adj lodrät

Persia ['pə:ʃə] Persien

Persian ['pə:ʃən] adj persisk; n perser c

person ['pə:sən] n person c; per ~ per person

personal ['pə:sənəl] adj personlig

personality [‚pə:sə'næləti] n personlig- het c

personnel [‚pə:sə'nel] n personal c

perspective [pə'spektiv] n perspektiv nt

perspiration [‚pə:spə'reiʃən] n transpi- ration c, svettning c, svett c

perspire [pə'spaiə] v transpirera, svettas

persuade [pə'sweid] v övertala; över- tyga

persuasion [pə'sweiʒən] n övertygelse c

pessimism ['pesimizəm] n pessimism c

pessimist ['pesimist] n pessimist c

pessimistic [‚pesi'mistik] adj pessimis- tisk

pet [pet] n sällskapsdjur nt; kelgris c; älsklings-

petal ['petəl] n kronblad nt

petition [pi'tiʃən] n petition c

petrol ['petrəl] n bensin c; ~ pump bensinpump c; ~ station bensin- mack c; ~ tank bensintank c; unleaded ~ blyfri bensin c

petroleum [pi'trouliəm] n råolja c

petty ['peti] adj oväsentlig, obetyd- lig, liten; ~ cash kontorskassa c

pewter ['pju:tə] n tennlegering c

phantom ['fæntəm] n fantom c

pharmacology [ˌfɑːməˈkɔlədʒi] n farmakologi c

pharmacy [ˈfɑːməsi] n apotek nt

phase [feiz] n fas c

pheasant [ˈfezənt] n fasan c

Philippine [ˈfilipain] adj filippinsk

Philippines [ˈfilipiːnz] pl Filippinerna

philosopher [fiˈlɔsəfə] n filosof c

philosophy [fiˈlɔsəfi] n filosofi c

phone [foun] n telefon c; v telefonera, ringa upp

phonetic [fəˈnetik] adj fonetisk

photo [ˈfoutou] n (pl ~s) foto nt

photocopy [ˈfoutəukɔpi] n fotokopia c; v fotokopiera

photograph [ˈfoutəɡrɑːf] n fotografi nt; v fotografera

photographer [fəˈtɔɡrəfə] n fotograf c

photography [fəˈtɔɡrəfi] n fotografering c

phrase [freiz] n fras c

phrase-book [ˈfreizbuk] n parlör c

physical [ˈfizikəl] adj fysisk

physician [fiˈziʃən] n läkare c

physicist [ˈfizisist] n fysiker c

physics [ˈfiziks] n fysik c, naturvetenskap c

physiology [ˌfiziˈɔlədʒi] n fysiologi c

pianist [ˈpiːənist] n pianist c

piano [piˈænou] n piano nt; grand ~ flygel c

pick [pik] v plocka; *välja; n val nt; ~ up plocka upp; hämta; **pick-up van** skåpvagn c

pick-axe [ˈpikæks] n hacka c

pickles [ˈpikəlz] pl pickels pl

picnic [ˈpiknik] n picknick c; v picknicka

picture [ˈpiktʃə] n tavla c; film c, illustration c; bild c; ~ **postcard** vykort nt; **pictures** bio c

picturesque [ˌpiktʃəˈresk] adj pittoresk

piece [piːs] n bit c, stycke nt

pier [piə] n pir c

pierce [piəs] v *göra hål, genombora

pig [pig] n gris c

pigeon [ˈpidʒən] n duva c

pig-headed [ˌpigˈhedid] adj tjurskallig

piglet [ˈpiglət] n spädgris c

pigskin [ˈpigskin] n svinläder nt

pike [paik] (pl ~) gädda c

pile [pail] n hög c; v stapla; **piles** pl hemorrojder pl

pilgrim [ˈpilgrim] n pilgrim c

pilgrimage [ˈpilgrimidʒ] n pilgrimsfärd c

pill [pil] n piller nt

pillar [ˈpilə] n pelare c, stolpe c

pillar-box [ˈpiləbɔks] n brevlåda c

pillow [ˈpilou] n huvudkudde c, kudde c

pillow-case [ˈpiloukeis] n örngott nt

pilot [ˈpailət] n pilot c; lots c

pimple [ˈpimpəl] n finne c

pin [pin] n knappnål c; v fästa med nål; **bobby ~** Am hårklämma c

pincers [ˈpinsəz] pl kniptång c

pinch [pintʃ] v *nypa

pine [pain] n tall c; furu c

pineapple [ˈpaiˌnæpəl] n ananas c

ping-pong [ˈpiŋpɔŋ] n bordtennis c

pink [piŋk] adj skär

pioneer [ˌpaiəˈniə] n pionjär c

pious [ˈpaiəs] adj from

pip [pip] n kärna c

pipe [paip] n pipa c; rör nt; ~ **cleaner** piprensare c; ~ **tobacco** piptobak c

pirate [ˈpaiərət] n sjörövare c

pistol [ˈpistəl] n pistol c

piston [ˈpistən] n kolv c; ~ **ring** kolvring c

piston-rod [ˈpistənrɔd] n kolvstång c

pit [pit] n grop c; gruva c

pitcher [ˈpitʃə] n krus nt

pity [ˈpiti] n medlidande nt; v *ha

medlidande med, beklaga; **what a pity!** så synd!

placard ['plækɑ:d] n plakat nt

place [pleis] n ställe nt; v placera, *sätta; ~ **of birth** födelseort c; *take ~ äga rum

plague [pleig] n plåga c

plaice [pleis] (pl ~) rödspätta c

plain [plein] adj tydlig; enkel, vanlig; n slätt c

plan [plæn] n plan c; v planera

plane [plein] adj plan; n flygplan nt; ~ **crash** flygolycka c

planet ['plænit] n planet c

planetarium [,plæni'teɔriɔm] n planetarium c

plank [plæŋk] n planka c

plant [plɑ:nt] n planta c; fabrik c; v plantera

plantation [plæn'teiʃɔn] n plantage c

plaster ['plɑ:stɔ] n rappning c, gips c; plåster nt

plastic ['plæstik] adj plast-; n plast c

plate [pleit] n tallrik c; platta c

plateau ['plætou] n (pl ~x, ~s) platå c

platform ['plætfɔ:m] n plattform c; ~ **ticket** perrongbiljett c

platinum ['plætinɔm] n platina c

play [plei] v leka; spela; n lek c; pjäs c; **one-act** ~ enaktare c; ~ **truant** skolka

player [pleiɔ] n spelare c

playground ['pleigraund] n lekplats c

playing-card ['pleiiŋkɑ:d] n spelkort nt

playwright ['pleirait] n skådespelsförfattare c

plea [pli:] n svaromål nt; anhållan c; ursäkt c

plead [pli:d] v plädera

pleasant ['plezɔnt] adj angenäm, trevlig

please [pli:z] var god; v *glädja;

pleased nöjd; **pleasing** angenäm

pleasure ['pleʒɔ] n nöje nt, glädje c

plentiful ['plentifɔl] adj riklig

plenty ['plenti] n riklighet c; överflöd nt

pliers [plaiɔz] pl tång c

plimsolls ['plimsɔlz] pl gymnastikskor pl

plot [plɔt] n komplott c, sammansvärjning c; handling c; jordlott c

plough [plau] n plog c; v plöja

plucky ['plʌki] adj käck

plug [plʌg] n plugg c, stickkontakt c; ~ **in** *sticka in, *ansluta

plum [plʌm] n plommon nt

plumber ['plʌmɔ] n rörmokare c

plump [plʌmp] adj knubbig

plural ['pluɔrɔl] n plural c

plus [plʌs] prep plus

pneumatic [nju:'mætik] adj luft-

pneumonia [nju:'mouniɔ] n lunginflammation c

poach [poutʃ] v *tjuvskjuta

pocket ['pɔkit] n ficka c

pocket-book ['pɔkitbuk] n plånbok c; anteckningsbok c

pocket-comb ['pɔkitkoum] n fickkam c

pocket-knife ['pɔkitnaif] n (pl -knives) fickkniv c

pocket-watch ['pɔkitwɔtʃ] n fickur nt

poem ['pouim] n dikt c

poet ['pouit] n skald c

poetry ['pouitri] n poesi c

point [pɔint] n punkt c; spets c; v peka; ~ **of view** synpunkt c; ~ **out** visa, utpeka

pointed ['pɔintid] adj spetsig

poison ['pɔizɔn] n gift nt; v förgifta

poisonous ['pɔizɔnɔs] adj giftig

Poland ['poulɔnd] Polen

Pole [poul] n polack c

pole [poul] n påle c; pol c

police [pɔ'li:s] pl polis c

policeman [pə'li:smən] n (pl -men) poliskonstapel c, polis c

police-station [pə'li:s,steiʃən] n polisstation c

policy ['pɔlisi] n politik c; försäkringsbrev nt

polio ['pouliou] n polio c, barnförlamning c

Polish ['pouliʃ] adj polsk

polish ['pɔliʃ] v polera

polite [pə'lait] adj artig

political [pə'litikəl] adj politisk

politician [,pɔli'tiʃən] n politiker c

politics ['pɔlitiks] n politik c

pollution [pə'lu:ʃən] n förorening c

pond [pɔnd] n damm c

pony ['pouni] n ponny c

poor [puə] adj fattig; usel

pope [poup] n påve c

poplin ['pɔplin] n poplin nt

pop music [pop 'mju:zik] popmusik c

poppy ['pɔpi] n vallmo c

popular ['pɔpjulə] adj populär; folk-

population [,pɔpju'leiʃən] n befolkning c

populous ['pɔpjuləs] adj folkrik

porcelain ['pɔ:səlin] n porslin nt

porcupine ['pɔ:kjupain] n piggsvin nt

pork [pɔ:k] n griskött nt

port [pɔ:t] n hamn c; babord

portable ['pɔ:təbəl] adj bärbar

porter ['pɔ:tə] n bärare c; dörrvaktmästare c

porthole ['pɔ:thoul] n hyttventil c

portion ['pɔ:ʃən] n portion c

portrait ['pɔ:trit] n porträtt nt

Portugal ['pɔ:tjugəl] Portugal

Portuguese [,pɔ:tju'gi:z] adj portugisisk; n portugis c

position [pə'ziʃən] n position c; läge nt; inställning c; ställning c

positive ['pɔzətiv] adj positiv

possess [pə'zes] v äga; possessed adj besatt

possession [pə'zeʃən] n ägo, innehav nt; possessions ägodelar pl

possibility [,pɔsə'biləti] n möjlighet c

possible ['pɔsəbəl] adj möjlig; eventuell

post [poust] n stolpe c; tjänst c; post c; v posta; post-office postkontor nt

postage ['poustidʒ] n porto nt; ~ paid portofri; ~ stamp frimärke nt

postcard ['poustkɑ:d] n brevkort nt; vykort nt

poster ['poustə] n affisch c

poste restante [poust re'stã:t] poste restante

postman ['poustmən] n (pl -men) brevbärare c

post-paid [,poust'peid] adj franko

postpone [pə'spoun] v *uppskjuta

pot [pɔt] n gryta c

potato [pə'teitou] n (pl ~es) potatis c

pottery ['pɔtəri] n keramik c; lergods nt

pouch [pautʃ] n pung c

poulterer ['poultərə] n vilthandlare c

poultry ['poultri] n fjäderfä nt

pound [paund] n pund nt

pour [pɔ:] v hälla

poverty ['pɔvəti] n fattigdom c

powder ['paudə] n puder nt; ~ compact puderdosa c; talc ~ talk c

powder-puff ['paudəpʌf] n pudervippa c

powder-room ['paudəru:m] n damtoalett c

power [pauə] n styrka c, kraft c; energi c; makt c

powerful ['pauəfəl] adj mäktig; stark

powerless ['pauələs] adj maktlös

power-station ['pauə,steiʃən] n kraftverk nt

practical ['præktikəl] adj praktisk

practically ['præktikli] adv nästan

practice ['præktis] n utövande nt, praktik c

practise ['præktis] v praktisera; öva sig

praise [preiz] v berömma; n beröm nt

pram [præm] n barnvagn c

prawn [prɔːn] n räka c

pray [prei] v *bedja

prayer [preə] n bön c

preach [priːtʃ] v predika

precarious [priˈkɛəriəs] adj vansklig

precaution [priˈkɔːʃən] n försiktighet c; försiktighetsåtgärd c

precede [priˈsiːd] v *föregå

preceding [priˈsiːdiŋ] adj föregående

precious ['preʃəs] adj dyrbar

precipice ['presipis] n stup nt

precipitation [priˌsipiˈteiʃən] n nederbörd c

precise [priˈsais] adj precis, noga; noggrann

predecessor ['priːdisesə] n föregångare c

predict [priˈdikt] v förutspå

prefer [priˈfəː] v *föredra

preferable ['prefərəbəl] adj att föredra

preference ['prefərəns] n förkärlek c

prefix ['priːfiks] n förstavelse c

pregnant ['pregnənt] adj havande, gravid

prejudice ['predʒədis] n fördom c

preliminary [priˈliminəri] adj inledande; preliminär

premature ['premətʃuə] adj förhastad, förtidig

premier ['premiə] n premiärminister c

premises ['premisiz] pl fastighet c

premium ['priːmiəm] n försäkringspremie c; belöning c

prepaid [ˌpriːˈpeid] adj betald i förskott

preparation [ˌprepəˈreiʃən] n förberedelse c

prepare [priˈpɛə] v förbereda; *göra i ordning

prepared [priˈpɛəd] adj beredd

preposition [ˌprepəˈziʃən] n preposition c

prescribe [priˈskraib] v ordinera

prescription [priˈskripʃən] n recept nt

presence ['prezəns] n närvaro c

present[1] ['prezənt] n gåva c, present c; nutid c; adj nuvarande; närvarande

present[2] [priˈzent] v presentera; *framlägga

presently ['prezəntli] adv snart, strax

preservation [ˌprezəˈveiʃən] n bevarande nt, konservering c

preserve [priˈzəːv] v bevara; konservera

president ['prezidənt] n president c; ordförande c

press [pres] n trängsel c, press c; v trycka; pressa; ~ conference presskonferens c

pressing ['presiŋ] adj brådskande, trängande

pressure ['preʃə] n tryck nt; påtryckning c; atmospheric ~ lufttryck nt

pressure-cooker ['preʃəˌkukə] n tryckkokare c

prestige [preˈstiːʒ] n prestige c

presumable [priˈzjuːməbəl] adj trolig

presumptuous [priˈzʌmpʃəs] adj övermodig; anspråksfull

pretence [priˈtens] n förevändning c

pretend [priˈtend] v låtsa, simulera

pretext ['priːtekst] n svepskäl nt

pretty ['priti] adj söt, vacker; adv ganska, tämligen

prevent [priˈvent] v förhindra; förebygga

preventive [priˈventiv] adj förebyggande

previous ['pri:viəs] adj föregående, tidigare

pre-war [ˌpri:'wɔ:] adj förkrigs-

price [prais] n pris nt; v *prissätta

priceless ['praisləs] adj ovärderlig

price-list ['prais,list] n prislista c

prick [prik] v *sticka

pride [praid] n stolthet c

priest [pri:st] n katolsk präst

primary ['praiməri] adj primär; huvudsaklig; elementär

prince [prins] n prins c

princess [prin'ses] n prinsessa c

principal ['prinsəpəl] adj huvud-; n rektor c

principle ['prinsəpəl] n princip c, grundsats c

print [print] v trycka; n avtryck nt; tryck nt; printed matter trycksak c

prior [praiə] adj föregående

priority [prai'ɔrti] n företräde nt, prioritet c

prison ['prizən] n fängelse nt

prisoner ['prizənə] n intern c, fånge c; ~ of war krigsfånge c

privacy ['praivəsi] n avskildhet c, privatliv nt

private ['praivit] adj privat; personlig

privilege ['privilidʒ] n privilegium nt

prize [praiz] n pris nt; belöning c

probable ['prɔbəbəl] adj sannolik, trolig

probably ['prɔbəbli] adv sannolikt

problem ['prɔbləm] n problem nt; spörsmål nt

procedure [prə'si:dʒə] n procedur c

proceed [prə'si:d] v *fortsätta; *gå tillväga

process ['prouses] n process c, förlopp nt

procession [prə'seʃən] n procession c

proclaim [prə'kleim] v *kungöra, utropa

produce[1] [prə'dju:s] v framställa

produce[2] ['prɔdju:s] n produkt c

producer [prə'dju:sə] n producent c

product ['prɔdʌkt] n produkt c

production [prə'dʌkʃən] n produktion c

profession [prə'feʃən] n yrke nt

professional [prə'feʃənəl] adj yrkes-, yrkesskicklig

professor [prə'fesə] n professor c

profit ['prɔfit] n vinst c, behållning c; nytta c; v *ha nytta; *dra fördel

profitable ['prɔfitəbəl] adj vinstbringande

profound [prə'faund] adj djup, djupsinnig

programme ['prougræm] n program nt

progress[1] ['prougres] n framsteg nt

progress[2] [prə'gres] v *göra framsteg

progressive [prə'gresiv] adj framstegsvänlig, progressiv; tilltagande

prohibit [prə'hibit] v *förbjuda

prohibition [ˌproui'biʃən] n förbud nt

prohibitive [prə'hibitiv] adj oöverkomlig

project ['prɔdʒekt] n projekt nt, plan c

promenade [ˌprɔmə'na:d] n promenad c

promise ['prɔmis] n löfte nt; v lova

promote [prə'mout] v befordra, främja

promotion [prə'mouʃən] n befordran c

prompt [prɔmpt] adj omgående

pronoun ['prounaun] n pronomen nt

pronounce [prə'nauns] v uttala

pronunciation [ˌprənʌnsi'eiʃən] n uttal nt

proof [pru:f] n bevis nt; provtryck nt

propaganda [ˌprɔpə'gændə] n propaganda c

propel [prə'pel] v *driva framåt

propeller [prə'pelə] n propeller c

proper ['prɔpə] adj passande; riktig,

lämplig, anständig, tillbörlig

property ['prɔpəti] n egendom c, ägodelar pl; egenskap c

prophet ['prɔfit] n profet c

proportion [prə'pɔ:ʃən] n proportion c

proportional [prə'pɔ:ʃənəl] adj proportionell

proposal [prə'pouzəl] n förslag nt

propose [prə'pouz] v *föreslå

proposition [ˌprɔpə'ziʃən] n förslag nt

proprietor [prə'praiətə] n ägare c

prospect ['prɔspekt] n utsikt c

prospectus [prɔ'spektəs] n prospekt nt

prosperity [prɔ'sperəti] n framgång c, välstånd nt; välgång c

prosperous ['prɔspərəs] adj blomstrande, framgångsrik

prostitute ['prɔstitju:t] n prostituerad c

protect [prə'tekt] v skydda

protection [prə'tekʃən] n skydd nt

protein ['prouti:n] n protein nt

protest¹ ['proutest] n protest c

protest² [prə'test] v protestera

Protestant ['prɔtistənt] adj protestantisk

proud [praud] adj stolt; högmodig

prove [pru:v] v bevisa; visa sig vara

proverb ['prɔvə:b] n ordspråk nt

provide [prə'vaid] v *förse, skaffa; **provided that** förutsatt att

province ['prɔvins] n län nt; landskap nt

provincial [prə'vinʃəl] adj provinsiell

provisional [prə'viʒənəl] adj provisorisk

provisions [prə'viʒənz] pl proviant c

prune [pru:n] n katrinplommon nt

psychiatrist [sai'kaiətrist] n psykiater c

psychic ['saikik] adj psykisk

psychoanalyst [ˌsaikou'ænəlist] n psykoanalytiker c

psychological [ˌsaikə'lɔdʒikəl] adj psykologisk

psychologist [sai'kɔlədʒist] n psykolog c

psychology [sai'kɔlədʒi] n psykologi c

public ['pʌblik] adj offentlig; allmän; n publik c; ~ **garden** offentlig park; ~ **house** pub c

publication [ˌpʌbli'keiʃən] n offentliggörande nt; publikation c

publicity [pʌ'blisəti] n publicitet c

publish ['pʌbliʃ] v *offentliggöra, *ge ut, publicera

publisher ['pʌbliʃə] n förläggare c

puddle ['pʌdəl] n pöl c

pull [pul] v *dra; ~ **out** *ta fram, *dra upp, *avgå; ~ **up** stanna

pulley ['puli] n (pl ~s) block nt

Pullman ['pulmən] n sovvagn c

pullover ['puˌlouvə] n pullover c

pulpit ['pulpit] n predikstol c, talarstol c

pulse [pʌls] n puls c

pump [pʌmp] n pump c; v pumpa

punch [pʌntʃ] v *slå; n knytnävsslag nt

punctual ['pʌŋktʃuəl] adj punktlig

puncture ['pʌŋktʃə] n punktering c

punctured ['pʌŋktʃəd] adj punkterad

punish ['pʌniʃ] v straffa

punishment ['pʌniʃmənt] n straff nt

pupil ['pju:pəl] n elev c

puppet-show ['pʌpitʃou] n dockteater c

purchase ['pə:tʃəs] v köpa; n köp nt, uppköp nt; ~ **price** köpesumma c

purchaser ['pə:tʃəsə] n köpare c

pure [pjuə] adj ren

purple ['pə:pəl] adj purpur

purpose ['pə:pəs] n ändamål nt, avsikt c, syfte nt; **on** ~ med vilja

purse [pə:s] n portmonnä c, kassa c

pursue [pə'sju:] v förfölja; eftersträva

pus [pʌs] n var nt

push [puʃ] n knuff c; v *skjuta; knuffa, *driva på

push-button [ˈpuʃˌbʌtən] n knapp c, strömbrytare c

***put** [put] v *lägga, ställa, placera; stoppa; ~ **away** ställa på plats; ~ **off** *uppskjuta; ~ **on** klä på sig; ~ **out** släcka

puzzle [ˈpʌzəl] n pussel nt; huvudbry nt; v förbrylla; **jigsaw** ~ pussel nt

puzzling [ˈpʌzliŋ] adj förbryllande

pyjamas [pəˈdʒɑːməz] pl pyjamas c

Q

quack [kwæk] n charlatan c, kvacksalvare c

quail [kweil] n (pl ~, ~s) vaktel c

quaint [kweint] adj egendomlig; gammaldags

qualification [ˌkwɔlifiˈkeiʃən] n kvalifikation c; inskränkning c, förbehåll nt

qualified [ˈkwɔlifaid] adj kvalificerad; kompetent

qualify [ˈkwɔlifai] v kvalificera sig

quality [ˈkwɔləti] n kvalitet c; egenskap c

quantity [ˈkwɔntəti] n kvantitet c; antal nt

quarantine [ˈkwɔrəntiːn] n karantän c

quarrel [ˈkwɔrəl] v kivas, gräla; n gräl nt, kiv nt

quarry [ˈkwɔri] n stenbrott nt

quarter [ˈkwɔːtə] n kvart c; kvartal nt; kvarter nt; ~ **of an hour** kvart c

quarterly [ˈkwɔːtəli] adj kvartals-

quay [kiː] n kaj c

queen [kwiːn] n drottning c

queer [kwiə] adj underlig, konstig; besynnerlig

query [ˈkwiəri] n förfrågan c; v betvivla

question [ˈkwestʃən] n fråga c; problem nt, spörsmål nt; v fråga ut; ifrågasätta; ~ **mark** frågetecken nt

queue [kjuː] n kö c; v köa

quick [kwik] adj kvick

quick-tempered [ˌkwikˈtempəd] adj lättretlig

quiet [ˈkwaiət] adj stillsam, stilla, lugn; n ro c, stillhet c

quilt [kwilt] n täcke nt

quinine [kwiˈniːn] n kinin nt

quit [kwit] v upphöra, *ge upp

quite [kwait] adv fullkomligt, helt; någorlunda, ganska, alldeles

quiz [kwiz] n (pl ~zes) frågesport c

quota [ˈkwoutə] n kvot c

quotation [kwouˈteiʃən] n citat nt; ~ **marks** citationstecken pl

quote [kwout] v citera

R

rabbit [ˈræbit] n kanin c

rabies [ˈreibiz] n rabies c

race [reis] n kapplöpning c, lopp nt; ras c

race-course [ˈreiskɔːs] n hästkapplöpningsbana c

race-horse [ˈreishɔːs] n kapplöpningshäst c

race-track [ˈreistræk] n tävlingsbana c

racial [ˈreiʃəl] adj ras-

racket [ˈrækit] n oväsen nt

racquet [ˈrækit] n racket c

radiator [ˈreidieitə] n värmeelement nt

radical [ˈrædikəl] adj radikal

radio [ˈreidiou] n radio c

radish [ˈrædiʃ] n rädisa c

radius ['reidiəs] n (pl radii) radie c
raft [rɑ:ft] n flotte c
rag [ræg] n trasa c
rage [reidʒ] n ursinne nt, raseri nt; v rasa, *vara rasande
raid [reid] n räd c
rail [reil] n ledstång c, räcke nt
railing ['reiliŋ] n räcke nt
railroad ['reilroud] nAm järnväg c
railway ['reilwei] n järnväg c
rain [rein] n regn nt; v regna
rainbow ['reinbou] n regnbåge c
raincoat ['reinkout] n regnrock c
rainproof ['reinpru:f] adj impregnerad
rainy ['reini] adj regnig
raise [reiz] v höja; öka; uppfostra, uppföda, odla; *pålägga; nAm löneförhöjning c
raisin ['reizən] n russin nt
rake [reik] n kratta c
rally ['ræli] n massmöte nt
ramp [ræmp] n ramp c
ramshackle ['ræmˌʃækəl] adj fallfärdig
rancid ['rænsid] adj härsken
rang [ræŋ] v (p ring)
range [reindʒ] n räckvidd c
range-finder ['reindʒˌfaində] n avståndsmätare c
rank [ræŋk] n rang c; rad c
ransom ['rænsəm] n lösen c
rape [reip] v *våldta
rapid ['ræpid] adj snabb, hastig
rapids ['ræpidz] pl fors c
rare [reə] adj sällsynt
rarely ['reəli] adv sällan
rascal ['rɑ:skəl] n lymmel c, skälm c
rash [ræʃ] n hudutslag nt; adj obetänksam, förhastad
raspberry ['rɑ:zbəri] n hallon nt
rat [ræt] n råtta c
rate [reit] n taxa c, pris nt; fart c; at any ~ i varje fall; ~ of exchange

valutakurs c
rather ['rɑ:ðə] adv ganska, någorlunda, rätt; hellre, snarare
ration ['ræʃən] n ranson c
rattan [ræ'tæn] n rotting c
raven ['reivən] n korp c
raw [rɔ:] adj rå; ~ material råmaterial nt
ray [rei] n stråle c
rayon ['reiən] n konstsiden c
razor ['reizə] n rakkniv c
razor-blade ['reizəbleid] n rakblad nt
reach [ri:tʃ] v nå; n räckhåll nt
reaction [ri'ækʃən] n reaktion c
*read [ri:d] v läsa
reading ['ri:diŋ] n läsning c
reading-lamp ['ri:diŋlæmp] n läslampa c
reading-room ['ri:diŋru:m] n läsesal c
ready ['redi] adj klar, färdig
ready-made [ˌredi'meid] adj konfektionssydd
real [riəl] adj verklig
reality [ri'æləti] n verklighet c
realizable ['riəlaizəbəl] adj utförbar
realize ['riəlaiz] v *inse; realisera, förverkliga
really ['riəli] adv verkligen, faktiskt; egentligen
rear [riə] n baksida c; v uppfostra, uppföda
rear-light [riə'lait] n baklykta c
reason ['ri:zən] n orsak c, skäl nt; förnuft nt, förstånd nt; v resonera
reasonable ['ri:zənəbəl] adj förnuftig; rimlig
reassure [ˌri:ə'ʃuə] v lugna
rebate ['ri:beit] n rabatt c
rebellion [ri'beljən] n uppror nt
recall [ri'kɔ:l] v erinra sig; återkalla; upphäva
receipt [ri'si:t] n kvitto nt, mottagningsbevis nt; mottagande nt
receive [ri'si:v] v *motta

receiver [ri'si:və] *n* telefonlur *c*; hälare *c*

recent ['ri:sənt] *adj* ny, färsk

recently ['ri:səntli] *adv* häromdagen, nyligen

reception [ri'sepʃən] *n* mottagande *nt*; mottagning *c*; ~ **office** reception *c*

receptionist [ri'sepʃənist] *n* receptionist *c*

recession [ri'seʃən] *n* tillbakagång *c*

recipe ['resipi] *n* recept *nt*

recital [ri'saitəl] *n* solistframträdande *nt*

reckon ['rekən] *v* räkna; *anse; förmoda

recognition [,rekəg'niʃən] *n* erkännande *nt*

recognize ['rekəgnaiz] *v* känna igen; erkänna

recollect [,rekə'lekt] *v* minnas

recommence [,ri:kə'mens] *v* börja om

recommend [,rekə'mend] *v* rekommendera, förorda; tillråda

recommendation [,rekəmen'deiʃən] *n* rekommendation *c*

reconciliation [,rekənsili'eiʃən] *n* försoning *c*

record¹ ['rekɔ:d] *n* grammofonskiva *c*; rekord *nt*; protokoll *nt*; **long-playing** ~ LP-skiva *c*

record² [ri'kɔ:d] *v* anteckna, inregistrera; inspela

recorder [ri'kɔ:də] *n* bandspelare *c*

recording [ri'kɔ:diŋ] *n* inspelning *c*

record-player ['rekɔ:d,pleiə] *n* skivspelare *c*, grammofon *c*

recover [ri'kʌvə] *v* *återfå; tillfriskna

recovery [ri'kʌvəri] *n* tillfrisknande *nt*

recreation [,rekri'eiʃən] *n* förströelse *c*, avkoppling *c*; ~ **centre** fritidscenter *nt*; ~ **ground** bollplan *c*

recruit [ri'kru:t] *n* rekryt *c*

rectangle ['rektæŋgəl] *n* rektangel *c*

rectangular [rek'tæŋgjulə] *adj* rektangulär

rectory ['rektəri] *n* prästgård *c*

rectum ['rektəm] *n* ändtarm *c*

recyclable [,ri:'saiklǝbl] *adj* återvinningsbar

recycle [,ri:'saikl] *v* återvinna

red [red] *adj* röd

redeem [ri'di:m] *v* frälsa, återköpa

reduce [ri'dju:s] *v* reducera, minska, förvandla, *skära ned

reduction [ri'dʌkʃən] *n* prisnedsättning *c*, reduktion *c*

redundant [ri'dʌndənt] *adj* överflödig

reed [ri:d] *n* vass *c*

reef [ri:f] *n* rev *nt*

reference ['refrəns] *n* hänvisning *c*, referens *c*; sammanhang *nt*; **with** ~ **to** beträffande

refer to [ri'fə:] hänvisa till

refill ['ri:fil] *n* påfyllningsförpackning *c*

refinery [ri'fainəri] *n* raffinaderi *nt*

reflect [ri'flekt] *v* reflektera

reflection [ri'flekʃən] *n* reflex *c*; spegelbild *c*

reflector [ri'flektə] *n* reflektor *c*

reformation [,refə'meiʃən] *n* Reformationen

refresh [ri'freʃ] *v* fräscha upp, svalka

refreshment [ri'freʃmənt] *n* förfriskning *c*

refrigerator [ri'fridʒəreitə] *n* kylskåp *nt*

refund¹ [ri'fʌnd] *v* återbetala

refund² ['ri:fʌnd] *n* återbetalning *c*

refusal [ri'fju:zəl] *n* vägran *c*

refuse¹ [ri'fju:z] *v* vägra

refuse² ['refju:s] *n* avfall *nt*

regard [ri'gɑ:d] *v* *anse; betrakta; *n* hänsyn *c*; **as regards** med hänsyn till, angående

regarding [ri'gɑ:diŋ] *prep* angående,

beträffande; rörande

regatta [ri'gætə] n kappsegling c

régime [rei'ʒi:m] n regim c

region ['ri:dʒən] n region c; område nt

regional ['ri:dʒənəl] adj regional

register ['redʒistə] v *inskriva sig; rekommendera; **registered letter** rekommenderat brev

registration [ˌredʒi'streiʃən] n registrering c; ~ **form** inskrivningsblankett c; ~ **number** registreringsnummer nt; ~ **plate** nummerplåt c

regret [ri'gret] v beklaga; ångra; n beklagande nt

regular ['regjulə] adj regelbunden, regelmässig; normal, reguljär

regulate ['regjuleit] v reglera

regulation [ˌregju'leiʃən] n regel c, reglemente nt; reglering c

rehabilitation [ˌri:həˌbili'teiʃən] n rehabilitering c

rehearsal [ri'hə:səl] n repetition c

rehearse [ri'hə:s] v repetera

reign [rein] n regeringstid c; v regera

reimburse [ˌri:im'bə:s] v återbetala

reindeer ['reindiə] n (pl ~) ren c

reject [ri'dʒekt] v *avslå, avvisa; förkasta

relate [ri'leit] v berätta

related [ri'leitid] adj besläktad

relation [ri'leiʃən] n förhållande nt, relation c; släkting c

relative ['relətiv] n släkting c; adj relativ

relax [ri'læks] v koppla av, slappna av

relaxation [ˌrilæk'seiʃən] n avkoppling c

reliable [ri'laiəbəl] adj pålitlig

relic ['relik] n relik c

relief [ri'li:f] n lättnad c; hjälp c; relief c

relieve [ri'li:v] v lätta, lindra; avlösa

religion [ri'lidʒən] n religion c

religious [ri'lidʒəs] adj religiös

rely on [ri'lai] lita på

remain [ri'mein] v *förbli; *återstå

remainder [ri'meində] n rest c, återstod c

remaining [ri'meiniŋ] adj övrig, resterande

remark [ri'ma:k] n anmärkning c; v påpeka, anmärka

remarkable [ri'ma:kəbəl] adj anmärkningsvärd

remedy ['remədi] n läkemedel nt; botemedel nt

remember [ri'membə] v *komma ihåg; minnas

remembrance [ri'membrəns] n håg-komst c, minne nt

remind [ri'maind] v påminna

remit [ri'mit] v översända

remittance [ri'mitəns] n penningförsändelse c

remnant ['remnənt] n rest c, kvarleva c

remote [ri'mout] adj avsides, avlägsen

removal [ri'mu:vəl] n undanröjning c

remove [ri'mu:v] v avlägsna

remunerate [ri'mju:nəreit] v belöna; *ersätta

remuneration [riˌmju:nə'reiʃən] n belöning c

renew [ri'nju:] v förnya; förlänga

rent [rent] v hyra; n hyra c

repair [ri'peə] v reparera; n reparation c

reparation [ˌrepə'reiʃən] n reparation c

***repay** [ri'pei] v återbetala

repayment [ri'peimənt] n återbetalning c

repeat [ri'pi:t] v upprepa

repellent [ri'pelənt] adj frånstötande, motbjudande

repentance [ri'pentəns] n ånger c

repertory ['repətəri] n repertoar c

repetition [,repə'tiʃən] n upprepning c

replace [ri'pleis] v *ersätta

reply [ri'plai] v svara; n svar nt; in ~ som svar

report [ri'pɔ:t] v rapportera; meddela; anmäla sig; n redogörelse c, rapport c

reporter [ri'pɔ:tə] n reporter c

represent [,repri'zent] v representera; föreställa

representation [,reprizen'teiʃən] n representation c; framställning c

representative [,repri'zentətiv] adj representativ

reprimand ['reprimɑ:nd] v tillrättavisa

reproach [ri'proutʃ] n förebråelse c; v förebrå

reproduce [,ri:prə'dju:s] v *återge

reproduction [,ri:prə'dʌkʃən] n återgivning c, reproduktion c; fortplantning c

reptile ['reptail] n kräldjur nt

republic [ri'pʌblik] n republik c

republican [ri'pʌblikən] adj republikansk

repulsive [ri'pʌlsiv] adj frånstötande

reputation [,repju'teiʃən] n renommé nt; anseende c

request [ri'kwest] n begäran c; förfrågan c; v begära

require [ri'kwaiə] v kräva

requirement [ri'kwaiəmənt] n krav nt

requisite ['rekwizit] adj erforderlig

rescue ['reskju:] v rädda; n räddning c

research [ri'sə:tʃ] n forskning c

resemblance [ri'zembləns] n likhet c

resemble [ri'zembəl] v likna

resent [ri'zent] v *ta illa upp

reservation [,rezə'veiʃən] n reservation c

reserve [ri'zə:v] v reservera; beställa; n reserv c

reserved [ri'zə:vd] adj reserverad

reservoir ['rezəvwɑ:] n reservoar c

reside [ri'zaid] v bo

residence ['rezidəns] n bostad c; ~ permit uppehållstillstånd nt

resident ['rezidənt] n invånare c; adj bofast; inneboende

resign [ri'zain] v *avgå

resignation [,rezig'neiʃən] n avsked nt, avskedsansökan c

resin ['rezin] n kåda c

resist [ri'zist] v *göra motstånd mot

resistance [ri'zistəns] n motstånd nt

resolute ['rezəlu:t] adj resolut, beslutsam

respect [ri'spekt] n respekt c; aktning c, vördnad c; v respektera

respectable [ri'spektəbəl] adj respektabel, aktningsvärd

respectful [ri'spektfəl] adj respektfull

respective [ri'spektiv] adj respektive

respiration [,respə'reiʃən] n andning c

respite ['respait] n uppskov nt

responsibility [ri,sponsə'biləti] n ansvar nt

responsible [ri'sponsəbəl] adj ansvarig

rest [rest] n vila c; rest c; v vila

restaurant ['restərɔ̃:] n restaurang c

restful ['restfəl] adj lugn

rest-home ['resthoum] n vilohem nt

restless ['restləs] adj rastlös

restrain [ri'strein] v *hålla tillbaka, tygla

restriction [ri'strikʃən] n inskränkning c, begränsning c

result [ri'zʌlt] n resultat nt; följd c; utgång c; v resultera

resume [ri'zju:m] v *återuppta

résumé ['rezjumei] n sammanfattning c

retail ['ri:teil] v *sälja i detalj

retailer ['ri:teilə] n detaljist c

retina ['retinə] n näthinna c
retired [ri'taiəd] adj pensionerad
return [ri'tə:n] v återvända, *komma
 tillbaka; n återkomst c; ~ flight
 returflyg nt; ~ journey återresa c
reunite [,ri:ju:'nait] v återförena
reveal [ri'vi:l] v uppenbara, avslöja
revelation [,revə'leiʃən] n avslöjande
 nt; uppenbarelse c
revenge [ri'vendʒ] n hämnd c
revenue ['revənju:] n inkomst c
reverse [ri'və:s] n motsats c; avigsida
 c; backväxel c; motgång c; adj om-
 vänd; v backa
review [ri'vju:] n recension c; tid-
 skrift c
revise [ri'vaiz] v revidera
revision [ri'viʒən] n revision c
revival [ri'vaivəl] n återupplivande nt;
 förnyelse c
revolt [ri'voult] v *göra uppror; n re-
 volt c
revolting [ri'voultiŋ] adj motbjudan-
 de, upprörande, äcklig
revolution [,revə'lu:ʃən] n revolution
 c; varv nt
revolutionary [,revə'lu:ʃənəri] adj re-
 volutionär
revolver [ri'vɔlvə] n revolver c
revue [ri'vju:] n revy c
reward [ri'wɔ:d] n belöning c; v belö-
 na
rheumatism ['ru:mətizəm] n reuma-
 tism c
rhinoceros [rai'nɔsərəs] n (pl ~,
 ~es) noshörning c
rhubarb ['ru:ba:b] n rabarber c
rhyme [raim] n rim nt
rhythm ['riðəm] n rytm c
rib [rib] n revben nt
ribbon ['ribən] n band nt
rice [rais] n ris nt
rich [ritʃ] adj rik
riches ['ritʃiz] pl rikedom c

riddle ['ridəl] n gåta c
ride [raid] n körning c
*ride [raid] v åka; *rida
rider ['raidə] n ryttare c
ridge [ridʒ] n rygg c, upphöjning c,
 kam c
ridicule ['ridikju:l] v förlöjliga
ridiculous [ri'dikjuləs] adj löjlig
riding ['raidiŋ] n ridning c
riding-school ['raidiŋsku:l] n ridskola
 c
rifle ['raifəl] v gevär nt
right [rait] n rättighet c; adj riktig,
 rätt, höger; rättvis; all right! bra!; *
 be ~ *ha rätt; ~ of way förkörs-
 rätt c
righteous ['raitʃəs] adj rättfärdig
right-hand ['raithænd] adj höger
rightly ['raitli] adv med rätta
rim [rim] n fälg c; kant c
ring [riŋ] n ring c; cirkusarena c
*ring [riŋ] v ringa; ~ up ringa upp
rinse [rins] n sköljning c
riot ['raiət] n upplopp nt
rip [rip] v *riva sönder
ripe [raip] adj mogen
rise [raiz] n löneförhöjning c; upp-
 höjning c; stigning c; uppsving nt
*rise [raiz] v *stiga upp; *gå upp;
 *stiga
rising ['raiziŋ] n uppror nt
risk [risk] n risk c; fara c; v riskera
risky ['riski] adj vågad, riskfylld
rival ['raivəl] n rival c; konkurrent c;
 v rivalisera, konkurrera
rivalry ['raivəlri] n rivalitet c; konkur-
 rens c
river ['rivə] n å c, flod c; ~ bank
 flodstrand c
riverside ['rivəsaid] n flodstrand c
roach [routʃ] n (pl ~) mört c
road [roud] n gata c, väg c; ~ fork
 vägskäl nt; ~ map vägkarta c; ~
 system vägnät nt; ~ up vägarbete

nt

roadhouse ['roudhaus] *n* värdshus *nt*

roadside ['roudsaid] *n* vägkant *c; ~ restaurant* värdshus *nt*

roadway ['roudwei] *nAm* körbana *c*

roam [roum] *v* ströva

roar [rɔ:] *v* *tjuta, *ryta; *n* vrål *nt*, dån *nt*

roast [roust] *v* grilla, halstra

rob [rɔb] *v* råna

robber ['rɔbə] *n* rånare *c*

robbery ['rɔbəri] *n* rån *nt*, stöld *c*

robe [roub] *n* klänning *c;* ämbetsdräkt *c*

robin ['rɔbin] *n* rödhake *c*

robust [rou'bʌst] *adj* robust

rock [rɔk] *n* klippa *c; v* gunga

rocket ['rɔkit] *n* raket *c*

rocky ['rɔki] *adj* klippig

rod [rɔd] *n* stång *c*

roe [rou] *n* rom *c*

roll [roul] *v* rulla; *n* rulle *c;* kuvertbröd *nt*

roller-skating ['roulə,skeitiŋ] *n* rullskridskoåkning *c*

Roman Catholic ['roumən 'kæθəlik] romersk katolsk

romance [rə'mæns] *n* romans *c*

romantic [rə'mæntik] *adj* romantisk

roof [ru:f] *n* tak *nt; thatched ~* halmtak *nt*

room [ru:m] *n* rum *nt;* utrymme *nt*, plats *c; ~ and board* mat och logi; *~ service* rumsbetjäning *c; ~ temperature* rumstemperatur *c*

roomy ['ru:mi] *adj* rymlig

root [ru:t] *n* rot *c*

rope [roup] *n* rep *nt*

rosary ['rouzəri] *n* radband *nt*

rose [rouz] *n* ros *c; adj* rosa

rotten ['rɔtən] *adj* rutten

rouge [ru:ʒ] *n* rouge *c*

rough [rʌf] *adj* ojämn, hård

roulette [ru:'let] *n* rulett *c*

round [raund] *adj* rund; *prep* runt om, omkring; *n* rond *c; ~ trip Am* tur och retur

roundabout ['raundəbaut] *n* rondell *c*

rounded ['raundid] *adj* rundad

route [ru:t] *n* rutt *c*

routine [ru:'ti:n] *n* rutin *c*

row¹ [rou] *n* rad *c; v* ro

row² [rau] *n* bråk *c*

rowdy ['raudi] *adj* busig.

rowing-boat ['rouiŋbout] *n* roddbåt *c*

royal ['rɔiəl] *adj* kunglig

rub [rʌb] *v* *gnida

rubber ['rʌbə] *n* gummi *nt;* suddgummi *nt; ~ band* gummiband *nt*

rubbish ['rʌbiʃ] *n* skräp *nt;* trams *nt*, strunt *nt; talk ~* prata strunt

rubbish-bin ['rʌbiʃbin] *n* sophink *c*

ruby ['ru:bi] *n* rubin *c*

rucksack ['rʌksæk] *n* ryggsäck *c*

rudder ['rʌdə] *n* roder *nt*

rude [ru:d] *adj* ohövlig

rug [rʌg] *n* liten matta; pläd *c*

ruin ['ru:in] *v* *ödelägga, ruinera; *n* undergång *c; ruins* ruin *c*

ruination [,ru:i'neiʃən] *n* ödeläggelse *c*

rule [ru:l] *n* regel *c;* makt *c,* regering *c,* styrelsesätt *nt; v* regera, styra; *as a ~* vanligen, som regel

ruler ['ru:lə] *n* härskare *c,* regent *c;* linjal *c*

Rumania [ru:'meiniə] Rumänien

Rumanian [ru:'meiniən] *adj* rumänsk; *n* rumän *c*

rumour ['ru:mə] *n* rykte *nt*

***run** [rʌn] *v* *springa; ~ into* råka träffa

runaway ['rʌnəwei] *n* rymling *c*

rung [rʌn] *v* (pp ring)

runway ['rʌnwei] *n* start-, landningsbana

rural ['ruərəl] *adj* lantlig

ruse [ru:z] *n* list *c*

rush [rʌʃ] *v* rusa; *n* säv *c*

rush-hour ['rʌʃauə] n rusningstid c
Russia ['rʌʃə] Ryssland
Russian ['rʌʃən] adj rysk; n ryss c
rust [rʌst] n rost c
rustic ['rʌstik] adj rustik
rusty ['rʌsti] adj rostig

S

saccharin ['sækərin] n sackarin nt
sack [sæk] n säck c
sacred ['seikrid] adj helig
sacrifice ['sækrifais] n offer nt; v offra
sacrilege ['sækrilidʒ] n helgerån nt
sad [sæd] adj sorgsen; vemodig, bedrövad
saddle ['sædəl] n sadel c
sadness ['sædnəs] n sorgsenhet c
safe [seif] adj säker; n kassaskåp nt
safety ['seifti] n säkerhet c
safety-belt ['seiftibelt] n säkerhetsbälte nt
safety-pin ['seiftipin] n säkerhetsnål c
safety-razor ['seifti,reizə] n rakhyvel c
sail [seil] v segla; n segel nt
sailing-boat ['seiliŋbout] n segelbåt c
sailor ['seilə] n sjöman c
saint [seint] n helgon nt
salad ['sæləd] n sallad c
salad-oil ['sælədɔil] n salladsolja c
salary ['sæləri] n avlöning c, lön c
sale [seil] n försäljning c; **clearance ~** realisation c; **for ~** till salu; **sales** realisation c
saleable ['seiləbəl] adj säljbar
salesgirl ['seilzgə:l] n försäljerska c
salesman ['seilzmən] n (pl -men) försäljare c; expidit c
salmon ['sæmən] n (pl ~) lax c
salon ['sælɔ̃:] n salong c
saloon [sə'lu:n] n bar c

salt [sɔ:lt] n salt nt
salt-cellar ['sɔ:lt,selə] n saltkar nt
salty ['sɔ:lti] adj salt
salute [sə'lu:t] v hälsa
salve [sɑ:v] n salva c
same [seim] adj samma
sample ['sɑ:mpəl] n varuprov nt
sanatorium [,sænə'tɔ:riəm] n (pl ~s, -ria) sanatorium nt
sand [sænd] n sand c
sandal ['sændəl] n sandal c
sandpaper ['sænd,peipə] n sandpapper nt
sandwich ['sænwidʒ] n smörgås c
sandy ['sændi] adj sandig
sanitary ['sænitəri] adj sanitär; **~ towel** dambinda c
sapphire ['sæfaiə] n safir c
sardine [sɑ:'di:n] n sardin c
satchel ['sætʃəl] n skolväska c
satellite ['sætəlait] n satellit c
satin ['sætin] n sateng c
satisfaction [,sætis'fækʃən] n tillfredsställelse c, belåtenhet c
satisfy ['sætisfai] v tillfredsställa; **satisfied** tillfredsställd, belåten
Saturday ['sætədi] lördag c
sauce [sɔ:s] n sås c
saucepan ['sɔ:spən] n kastrull c
saucer ['sɔ:sə] n tefat nt
Saudi Arabia [,saudiə'reibiə] Saudiarabien
Saudi Arabian [,saudiə'reibiən] adj saudiarabisk
sauna ['sɔ:nə] n bastu c
sausage ['sɔsidʒ] n korv c
savage ['sævidʒ] adj vild
save [seiv] v rädda; spara
savings ['seiviŋz] pl besparingar pl; **~ bank** sparbank c
saviour ['seivjə] n frälsare c
savoury ['seivəri] adj välsmakande
saw¹ [sɔ:] v (p see)
saw² [sɔ:] n såg c

sawdust ['sɔːdʌst] n sågspån nt
saw-mill ['sɔːmil] n sågverk nt
*say [sei] v *säga
scaffolding ['skæfəldiŋ] n byggnadsställning c
scale [skeil] n skala c; tonskala c; fiskfjäll nt; vågskål c; **scales** pl våg c
scandal ['skændəl] n skandal c
Scandinavia [ˌskændi'neiviə] Skandinavien
Scandinavian [ˌskændi'neiviən] adj skandinavisk; n skandinav c
scapegoat ['skeipgout] n syndabock c
scar [skɑː] n ärr nt
scarce [skeəs] adj knapp
scarcely ['skeəsli] adv knappast
scarcity ['skeəsəti] n knapphet c
scare [skeə] v skrämma; n skräck c
scarf [skɑːf] n (pl ~s, scarves) halsduk c
scarlet ['skɑːlət] adj scharlakansröd
scary ['skeəri] adj oroväckande, skrämmande
scatter ['skætə] v strö, *sprida, skingra
scene [siːn] n scen c
scenery ['siːnəri] n landskap nt
scenic ['siːnik] adj naturskön
scent [sent] n doft c
schedule ['ʃedjuːl] n tidtabell c, tidsschema nt
scheme [skiːm] n schema nt; plan c
scholar ['skɔlə] n lärd c; stipendiat c
scholarship ['skɔləʃip] n stipendium nt
school [skuːl] n skola c
schoolboy ['skuːlbɔi] n skolpojke c
schoolgirl ['skuːlgəːl] n skolflicka c
schoolmaster ['skuːlˌmɑːstə] n skollärare c, lärare c
schoolteacher ['skuːlˌtiːtʃə] n lärare c
science ['saiəns] n vetenskap c
scientific [ˌsaiən'tifik] adj vetenskaplig

scientist ['saiəntist] n vetenskapsman c
scissors ['sizəz] pl sax c
scold [skould] v skälla, gräla på; skälla ut
scooter ['skuːtə] n vespa c; sparkcykel c
score [skɔː] n poängsumma c; v *få poäng
scorn [skɔːn] n hån nt, förakt nt; v förakta
Scot [skɔt] n skotte c
Scotch [skɔtʃ] adj skotsk
Scotland ['skɔtlənd] Skottland
Scottish ['skɔtiʃ] adj skotsk
scout [skaut] n boyscout c
scrap [skræp] n bit c
scrap-book ['skræpbuk] n klippbok c
scrape [skreip] v skrapa
scrap-iron ['skræpaiən] n skrot nt
scratch [skrætʃ] v rispa, skrapa; n repa c, skråma c
scream [skriːm] v *tjuta, *skrika; n skrik nt, skri nt
screen [skriːn] n skärm c; bildskärm c, filmduk c
screw [skruː] n skruv c; v skruva
screw-driver ['skruːˌdraivə] n skruvmejsel c
scrub [skrʌb] v skura; n snårmark c
sculptor ['skʌlptə] n skulptör c
sculpture ['skʌlptʃə] n skulptur c
sea [siː] n hav nt
sea-bird ['siːbəːd] n sjöfågel c
sea-coast ['siːkoust] n kust c
seagull ['siːgʌl] n fiskmås c
seal [siːl] n sigill nt; säl c
seam [siːm] n söm c
seaman ['siːmən] n (pl -men) matros c
seamless ['siːmləs] adj utan söm
seaport ['siːpɔːt] n hamnstad c
search [səːtʃ] v söka; genomsöka, vi-

sitera; *n* visitering *nt*

searchlight ['sɔ:tʃlait] *n* strålkastare *c*

seascape ['si:skeip] *n* marinmålning *c*

sea-shell ['si:ʃel] *n* snäcka *c*

seashore ['si:ʃɔ:] *n* havsstrand *c*

seasick ['si:sik] *adj* sjösjuk

seasickness ['si:ˌsiknəs] *n* sjösjuka *c*

seaside ['si:said] *n* kust *c*; ~ **resort** badort *c*

season ['si:zən] *n* årstid *c*, säsong *c*; **high** ~ högsäsong *c*; **low** ~ lågsäsong *c*; **off** ~ lågsäsong *c*

season-ticket ['si:zənˌtikit] *n* abonnemangskort *nt*

seat [si:t] *n* säte *nt*; plats *c*, sittplats *c*

seat-belt ['si:tbelt] *n* säkerhetsbälte *nt*

sea-urchin ['si:ˌə:tʃin] *n* sjöborre *c*

sea-water ['si:ˌwɔ:tə] *n* havsvatten *nt*

second ['sekənd] *num* andra; *n* sekund *c*; ögonblick *c*

secondary ['sekəndəri] *adj* sekundär; ~ **school** läroverk *nt*

second-hand [ˌsekənd'hænd] *adj* begagnad

secret ['si:krət] *n* hemlighet *c*; *adj* hemlig

secretary ['sekrətri] *n* sekreterare *c*

section ['sekʃən] *n* sektion *c*; avdelning *c*

secure [si'kjuə] *adj* säker; *v* *göra säker; *binda fast; trygga

security [si'kjuərəti] *n* säkerhet *c*; borgen *c*

sedate [si'deit] *adj* lugn

sedative ['sedətiv] *n* lugnande medel

seduce [si'dju:s] *v* förföra

***see** [si:] *v* *se; *inse, *förstå; ~ **to** sörja för

seed [si:d] *n* frö *nt*

***seek** [si:k] *v* söka

seem [si:m] *v* synas, verka

seen [si:n] *v* (pp see)

seesaw ['si:sɔ:] *n* gungbräda *c*

seize [si:z] *v* *gripa

seldom ['seldəm] *adv* sällan

select [si'lekt] *v* utplocka, *utvälja; *adj* utvald

selection [si'lekʃən] *n* urval *nt*

self-centred [ˌself'sentəd] *adj* självupptagen

self-evident [ˌself'fevidənt] *adj* självklar

self-government [ˌself'gʌvəmənt] *n* självstyre *nt*

selfish ['selfiʃ] *adj* självisk

selfishness ['selfiʃnəs] *n* egoism *c*

self-service [ˌself'sə:vis] *n* självbetjäning *c*; ~ **restaurant** självservering *c*

***sell** [sel] *v* *sälja

semblance ['sembləns] *n* utseende *nt*

semi- ['semi] halv-

semicircle ['semiˌsə:kəl] *n* halvcirkel *c*

semi-colon [ˌsemi'koulən] *n* semikolon *nt*

senate ['senət] *n* senat *c*

senator ['senətə] *n* senator *c*

***send** [send] *v* skicka, sända; ~ **back** skicka tillbaka, returnera; ~ **for** skicka efter; ~ **off** skicka iväg

senile ['si:nail] *adj* senil

sensation [sen'seiʃən] *n* sensation *c*; känsla *c*, förnimmelse *c*

sensational [sen'seiʃənəl] *adj* sensationell, uppseendeväckande

sense [sens] *n* sinne *nt*; förnuft *nt*; betydelse *c*, mening *c*; *v* *förnimma, märka; ~ **of honour** hederskänsla *c*

senseless ['sensləs] *adj* vanvettig, orimlig

sensible ['sensəbəl] *adj* förnuftig

sensitive ['sensitiv] *adj* känslig

sentence ['sentəns] *n* mening *c*; dom *c*; *v* döma

sentimental [ˌsenti'mentəl] *adj* sentimental

separate[1] ['sepəreit] v skilja

separate[2] ['sepərət] adj åtskild, särskild

separately ['sepərətli] adv separat

September [sep'tembə] september

septic ['septik] adj septisk; ***become ~ *bli** inflammerad

sequel ['si:kwəl] n följd c

sequence ['si:kwəns] n ordningsföljd c

serene [sə'ri:n] adj fridfull; klar

serial ['siəriəl] n följetong c

series ['siəri:z] n (pl ~) serie c

serious ['siəriəs] adj allvarlig, seriös

seriousness ['siəriəsnəs] n allvar nt

sermon ['sə:mən] n predikan c

serum ['siərəm] n serum nt

servant ['sə:vənt] n betjänt c

serve [sə:v] v servera

service ['sə:vis] n tjänst c; betjäning c; ~ **charge** betjäningsavgift c; ~ **station** bensinstation c

serviette [,sə:vi'et] n servett c

session ['seʃən] n session c

set [set] n grupp c, uppsättning c

*set [set] v *sätta; ~ **menu** fast meny; ~ **out** *ge sig av

setting ['setiŋ] n infattning c, omgivning c; ~ **lotion** läggningsvätska c

settle ['setəl] v ordna, *göra upp; ~ **down** *slå sig ned, lugna sig

settlement ['setəlmənt] n förlikning c, uppgörelse c, överenskommelse c

seven ['sevən] num sju

seventeen [,sevən'ti:n] num sjutton

seventeenth [,sevən'ti:nθ] num sjuttonde

seventh ['sevənθ] num sjunde

seventy ['sevənti] num sjuttio

several ['sevərəl] adj flera, åtskilliga

severe [si'viə] adj sträng, häftig

*sew [sou] v sy; ~ **up** sy ihop

sewer ['su:ə] n kloak c

sewing-machine ['souiŋmə,ʃi:n] n symaskin c

sex [seks] n kön nt

sexton ['sekstən] n kyrkvaktmästare c

sexual ['sekʃuəl] adj sexuell

sexuality [,sekʃu'æləti] n sexualitet c

shade [ʃeid] n skugga c; nyans c

shadow ['ʃædou] n skugga c

shady ['ʃeidi] adj skuggig

*shake [ʃeik] v skaka

shaky ['ʃeiki] adj ostadig, skakig

*shall [ʃæl] v *ska

shallow ['ʃælou] adj grund

shame [ʃeim] n skam c; **shame!** fy!

shampoo [ʃæm'pu:] n schampo nt

shamrock ['ʃæmrɔk] n treklöver c

shape [ʃeip] n form c; v forma

share [ʃeə] v dela; n del c; aktie c

shark [ʃɑ:k] n haj c

sharp [ʃɑ:p] adj vass

sharpen ['ʃɑ:pən] v vässa, slipa

shave [ʃeiv] v raka sig

shaver ['ʃeivə] n rakapparat c

shaving-brush ['ʃeiviŋbrʌʃ] n rakborste c

shaving-cream ['ʃeiviŋkri:m] n rakkräm c

shaving-soap ['ʃeiviŋsoup] n raktvål c

shawl [ʃɔ:l] n schal c

she [ʃi:] pron hon

shed [ʃed] n skjul nt

*shed [ʃed] v *utgjuta; *sprida

sheep [ʃi:p] n (pl ~) får nt

sheer [ʃiə] adj pur, ren; genomskinlig, skir, brant

sheet [ʃi:t] n lakan nt; ark nt; plåt c

shelf [ʃelf] n (pl shelves) hylla c

shell [ʃel] n snäckskal nt; skal nt

shellfish ['ʃelfiʃ] n skaldjur nt

shelter ['ʃeltə] n skydd nt; v skydda

shepherd ['ʃepəd] n herde c

shift [ʃift] n ombyte nt, skift nt, förändring c

*shine [ʃain] v *skina; glänsa, blänka

ship [ʃip] n fartyg nt; v skeppa; shipping line linjerederi nt

shipowner ['ʃi‚pounə] n skeppsredare c

shipyard ['ʃipjɑːd] n skeppsvarv nt

shirt [ʃəːt] n skjorta c

shiver ['ʃivə] v huttra, skälva; n rysning c

shivery ['ʃivəri] adj huttrande

shock [ʃɔk] n chock c; v chockera; ~ absorber stötdämpare c

shocking ['ʃɔkiŋ] adj chockerande

shoe [ʃuː] n sko c; gym shoes gymnastikskor pl; ~ polish skokräm c

shoe-lace ['ʃuːleis] n skosnöre nt

shoemaker ['ʃuː‚meikə] n skomakare c

shoe-shop ['ʃuːʃɔp] n skoaffär c

shook [ʃuk] v (p shake)

*shoot [ʃuːt] v *skjuta

shop [ʃɔp] n butik c; v handla; ~ assistant affärsbiträde nt; shopping bag kasse c; shopping centre affärscentrum nt

shopkeeper ['ʃɔp‚kiːpə] n affärsinnehavare c

shop-window [‚ʃɔp'windou] n skyltfönster nt

shore [ʃɔː] n strand c

short [ʃɔːt] adj kort; liten; ~ circuit kortslutning c

shortage ['ʃɔːtidʒ] n brist c

shortcoming ['ʃɔːt‚kʌmiŋ] n brist c; underskott nt

shorten ['ʃɔːtən] v förkorta

shorthand ['ʃɔːthænd] n stenografi c

shortly ['ʃɔːtli] adv snart, inom kort

shorts [ʃɔːts] pl shorts pl; plAm kalsonger pl

short-sighted [‚ʃɔːt'saitid] adj närsynt

shot [ʃɔt] n skott nt; spruta c; bild c

*should [ʃud] v borde

shoulder ['ʃouldə] n axel c

shout [ʃaut] v *skrika; n skrik nt

shovel ['ʃʌvəl] n skovel c

show [ʃou] n uppförande nt, föreställning c; utställning c

*show [ʃou] v visa; utställa, framvisa; bevisa

show-case ['ʃoukeis] n monter c

shower [ʃauə] n dusch c; regnskur c, störtskur c

showroom ['ʃouruːm] n utställningslokal c

shriek [ʃriːk] v *skrika; n illtjut nt

shrimp [ʃrimp] n räka c

shrine [ʃrain] n relikskrin nt, helgedom c

*shrink [ʃriŋk] v krympa

shrinkproof ['ʃriŋkpruːf] adj krympfri

shrub [ʃrʌb] n buske c

shudder ['ʃʌdə] n rysning c

shuffle ['ʃʌfəl] v blanda

*shut [ʃʌt] v stänga; ~ in stänga in

shutter ['ʃʌtə] n fönsterlucka c, persienn c

shy [ʃai] adj skygg, blyg

shyness ['ʃainəs] n blyghet c

Siam [sai'æm] Siam

Siamese [‚saiə'miːz] adj siamesisk; n siames c

sick [sik] adj sjuk; illamående

sickness ['siknəs] n sjukdom c; illamående nt

side [said] n sida c; parti nt; one-sided adj ensidig

sideburns ['saidbəːnz] pl polisonger pl

sidelight ['saidlait] n sidoljus nt

side-street ['saidstriːt] n sidogata c

sidewalk ['saidwɔːk] nAm gångbana c, trottoar c

sideways ['saidweiz] adv åt sidan

siege [siːdʒ] n belägring c

sieve [siv] n sil c; v sila

sift [sift] v sikta

sight [sait] n synhåll nt; syn c, åsyn c; sevärdhet c

sign [sain] n tecken nt; gest c; v underteckna

signal ['signəl] n signal c; tecken nt; v signalera

signature ['signətʃə] n signatur c

significant [sig'nifikənt] adj betydelsefull

signpost ['sainpoust] n vägvisare c

silence ['sailəns] n tystnad c; v tysta

silencer ['sailənsə] n ljuddämpare c

silent ['sailənt] adj tyst; *be ~ *tiga

silk [silk] n siden nt

silken ['silkən] adj siden-

silly ['sili] adj dum

silver ['silvə] n silver nt; silver-

silversmith ['silvəsmiθ] n silversmed c

silverware ['silvəweə] n silver nt

similar ['similə] adj liknande, dylik

similarity [ˌsimi'lærəti] n likhet c

simple ['simpəl] adj enkel, okonstlad; vanlig

simply ['simpli] adv enkelt, helt enkelt

simulate ['simjuleit] v låtsa

simultaneous [ˌsiməl'teiniəs] adj samtidig; simultaneously adv samtidigt

sin [sin] n synd c

since [sins] prep sedan; adv sedan dess; conj sedan; eftersom

sincere [sin'siə] adj uppriktig

sinew ['sinjuː] n sena c

*sing [siŋ] v *sjunga

singer ['siŋə] n sångare c; sångerska c

single ['siŋgəl] adj en enda; ogift; ~ room enkelrum nt

singular ['siŋgjulə] n singularis nt; adj säregen

sinister ['sinistə] adj olycksbådande

sink [siŋk] n vask c

*sink [siŋk] v *sjunka

sip [sip] n liten klunk

siphon ['saifən] n sifon c

sir [səː] min herre

siren ['saiərən] n siren c

sister ['sistə] n syster c

sister-in-law ['sistərinləː] n (pl sisters-) svägerska c

*sit [sit] v *sitta; ~ down *sätta sig

site [sait] n tomt c; läge nt

sitting-room ['sitiŋruːm] n vardagsrum nt

situated ['sitʃueitid] adj belägen

situation [ˌsitʃu'eifən] n situation c; läge nt, anställning c

six [siks] num sex

sixteen [ˌsiks'tiːn] num sexton

sixteenth [ˌsiks'tiːnθ] num sextonde

sixth [siksθ] num sjätte

sixty ['siksti] num sextio

size [saiz] n storlek c, dimension c; format nt

skate [skeit] v åka skridskor; n skridsko c

skating ['skeitiŋ] n skridskoåkning c

skating-rink ['skeitiŋriŋk] n skridskobana c

skeleton ['skelitən] n skelett nt

sketch [sketʃ] n skiss c, teckning c; v teckna, skissera

sketch-book ['sketʃbuk] n skissbok c

ski[1] [skiː] v åka skidor

ski[2] [skiː] n (pl ~, ~s) skida c; ~ boots pjäxor pl; ~ pants skidbyxor pl; ~ poles Am skidstavar pl; ~ sticks skidstavar pl

skid [skid] v slira, sladda

skier ['skiːə] n skidåkare c

skiing ['skiːiŋ] n skidåkning c

ski-jump ['skiːdʒʌmp] n backhoppning c

skilful ['skilfəl] adj händig, duktig, skicklig

ski-lift ['skiːlift] n skidlift c

skill [skil] n skicklighet c

skilled [skild] adj skicklig; yrkesutbildad

skin [skin] *n* hud *c*, djurskinn *nt;* skal *nt;* ~ **cream** hudkräm *c*

skip [skip] *v* skutta; hoppa över

skirt [skə:t] *n* kjol *c*

skull [skʌl] *n* skalle *c*

sky [skai] *n* himmel *c;* luft *c*

skyscraper ['skai,skreipə] *n* skyskrapa *c*

slack [slæk] *adj* slak

slacks [slæks] *pl* långbyxor *pl*

slam [slæm] *v* *slå igen

slander ['slɑ:ndə] *n* förtal *nt*

slant [slɑ:nt] *v* slutta

slanting ['slɑ:ntiŋ] *adj* lutande, sned, sluttande

slap [slæp] *v* *slå; *n* örfil *c*

slate [sleit] *n* skiffer *nt*

slave [sleiv] *n* slav *c*

sledge [sledʒ] *n* släde *c*, kälke *c*

sleep [sli:p] *n* sömn *c*

***sleep** [sli:p] *v* *sova

sleeping-bag ['sli:piŋbæg] *n* sovsäck *c*

sleeping-car ['sli:piŋkɑ:] *n* sovvagn *c*

sleeping-pill ['sli:piŋpil] *n* sömntablett *c*

sleepless ['sli:pləs] *adj* sömnlös

sleepy ['sli:pi] *adj* sömnig

sleeve [sli:v] *n* ärm *c;* skivfodral *nt*

sleigh [slei] *n* släde *c*, kälke *c*

slender ['slendə] *adj* slank

slice [slais] *n* skiva *c*

slide [slaid] *n* glidning *c;* rutschbana *c;* diapositiv *nt*

***slide** [slaid] *v* *glida

slight [slait] *adj* lätt; svag

slim [slim] *adj* slank; *v* magra

slip [slip] *v* halka, slira; *n* felsteg *nt;* underklänning *c*

slipper ['slipə] *n* toffel *c*

slippery ['slipəri] *adj* slipprig, hal

slogan ['slougən] *n* slogan *c*, partiparoll *c*

slope [sloup] *n* sluttning *c;* *v* slutta

sloping ['sloupiŋ] *adj* sluttande

sloppy ['slɔpi] *adj* oordentlig

slot [slɔt] *n* myntöppning *c*

slot-machine ['slɔt,məʃi:n] *n* spelautomat *c*

slovenly ['slʌvənli] *adj* slarvig

slow [slou] *adj* trögtänkt, långsam; ~ **down** fördröja, sakta ned

sluice [slu:s] *n* sluss *c*

slum [slʌm] *n* fattigkvarter *nt*

slump [slʌmp] *n* prisfall *nt*

slush [slʌʃ] *n* snöslask *nt*

sly [slai] *adj* slug

smack [smæk] *v* *ge en örfil; *n* klatsch *c*

small [smɔ:l] *adj* liten

smallpox ['smɔ:lpɔks] *n* smittkoppor *pl*

smart [smɑ:t] *adj* chic; klipsk, duktig

smell [smel] *n* lukt *c*

***smell** [smel] *v* lukta; lukta illa

smelly ['smeli] *adj* illaluktande

smile [smail] *v* *le; *n* leende *nt*

smith [smiθ] *n* smed *c*

smoke [smouk] *v* röka; *n* rök *c;* **no smoking** rökning förbjuden

smoker ['smoukə] *n* rökare *c;* rökkupé *c*

smoking-compartment ['smoukiŋkəm,pɑ:tmənt] *n* rökkupé *c*

smoking-room ['smoukiŋru:m] *n* rökrum *nt*

smooth [smu:ð] *adj* slät, jämn; mjuk

smuggle ['smʌgəl] *v* smuggla

snack [snæk] *n* mellanmål *nt*

snack-bar ['snækbɑ:] *n* snackbar *c*

snail [sneil] *n* snigel *c*

snake [sneik] *n* orm *c*

snapshot ['snæpʃɔt] *n* ögonblicksbild *c*, kort *nt*

sneakers ['sni:kəz] *plAm* gymnastikskor *pl*

sneeze [sni:z] *v* *nysa

sniper ['snaipə] *n* prickskytt *c*

snooty ['snu:ti] *adj* mallig, överlägsen

snore [snɔ:] v snarka

snorkel ['snɔ:kəl] n snorkel c

snout [snaut] n nos c

snow [snou] n snö c; v snöa

snowstorm ['snousto:m] n snöstorm c

snowy ['snoui] adj snöig

so [sou] conj så; adv så, till den grad; **and ~ on** och så vidare; **~ far** hittills; **~ that** så att, så

soak [souk] v blöta

soap [soup] n tvål c; **~ powder** tvåltvättmedel nt

sober ['soubə] adj nykter; sansad

so-called [,sou'kɔ:ld] adj så kallad

soccer ['sɔkə] n fotboll c; **~ team** fotbollslag nt

social ['souʃəl] adj social, samhälls-

socialism ['souʃəlizəm] n socialism c

socialist ['souʃəlist] adj socialistisk; n socialist c

society [sə'saiəti] n samfund nt; sammanslutning c, sällskap nt; förening c

sock [sɔk] n socka c

socket ['sɔkit] n glödlampshållare c; urtag nt

soda-water ['soudə,wɔ:tə] n sodavatten nt, mineralvatten nt

sofa ['soufə] n soffa c

soft [sɔft] adj mjuk; **~ drink** alkoholfri dryck

soften ['sɔfən] v mjuka upp

soil [sɔil] n jord c; jordmån c

soiled [sɔild] adj nedsmutsad

sold [sould] v (p, pp sell) ; **~ out** utsåld

solder ['sɔldə] v löda

soldering-iron ['sɔldəriŋaiən] n lödkolv c

soldier ['souldʒə] n soldat c

sole¹ [soul] adj ensam

sole² [soul] n sula c; sjötunga c

solely ['soulli] adv uteslutande

solemn ['sɔləm] adj högtidlig

solicitor [sə'lisitə] n advokat c, jurist c

solid ['sɔlid] adj gedigen, massiv; n fast kropp

soluble ['sɔljubəl] adj löslig

solution [sə'lu:ʃən] n lösning c

solve [sɔlv] v lösa

sombre ['sɔmbə] adj dyster

some [sʌm] adj några; pron somliga; något; **~ day** någon gång; **~ more** lite mer; **~ time** en gång, någon gång

somebody ['sʌmbədi] pron någon

somehow ['sʌmhau] adv på något sätt

someone ['sʌmwʌn] pron någon

something ['sʌmθiŋ] pron något

sometimes ['sʌmtaimz] adv ibland

somewhat ['sʌmwɔt] adv tämligen

somewhere ['sʌmwɛə] adv någonstans

son [sʌn] n son c

song [sɔŋ] n sång c

son-in-law ['sʌninlɔ:] n (pl sons-) svärson c

soon [su:n] adv inom kort, fort, snart; **as ~ as** så snart som

sooner ['su:nə] adv hellre

sore [sɔ:] adj öm; n ömt ställe; sår nt; **~ throat** halsont nt

sorrow ['sɔrou] n sorg c, bedrövelse c

sorry ['sɔri] adj ledsen; **sorry!** ursäkta!, förlåt!

sort [sɔ:t] v ordna, sortera; n sort c, slag nt; **all sorts of** all slags

soul [soul] n själ c

sound [saund] n ljud nt; v *låta; adj pålitlig

soundproof ['saundpru:f] adj ljudisolerad

soup [su:p] n soppa c

soup-plate ['su:ppleit] n sopptallrik c

soup-spoon ['su:pspu:n] n soppsked c

sour [sauə] *adj* sur
source [sɔːs] *n* källa *c*
south [sauθ] *n* söder *c*; **South Pole**
Sydpolen
South Africa [sauθ 'æfrikə] Sydafrika
south-east [,sauθ'iːst] *n* sydost *c*
southerly ['sʌðəli] *adj* sydlig
southern ['sʌðən] *adj* södra
south-west [,sauθ'west] *n* sydväst *c*
souvenir ['suːvəniə] *n* souvenir *c*; ~
shop souvenirbutik *c*
sovereign ['sovrin] *n* härskare *c*
Soviet ['souviət] *adj* sovjetisk
*sow [sou] *v* så
spa [spaː] *n* kurort *c*
space [speis] *n* rum *nt*; rymd *c*; mel-
lanrum *nt*, avstånd *nt*; *v* *göra
mellanrum
spacious ['speiʃəs] *adj* rymlig
spade [speid] *n* spade *c*
Spain [spein] Spanien
Spaniard ['spænjəd] *n* spanjor *c*
Spanish ['spæniʃ] *adj* spansk
spanking ['spæŋkiŋ] *n* smäll *c*
spanner ['spænə] *n* skiftnyckel *c*
spare [speə] *adj* reserv-, extra; *v* *va-
ra utan; ~ **part** reservdel *c*; ~
room gästrum *nt*; ~ **time** fritid *c*;
~ **tyre** reservdäck *nt*; ~ **wheel** re-
servhjul *nt*
spark [spaːk] *n* gnista *c*
sparking-plug ['spaːkiŋplʌg] *n* tänd-
stift *nt*
sparkling ['spaːkliŋ] *adj* gnistrande;
mousserande
sparrow ['spærou] *n* sparv *c*
*speak [spiːk] *v* tala
spear [spiə] *n* spjut *nt*
special ['speʃəl] *adj* speciell, särskild;
~ **delivery** expressutdelning *c*
specialist ['speʃəlist] *n* specialist *c*
speciality [,speʃi'æləti] *n* specialitet *c*
specialize ['speʃəlaiz] *v* specialisera
sig

specially ['speʃəli] *adv* i synnerhet
species ['spiːʃiːz] *n* (pl ~) art *c*
specific [spə'sifik] *adj* specifik
specimen ['spesimən] *n* exemplar *nt*,
specimen *nt*
speck [spek] *n* fläck *c*
spectacle ['spektəkəl] *n* skådespel *nt*;
spectacles glasögon *pl*
spectator [spek'teitə] *n* åskådare *c*
speculate ['spekjuleit] *v* spekulera
speech [spiːtʃ] *n* talförmåga *c*; anför-
ande *nt*, tal *nt*; språk *nt*
speechless ['spiːtʃləs] *adj* mållös
speed [spiːd] *n* hastighet *c*;
cruising ~ marschfart *c*; ~ **limit**
fartbegränsning *c*, hastighetsbe-
gränsning *c*
*speed [spiːd] *v* köra (för) fort
speeding ['spiːdiŋ] *n* fortkörning *c*
speedometer [spiː'dɔmitə] *n* hastig-
hetsmätare *c*
spell [spel] *n* förtrollning *c*
*spell [spel] *v* stava
spelling ['speliŋ] *n* stavning *c*
*spend [spend] *v* förbruka, spendera;
tillbringa
sphere [sfiə] *n* klot *nt*; sfär *c*
spice [spais] *n* krydda *c*
spiced [spaist] *adj* kryddad
spicy ['spaisi] *adj* kryddstark
spider ['spaidə] *n* spindel *c*; **spider's
web** spindelnät *nt*
*spill [spil] *v* spilla
*spin [spin] *v* *spinna; snurra
spinach ['spinidʒ] *n* spenat *c*
spine [spain] *n* ryggrad *c*
spinster ['spinstə] *n* ungmö *c*
spire [spaiə] *n* spira *c*
spirit ['spirit] *n* ande *c*; spöke *nt*;
spirits spritdrycker *pl*; sinnesstäm-
ning *c*; ~ **stove** spritkök *nt*
spiritual ['spiritʃuəl] *adj* andlig
spit [spit] *n* spott *nt*, saliv *c*; spett *nt*
*spit [spit] *v* spotta

in spite of [in spait ɔv] trots, oaktat
spiteful ['spaitfəl] adj ondskefull
splash [splæʃ] v stänka
splendid ['splendid] adj strålande, praktfull
splendour ['splendə] n prakt c
splint [splint] n spjäla c
splinter ['splintə] n splitter nt
•**split** [split] v *klyva
•**spoil** [spɔil] v fördärva; skämma bort
spoke¹ [spouk] v (p speak)
spoke² [spouk] n eker c
sponge [spʌndʒ] n tvättsvamp c
spook [spu:k] n spöke nt
spool [spu:l] n spole c
spoon [spu:n] n sked c
spoonfull ['spu:nful] n sked c
sport [spɔ:t] n sport c
sports-car ['spɔ:tska:] n sportbil c
sports-jacket ['spɔ:ts,dʒækit] n sport-jacka c
sportsman ['spɔ:tsmən] n (pl -men) idrottsman c
sportswear ['spɔ:tsweə] n sportkläder pl
spot [spɔt] n fläck c; ställe nt, plats c
spotless ['spɔtləs] adj fläckfri
spotlight ['spɔtlait] n strålkastare c
spotted ['spɔtid] adj fläckig
spout [spaut] n stråle c; pip c, ränna c
sprain [sprein] v stuka; n stukning c
•**spread** [spred] v *sprida
spring [spriŋ] n vår c; fjäder c; källa c
springtime ['spriŋtaim] n vår c
sprouts [sprauts] pl brysselkål c
spy [spai] n spion c
squadron ['skwɔdrən] n skvadron c
square [skweə] adj kvadratisk; n kvadrat c; öppen plats, torg nt
squash [skwɔʃ] n fruktsaft c; squash c

squirrel ['skwirəl] n ekorre c
squirt [skwə:t] n stråle c
stable ['steibəl] adj stabil; n stall nt
stack [stæk] n stack c, stapel c
stadium ['steidiəm] n stadion nt
staff [sta:f] n personal c
stage [steidʒ] n scen c; stadium nt, fas c; etapp c
stain [stein] v fläcka ned; n fläck c; **stained glass** färgat glas; ~ **remover** fläckborttagningsmedel nt
stainless ['steinləs] adj fläckfri; ~ **steel** rostfritt stål
staircase ['steəkeis] n trappa c
stairs [steəz] pl trappa c
stale [steil] adj gammal
stall [stɔ:l] n stånd nt; parkett c
stamina ['stæminə] n uthållighet c
stamp [stæmp] n frimärke nt; stämpel c; v frankera; stampa; ~ **machine** frimärksautomat c
stand [stænd] n ställ nt, stånd nt; läktare c
•**stand** [stænd] v *stå
standard ['stændəd] n norm c; standard-; ~ **of living** levnadsstandard c
stanza ['stænzə] n strof c
staple ['steipəl] n häftklammer c; stapelvara c
star [sta:] n stjärna c
starboard ['sta:bəd] n styrbord
starch [sta:tʃ] n stärkelse c; v stärka
stare [steə] v stirra
starling ['sta:liŋ] n stare c
start [sta:t] v börja; n början c; **starter motor** startmotor c
starting-point ['sta:tiŋpɔint] n utgångspunkt c
•**starve** [sta:v] v *svälta
state [steit] n stat c; tillstånd nt; v fastställa
the States [ðə steits] Förenta Staterna

statement ['steitmənt] n uppgift c, redogörelse c

statesman ['steitsmən] n (pl -men) statsman c

station ['steiʃən] n järnvägsstation c; position c

stationary ['steiʃənəri] adj stillastående

stationer's ['steiʃənəz] n pappershandel c

stationery ['steiʃənəri] n kontorsartiklar pl

station-master ['steiʃən,ma:stə] n stationsinspektor c

statistics [stə'tistiks] pl statistik c

statue ['stætʃu:] n staty c

stay [stei] v *förbli, stanna kvar; vistas, *uppehålla sig; n vistelse c

steadfast ['stedfɑ:st] adj orubblig

steady ['stedi] adj stadig

steak [steik] n biff c

*steal [sti:l] v *stjäla

steam [sti:m] n ånga c

steamer ['sti:mə] n ångare c

steel [sti:l] n stål nt

steep [sti:p] adj brant

steeple ['sti:pəl] n tornspira c

steering-column ['stiəriŋ,kɔləm] n rattstång c

steering-wheel ['stiəriŋwi:l] n ratt c

steersman ['stiəzmən] n (pl -men) rorsman c

stem [stem] n stjälk c

stenographer [ste'nɔgrəfə] n stenograf c

step [step] n steg nt; v trampa

stepchild ['steptʃaild] n (pl -children) styvbarn nt

stepfather ['step,fa:ðə] n styvfar c

stepmother ['step,mʌðə] n styvmor c

sterile ['sterail] adj steril

sterilize ['sterilaiz] v sterilisera

steward ['stju:əd] n steward c

stewardess ['stju:ədes] n flygvärdinna c

stick [stik] n pinne c, käpp c

*stick [stik] v fästa, klistra

sticky ['stiki] adj klibbig

stiff [stif] adj stel

still [stil] adv ännu; likväl; adj stilla

stillness ['stilnəs] n stillhet c

stimulant ['stimjulənt] n stimulans c; stimulantia pl

stimulate ['stimjuleit] v stimulera

sting [stiŋ] n sting nt, stick nt

*sting [stiŋ] v *sticka

stingy ['stindʒi] adj småaktig

*stink [stiŋk] v *stinka

stipulate ['stipjuleit] v stipulera, bestämma

stipulation [,stipju'leiʃən] n bestämmelse c

stir [stə:] v röra sig; röra om

stirrup ['stirəp] n stigbygel c

stitch [stitʃ] n stygn nt, håll nt

stock [stɔk] n lager nt; v lagra; ~ exchange fondbörs c; ~ market fondmarknad c; stocks and shares värdepapper pl

stocking ['stɔkiŋ] n strumpa c

stole¹ [stoul] v (p steal)

stole² [stoul] n stola c

stomach ['stʌmək] n mage c

stomach-ache ['stʌməkeik] n magont nt

stone [stoun] n sten c; ädelsten c; kärna c; sten-; pumice ~ pimpsten c

stood [stud] v (p, pp stand)

stop [stɔp] v stoppa, upphöra; *hålla upp med; n hållplats c; stop! stopp!

stopper ['stɔpə] n propp c

storage ['stɔ:ridʒ] n lagring c

store [stɔ:] n lager nt; affär c; v lagra

store-house ['stɔ:haus] n magasin nt

storey ['stɔ:ri] n våning c

stork [stɔ:k] n stork c

storm [stɔ:m] n storm c

stormy ['stɔ:mi] adj stormig

story ['stɔ:ri] n historia c

stout [staut] adj korpulent, tjock; kraftig

stove [stouv] n ugn c; köksspis c

straight [streit] adj rak; hederlig; adv rakt; ~ **ahead** rakt fram; ~ **away** omedelbart, genast; ~ **on** rakt fram

strain [strein] n ansträngning c; påfrestning c; v överanstränga; sila

strainer ['streinə] n durkslag nt

strange [streindʒ] adj främmande; besynnerlig

stranger ['streindʒə] n främling c; okänd person

strangle ['stræŋgəl] v *strypa

strap [stræp] n rem c

straw [strɔ:] n strå nt, halm c; sugrör nt

strawberry ['strɔ:bəri] n jordgubbe c; wild ~ smultron nt

stream [stri:m] n bäck c; ström c; v strömma

street [stri:t] n gata c

streetcar ['stri:tkɑ:] nAm spårvagn c

street-organ ['stri:,tɔ:gən] n positiv nt

strength [streŋθ] n kraft c, styrka c

stress [stres] n stress c; betoning c; v betona

stretch [stretʃ] v tänja; n sträcka c

stretcher ['stretʃə] n bår c

strict [strikt] adj sträng; strikt

strife [straif] n stridighet c

strike [straik] n strejk c

***strike** [straik] v *slå; *slå till; strejka

striking ['straikiŋ] adj slående, markant, påfallande

string [striŋ] n snöre nt; sträng c

strip [strip] n remsa c

stripe [straip] n rand c

striped [straipt] adj randig

stroke [strouk] n slaganfall nt

stroll [stroul] v flanera; n promenad c

strong [strɔŋ] adj stark; kraftig

stronghold ['strɔŋhould] n fästning c

structure ['strʌktʃə] n struktur c; byggnadsverk nt

struggle ['strʌgəl] n strid c, kamp c; v *slåss, kämpa

stub [stʌb] n talong c

stubborn ['stʌbən] adj envis

student ['stju:dənt] n student c; studentska c; studerande c

study ['stʌdi] v studera; n studium nt; arbetsrum nt

stuff [stʌf] n material c; grejor pl

stuffed [stʌft] adj fylld

stuffing ['stʌfiŋ] n fyllning c

stuffy ['stʌfi] adj kvav

stumble ['stʌmbəl] v snubbla

stung [stʌŋ] v (p, pp sting)

stupid ['stju:pid] adj dum

style [stail] n stil c

subject[1] ['sʌbdʒikt] n subjekt nt; undersåte c; ~ **to** utsatt för

subject[2] [səb'dʒekt] v underkuva

submit [səb'mit] v underkasta sig

subordinate [sə'bɔ:dinət] adj underordnad

subscriber [səb'skraibə] n prenumerant c

subscription [səb'skripʃən] n prenumeration c, abonnemang nt; insamling c

subsequent ['sʌbsikwənt] adj följande

subsidy ['sʌbsidi] n understöd nt

substance ['sʌbstəns] n substans c

substantial [səb'stænʃəl] adj verklig; ansenlig

substitute ['sʌbstitju:t] v *ersätta; n surrogat nt; ställföreträdare c

subtitle ['sʌb,taitəl] n undertitel c

subtle ['sʌtəl] adj subtil

subtract [səb'trækt] v minska, *dra ifrån

suburb ['sʌbə:b] n förstad c, förort c

suburban [sə'bə:bən] adj förstads-

subway ['sʌbwei] nAm tunnelbana c

succeed [sək'si:d] v lyckas; efterträda

success [sək'ses] n succé c

successful [sək'sesfəl] adj framgångs-rik

succumb [sə'kʌm] v duka under

such [sʌtʃ] adj sådan, liknande; adv så; ~ as sådan som

suck [sʌk] v *suga

sudden ['sʌdən] adj plötslig

suddenly ['sʌdənli] adv plötsligt

suede [sweid] n mockaskinn nt

suffer ['sʌfə] v *lida; tåla

suffering ['sʌfəriŋ] n lidande nt

suffice [sə'fais] v räcka

sufficient [sə'fiʃənt] adj tillräcklig

suffrage ['sʌfridʒ] n rösträtt c

sugar ['ʃugə] n socker c

suggest [sə'dʒest] v *föreslå

suggestion [sə'dʒestʃən] n förslag nt

suicide ['su:isaid] n självmord nt

suit [su:t] v passa; avpassa; n dräkt c, kostym c

suitable ['su:təbəl] adj passande

suitcase ['su:tkeis] n resväska c

suite [swi:t] n svit c

sum [sʌm] n summa c

summary ['sʌməri] n sammandrag nt, översikt c

summer ['sʌmə] n sommar c; ~ time sommartid c

summit ['sʌmit] n topp c

summons ['sʌmənz] n (pl ~es) kallelse c, stämning c

sun [sʌn] n sol c

sunbathe ['sʌnbeið] v solbada

Sunday ['sʌndi] söndag c

sun-glasses ['sʌn,gla:siz] pl solglas-ögon pl

sunlight ['sʌnlait] n solljus nt

sunny ['sʌni] adj solig

sunrise ['sʌnraiz] n soluppgång c

sunset ['sʌnset] n solnedgång c

sunshade ['sʌnʃeid] n solparasoll nt

sunshine ['sʌnʃain] n solsken nt

sunstroke ['sʌnstrouk] n solsting nt

suntan oil ['sʌntænɔil] sololja c

superb [su'pə:b] adj storartad, utsökt

superficial [,su:pə'fiʃəl] adj ytlig

superfluous [su'pə:fluəs] adj överflö-dig

superior [su'piəriə] adj större, bättre, överlägsen

superlative [su'pə:lətiv] adj superla-tiv; n superlativ c

supermarket ['su:pə,ma:kit] n snabb-köp nt

superstition [,su:pə'stiʃən] n vidske-pelse c

supervise ['su:pəvaiz] v övervaka

supervision [,su:pə'viʒən] n kontroll c, uppsikt c

supervisor ['su:pəvaizə] n arbetsleda-re c, uppsyningsman c

supper ['sʌpə] n kvällsmat c

supple ['sʌpəl] adj böjlig, mjuk, smi-dig

supplement ['sʌplimənt] n tidningsbi-laga c

supply [sə'plai] n leverans c; förråd nt; utbud nt; v *förse

support [sə'pɔ:t] v *hålla uppe, stöd-ja, understödja; n stöd nt; ~ hose stödstrumpor pl

supporter [sə'pɔ:tə] n anhängare c

suppose [sə'pouz] v förmoda, *anta; supposing that *anta att

suppository [sə'pɔzitəri] n stolpiller nt

suppress [sə'pres] v undertrycka

surcharge ['sə:tʃa:dʒ] n tillägg nt; överbelastning c

sure [ʃuə] adj säker

surely ['ʃuəli] adv säkerligen

surface ['sə:fis] n yta c

surf-board ['sə:fbɔ:d] n surfingbräda c

surgeon ['sɔ:dʒən] n kirurg c; **veterinary** ~ veterinär c

surgery ['sɔ:dʒəri] n kirurgi c; läkarmottagning c

surname ['sɔ:neim] n efternamn nt

surplus ['sɔ:pləs] n överskott nt

surprise [sə'praiz] n överraskning c; v överraska; förvåna

surrender [sə'rendə] v *ge sig; n kapitulation c

surround [sə'raund] v omringa, *omge

surrounding [sə'raundiŋ] adj kringliggande

surroundings [sə'raundiŋz] pl omgivningar

survey ['sɔ:vei] n översikt c

survival [sə'vaivəl] n överlevnad c

survive [sə'vaiv] v överleva

suspect¹ [sə'spekt] v misstänka; *anta

suspect² ['sʌspekt] n misstänkt c

suspend [sə'spend] v suspendera

suspenders [sə'spendəz] plAm hängslen pl; **suspender belt** strumpebandshållare c

suspension [sə'spenʃən] n upphängningsanordning nt, fjädring c; ~ **bridge** hängbro c

suspicion [sə'spiʃən] n misstanke c; misstänksamhet c, misstro c

suspicious [sə'spiʃəs] adj misstänkt; misstrogen, misstänksam

sustain [sə'stein] v *utstå

Swahili [swə'hi:li] n swahili

swallow ['swɔlou] v sluka, *svälja; n svala c

swam [swæm] v (p swim)

swamp [swɔmp] n träsk nt

swan [swɔn] n svan c

swap [swɔp] v byta

***swear** [sweə] v *svära

sweat [swet] n svett c; v svettas

sweater ['swetə] n tröja c

Swede [swi:d] n svensk c

Sweden ['swi:dən] Sverige

Swedish ['swi:diʃ] adj svensk

***sweep** [swi:p] v sopa

sweet [swi:t] adj söt; snäll; n karamell c; dessert c; **sweets** sötsaker pl

sweeten ['swi:tən] v söta

sweetheart ['swi:thɑ:t] n älskling c, raring c

sweetshop ['swi:tʃɔp] n gottaffär c

swell [swel] adj tjusig

***swell** [swel] v svälla; svullna; öka

swelling ['sweliŋ] n svullnad c

swift [swift] adj rask

***swim** [swim] v simma

swimmer ['swimə] n simmare c

swimming ['swimiŋ] n simning c; ~ **pool** simbassäng c

swimming-trunks ['swimiŋtrʌŋks] pl badbyxor pl

swim-suit ['swimsu:t] n baddräkt c

swindle ['swindəl] v svindla; n svindel c

swindler ['swindlə] n svindlare c

swing [swiŋ] n gunga c

***swing** [swiŋ] v svänga; gunga

Swiss [swis] adj schweizisk; n schweizare c

switch [switʃ] n växel c; strömbrytare c, spö nt; v växla; ~ **off** koppla av, stänga av; ~ **on** koppla på

switchboard ['switʃbɔ:d] n kopplingsbord nt

Switzerland ['switsələnd] Schweiz

sword [sɔ:d] n svärd nt

swum [swʌm] v (pp swim)

syllable ['siləbəl] n stavelse c

symbol ['simbəl] n symbol c

sympathetic [ˌsimpə'θetik] adj deltagande

sympathy ['simpəθi] n sympati c; medkänsla c

symphony ['simfəni] n symfoni c

symptom ['simtəm] n symptom nt
synagogue ['sinəgɔg] n synagoga c
synonym ['sinənim] n synonym c
synthetic [sin'θetik] adj syntetisk
syphon ['saifən] n sifon c
Syria ['siriə] Syrien
Syrian ['siriən] adj syrisk; n syrier c
syringe [si'rindʒ] n injektionsspruta c
syrup ['sirəp] n sockerlag c, saft c
system ['sistəm] n system nt; decimal ~ decimalsystem nt
systematic [,sistə'mætik] adj systematisk

T

table ['teibəl] n bord nt; tabell c; ~ of contents innehållsförteckning c; ~ tennis bordtennis c
table-cloth ['teibəlklɔθ] n borddduk c
tablespoon ['teibəlspu:n] n matsked c
tablet ['tæblit] n tablett c
taboo [tə'bu:] n tabu nt
tactics ['tæktiks] pl taktik c
tag [tæg] n prislapp c, adresslapp c
tail [teil] n svans c
tail-light ['teillait] n baklykta c
tailor ['teilə] n skräddare c
tailor-made ['teiləmeid] adj skräddarsydd
*take [teik] v *ta; *gripa; *begripa, *förstå, fatta; ~ away *ta bort; ~ off *ta av; *ge sig iväg; ~ out *ta ut; ~ over *överta; ~ place äga rum; ~ up *uppta
take-off ['teikɔf] n start c
tale [teil] n berättelse c, saga c
talent ['tælənt] n talang c, begåvning c
talented ['tæləntid] adj begåvad
talk [tɔ:k] v tala, prata; n samtal nt
talkative ['tɔ:kətiv] adj pratsam

tall [tɔ:l] adj hög; lång
tame [teim] adj tam; v tämja
tampon ['tæmpən] n tampong c
tangerine [,tændʒə'ri:n] n mandarin c
tangible ['tændʒibəl] adj gripbar
tank [tæŋk] n tank c
tanker ['tæŋkə] n tankfartyg nt
tanned [tænd] adj solbränd
tap [tæp] n kran c; slag nt; v knacka
tape [teip] n ljudband nt; snöre nt; adhesive ~ klisterremsa c, tejp c
tape-measure ['teip,meʒə] n måttband nt
tape-recorder ['teipri,kɔ:də] n bandspelare c
tapestry ['tæpistri] n gobeläng c
tar [ta:] n tjära c
target ['ta:git] n måltavla c
tariff ['tærif] n tariff c
tarpaulin [ta:'pɔ:lin] n presenning c
task [ta:sk] n uppgift c
taste [teist] n smak c; v smaka
tasteless ['teistləs] adj smaklös
tasty ['teisti] adj välsmakande
taught [tɔ:t] v (p, pp teach)
tavern ['tævən] n taverna c
tax [tæks] n skatt c; v beskatta
taxation [tæk'seifən] n beskattning c
tax-free ['tæksfri:] adj skattefri
taxi ['tæksi] n taxi c; ~ rank taxistation c; ~ stand Am taxistation c
taxi-driver ['tæksi,draivə] n taxichaufför c
taxi-meter ['tæksi,mi:tə] n taxameter c
tea [ti:] n te nt; eftermiddagste nt
*teach [ti:tʃ] v undervisa, lära
teacher ['ti:tʃə] n lärare c; lärarinna c
teachings ['ti:tʃiŋz] pl lära c
tea-cloth ['ti:klɔθ] n kökshandduk c
teacup ['ti:kʌp] n tekopp c
team [ti:m] n lag nt
teapot ['ti:pɔt] n tekanna c

*tear [teə] v *riva

tear¹ [tiə] n tår c

tear² [teə] n reva c

tease [ti:z] v reta

tea-set ['ti:set] n teservis c

tea-shop ['ti:ʃɔp] n tesalong c

teaspoon ['ti:spu:n] n tesked c

teaspoonful ['ti:spu:n‚ful] n tesked c

technical ['teknikəl] adj teknisk

technician [tek'niʃən] n tekniker c

technique [tek'ni:k] n teknik c

technology [tek'nɔlədʒi] n teknologi c

teenager ['ti:‚neidʒə] n tonåring c

teetotaller [ti:'toutələ] n absolutist c

telegram ['teligræm] n telegram nt

telegraph ['teligra:f] v telegrafera

telepathy [ti'lepəθi] n telepati c

telephone ['telifoun] n telefon c; ~ **book** Am telefonkatalog c; ~ **booth** telefonhytt c; ~ **call** telefonsamtal nt; ~ **directory** telefonkatalog c; ~ **operator** telefonist c

television ['teliviʒən] n television c; **cable** ~ kabel-TV c; **satellite** ~ satellit-TV c; ~ **set** televisionsapparat c

telex ['teleks] n telex nt

*tell [tel] v tala om; berätta, *säga

temper ['tempə] n humör nt

temperature ['temprətʃə] n temperatur c

tempest ['tempist] n oväder nt

temple ['tempəl] n tempel nt; tinning c

temporary ['tempərəri] adj tillfällig, provisorisk

tempt [tempt] v fresta

temptation [temp'teiʃən] n frestelse c

ten [ten] num tio

tenant ['tenənt] n hyresgäst c

tend [tend] v tendera; vårda; ~ **to** tendera åt

tendency ['tendənsi] n benägenhet c, tendens c

tender ['tendə] adj öm; mör

tendon ['tendən] n sena c

tennis ['tenis] n tennis c; ~ **shoes** tennisskor pl

tennis-court ['teniskɔ:t] n tennisplan c, tennisbana c

tense [tens] adj spänd

tension ['tenʃən] n spänning c

tent [tent] n tält nt

tenth [tenθ] num tionde

tepid ['tepid] adj ljum

term [tə:m] n term c; period c, termin c; villkor nt

terminal ['tə:minəl] n ändstation c

terrace ['terəs] n terrass c

terrain [te'rein] n terräng c

terrible ['teribəl] adj förskräcklig, hemsk, förfärlig

terrific [tə'rifik] adj storartad

terrify ['terifai] v förskräcka; **terrifying** skrämmande

territory ['teritəri] n område nt, territorium nt

terror ['terə] n skräck c

terrorism ['terərizəm] n terrorism c, terror c

terrorist ['terərist] n terrorist c

test [test] n prov nt, prövning c; v pröva, testa

testify ['testifai] v vittna

text [tekst] n text c

textbook ['tekstbuk] n lärobok c

texture ['tekstʃə] n struktur c

Thai [tai] adj thailändsk; n thailändare c

Thailand ['tailænd] Thailand

than [ðæn] conj än

thank [θæŋk] v tacka; ~ **you** tack nt

thankful ['θæŋkfəl] adj tacksam

that [ðæt] adj den, den där; pron den där; som; conj att

thaw [θɔ:] v smälta, töa; n töväder nt

the [ðə,ði] art -en suf; **the ... the** ju ... desto

theatre [θiətə] n teater c

theft [θeft] n stöld c

their [ðɛə] adj deras

them [ðem] pron dem

theme [θiːm] n tema nt, ämne nt

themselves [ðəmˈselvz] pron sig; själva

then [ðen] adv då; sedan, därefter

theology [θiˈɔlədʒi] n teologi c

theoretical [θiəˈretikəl] adj teoretisk

theory [θiəri] n teori c

therapy [θerəpi] n terapi c

there [ðɛə] adv där; dit

therefore [ˈðɛəfɔː] conj därför

thermometer [θəˈmɔmitə] n termometer c

thermostat [θəːmɔstæt] n termostat c

these [ðiːz] adj de här

thesis [θiːsis] n (pl theses) tes c

they [ðei] pron de

thick [θik] adj tät; tjock

thicken [θikən] v tjockna, *göra tjock

thickness [θiknəs] n tjocklek c

thief [θiːf] n (pl thieves) tjuv c

thigh [θai] n lår nt

thimble [θimbəl] n fingerborg c

thin [θin] adj tunn; mager

thing [θiŋ] n sak c

*think [θiŋk] v tycka; tänka; ~ of tänka på; ~ over fundera på

thinker [θiŋkə] n tänkare c

third [θəːd] num tredje

thirst [θəːst] n törst c

thirsty [θəːsti] adj törstig

thirteen [θəːˈtiːn] num tretton

thirteenth [θəːˈtiːnθ] num trettonde

thirty [θəːti] num trettio

this [ðis] adj den här; pron denna

thistle [θisəl] n tistel c

thorn [θɔːn] n tagg c

thorough [θʌrə] adj grundlig, ordentlig

thoroughbred [θʌrəbred] adj fullblods-

thoroughfare [θʌrəfɛə] n huvudväg c, huvudgata c

those [ðouz] pron de, de där, dessa

though [ðou] conj även om, fastän, ehuru; adv emellertid

thought[1] [θɔːt] v (p, pp think)

thought[2] [θɔːt] n tanke c

thoughtful [θɔːtfəl] adj tankfull; omtänksam

thousand [θauzənd] num tusen

thread [θred] n tråd c; v trä upp

threadbare [θredbɛə] adj trådsliten

threat [θret] n hot nt

threaten [θretən] v hota

three [θriː] num tre

three-quarter [θriːˈkwɔːtə] adj trefjärdedels-

threshold [θreʃould] n tröskel c

threw [θruː] v (p throw)

thrifty [θrifti] adj ekonomisk

throat [θrout] n strupe c; hals c

throne [θroun] n tron c

through [θruː] prep genom

throughout [θruːˈaut] adv överallt

throw [θrou] n kast nt

*throw [θrou] v slänga, kasta

thrush [θrʌʃ] n trast c

thumb [θʌm] n tumme c

thumbtack [θʌmtæk] nAm häftstift nt

thump [θʌmp] v dunka

thunder [θʌndə] n åska c; v åska

thunderstorm [θʌndəstɔːm] n åskväder nt

thundery [θʌndəri] adj åsk-

Thursday [θəːzdi] torsdag c

thus [ðʌs] adv således

thyme [taim] n timjan c

tick [tik] n bock c; ~ off pricka av

ticket [ˈtikit] n biljett c; böter pl; ~ collector konduktör c; ~ machine biljettautomat c

tickle [ˈtikəl] v kittla

tide [taid] *n* tidvatten *nt;* high ~
högvatten *nt;* low ~ lågvatten *nt*
tidings ['taidiŋz] *pl* nyheter *pl*
tidy ['taidi] *adj* städad; ~ up städa
tie [tai] *v* *binda, *knyta; *n* slips *c*
tiger ['taigə] *n* tiger *c*
tight [tait] *adj* stram; trång; *adv* fast
tighten ['taitən] *v* *dra till, *dra åt;
åtstrama
tights [taits] *pl* trikåer *pl,* strump-
byxor *pl*
tile [tail] *n* kakel *nt;* tegelpanna *c*
till [til] *prep* tills, till; *conj* till dess
att, ända till
timber ['timbə] *n* timmer *nt*
time [taim] *n* tid *c;* gång *c;* all the ~
hela tiden; in ~ i tid; ~ of arrival
ankomsttid *c;* ~ of departure av-
gångstid *c*
time-saving ['taim,seiviŋ] *adj* tidsbe-
sparande
timetable ['taim,teibəl] *n* tidtabell *c*
timid ['timid] *adj* blyg
timidity [ti'midəti] *n* blyghet *c*
tin [tin] *n* tenn *nt;* konservburk *c,*
burk *c;* tinned food konserver *pl*
tinfoil ['tinfɔil] *n* folie *c*
tin-opener ['ti,noupənə] *n* konserv-
öppnare *c*
tiny ['taini] *adj* pytteliten
tip [tip] *n* spets *c;* dricks *c*
tire¹ [taiə] *n* däck *nt*
tire² [taiə] *v* trötta
tired [taiəd] *adj* trött
tiring ['taiəriŋ] *adj* tröttsam
tissue ['tiʃu:] *n* vävnad *c;* ansiktsser-
vett *c,* pappersnäsduk *c*
title ['taitəl] *n* titel *c*
to [tu:] *prep* till, i; åt; för att
toad [toud] *n* padda *c*
toadstool ['toudstu:l] *n* svamp *c*
toast [toust] *n* rostat bröd; skål *c*
tobacco [tə'bækou] *n* (pl ~s) tobak *c;*
~ pouch tobakspung *c*

tobacconist [tə'bækənist] *n* tobaks-
handlare *c;* tobacconist's tobaks-
affär *c*
today [tə'dei] *adv* idag
toddler ['tɔdlə] *n* litet barn
toe [tou] *n* tå *c*
toffee ['tɔfi] *n* kola *c*
together [tə'geðə] *adv* tillsammans
toilet ['tɔilət] *n* toalett *c;* ~ case ne-
cessär *c*
toilet-paper ['tɔilət,peipə] *n* toalett-
papper *nt*
toiletry ['tɔilətri] *n* toalettartiklar *pl*
token ['toukən] *n* tecken *nt;* bevis *nt;*
pollett *c*
told [tould] *v* (p, pp tell)
tolerable ['tɔlərəbəl] *adj* uthärdlig
toll [toul] *n* vägavgift *c*
tomato [tə'mɑ:tou] *n* (pl ~es) tomat
c
tomb [tu:m] *n* grav *c*
tombstone ['tu:mstoun] *n* gravsten *c*
tomorrow [tə'mɔrou] *adv* i morgon
ton [tʌn] *n* ton *nt*
tone [toun] *n* ton *c;* klang *c*
tongs [tɔŋz] *pl* tång *c*
tongue [tʌŋ] *n* tunga *c*
tonic ['tɔnik] *n* stärkande medel
tonight [tə'nait] *adv* i natt, i kväll
tonsilitis [,tɔnsə'laitis] *n* halsfluss *c*
tonsils ['tɔnsəlz] *pl* halsmandlar *pl*
too [tu:] *adv* alltför; också
took [tuk] *v* (p take)
tool [tu:l] *n* redskap *nt,* verktyg *nt;*
~ kit vertygssats *c*
toot [tu:t] *vAm* tuta
tooth [tu:θ] *n* (pl teeth) tand *c*
toothache ['tu:θeik] *n* tandvärk *c*
toothbrush ['tu:θbrʌʃ] *n* tandborste *c*
toothpaste ['tu:θpeist] *n* tandkräm *c*
toothpick ['tu:θpik] *n* tandpetare *c*
toothpowder ['tu:θ,paudə] *n* tandpul-
ver *nt*
top [tɔp] *n* topp *c;* översida *c;* lock *nt;*

övre; on ~ of ovanpå; ~ side
översida c
topcoat ['tɔpkout] n överrock c
topic ['tɔpik] n samtalsämne nt
topical ['tɔpikəl] adj aktuell
torch [tɔ:tʃ] n fackla c; ficklampa c
torment[1] [tɔ:'ment] v plåga
torment[2] ['tɔ:ment] n pina c
torture ['tɔ:tʃə] n tortyr c; v tortera
toss [tɔs] v kasta
tot [tɔt] n litet barn
total ['toutəl] adj total, fullständig; n
summa c
totalitarian [,toutæli'tɛəriən] adj tota-
litär
totalizator ['toutəlaizeitə] n totalisator
c
touch [tʌtʃ] v vidröra, röra; beröra; n
beröring c; känsel c
touching ['tʌtʃiŋ] adj rörande
tough [tʌf] adj seg
tour [tuə] n rundresa c
tourism ['tuərizəm] n turism c
tourist ['tuərist] n turist c; ~ class
turistklass c; ~ office turistbyrå c
tournament ['tuənəmənt] n turnering
c
tow [tou] v *ta på släp, bogsera
towards [tə'wɔːdz] prep mot; gent-
emot; åt
towel [tauəl] n handduk c
towelling ['tauəliŋ] n handdukstyg nt
tower [tauə] n torn nt
town [taun] n stad c; ~ centre
stadscentrum nt; ~ hall stadshus
nt
townspeople ['taunz,pi:pəl] pl stads-
bor pl
toxic ['tɔksik] adj giftig
toy [tɔi] n leksak c
toyshop ['tɔiʃɔp] n leksaksaffär c
trace [treis] n spår nt; v spåra
track [træk] n järnvägsspår nt; bana
c

tractor ['træktə] n traktor c
trade [treid] n handel c; yrke nt; v
*driva handel
trademark ['treidmaːk] n varumärke
nt
trader ['treidə] n affärsman c
tradesman ['treidzmən] n (pl -men)
handelsman c
trade-union [,treid'juːnjən] n fackför-
ening c
tradition [trə'diʃən] n tradition c
traditional [trə'diʃənəl] adj traditio-
nell
traffic ['træfik] n trafik c; ~ jam tra-
fikstockning c; ~ light trafikljus
nt
trafficator ['træfikeitə] n körrikt-
ningsvisare c
tragedy ['trædʒədi] n tragedi c
tragic ['trædʒik] adj tragisk
trail [treil] n spår nt, stig c
trailer ['treilə] n släpvagn c; nAm
husvagn c
train [trein] n tåg nt; v träna, dresse-
ra; stopping ~ persontåg nt;
through ~ snälltåg nt; ~ ferry
tågfärja c
training ['treiniŋ] n träning c
trait [treit] n drag nt
traitor ['treitə] n förrädare c
tram [træm] n spårvagn c
tramp [træmp] n luffare c; v vandra
tranquil ['træŋkwil] adj lugn
tranquillizer ['træŋkwilaizə] n lugnan-
de medel
transaction [træn'zækʃən] n transak-
tion c
transatlantic [,trænzət'læntik] adj
transatlantisk
transfer [træns'fəː] v överföra
transform [træns'fɔːm] v förvandla,
omvandla
transformer [træns'fɔːmə] n transfor-
mator c

transition [træn'siʃən] n övergång c
translate [træns'leit] v *översätta
translation [træns'leiʃən] n översättning c
translator [træns'leitə] n översättare c
transmission [trænz'miʃən] n sändning c
transmit [trænz'mit] v sända
transmitter [trænz'mitə] n sändare c
transparent [træn'speərənt] adj genomskinlig
transport[1] ['trænspɔ:t] n transport c
transport[2] [træn'spɔ:t] v transportera
transportation [‚trænspɔ:'teiʃən] n transport c
trap [træp] n fälla c
trash [træʃ] n smörja c; ~ can Am soptunna c
travel ['trævəl] v resa; ~ agency resebyrå c; ~ insurance reseförsäkring c; travelling expenses resekostnader pl
traveller ['trævələ] n resenär c; traveller's cheque resecheck c
tray [trei] n bricka c
treason ['tri:zən] n förräderi nt
treasure ['treʒə] n skatt c
treasurer ['treʒərə] n skattmästare c
treasury ['treʒəri] n föreningskassa c, skattkammare c
treat [tri:t] v behandla
treatment ['tri:tmənt] n behandling c
treaty ['tri:ti] n traktat c
tree [tri:] n träd nt
tremble ['trembəl] v skälva, darra
tremendous [tri'mendəs] adj oerhörd
trespass ['trespəs] v inkräkta
trespasser ['trespəsə] n inkräktare c
trial [traiəl] n rättegång c; prov nt
triangle ['traiæŋgəl] n triangel c
triangular [trai'æŋgjulə] adj trekantig
tribe [traib] n stam c
tributary ['tribjutəri] n biflod c
tribute ['tribju:t] n hyllning c

trick [trik] n spratt nt; konststycke nt, trick nt
trigger ['trigə] n avtryckare c
trim [trim] v trimma
trip [trip] n tripp c, resa c, utflykt c
triumph ['traiəmf] n triumf c; v triumfera
triumphant [trai'ʌmfənt] adj segerrik
trolley-bus ['trɔlibʌs] n trådbuss c
troops [tru:ps] pl trupper pl
tropical ['trɔpikəl] adj tropisk
tropics ['trɔpiks] pl tropikerna pl
trouble ['trʌbəl] n möda c, besvär nt, bekymmer nt; v besvära
troublesome ['trʌbəlsəm] adj besvärlig
trousers ['trauzəz] pl långbyxor pl
trout [traut] n (pl ~) forell c
truck [trʌk] nAm lastbil c
true [tru:] adj sann; äkta, verklig; trofast, trogen
trumpet ['trʌmpit] n trumpet c
trunk [trʌŋk] n koffert c; stam c; nAm bagageutrymme nt; trunks gymnastikbyxor pl
trunk-call ['trʌŋkkɔ:l] n rikssamtal nt
trust [trʌst] v lita på; n förtroende nt
trustworthy ['trʌst‚wə:ði] adj pålitlig
truth [tru:θ] n sanning c
truthful ['tru:θfəl] adj sannfärdig
try [trai] v försöka, bemöda sig; n försök nt; ~ on prova
tube [tju:b] n rör nt; tub c
tuberculosis [tju:‚bə:kju'lousis] n tuberkulos c
Tuesday ['tju:zdi] tisdag c
tug [tʌg] v bogsera; n bogserbåt c; ryck nt
tuition [tju:'iʃən] n undervisning c
tulip ['tju:lip] n tulpan c
tumbler ['tʌmblə] n bägare c
tumour ['tju:mə] n tumör c
tuna ['tju:nə] n (pl ~, ~s) tonfisk c
tune [tju:n] n melodi c, visa c; ~ in

ställa in
tuneful ['tju:nfəl] *adj* melodisk
tunic ['tju:nik] *n* tunika *c*
Tunisia [tju:'niziə] Tunisien
Tunisian [tju:'niziən] *adj* tunisisk; *n* tunisier *c*
tunnel ['tʌnəl] *n* tunnel *c*
turbine ['tə:bain] *n* turbin *c*
turbojet [,tə:bou'dʒet] *n* turbojet *c*
Turk [tə:k] *n* turk *c*
Turkey ['tə:ki] Turkiet
turkey ['tə:ki] *n* kalkon *c*
Turkish ['tə:kiʃ] *adj* turkisk; ~ **bath** turkiskt bad
turn [tə:n] *v* vända, svänga, *vrida om; *n* varv *nt*, vändning *c*; tur *c*; ~ **back** vända tillbaka; ~ **down** förkasta; ~ **into** förvandlas till; ~ **off** stänga av; ~ **on** *sätta på, tända, skruva på; ~ **over** vända upp och ner; ~ **round** vända på; vända sig om
turning ['tə:niŋ] *n* kurva *c*
turning-point ['tə:niŋpoint] *n* vändpunkt *c*
turnover ['tə:,nouvə] *n* omsättning *c*; ~ **tax** omsättningsskatt *c*
turnpike ['tə:npaik] *nAm* motorväg *c*
turpentine ['tə:pəntain] *n* terpentin *nt*
turtle ['tə:təl] *n* sköldpadda *c*
tutor ['tju:tə] *n* informator *c*; förmyndare *c*
tuxedo [tʌk'si:dou] *nAm* (pl ~s, ~es) smoking *c*
tweed [twi:d] *n* tweed *c*
tweezers ['twi:zəz] *pl* pincett *c*
twelfth [twelfθ] *num* tolfte
twelve [twelv] *num* tolv
twentieth ['twentiəθ] *num* tjugonde
twenty ['twenti] *num* tjugo
twice [twais] *adv* två gånger
twig [twig] *n* kvist *c*
twilight ['twailait] *n* skymning *c*
twine [twain] *n* snodd *c*

twins [twinz] *pl* tvillingar *pl*; **twin beds** dubbelsängar *pl*
twist [twist] *v* *vrida; *n* vridning *c*
two [tu:] *num* två
two-piece [,tu:'pi:s] *adj* tvådelad
type [taip] *v* *skriva maskin; *n* typ *c*
typewriter ['taipraitə] *n* skrivmaskin *c*
typewritten ['taipritən] maskinskriven
typhoid ['taifɔid] *n* tyfus *c*
typical ['tipikəl] *adj* karakteristisk, typisk
typist ['taipist] *n* maskinskriverska *c*
tyrant ['taiərənt] *n* tyrann *c*
tyre [taiə] *n* däck *nt*; ~ **pressure** slangtryck *nt*

U

ugly ['ʌgli] *adj* ful
ulcer ['ʌlsə] *n* sår *nt*
ultimate ['ʌltimət] *adj* sista
ultraviolet [,ʌltrə'vaiələt] *adj* ultraviolett
umbrella [ʌm'brelə] *n* paraply *nt*
umpire ['ʌmpaiə] *n* domare *c*
unable [ʌ'neibəl] *adj* oförmögen
unacceptable [,ʌnək'septəbəl] *adj* oantagbar
unaccountable [,ʌnə'kauntəbəl] *adj* oförklarlig
unaccustomed [,ʌnə'kʌstəmd] *adj* ovan
unanimous [ju:'næniməs] *adj* enstämmig
unanswered [ʌ'nɑ:nsəd] *adj* obesvarad
unauthorized [ʌ'nɔ:θəraizd] *adj* oberättigad
unavoidable [,ʌnə'vɔidəbəl] *adj* ound-

viklig

unaware [ˌʌnəˈweə] *adj* omedveten

unbearable [ʌnˈbeərəbəl] *adj* outhärdlig

unbreakable [ˌʌnˈbreikəbəl] *adj* okrossbar

unbroken [ˌʌnˈbroukən] *adj* intakt

unbutton [ˌʌnˈbʌtən] *v* knäppa upp

uncertain [ʌnˈsəːtən] *adj* oviss, osäker

uncle [ˈʌŋkəl] *n* farbror *c*, morbror *c*

unclean [ˌʌnˈkliːn] *adj* oren

uncomfortable [ʌnˈkʌmfətəbəl] *adj* obekväm

uncommon [ʌnˈkɔmən] *adj* sällsynt, ovanlig

unconditional [ˌʌnkənˈdiʃənəl] *adj* ovillkorlig

unconscious [ʌnˈkɔnʃəs] *adj* medvetslös

uncork [ˌʌnˈkɔːk] *v* korka upp

uncover [ʌnˈkʌvə] *v* avtäcka

uncultivated [ˌʌnˈkʌltiveitid] *adj* ouppodlad, okultiverad

under [ˈʌndə] *prep* under, nedanför

undercurrent [ˈʌndəˌkʌrənt] *n* underström *c*

underestimate [ˌʌndəˈrestimeit] *v* underskatta

underground [ˈʌndəgraund] *adj* underjordisk; *n* tunnelbana *c*

underline [ˌʌndəˈlain] *v* *stryka under

underneath [ˌʌndəˈniːθ] *adv* under

underpants [ˈʌndəpænts] *plAm* kalsonger *pl*

undershirt [ˈʌndəʃəːt] *n* undertröja *c*

undersigned [ˈʌndəsaind] *n* undertecknad *c*

•**understand** [ˌʌndəˈstænd] *v* *förstå

understanding [ˌʌndəˈstændiŋ] *n* förståelse *c*

•**undertake** [ˌʌndəˈteik] *v* *företa

undertaking [ˌʌndəˈteikiŋ] *n* företag *nt*

underwater [ˈʌndəˌwɔːtə] *adj* under-

vattens-

underwear [ˈʌndəweə] *n* underkläder *pl*

undesirable [ˌʌndiˈzaiərəbəl] *adj* oväkommen; ej önskvärd

•**undo** [ˌʌnˈduː] *v* lösa upp

undoubtedly [ʌnˈdautidli] *adv* otvivelaktigt

undress [ˌʌnˈdres] *v* klä av sig

undulating [ˈʌndjuleitiŋ] *adj* vågig

unearned [ˌʌˈnəːnd] *adj* oförtjänt

uneasy [ʌˈniːzi] *adj* olustig

uneducated [ʌˈnedjukeitid] *adj* obildad

unemployed [ˌʌnimˈplɔid] *adj* arbetslös

unemployment [ˌʌnimˈplɔimənt] *n* arbetslöshet *c*

unequal [ʌˈniːkwəl] *adj* olika

uneven [ʌˈniːvən] *adj* ojämn

unexpected [ˌʌnikˈspektid] *adj* oanad, oväntad

unfair [ˌʌnˈfeə] *adj* ojust, orättvis

unfaithful [ˌʌnˈfeiθfəl] *adj* otrogen

unfamiliar [ˌʌnfəˈmiljə] *adj* obekant

unfasten [ˌʌnˈfɑːsən] *v* lossa

unfavourable [ˌʌnˈfeivərəbəl] *adj* ogynnsam

unfit [ˌʌnˈfit] *adj* olämplig

unfold [ʌnˈfould] *v* veckla ut

unfortunate [ʌnˈfɔːtʃənət] *adj* olycklig

unfortunately [ʌnˈfɔːtʃənətli] *adv* tyvärr, dessvärre

unfriendly [ˌʌnˈfrendli] *adj* ovänlig

unfurnished [ˌʌnˈfəːniʃt] *adj* omöblerad

ungrateful [ʌnˈgreitfəl] *adj* otacksam

unhappy [ʌnˈhæpi] *adj* olycklig

unhealthy [ʌnˈhelθi] *adj* ohälsosam

unhurt [ˌʌnˈhəːt] *adj* oskadad

uniform [ˈjuːnifɔːm] *n* uniform *c; adj* likformig, konstant

unimportant [ˌʌnimˈpɔːtənt] *adj* oviktig

uninhabitable [ˌʌninˈhæbitəbəl] *adj* obeboelig

uninhabited [ˌʌninˈhæbitid] *adj* obebodd

unintentional [ˌʌninˈtenʃənəl] *adj* oavsiktlig

union [ˈjuːnjən] *n* fackförening *c*; förening *c*; union *c*

unique [juːˈniːk] *adj* unik

unit [ˈjuːnit] *n* enhet *c*

unite [juːˈnait] *v* förena

United States [juːˈnaitid steits] Förenta Staterna

unity [ˈjuːnəti] *n* enhet *c*

universal [ˌjuːniˈvəːsəl] *adj* universell, allmän

universe [ˈjuːnivəːs] *n* universum *nt*

university [ˌjuːniˈvəːsəti] *n* universitet *nt*

unjust [ʌnˈdʒʌst] *adj* orättvis

unkind [ʌnˈkaind] *adj* ovänlig

unknown [ʌnˈnoun] *adj* okänd

unlawful [ʌnˈlɔːfəl] *adj* olaglig

unlearn [ʌnˈləːn] *v* lära sig av med

unless [ənˈles] *conj* såvida inte

unlike [ˌʌnˈlaik] *adj* olik

unlikely [ʌnˈlaikli] *adj* osannolik

unlimited [ʌnˈlimitid] *adj* obegränsad

unload [ʌnˈloud] *v* lasta av

unlock [ʌnˈlɔk] *v* låsa upp

unlucky [ʌnˈlʌki] *adj* oturlig, olycklig

unnecessary [ʌnˈnesəsəri] *adj* onödig

unoccupied [ʌˈnɔkjupaid] *adj* ledig

unofficial [ˌʌnəˈfiʃəl] *adj* inofficiell

unpack [ʌnˈpæk] *v* packa upp

unpleasant [ʌnˈplezənt] *adj* otrevlig, obehaglig, oangenäm

unpopular [ʌnˈpɔpjulə] *adj* illa omtyckt, impopulär

unprotected [ˌʌnprəˈtektid] *adj* oskyddad

unqualified [ˌʌnˈkwɔlifaid] *adj* okvalificerad

unreal [ʌnˈriəl] *adj* overklig

unreasonable [ʌnˈriːzənəbəl] *adj* orimlig, oresonlig

unreliable [ˌʌnriˈlaiəbəl] *adj* opålitlig

unrest [ʌnˈrest] *n* oro *c*; rastlöshet *c*

unsafe [ʌnˈseif] *adj* riskabel

unsatisfactory [ˌʌnsætisˈfæktəri] *adj* otillfredsställande

unscrew [ʌnˈskruː] *v* skruva av

unselfish [ʌnˈselfiʃ] *adj* osjälvisk

unsound [ʌnˈsaund] *adj* osund

unstable [ʌnˈsteibəl] *adj* instabil

unsteady [ʌnˈstedi] *adj* ostadig, vacklande; villrådig

unsuccessful [ˌʌnsəkˈsesfəl] *adj* misslyckad

unsuitable [ʌnˈsuːtəbəl] *adj* opassande

unsurpassed [ˌʌnsəˈpɑːst] *adj* oöverträffad

untidy [ʌnˈtaidi] *adj* oordentlig

untie [ʌnˈtai] *v* *knyta upp

until [ənˈtil] *prep* tills, till

untrue [ʌnˈtruː] *adj* osann

untrustworthy [ʌnˈtrʌstˌwəːði] *adj* opålitlig

unusual [ʌnˈjuːʒuəl] *adj* ovanlig

unwell [ʌnˈwel] *adj* krasslig

unwilling [ʌnˈwiliŋ] *adj* ovillig

unwise [ʌnˈwaiz] *adj* oförståndig

unwrap [ʌnˈræp] *v* veckla upp, öppna

up [ʌp] *adv* upp, uppåt

upholster [ʌpˈhoulstə] *v* stoppa möbler; inreda

upkeep [ˈʌpkiːp] *n* underhåll *nt*

uplands [ˈʌpləndz] *pl* högland *nt*

upon [əˈpɔn] *prep* på

upper [ˈʌpə] *adj* över-, övre

upright [ˈʌprait] *adj* upprätt; *adv* upprätt

upset [ʌpˈset] *adj* upprörd

***upset** [ʌpˈset] *v* kullkasta; förvirra, såra

upside-down [ˌʌpsaidˈdaun] *adv* upp och ner

upstairs [ʌp'stɛəz] *adv* upp; uppför trappan; en trappa upp

upstream [ʌp'stri:m] *adv* uppför strömmen

upwards ['ʌpwədz] *adv* upp, uppåt

urban ['ə:bən] *adj* stads-

urge [ə:dʒ] *v* uppmana; *n* starkt behov

urgency ['ə:dʒənsi] *n* nödtvång *nt*

urgent ['ə:dʒənt] *adj* brådskande

urine ['juərin] *n* urin *nt*

Uruguay ['juərəgwai] Uruguay

Uruguayan [juərə'gwaiən] *adj* uruguaysk; *n* uruguayare *c*

us [ʌs] *pron* oss

usable ['ju:zəbəl] *adj* användbar

usage ['ju:zidʒ] *n* sedvänja *c*

use¹ [ju:z] *v* använda; *be used to* *vara van vid; ~ up förbruka

use² [ju:s] *n* användning *c*; nytta *c*; *be of ~ *vara till nytta

useful ['ju:sfəl] *adj* användbar, nyttig

useless ['ju:sləs] *adj* lönlös, oanvändbar, oduglig

user ['ju:zə] *n* förbrukare *c*

usher ['ʌʃə] *n* platsanvisare *c*

usherette [ʌʃə'ret] *n* platsanviserska *c*

usual ['ju:ʒuəl] *adj* vanlig

usually ['ju:ʒuəli] *adv* vanligtvis

utensil [ju:'tensəl] *n* redskap *nt*, verktyg *nt*; köksredskap *nt*

utility [ju:'tiləti] *n* nyttighet *c*

utilize ['ju:tilaiz] *v* utnyttja, använda

utmost ['ʌtmoust] *adj* yttersta

utter ['ʌtə] *adj* fullständig, total; *v* yttra

V

vacancy ['veikənsi] *n* vakans *c*

vacant ['veikənt] *adj* ledig

vacate [və'keit] *v* utrymma

vacation [və'keiʃən] *n* lov *nt*

vaccinate ['væksineit] *v* vaccinera

vaccination [væksi'neiʃən] *n* vaccination *c*

vacuum ['vækjuəm] *n* vakuum *nt*; *vAm* *dammsuga; ~ cleaner dammsugare *c*; ~ flask termosflaska *c*

vagrancy ['veigrənsi] *n* lösdriveri *nt*

vague [veig] *adj* vag

vain [vein] *adj* fåfänglig; tom, fruktlös; in ~ förgäves

valet ['vælit] *n* betjänt *c*; *v* passa upp

valid ['vælid] *adj* giltig

valley ['væli] *n* dal *c*, dalsänka *c*

valuable ['væljubəl] *adj* värdefull, dyrbar; **valuables** *pl* värdesaker *pl*

value ['vælju:] *n* värde *nt*; *v* värdera

valve [vælv] *n* ventil *c*

van [væn] *n* transportbil *c*

vanilla [və'nilə] *n* vanilj *c*

vanish ['væniʃ] *v* *försvinna

vapour ['veipə] *n* ånga *c*

variable ['vɛəriəbəl] *adj* växlande

variation [vɛəri'eiʃən] *n* förändring *c*

varied ['vɛərid] *adj* varierad

variety [və'raiəti] *n* art *c*, omväxling *c*; ~ show varietéföreställning *c*; ~ theatre varietéteater *c*

various ['vɛəriəs] *adj* åtskilliga, olika

varnish ['va:niʃ] *n* lack *nt*, fernissa *c*; *v* fernissa, lacka

vary ['vɛəri] *v* variera; ändra; *vara olik

vase [va:z] *n* vas *c*

vast [va:st] *adj* vidsträckt, ofantlig

vault [vo:lt] *n* valv *nt*; kassavalv *nt*

veal [vi:l] *n* kalvkött *nt*

vegetable ['vedʒətəbəl] *n* grönsak *c*; ~ merchant grönsakshandlare *c*

vegetarian [vedʒi'tɛəriən] *n* vegetarian *c*

vegetation [ˌvedʒiˈteiʃən] *n* vegetation *c*

vehicle [ˈviːəkəl] *n* fordon *nt*

veil [veil] *n* slöja *c*

vein [vein] *n* åder *c*; varicose ~ åderbrock *nt*

velvet [ˈvelvit] *n* sammet *c*

velveteen [ˌvelviˈtiːn] *n* bomullssammet *c*

venerable [ˈvenərəbəl] *adj* vördnadsvärd

venereal disease [viˈniəriəl diˈziːz] könssjukdom *c*

Venezuela [ˌveniˈzweilə] Venezuela

Venezuelan [ˌveniˈzweilən] *adj* venezuelansk; *n* venezuelan *c*

ventilate [ˈventileit] *v* ventilera, lufta, vädra

ventilation [ˌventiˈleiʃən] *n* ventilation *c*

ventilator [ˈventileitə] *n* ventilator *c*

venture [ˈventʃə] *v* våga

veranda [vəˈrændə] *n* veranda *c*

verb [vəːb] *n* verb *nt*

verbal [ˈvəːbəl] *adj* muntlig

verdict [ˈvəːdikt] *n* dom *c*, domslut *nt*

verge [vəːdʒ] *n* kant *c*; gräns *c*

verify [ˈverifai] *v* verifiera, kontrollera; bekräfta

verse [vəːs] *n* vers *c*

version [ˈvəːʃən] *n* version *c*; översättning *c*

versus [ˈvəːsəs] *prep* kontra

vertical [ˈvəːtikəl] *adj* lodrät

vertigo [ˈvəːtigou] *n* svindel *c*

very [ˈveri] *adv* mycket; *adj* verklig, sann; absolut

vessel [ˈvesəl] *n* fartyg *nt*; kärl *nt*

vest [vest] *n* undertröja *c*; *nAm* väst *c*

veterinary surgeon [ˈvetrinəri ˈsəːdʒən] veterinär *c*

via [vaiə] *prep* via

viaduct [ˈvaiədʌkt] *n* viadukt *c*

vibrate [vaiˈbreit] *v* vibrera

vibration [vaiˈbreiʃən] *n* vibration *c*

vicinity [viˈsinəti] *n* närhet *c*, omgivningar

vicious [ˈviʃəs] *adj* ondskefull

victim [ˈviktim] *n* offer *nt*

victory [ˈviktəri] *n* seger *c*

video camera [ˈvidiəu kæmərə] *n* videokamera *c*

video cassette [ˈvidiəu kəˈset] *n* videokassett *c*

video recorder [ˈvidiəu riˈkɔːdə] *n* video(bandspelare) *c*

view [vjuː] *n* utsikt *c*; åsikt *c*, uppfattning *c*; *v* betrakta

view-finder [ˈvjuːˌfaində] *n* sökare *c*

vigilant [ˈvidʒilənt] *adj* vaksam

villa [ˈvilə] *n* villa *c*

village [ˈvilidʒ] *n* by *c*

villain [ˈvilən] *n* skurk *c*

vine [vain] *n* vinranka *c*

vinegar [ˈvinigə] *n* vinäger *c*

vineyard [ˈvinjəd] *n* vingård *c*

vintage [ˈvintidʒ] *n* vinskörd *c*

violation [vaiəˈleiʃən] *n* kränkning *c*

violence [ˈvaiələns] *n* våld *nt*

violent [ˈvaiələnt] *adj* våldsam, häftig

violet [ˈvaiələt] *n* viol *c*; *adj* violett

violin [vaiəˈlin] *n* fiol *c*

virgin [ˈvəːdʒin] *n* jungfru *c*

virtue [ˈvəːtʃuː] *n* dygd *c*

visa [ˈviːzə] *n* visum *nt*

visibility [ˌvizəˈbiləti] *n* sikt *c*

visible [ˈvizəbəl] *adj* synlig

vision [ˈviʒən] *n* vision *c*

visit [ˈvizit] *v* besöka; *n* besök *nt*, visit *c*; **visiting hours** besökstid *c*

visitor [ˈvizitə] *n* besökare *c*

vital [ˈvaitəl] *adj* livsviktig

vitamin [ˈvitəmin] *n* vitamin *nt*

vivid [ˈvivid] *adj* livlig

vocabulary [vəˈkæbjuləri] *n* ordförråd *nt*; ordlista *c*

vocal [ˈvoukəl] *adj* vokal-

vocalist [ˈvoukəlist] *n* vokalist *c*

voice [vɔis] n röst c
void [vɔid] adj ogiltig
volcano [vɔl'keinou] n (pl ~es, ~s)
vulkan c
volt [voult] n volt c
voltage ['voultidʒ] n spänning c
volume ['vɔljum] n volym c; bokband
nt
voluntary ['vɔləntəri] adj frivillig
volunteer [ˌvɔlən'tiə] n frivillig c
vomit ['vɔmit] v kräkas, spy
vote [vout] v rösta; n röst c; röstning
c
voucher ['vautʃə] n kupong c, bong c
vow [vau] n löfte nt, ed c; v *svära
vowel [vauəl] n vokal c
voyage ['vɔiidʒ] n resa c
vulgar ['vʌlgə] adj vulgär, vanlig
vulnerable ['vʌlnərəbəl] adj sårbar
vulture ['vʌltʃə] n gam c

W

wade [weid] v vada
wafer ['weifə] n rån nt
waffle ['wɔfəl] n våffla c
wages ['weidʒiz] pl lön c
waggon ['wægən] n vagn c
waist [weist] n midja c
waistcoat ['weiskout] n väst c
wait [weit] v vänta; ~ on uppassa
waiter ['weitə] n kypare c, vaktmäs-
tare c
waiting ['weitiŋ] n väntan c
waiting-list ['weitiŋlist] n väntelista c
waiting-room ['weitiŋruːm] n vänt-
rum nt
waitress ['weitris] n servitris c
*wake [weik] v väcka; ~ up vakna
walk [wɔːk] v *gå; promenera; n pro-
menad c; sätt att gå; walking till
fots

walker ['wɔːkə] n vandrare c
walking-stick ['wɔːkiŋstik] n prome-
nadkäpp c
wall [wɔːl] n mur c; vägg c
wallet ['wɔlit] n plånbok c
wallpaper ['wɔːlˌpeipə] n tapet c
walnut ['wɔːlnʌt] n valnöt c
waltz [wɔːls] n vals c
wander ['wɔndə] v ströva omkring,
vandra
want [wɔnt] v *vilja; önska; n behov
nt; brist c
war [wɔː] n krig nt
warden ['wɔːdən] n intendent c, före-
ståndare c
wardrobe ['wɔːdroub] n garderob c,
klädskåp nt
warehouse ['wɛəhaus] n förråds-
byggnad c, magasin nt
wares [wɛəz] pl varor pl
warm [wɔːm] adj varm; v värma
warmth [wɔːmθ] n värme c
warn [wɔːn] v varna
warning ['wɔːniŋ] n varning c
wary ['wɛəri] adj varsam
was [wɔz] v (p be)
wash [wɔʃ] v tvätta; ~ and wear
strykfri; ~ up diska
washable ['wɔʃəbəl] adj tvättbar
wash-basin ['wɔʃˌbeisən] n handfat nt
washing ['wɔʃiŋ] n tvätt c
washing-machine ['wɔʃiŋməˌʃiːn] n
tvättmaskin c
washing-powder ['wɔʃiŋˌpaudə] n
tvättmedel c
washroom ['wɔʃruːm] nAm toalett c
wash-stand ['wɔʃstænd] n tvättställ n
wasp [wɔsp] n geting c
waste [weist] v slösa bort; n slöseri
nt; adj öde
wasteful ['weistfəl] adj slösaktig
wastepaper-basket [weist'peipə-
ˌbaːskit] n papperskorg c
watch [wɔtʃ] v *iakttta, betrakta;

övervaka; n klocka c; ~ **for** *hålla utkik; ~ **out** *se upp

watch-maker ['wɔtʃˌmeikə] n urmakare c

watch-strap ['wɔtʃstræp] n klockarmband nt

water ['wɔːtə] n vatten nt; **iced** ~ isvatten nt; **running** ~ rinnande vatten; ~ **pump** vattenpump c; ~ **ski** vattenskida c

water-colour ['wɔːtəˌkʌlə] n vattenfärg c; akvarell c

watercress ['wɔːtəkres] n vattenkrasse c

waterfall ['wɔːtəfɔːl] n vattenfall nt

watermelon ['wɔːtəˌmelən] n vattenmelon c

waterproof ['wɔːtəpruːf] adj vattentät

water-softener [ˌwɔːtəˌsɔfnə] n avkalkningsmedel nt

waterway ['wɔːtəwei] n farled c

watt [wɔt] n watt c

wave [weiv] n våg c; v vinka

wave-length ['weivleŋθ] n våglängd c

wavy ['weivi] adj vågig

wax [wæks] n vax nt

waxworks ['wækswɔːks] pl vaxkabinett nt

way [wei] n vis nt, sätt nt; väg c; håll nt, riktning c; avstånd nt; **any** ~ hur som helst; **by the** ~ förresten; **one-way traffic** enkelriktad trafik; **out of the** ~ avsides; **the other** ~ **round** tvärtom; ~ **back** tillbakaväg c; ~ **in** ingång c; ~ **out** utgång c

wayside ['weisaid] n vägkant c

we [wiː] pron vi

weak [wiːk] adj svag; tunn

weakness ['wiːknəs] n svaghet c

wealth [welθ] n rikedom c

wealthy ['welθi] adj förmögen

weapon ['wepən] n vapen nt

*wear [weə] v *vara klädd i; *bära; ~ **out** *slita ut

weary ['wiəri] adj trött, modlös; tröttsam

weather ['weðə] n väder nt; ~ **forecast** väderleksrapport c

*weave [wiːv] v väva

weaver ['wiːvə] n vävare c

wedding ['wediŋ] n bröllop nt

wedding-ring ['wediŋriŋ] n vigselring c

wedge [wedʒ] n klyfta c, kil c

Wednesday ['wenzdi] onsdag c

weed [wiːd] n ogräs nt

week [wiːk] n vecka c

weekday ['wiːkdei] n vardag c

weekly ['wiːkli] adj vecko-

*weep [wiːp] v *gråta

weigh [wei] v väga

weighing-machine ['weiiŋməˌʃiːn] n våg c

weight [weit] n vikt c

welcome ['welkəm] adj välkommen; n välkomnande nt; v välkomna

weld [weld] v svetsa

welfare ['welfeə] n välbefinnande nt; socialhjälp c

well¹ [wel] adv bra; adj frisk; **as** ~ likaså; **as** ~ **as** såväl som; **well!** ja ja!

well² [wel] n brunn c

well-founded [ˌwelˈfaundid] adj välgrundad

well-known ['welnoun] adj välkänd

well-to-do [ˌweltəˈduː] adj välbärgad

went [went] v (p go)

were [wəː] v (p be)

west [west] n väst c, väster c

westerly ['westəli] adj västlig

western ['westən] adj västlig

wet [wet] adj våt

whale [weil] n val c

wharf [wɔːf] n (pl ~s, wharves) lastkaj c

what [wɔt] pron vad; ~ **for** varför

whatever ['wɔ'tevə] *pron* vad som än
wheat [wi:t] *n* vete *nt*
wheel [wi:l] *n* hjul *nt*
wheelbarrow ['wi:l,bærou] *n* skottkär-ra *c*
wheelchair ['wi:ltʃeə] *n* rullstol *c*
when [wen] *adv* när; *conj* då, när
whenever [we'nevə] *conj* närhelst
where [weə] *adv* var; *conj* var
wherever [weə'revə] *conj* varhelst
whether ['weðə] *conj* om; **whether ... or** vare sig ... eller
which [witʃ] *pron* vilken; som
whichever [wi'tʃevə] *adj* vilken ... än
while [wail] *conj* medan; *n* stund *c*
whilst [wailst] *conj* medan
whim [wim] *n* nyck *c*, infall *nt*
whip [wip] *n* piska *c*; *v* vispa, piska
whiskers ['wiskəz] *pl* polisonger *pl*
whisper ['wispə] *v* viska; *n* viskning *c*
whistle ['wisəl] *v* vissla; *n* visselpipa *c*
white [wait] *adj* vit
whitebait ['waitbeit] *n* småfisk *pl*
whiting ['waitiŋ] *n* (pl ~) vitling *c*
Whitsun ['witsən] pingst *c*
who [hu:] *pron* vem; som
whoever [hu:'evə] *pron* vem som än
whole [houl] *adj* fullständig, hel; oskadad; *n* helhet *c*
wholesale ['houlseil] *n* grosshandel *c*; ~ **dealer** grossist *c*
wholesome ['houlsəm] *adj* hälsosam
wholly ['houlli] *adv* helt och hållet
whom [hu:m] *pron* till vem
whore [hɔ:] *n* hora *c*
whose [hu:z] *pron* vars; vems
why [wai] *adv* varför
wicked ['wikid] *adj* ond
wide [waid] *adj* vid, bred
widen ['waidən] *v* vidga
widow ['widou] *n* änka *c*
widower ['widouə] *n* änkling *c*
width [widθ] *n* bredd *c*
wife [waif] *n* (pl wives) maka *c*, hus-

tru *c*
wig [wig] *n* peruk *c*
wild [waild] *adj* vild
will [wil] *n* vilja *c*; testamente *nt*
*will [wil] *v* *vilja; *ska
willing ['wiliŋ] *adj* villig
will-power ['wilpauə] *n* viljekraft *c*
*win [win] *v* *vinna
wind [wind] *n* vind *c*
*wind [waind] *v* slingra sig; *vrida, linda, *dra upp
winding ['waindiŋ] *adj* slingrande
windmill ['windmil] *n* väderkvarn *c*
window ['windou] *n* fönster *nt*
window-sill ['windousil] *n* fönsterbräde *nt*
windscreen ['windskri:n] *n* vindruta *c*; ~ **wiper** vindrutetorkare *c*
windshield ['windʃi:ld] *nAm* vindruta *c*; ~ **wiper** *Am* vindrutetorkare *c*
windy ['windi] *adj* blåsig
wine [wain] *n* vin *nt*
wine-cellar ['wain,selə] *n* vinkällare *c*
wine-list ['wainlist] *n* vinlista *c*
wine-merchant ['wain,mə:tʃənt] *n* vinhandlare *c*
wine-waiter ['wain,weitə] *n* vinkypare *c*
wing [wiŋ] *n* vinge *c*
winkle ['wiŋkəl] *n* strandsnäcka *c*
winner ['winə] *n* segrare *c*
winning ['winiŋ] *adj* vinnande; **winnings** *pl* vinst *c*
winter ['wintə] *n* vinter *c*; ~ **sports** vintersport *c*
wipe [waip] *v* torka av, torka bort
wire [waiə] *n* tråd *c*; ståltråd *c*
wireless ['waiələs] *n* radio *c*
wisdom ['wizdəm] *n* visdom *c*
wise [waiz] *adj* vis
wish [wiʃ] *v* önska, *vilja ha; *n* längtan *c*, önskan *c*
witch [witʃ] *n* häxa *c*
with [wið] *prep* med; av

*withdraw [wiðˈdrɔː] v *dra tillbaka

within [wiˈðin] prep inom; adv inuti

without [wiˈðaut] prep utan

witness [ˈwitnəs] n vittne nt

wits [wits] pl förstånd nt

witty [ˈwiti] adj spirituell

wolf [wulf] n (pl wolves) varg c

woman [ˈwumən] n (pl women) kvinna c

womb [wuːm] n livmoder c

won [wʌn] v (p, pp win)

wonder [ˈwʌndə] n under nt; förundran c; v undra

wonderful [ˈwʌndəfəl] adj härlig, underbar

wood [wud] n trä nt; skog c

wood-carving [ˈwudˌkɑːviŋ] n snideriarbete nt

wooded [ˈwudid] adj skogig

wooden [ˈwudən] adj trä-; ~ **shoe** träsko c

woodland [ˈwudlənd] n skogstrakt c

wool [wul] n ull c; **darning** ~ stoppgarn n

woollen [ˈwulən] adj ylle-

word [wəːd] n ord nt

wore [wɔː] v (p wear)

work [wəːk] n arbete nt; syssla c; v arbeta; fungera; **working day** arbetsdag c; ~ **of art** konstverk nt; ~ **permit** arbetstillstånd nt

worker [ˈwəːkə] n arbetare c

working [ˈwəːkiŋ] n funktion c

workman [ˈwəːkmən] n (pl -men) arbetare c

works [wəːks] pl fabrik c

workshop [ˈwəːkʃɔp] n verkstad c

world [wəːld] n värld c; ~ **war** världskrig nt

world-famous [ˌwəːldˈfeiməs] adj världsberömd

world-wide [ˈwəːldwaid] adj världsomspännande

worm [wəːm] n mask c

worn [wɔːn] adj (pp wear) sliten

worn-out [ˌwɔːnˈaut] adj utsliten

worried [ˈwʌrid] adj ängslig

worry [ˈwʌri] v oroa sig; n oro c, bekymmer nt

worse [wəːs] adj värre; adv värre

worship [ˈwəːʃip] v dyrka; n andakt c, gudstjänst c

worst [wəːst] adj värst; adv värst

worsted [ˈwustid] n kamgarn nt

worth [wəːθ] n värde nt; *be ~ *vara värd; *be worth-while *vara lönande

worthless [ˈwəːθləs] adj värdelös

worthy of [ˈwəːði əv] värdig

would [wud] v (p will)

wound¹ [wuːnd] n sår nt; v såra

wound² [waund] v (p, pp wind)

wrap [ræp] v *slå in

wreck [rek] n vrak nt; v *ödelägga

wrench [rentʃ] n skiftnyckel c; ryck nt; v *vrida

wrinkle [ˈriŋkəl] n rynka c

wrist [rist] n handled c

wrist-watch [ˈristwɔtʃ] n armbandsur nt

*write [rait] v *skriva; **in writing** skriftligen; ~ **down** *skriva ner

writer [ˈraitə] n författare c

writing-pad [ˈraitiŋpæd] n skrivblock nt, anteckningsblock nt

writing-paper [ˈraitiŋˌpeipə] n brevpapper nt

written [ˈritən] adj (pp write) skriftlig

wrong [rɔŋ] adj orätt, fel; n orätt c; v *göra orätt; *be ~ *ha fel

wrote [rout] v (p write)

X

Xmas [ˈkrisməs] jul c

X-ray ['eksrei] *n* röntgenbild *c; v* röntga

Y

yacht [jɔt] *n* lustjakt *c*
yacht-club ['jɔtklʌb] *n* segelsällskap *nt*
yachting ['jɔtiŋ] *n* segelsport *c*
yard [jɑːd] *n* gård *c*
yarn [jɑːn] *n* garn *nt*
yawn [jɔːn] *v* gäspa
year [jiə] *n* år *nt*
yearly ['jiəli] *adj* årlig
yeast [jiːst] *n* jäst *c*
yell [jel] *v* *tjuta; *n* tjut *nt*
yellow ['jelou] *adj* gul
yes [jes] ja
yesterday ['jestədi] *adv* igår
yet [jet] *adv* ännu; *conj* dock, likväl
yield [jiːld] *v* *ge avkastning; *ge efter
yoke [jouk] *n* ok *nt*
yolk [jouk] *n* äggula *c*

you [juː] *pron* du; dig; Ni; Er; ni; er
young [jʌŋ] *adj* ung
your [jɔː] *adj* Er; din; era
yourself [jɔːˈself] *pron* dig; själv
yourselves [jɔːˈselvz] *pron* er; själva
youth [juːθ] *n* ungdom *c;* ~ **hostel** ungdomshärbärge *nt*

Z

zeal [ziːl] *n* iver *c*
zealous ['zeləs] *adj* ivrig
zebra ['ziːbrə] *n* sebra *c*
zenith ['zeniθ] *n* zenit; höjdpunkt *c*
zero ['ziərou] *n* (pl ~s) nolla *c*
zest [zest] *n* lust *c*
zinc [ziŋk] *n* zink *c*
zip [zip] *n* blixtlås *nt;* ~ **code** *Am* postnummer *nt*
zipper ['zipə] *n* blixtlås *nt*
zodiac ['zoudiæk] *n* djurkretsen *c*
zone [zoun] *n* zon *c;* område *nt*
zoo [zuː] *n* (pl ~s) zoo *nt*
zoology [zouˈblədʒi] *n* zoologi *c*

Mat

almond mandel
anchovy sardell
angel food cake sockerkaka gjord
  på äggvitor
angels on horseback ostron inlin-
  dade i bacon och grillade
appetizer aptitretare
apple äpple
  ~ **charlotte** äppelkaka
  ~ **dumpling** inbakat äpple,
  äppelmunk
  ~ **sauce** äppelmos
apricot aprikos
Arbroath smoky rökt kolja
artichoke kronärtskocka
asparagus sparris
  ~ **tip** sparrisknopp
aspic aladåb
assorted blandad; urval
aubergine äggplanta
bacon and eggs ägg och bacon
bagel liten brödkrans
baked ugnsbakad
  ~ **Alaska** glace au four; efter-
  rätt gjord på sockerkaka, glass
  och maräng, gräddas hastigt i
  ugn
  ~ **beans** vita bönor i tomatsås
  ~ **potato** bakad potatis
Bakewell tart mandelkaka med
  sylt
baloney typ av mortadellakorv
banana banan

  ~ **split** bananefterrätt med
  olika sorters glass, nötter och
  frukt eller chokladsås
barbecue 1) starkt kryddad kött-
  sås serverad i hamburgerbröd
  2) utomhusmåltid med kött
  från grillen
  ~ **sauce** starkt kryddad tomat-
  sås
barbecued stekt på utomhusgrill
basil basilika
bass (havs) abborre
bean böna
beef oxkött
  ~ **olive** oxrulad
beefburger hamburgare gjord på
  rent oxkött
beet, beetroot rödbeta
bilberry blåbär
bill nota
  ~ **of fare** matsedel, meny
biscuit kex, kaka
black pudding blodpudding
blackberry björnbär
blackcurrant svart vinbär
bloater lätt saltad, rökt sill
blood sausage blodpudding
blueberry blåbär
boiled kokt
Bologna (sausage) typ av mor-
  tadellakorv
bone ben
boned urbenad

Boston baked beans ugnsbakade
vita bönor med bacon i tomat-
sås
Boston cream pie tårta fylld med
vaniljkräm eller grädde och
täckt med choklad
brains hjärna
braised bräserad, stekt under lock
bramble pudding björnbärspud-
ding med skivade äpplen
braunschweiger rökt leverkorv
bread bröd
breaded panerad
breakfast frukost
breast bröst
brisket bringa
broad bean bondböna
broth buljong
brown Betty slags skånsk äppel-
kaka
brunch kombinerad frukost och
lunch
brussels sprout brysselkål
bubble and squeak slags pytti-
panna; vitkål stekt tillsammans
med potatis
bun 1) bulle med russin (GB)
2) kuvertbröd (US)
butter smör
buttered smörad
cabbage kål
Caesar salad grönsallad, vitlök,
brödkrutonger, hårdkokt ägg,
sardeller och riven ost
cake mjuk kaka, tårta
cakes småkakor, bakelser
calf kalvkött
Canadian bacon rökt fläskfilé
canapé liten smörgås, kanapé
cantaloupe slags melon
caper kapris
capercaillie, capercailzie tjäder
caramel karamell, bränt socker
carp karp

carrot morot
cashew acajounöt
casserole gryta, låda
catfish havskatt (fisk)
catsup ketchup
cauliflower blomkål
celery selleri
cereal olika slags frukostflingor
(cornflakes)
hot ~ gröt
chateaubriand oxfilé
check nota
Cheddar (cheese) den vanligaste
engelska hårda osten
cheese ost
~ **board** ostbricka
~ **cake** osttårta
cheeseburger hamburgare med
smält ostskiva
chef's salad sallad på skinka,
kyckling, ost, tomater och
grönsallad
cherry körsbär
chestnut kastanj
chicken kyckling
chicory 1) endiv (GB) 2) cikoria-
sallad (US)
chili con carne kryddstark kött-
färsgryta med rosenbönor
chips 1) pommes frites (GB)
2) chips (US)
chit(ter)lings inälvsmat från gris
chive gräslök
chocolate choklad
~ **pudding** 1) olika typer av
saftiga kakor med choklad
(GB) 2) chokladmousse (US)
choice urval
chop kotlett
~ **suey** kött- eller kyckling-
gryta med grönsaker, serveras
med ris
chopped hackad
chowder tjock fisk- eller skal-

djurssoppa med bacon och grönsaker

Christmas pudding ångkokt, mäktig fruktpudding, serveras varm med vaniljsås eller sås av konjak, smör och socker

chutney starkt kryddad, sursöt inläggning av frukt och grönsaker

cinnamon kanel

clam mussla

club sandwich dubbelsmörgås med kyckling, bacon, salladsblad, tomat och majonnäs

cobbler fruktkompott täckt med pajdeg

cock-a-leekie soup kycklingsoppa med purjolök

coconut kokosnöt

cod torsk

Colchester oyster engelskt ostron av hög kvalitet

cold cuts/meat kallskuret

coleslaw sallad på finskuren vitkål

compote kompott

condiment krydda

consommé buljong

cooked kokt, tillagad

cookie kex, kaka

corn 1) vete, havre (GB) 2) majs (US)

~ **on the cob** majskolv

corned beef saltat oxkött

cottage cheese färskost

cottage pie ugnsgräddad köttfärs täckt med potatismos

course (mat)rätt

cover charge kuvertavgift

crab krabba

cracker tunt, salt kex

cranberry tranbär

~ **sauce** tranbärssylt

crayfish, crawfish 1) kräfta 2) langust

cream 1) grädde 2) efterrätt med/av grädde 3) fin soppa

~ **cheese** mjuk ost gjord på grädde

~ **puff** petit-chou

creamed potatoes stuvad potatis

creole kryddstark sås på paprika, tomat och lök

cress krasse

crisps chips

croquette krokett

crumpet mjuk tekaka, äts varm med smör

cucumber gurka

Cumberland ham rökt skinka av hög kvalitet

Cumberland sauce sås på vinbärsgelé som smaksatts med vin, apelsinjuice och kryddor

cupcake muffin

cured konserverad genom saltning, rökning, torkning eller marinering

currant 1) korint 2) vinbär

curried med curry

custard vaniljkräm, vaniljpudding

cutlet kotlett, schnitzel

dab plattfisk, ofta sandskädda

Danish pastry wienerbröd

date dadel

Derby cheese starkt lagrad ost ofta kryddad med salvia

dessert efterrätt

devil(l)ed mycket starkt kryddad

devil's food cake mjuk, mäktig chokladkaka

devils on horseback vinkokta katrinplommon fyllda med mandlar och sardeller, inlindade i bacon och grillade

Devonshire cream mycket tjock grädde

diced i tärningar

diet food dietmat
dinner middag
dish rätt
donut munk
double cream tjock grädde
doughnut munk
Dover sole sjötunga av hög
    kvalitet
dressing 1) salladssås 2) fyllning i
    fågel eller kött (US)
Dublin Bay prawn havskräfta
duck anka
duckling ung anka
dumpling 1) inbakad frukt
    2) färsbulle, klimp
Dutch apple pie äppeltårta täckt
    med pudersocker och smör
éclair petit-chou med choklad-
    kräm
eel ål
egg(s) ägg
    boiled ~ kokt
    fried ~ stekt
    hard-boiled ~ hårdkokt
    poached ~ förlorat
    scrambled ~ äggröra
    soft-boiled ~ löskokt
eggplant äggplanta
endive 1) cikoriasallad (GB)
    2) endiv (US)
entrée 1) förrätt 2) mellanrätt
fennel fänkål
fig fikon
fillet filé
finnan haddock rökt kolja
fish fisk
    ~ **and chips** friterad fisk och
    pommes frites
    ~ **cake** fiskkrokett
flan frukttårta
flapjack liten tjock pannkaka
flounder flundra
fool fruktmousse med vispgrädde
forcemeat kryddad köttfärs till

fyllning
fowl fågel
frankfurter slags wienerkorv
French beans haricots verts
French bread pain riche, avlångt
    vitt bröd
French dressing 1) vinägrettsås
    (GB) 2) salladssås av majon-
    näs och chilisås (US)
french fries pommes frites
French toast fattiga riddare
fresh färsk
fried stekt
fritter inbakade friterade bitar av
    kött, skaldjur eller frukt
frogs' legs grodlår
frosting glasyr
fruit frukt
fry rätt bestående av något som
    frityrkokts
galantine fågel-, fisk- eller kalv-
    köttsaladåb
game vilt
gammon rimmad, rökt skinka
garfish näbbgädda
garlic vitlök
garnish garnering, tillbehör
gherkin salt- eller ättiksgurka
giblets fågelkrås
ginger ingefära
goose gås
    ~ **berry** krusbär
grape vindruva
    ~ **fruit** grapefrukt
grated riven
gravy sås, steksky
grayling harr (fisk)
green beans haricots verts
green pepper grön paprika
green salad grönsallad
greens grönsaker
grilled grillad, halstrad
grilse unglax
grouse gemensam benämning på

orre, ripa och tjäder

gumbo kreolsk soppa med kött eller skaldjur och grönsaker, redd med okraskott

haddock kolja

haggis hackade inälvor av får, blandade med havregryn och lök

hake kummel

half halv

halibut helgeflundra

ham skinka

~ **and eggs** skinka och ägg

haricot bean grön eller gul böna

hash rätt på finskuret kött

hazelnut hasselnöt

heart hjärta

herbs kryddgrönt

herring sill

home-made hemlagad

hominy grits slags majsgröt

honey honung

honeydew melon söt melon med gröngult fruktkött

hors-d'œuvre kalla eller varma smårätter som inleder en måltid

horse-radish pepparrot

hot 1) varm 2) kryddstark

~ **dog** varm korv med bröd

huckleberry slags blåbär

hush puppy flottyrkokt munk av majsmjöl

ice-cream glass

iced 1) iskyld 2) glaserad

icing glasyr

Idaho baked potato bakad potatis (sort som passar särskilt bra för ugnsbakning)

Irish stew fårragu med potatis och lök

Italian dressing vinägrettsås med vitlök och diverse kryddor

jam sylt

jellied i gelé

Jell-O geléefterrätt med olika fruktsmaker

jelly gelé

Jerusalem artichoke jordärtskocka

John Dory petersfisk

jugged hare harragu

juniper berry enbär

junket slags filbunke

kale grönkål

kedgeree små bitar av kokt fisk varvade med ris, ägg och bechamelsås

kidney njure

kipper rökt sill

lamb lamm

Lancashire hot pot ragu på lammkotletter, lammnjure och lök, täckt med potatis

larded späckad, inlindad i späckskivor

lean mager

leek purjolök

leg lägg, ben, lårstek

lemon citron

~ **sole** sandskädda

lentil lins

lettuce grönsallad

lima bean limaböna

lime lime, slags grön citron

liver lever

loaf limpa

lobster hummer

loin karré, ytterfilé

Long Island duck anka av hög kvalitet

low-calorie kalorisnål

lox rökt lax

macaroni makaroner

macaroon mandelbakelse, biskvi

mackerel makrill

maize majs

maple syrup lönnsirap

marinated marinerad
marjoram mejram
marmalade marmelad på citrus-
 frukter
marrow märg
 ~ **bone** märgben
marshmallow mjuk sötsak
mashed potatoes potatismos
mayonnaise majonnäs
meal måltid
meat kött
 ~ **ball** köttbulle
 ~ **loaf** köttfärslimpa
 ~ **pâté** köttpastej
medium ej helt genomstekt (kött)
melted smält
Melton Mowbray pie köttpaj
menu meny, matsedel
meringue maräng
mince 1) malet kött 2) finhacka
 ~ **pie** paj med hackade russin,
 mandel, äpplen, socker och
 kryddor
minced finskuret
 ~ **meat** köttfärs
mint mynta
minute steak hastigt stekt, tunn
 (utplattad) biff
mixed blandad
 ~ **grill** olika sorters kött och
 grönsaker grillade på spett
molasses sirap
morel murkla
mousse 1) fin färs av fågel, skinka
 eller fisk 2) efterrätt där visp-
 grädde, vispad äggvita och
 smakämne ingår
mulberry mullbär
mullet multe
mulligatawny soup starkt curry-
 kryddad kycklingsoppa
mushroom svamp
muskmelon slags melon
mussel mussla

mustard senap
mutton får
noodle nudel
nut nöt
oatmeal havregrynsgröt
oil olja
okra okraskott (grönsak)
onion lök
orange apelsin
ox tongue oxtunga
oxtail oxsvans
oyster ostron
pancake pannkaka
parsley persilja
parsnip palsternacka
partridge rapphöna
pastry bakverk, bakelse
pasty kött- eller fruktpastej
pea ärta
peach persika
peanut jordnöt
 ~ **butter** jordnötssmör
pear päron
pearl barley pärlgryn
pepper peppar
peppermint pepparmynt
perch abborre
pheasant fasan
pickerel ung gädda
pickled inlagd i saltlake eller
 ättika
pickles 1) grönsak eller frukt i
 saltlake eller ättika 2) salt-
 gurka
pie paj
pigeon duva
pigs' feet/trotters grisfötter
pike gädda
pineapple ananas
plaice rödspätta
plain utan sås eller fyllning
plate tallrik, assiett
plum plommon
 ~ **pudding** mäktig, flamberad

fruktkaka, serveras till jul
poached pocherad
popcorn rostad majs
popover muffin
pork fläskkött
porridge gröt
porterhouse steak typ av T-benstek utan ben, chateaubriand
pot roast grytstek med grönsaker
potato potatis
~ **chips** 1) pommes frites (GB) 2) potatisflarn (US)
~ **in its jacket** skalpotatis
potted shrimps räkor blandade med smält aromsmör, serveras kallt i portionskoppar
poultry fjäderfä, höns
prawn stor räka
prune katrinplommon
ptarmigan snöripa
pudding pudding; efterrätt
pumpkin pumpa
quail vaktel
quince kvitten
rabbit kanin
radish rädisa
rainbow trout regnbågsforell
raisin russin
rare ytterst lite stekt, blodig
raspberry hallon
raw rå
red mullet rödbarb (fisk)
red (sweet) pepper röd paprika
redcurrant rött vinbär
relish kryddstark sås eller grönsaksröra
rhubarb rabarber
rib (of beef) entrecoterev
rib-eye steak entrecote
rice ris
rissole krokett av kött eller fisk
river trout bäcköring
roast 1) stek 2) stekt
Rock Cornish hen specialgödd

broiler
roe rom
roll småfranska, kuvertbröd
rollmop herring marinerad sillrulad fylld med lök eller ättiksgurka
round steak bit av lårstek
Rubens sandwich kokt, salt oxkött lagt på rågbröd med surkål, serveras varm
rumpsteak rumpstek (bakre delen av biffraden)
rusk skorpa
rye bread rågbröd
saddle sadel
saffron saffran
sage salvia
salad sallad
~ **bar** sallads- och grönsaksbyffé
~ **cream** majonnäs
salmon lax
~ **trout** laxöring
salted saltad
sandwich smörgås
sardine sardin
sauce sås
sauerkraut surkål
sausage korv
sautéed bräckt
scallop pilgrimsmussla
Scotch broth soppa på ox- eller lammkött med rotfrukter och korngryn
Scotch egg hårdkokt ägg inrullat i korvinkråm och stekt
Scotch woodcock rostat bröd med äggröra och sardellpastej
sea bass havsabborre
sea bream guldbraxen
sea kale strandkål, grönkål
seafood skaldjur och fisk från havet
(in) season (under) säsong(en)

seasoning kryddor
service betjäning
~ **charge** betjäningsavgift
~ **(not) included** betjänings-
avgift (ej) inräknad
set menu fastställd meny
shad stamsill
shallot schalottenlök
shellfish skaldjur
sherbet sorbet, isglass
shoulder bog
shredded finstrimlad
~ **wheat** vetekuddar (slags
frukostflingor)
shrimp räka
silverside (of beef) lårstycke av
oxkött
sirloin steak dubbelbiff
skewer spett
slice skiva
sliced skivad
sloppy Joe köttfärsröra, serveras i
ett bröd
smelt nors
smoked rökt
snack lätt måltid, mellanmål
sole sjötunga
soup soppa
sour sur
soused herring inlagd sill
spare-rib revbensspjäll
spice krydda
spinach spenat
spiny lobster langust
(on a) spit (på) spett
sponge cake sockerkaka
sprat skarpsill
squash slags pumpa
starter förrätt
steak-and-kidney pie pajskal fyllt
med oxkött och njure
steamed ångkokad
stew stuvning, ragu
Stilton (cheese) lagrad, blåådrig

ost
strawberry jordgubbe
string beans haricots verts
stuffed fylld, späckad
stuffing fyllning, färs
suck(l)ing pig spädgris
sugar socker
sugarless sockerfri
sundae glassefterrätt med grädde,
nötter och saft
supper middag, supé
swede kålrot
sweet 1) söt 2) efterrätt
~ **corn** majs
~ **potato** sötpotatis
sweetbread (kalv)bräss
Swiss cheese schweizerost
Swiss roll rulltårta
Swiss steak biff bräserad med
tomat och lök
table d'hôte fastställd meny
tangerine mandarinliknande
apelsin
tarragon dragon
tart efterrättspaj utan lock
tenderloin filé
Thousand Island dressing sal-
ladssås med majonnäs, grädde,
chilisås, lök och paprika
thyme timjan
toad-in-the-hole köttbitar eller
korvinkråm, täckt med
pannkakssmet, gräddas i ugn
toast rostat bröd
toasted rostad
~ **cheese** rostat bröd med
smält ostskiva
~ **(cheese) sandwich** ost och
skinka i rostat bröd
tomato tomat
tongue tunga
treacle sirap
trifle savaräng med sylt, toppad
med vinindränkta, söndersmu-

lade mandelbiskvier, serverad
med vaniljkräm och grädde
tripe inälvsmat, krås
trout forell
truffle tryffel
tuna, tunny tonfisk
turbot piggvar
turkey kalkon
turnip rova
turnover sylt- eller fruktpirog
turtle soup sköldpaddssoppa
underdone mycket litet stekt (om
kött)
vanilla vanilj
veal kalv
~ **bird** kalvrulad
~ **cutlet** kalvschnitzel
vegetable grönsak
~ **marrow** squash
venison viltkött (oftast rådjur)
vichyssoise kall purjolökssoppa
vinegar vinäger, ättika
Virginia baked ham rimsaltad
ugnstekt skinka kryddad med

nejlikor, serverad med stekt
ananas och körsbär
wafer rån
waffle våffla
walnut valnöt
water ice sorbet, isglass
watercress vattenkrasse
watermelon vattenmelon
well-done välstekt
Welsh rabbit/rarebit rostat bröd
med smält ost
whelk valthornssnäcka
whipped cream vispgrädde
whitebait småfisk, ofta sill
wine list vinlista
woodcock morkulla
Worcestershire sauce stark
kryddsås på ättika och soja
York ham mycket fin, rökt skinka
Yorkshire pudding frasig paj av
pannkakssmet, gräddad till-
sammans med rostbiffen
zucchini squash
zwieback skorpa

Drycker

ale starkt, något sött öl som jäst
vid hög temperatur
bitter ~ aningen beskt öl
brown ~ mörkt, lite sött öl på
flaska
light ~ lätt, ljust öl på flaska
mild ~ mörkt, fylligt fatöl
pale ~ lätt, ljust öl på flaska
med stark humlesmak
applejack amerikanskt äppel-
brännvin

Athol Brose drink på skotsk
whisky, vatten, honung och
havregryn
Bacardi cocktail drink på rom,
grenadinsaft, gin och lime
barley water dryck med olika
fruktsmaker gjord på korngryn
barley wine mörkt, mycket starkt
öl
beer öl
bottled ~ öl på flaska

draft, draught ~ fatöl

bitters 1) aperitifer med bitter smak 2) beska cocktailingredienser

black velvet lika delar champagne och *stout* (serveras ofta till ostron)

bloody Mary drink på vodka, tomatjuice och kryddor

bourbon amerikansk whisky gjord på majs och åldrad i nya fat, med en framträdande, något söt smak

brandy eau-de-vie, cognac, brandy
~ **Alexander** drink på brandy, cacaolikör och grädde

British wines vin gjort i Storbritannien på importerade druvor

cherry brandy körsbärslikör

chocolate choklad

cider cider, alkoholhaltig äppeldryck
~ **cup** drink på cider, kryddor och is

claret rött bordeauxvin

cobbler vindrink med fruktbitar

coffee kaffe
~ **with cream** med grädde
black ~ utan socker och grädde
caffeine-free ~ koffeinfritt
white ~ med mjölk

Coke Coca-Cola

cordial likörer och cognac

cream grädde

cup 1) kopp 2) vindrink med fruktbitar, spetsad med starksprit eller likör

daiquiri romdrink med limejuice och socker

double dubbel mängd starksprit

dry torr
~ **martini** 1) torr vermouth

(GB) 2) cocktail på gin och lite torr vermouth (US)

egg-nog äggtoddy

gin and it drink på gin och (söt) italiensk vermouth

gin-fizz drink på gin, socker, citron och sodavatten

ginger ale läskedryck med ingefärssmak

ginger beer alkoholhaltig dryck med ingefärssmak

grasshopper drink på mintlikör, cacaolikör och grädde

Guinness (stout) mörkt, fylligt öl med stark humlesmak (slags porter)

half pint ungefär 3 dl

highball drink på starksprit med vatten eller läskedryck

iced iskyld

Irish coffee kaffe med irländsk whisky och vispad grädde

Irish Mist irländsk whiskylikör

Irish Whiskey irländsk whisky, mindre sträv i smaken än *scotch* och gjord enbart på irländsk säd

lager lätt, mycket kolsyrehaltigt öl

lemon squash citrondricka

lemonade läskedryck med citronsmak

lime juice juice av lime (slags grön citron)

liqueur likör

liquor starksprit

long drink starksprit blandad med vatten, tonic etc.

malt whisky skotsk whisky enbart gjord på malt

Manhattan cocktail på *bourbon*, söt vermouth och angostura

milk mjölk
~ **shake** kraftigt vispad mjölkdrink med olika sorters glass

mineral water mineralvatten

mulled wine varmt kryddat vin, slags vinglögg

neat utan is och vatten

old-fashioned cocktail på whisky, socker, citron och angostura

on the rocks med isbitar

orange juice apelsinjuice

Ovaltine Ovomaltine (chokladdryck)

Pimm's cup(s) likör gjord på någon av följande spritsorter och utspädd med fruktsaft

~ **No. 1** med gin

~ **No. 2** med whisky

~ **No. 3** med rom

~ **No. 4** med eau-de-vie

pink champagne skär champagne

pink lady cocktail på gin, äppelbrännvin (Calvados), grenadinsaft och vispad äggvita

pint ungefär 6 dl

port (wine) portvin

porter mörkt, beskt öl

punch 1) (vin) bål 2) varm dryck gjord på starksprit, fruktbitar och kryddor

quart mått: 1,14 liter (US 0,95 liter)

root beer läskedryck smaksatt med örter och rötter

rum rom

rye (whiskey) amerikansk whisky gjord på råg, med en tyngre och lite strävare smak än *bourbon*

scotch (whisky) skotsk whisky, blandad korn- och maltwhisky där malten torkats över torveld vilket ger den fina röksmaken

screwdriver drink på vodka och apelsinjuice

shandy öl, *bitter ale*, blandat med *ginger beer* eller läskedryck

short drink outspädd starksprit

shot liten dos alkohol

sloe gin-fizz slånbärsgin med citron, socker och sodavatten

soda water sodavatten

soft drink alkoholfri dryck (saft, läskedryck)

sour 1) sur 2) om en drink där man tillsatt citronsaft

spirits starksprit

stinger drink på eau-de-vie, mintlikör och citron

stout ett starkt, mörkt och fylligt öl

straight oblandad, ren (om starksprit)

sweet söt

tea te

toddy dryck gjord på starksprit, socker, citron, kryddor och varmt vatten

Tom Collins gin, socker, citronsaft och sodavatten

water vatten

whisky sour cocktail på whisky, citronsaft och socker

wine vin

red ~ rödvin

sparkling ~ mousserande

white ~ vitt

Minigrammatik

Artiklar

Den **bestämda artikeln** har samma form i sing. och plur.: **the**

the room, the rooms	rummet, rummen

Den **obestämda artikeln** har två former: **a** som används framför ord som börjar på konsonant och **an** som används framför vokal eller stumt **h.**

a coat	en kappa
an umbrella	ett paraply
an hour	en timme
a small village	en liten by
an old town	en gammal stad

Some anger obestämd mängd eller obestämt antal. Det används framför substantiv i både sing. och plur. och motsvarar på svenska någon, något, lite, några.

I'd like some tea, please.	Jag skulle vilja ha lite te.
Give me some stamps,	Var snäll och ge mig några
please.	frimärken.

Any betyder någon som helst, vilken som helst och används mest i nekande och frågande satser.

There isn't any soap.	Det finns inte någon tvål.
Do you have any stamps?	Har ni (du) några frimärken?
Is there any mail for me?	Finns det någon post till mig?

Substantiv

Pluralis bildas som regel genom att lägga **-(e)s** till singular-formen.

cup — cups	kopp — koppar
dress — dresses	klänning — klänningar

Obs! Om ett substantiv slutar på **-y** i sing. ändras stavningen i plur. till **-ies** om y föregås av en konsonant. Om det föregås av en vokal används den normala pluraländelsen **-s.**

lady — ladies	dam — damer
day — days	dag — dagar

Men ingen regel utan undantag…

man — men	man — män
woman — women	kvinna — kvinnor
child — children	barn — barn
foot — feet	fot — fötter

Genitiv

1. Då ägaren är en person och då substantivet inte slutar på **-s** lägger man till **'s.**

the boy's room	pojkens rum
the children's clothes	barnens kläder

Om substantivet slutar på **-s** lägger man endast till apostrofen (').

the boys' room	pojkarnas rum

2. Då ägaren inte är en person används prepositionen of.

the end of the journey   resans slut (slutet på resan)

Adjektiv

Adjektivet förblir oförändrat både framför substantivet och när det står ensamt.

a large brown suitcase   en stor brun resväska

Det finns två sätt att bilda **komparativ** och **superlativ**.

1. Adjektiv med en stavelse och de flesta med två stavelser får ändelsen **-(e)r** och **-(e)st**.

small — smaller — smallest   liten — mindre — minst
pretty — prettier — prettiest   söt — sötare — sötast

Obs! -y efter konsonant ändras till **i** framför **-er** och **-est**.

2. Adjektiv med fler än två stavelser och vissa adjektiv med två stavelser (t. ex. de som slutar på **-ful** eller **-less**) bildar komparativ och superlativ med hjälp av **more** och **most**.

expensive (dyr) — **more expensive** — **most expensive**
careful (försiktig) — **more careful** — **most careful**

Följande adjektiv är oregelbundna:

good (bra) — **better** — **best**
bad (dålig) — **worse** — **worst**
little (lite) — **less** — **least**
much (mycket) **}** — **more** — **most**
many (många) **}**

Pronomen

	personliga		possessiva	
	subjekts- form	objekts- form	förenade	själv- ständiga
jag	**I**	**me**	**my**	**mine**
du	**you**	**you**	**your**	**yours**
han	**he**	**him**	**his**	**his**
hon	**she**	**her**	**her**	**hers**
den/det	**it**	**it**	**its**	**—**
vi	**we**	**us**	**our**	**ours**
ni	**you**	**you**	**your**	**yours**
de	**they**	**them**	**their**	**theirs**

Exempel på förenat possessivt pronomen:

Where's my key?   Var är min nyckel?

Exempel på självständigt possessivt pronomen:

It's not mine.   Det är inte min.
It's yours.   Det är er (din).

Obs! Engelskan har inte skilda former för "du" och "ni".
Båda heter **you**.

Oregelbundna verb

Nedanstående lista innehåller de vanligaste engelska oregelbundna verben. Sammansatta verb och de verb som har en förstavelse (prefix) böjs som de enkla verben: t.ex. *withdraw* böjs som *draw* och *mistake* som *take*.

Infinitiv	Imperfektum	Perfekt particip	
arise	arose	arisen	*uppstå*
awake	awoke	awoken/awaked	*vakna*
be	was	been	*vara*
bear	bore	borne	*bära*
beat	beat	beaten	*slå*
become	became	become	*bli*
begin	began	begun	*börja*
bend	bent	bent	*böja*
bet	bet	bet	*slå (hålla) vad*
bid	bade/bid	bidden/bid	*bjuda*
bind	bound	bound	*binda*
bite	bit	bitten	*bita*
bleed	bled	bled	*blöda*
blow	blew	blown	*blåsa*
break	broke	broken	*bryta*
breed	bred	bred	*uppföda*
bring	brought	brought	*medföra*
build	built	built	*bygga*
burn	burnt/burned	burnt/burned	*bränna, brinna*
burst	burst	burst	*brista*
buy	bought	bought	*köpa*
can*	could	–	*kunna*
cast	cast	cast	*kasta; gjuta*
catch	caught	caught	*fånga*
choose	chose	chosen	*välja*
cling	clung	clung	*klänga sig fast*
clothe	clothed/clad	clothed/clad	*bekläda*
come	came	come	*komma*
cost	cost	cost	*kosta*
creep	crept	crept	*krypa*
cut	cut	cut	*skära*
deal	dealt	dealt	*handla med; dela ut*
dig	dug	dug	*gräva*
do (he does*)	did	done	*göra*
draw	drew	drawn	*rita; dra*
dream	dreamt/dreamed	dreamt/dreamed	*drömma*
drink	drank	drunk	*dricka*
drive	drove	driven	*köra*
dwell	dwelt	dwelt	*vistas*
eat	ate	eaten	*äta*
fall	fell	fallen	*falla*

* presens indikativ

feed	fed	fed	*(ut)fodra, mata*
feel	felt	felt	*känna (sig)*
fight	fought	fought	*slåss*
find	found	found	*finna*
flee	fled	fled	*fly*
fling	flung	flung	*kasta*
fly	flew	flown	*flyga*
forsake	forsook	forsaken	*överge*
freeze	froze	frozen	*frysa*
get	got	got	*få*
give	gave	given	*ge*
go (he goes*)	went	gone	*resa*
grind	ground	ground	*mala*
grow	grew	grown	*växa*
hang	hung	hung	*hänga*
have (he has*)	had	had	*ha*
hear	heard	heard	*höra*
hew	hewed	hewed/hewn	*hugga*
hide	hid	hidden	*gömma*
hit	hit	hit	*slå*
hold	held	held	*hålla*
hurt	hurt	hurt	*såra; värka*
keep	kept	kept	*behålla*
kneel	knelt	knelt	*knäböja*
knit	knitted/knit	knitted/knit	*sticka*
know	knew	known	*veta; kunna*
lay	laid	laid	*lägga*
lead	led	led	*leda*
lean	leant/leaned	leant/leaned	*luta (sig)*
leap	leapt/leaped	leapt/leaped	*hoppa*
learn	learnt/learned	learnt/learned	*lära sig*
leave	left	left	*lämna*
lend	lent	lent	*låna (ut)*
let	let	let	*(till)låta*
lie	lay	lain	*ligga*
light	lit/lighted	lit/lighted	*tända*
lose	lost	lost	*förlora*
make	made	made	*göra*
may*	might	–	*få, kunna (kanske)*
mean	meant	meant	*mena*
meet	met	met	*möta*
mow	mowed	mowed/mown	*meja*
must*	must	–	*vara tvungen*
ought* (to)	ought	–	*böra*
pay	paid	paid	*betala*
put	put	put	*sätta*
read	read	read	*läsa*
rid	rid	rid	*befria*
ride	rode	ridden	*rida*

---

* presens indikativ

ring	rang	rung	*ringa*
rise	rose	risen	*stiga upp*
run	ran	run	*springa*
saw	sawed	sawn	*såga*
say	said	said	*säga*
see	saw	seen	*se*
seek	sought	sought	*söka*
sell	sold	sold	*sälja*
send	sent	sent	*sända*
set	set	set	*sätta*
sew	sewed	sewed/sewn	*sy*
shake	shook	shaken	*skaka*
shall*	should	–	*skola*
shed	shed	shed	*fälla*
shine	shone	shone	*skina*
shoot	shot	shot	*skjuta*
show	showed	shown	*visa*
shrink	shrank	shrunk	*krympa*
shut	shut	shut	*stänga*
sing	sang	sung	*sjunga*
sink	sank	sunk	*sjunka*
sit	sat	sat	*sitta*
sleep	slept	slept	*sova*
slide	slid	slid	*glida*
sling	slung	slung	*slunga*
slink	slunk	slunk	*smita*
slit	slit	slit	*sprätta upp*
smell	smelled/smelt	smelled/smelt	*lukta*
sow	sowed	sown/sowed	*så*
speak	spoke	spoken	*tala*
speed	sped/speeded	sped/speeded	*hasta*
spell	spelt/spelled	spelt/spelled	*stava*
spend	spent	spent	*tillbringa; ge ut*
spill	spilt/spilled	spilt/spilled	*spilla*
spin	spun	spun	*spinna*
spit	spat	spat	*spotta*
split	split	split	*klyva*
spoil	spoilt/spoiled	spoilt/spoiled	*skämma (bort); förstöra*
spread	spread	spread	*sprida*
spring	sprang	sprung	*rusa upp*
stand	stood	stood	*stå*
steal	stole	stolen	*stjäla*
stick	stuck	stuck	*fästa*
sting	stung	stung	*sticka, stinga*
stink	stank/stunk	stunk	*stinka*
strew	strewed	strewed/strewn	*strö*
stride	strode	stridden	*kliva*
strike	struck	struck/stricken	*slå (till)*

* presens indikativ

string	strung	strung	*trä (upp)*
strive	strove	striven	*sträva*
swear	swore	sworn	*svär(j)a*
sweep	swept	swept	*sopa*
swell	swelled	swollen/swelled	*svälla*
swim	swam	swum	*simma*
swing	swung	swung	*svänga, gunga*
take	took	taken	*ta*
teach	taught	taught	*lära (ut)*
tear	tore	torn	*slita sönder*
tell	told	told	*berätta*
think	thought	thought	*tänka*
throw	threw	thrown	*kasta*
thrust	thrust	thrust	*stöta*
tread	trod	trodden	*trampa*
wake	woke/waked	woken/waked	*vakna; väcka*
wear	wore	worn	*ha på sig*
weave	wove	woven	*väva*
weep	wept	wept	*gråta*
will *	would	—	*vilja*
win	won	won	*vinna*
wind	wound	wound	*veva (upp)*
wring	wrung	wrung	*vrida (ur)*
write	wrote	written	*skriva*

---

* presens indikativ

Engelska förkortningar

AA	*Automobile Association*	brittisk motororganisation
AAA	*American Automobile Association*	amerikansk motororganisation
ABC	*American Broadcasting Company*	privat amerikanskt radio- och TV-bolag
A.D.	*anno Domini*	e.Kr.
Am.	*America; American*	Amerika; amerikansk
a.m.	*ante meridiem (before noon)*	för tid mellan kl. 00.00 och 12.00
Amtrak	*American railroad corporation*	sammanslutning av privata amerikanska järnvägar
AT & T	*American Telephone and Telegraph Company*	privat amerikanskt telefonbolag
Ave.	*avenue*	aveny
BBC	*British Broadcasting Corporation*	statligt brittiskt radio- och TV-bolag
B.C.	*before Christ*	f.Kr.
bldg.	*building*	byggnad, hus
Blvd.	*boulevard*	boulevard
B.R.	*British Rail*	Brittiska statsjärnvägarna
Brit.	*Britain; British*	Storbritannien; brittisk
Bros.	*brothers*	bröder (i firmanamn)
¢	*cent*	1/100 dollar
Can.	*Canada; Canadian*	Kanada; kanadensisk
CBS	*Columbia Broadcasting System*	privat amerikanskt radio- och TV-bolag
CID	*Criminal Investigation Department*	kriminalpolisen (Scotland Yard)
CNR	*Canadian National Railway*	Kanadensiska statsjärnvägarna
c/o	*(in) care of*	under adress
Co.	*company*	bolag
Corp.	*corporation*	korporation, bolag
CPR	*Canadian Pacific Railways*	privat kanadensiskt järnvägsbolag
D.C.	*District of Columbia*	Columbiadistriktet (Washington, D.C.)
DDS	*Doctor of Dental Science*	tandläkare
dept.	*department*	departement, avdelning
EU	*European Union*	Europeiska Unionen

e.g.	*for instance*	t.ex.
Eng.	*England; English*	England; engelsk
excl.	*excluding; exclusive*	ej inräknad, exklusive
ft.	*foot/feet*	fot (mått)
GB	*Great Britain*	Storbritannien
H.E.	*His/Her Excellency;*	Hans/Hennes Excellens;
	His Eminence	Hans Höghet
H.H.	*His Holiness*	Hans Helighet (påven)
H.M.	*His/Her Majesty*	Hans/Hennes Majestät
H.M.S.	*Her Majesty's ship*	Hennes Majestäts fartyg
		(brittiskt örlogsfartyg)
hp	*horsepower*	hästkrafter
Hwy	*highway*	huvudväg, allmän landsväg
i.e.	*that is to say*	dvs.
in.	*inch*	tum
Inc.	*incorporated*	AB, aktiebolag
incl.	*including, inclusive*	inräknad, inklusive
£	*pound sterling*	brittiskt pund
L.A.	*Los Angeles*	Los Angeles
Ltd.	*limited*	AB, aktiebolag
M.D.	*Doctor of Medicine*	leg. läk.
M.P.	*Member of Parliament*	ledamot av parlamentet
mph	*miles per hour*	miles per timma
Mr.	*Mister*	herr
Mrs.	*Missis*	fru
Ms.	*Missis/Miss*	fru/fröken
nat.	*national*	nationell
NBC	*National Broadcasting*	privat amerikanskt
	Company	radio- och TV-bolag
No.	*number*	nummer
N.Y.C.	*New York City*	New York (staden)
O.B.E.	*Officer (of the Order)*	Riddare av brittiska
	of the British Empire	imperieorden
p.	*page; penny/pence*	sida; 1/100 pund
p.a.	*per annum*	per år
Ph.D.	*Doctor of Philosophy*	fil. dr.
p.m.	*post meridiem*	för tid mellan kl. 12.00
	(after noon)	och 24.00
PO	*Post Office*	postkontor
POO	*post office order*	postanvisning
pop.	*population*	folkmängd, befolkning
P.T.O.	*please turn over*	var god vänd
RAC	*Royal Automobile Club*	Kungliga Brittiska
		Automobilklubben

RCMP	*Royal Canadian Mounted Police*	Kanadas ridande polis
Rd.	*road*	väg
ref.	*reference*	referens, hänvisning
Rev.	*reverend*	pastor
RFD	*rural free delivery*	utbärning av post på landsbygden
RR	*railroad*	järnväg
RSVP	*please reply*	o.s.a., om svar anhålles
$	*dollar*	dollar
Soc.	*society*	förening
St.	*saint ; street*	sankt(a); gata
STD	*Subscriber Trunk Dialling*	automatisk telefon
UN	*United Nations*	FN
UPS	*United Parcel Service*	privat företag som levererar paket
US	*United States*	Förenta staterna
USS	*United States Ship*	amerikanskt örlogsfartyg
VAT	*value added tax*	moms, mervärdeskatt
VIP	*very important person*	vip, betydelsefull person
Xmas	*Christmas*	jul
yd.	*yard*	yard (mått)
YMCA	*Young Men's Christian Association*	KFUM
YWCA	*Young Women's Christian Association*	KFUK
ZIP	*ZIP code*	postnummer

Räkneord

Grundtal

		Ordningstal	
0	zero	1st	first
1	one	2nd	second
2	two	3rd	third
3	three	4th	fourth
4	four	5th	fifth
5	five	6th	sixth
6	six	7th	seventh
7	seven	8th	eighth
8	eight	9th	ninth
9	nine	10th	tenth
10	ten	11th	eleventh
11	eleven	12th	twelfth
12	twelve	13th	thirteenth
13	thirteen	14th	fourteenth
14	fourteen	15th	fifteenth
15	fifteen	16th	sixteenth
16	sixteen	17th	seventeenth
17	seventeen	18th	eighteenth
18	eighteen	19th	nineteenth
19	nineteen	20th	twentieth
20	twenty	21st	twenty-first
21	twenty-one	22nd	twenty-second
22	twenty-two	23rd	twenty-third
23	twenty-three	24th	twenty-fourth
24	twenty-four	25th	twenty-fifth
25	twenty-five	26th	twenty-sixth
30	thirty	27th	twenty-seventh
40	forty	28th	twenty-eighth
50	fifty	29th	twenty-ninth
60	sixty	30th	thirtieth
70	seventy	40th	fortieth
80	eighty	50th	fiftieth
90	ninety	60th	sixtieth
100	a/one hundred	70th	seventieth
230	two hundred and thirty	80th	eightieth
		90th	ninetieth
1,000	a/one thousand	100th	hundredth
10,000	ten thousand	230th	two hundred and thirtieth
100,000	a/one hundred thousand		
1,000,000	a/one million	1,000th	thousandth

Klockan

Engelsmännen och amerikanerna använder 12-timmarssystemet vid tidsangivelser. För att ange vilken tid på dygnet det är, lägger man till *a.m.* för tiden mellan midnatt och kl. 12 och *p.m.* för tiden mellan kl. 12 och midnatt. I Storbritannien börjar man mer och mer att använda 24-timmarssystemet vid officiella tidsangivelser.

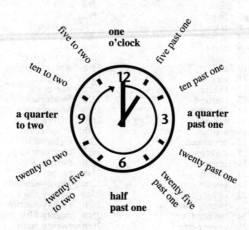

I'll come at seven a.m.	Jag kommer kl. 7 på morgonen.
I'll come at three p.m.	Jag kommer kl. 3 på eftermiddagen
I'll come at eight p.m.	Jag kommer kl. 8 på kvällen.

Veckodagar

Sunday	söndag	*Thursday*	torsdag
Monday	måndag	*Friday*	fredag
Tuesday	tisdag	*Saturday*	lördag
Wednesday	onsdag		

Några vanliga uttryck	Some Basic Phrases
Var så god.	Please.
Tack så mycket.	Thank you very much.
Ingen orsak.	Don't mention it.
God morgon.	Good morning.
God dag *(på eftermiddagen)*.	Good afternoon.
God afton.	Good evening.
God natt.	Good night.
Adjö.	Good-bye.
Vi ses.	See you later.
Var är...?	Where is/Where are...?
Vad heter det här?	What do you call this?
Vad betyder det där?	What does that mean?
Talar ni engelska?	Do you speak English?
Talar ni tyska?	Do you speak German?
Talar ni franska?	Do you speak French?
Talar ni spanska?	Do you speak Spanish?
Talar ni italienska?	Do you speak Italian?
Kan ni vara snäll och tala litet långsammare.	Could you speak more slowly, please?
Jag förstår inte.	I don't understand.
Kan jag få...?	Can I have...?
Kan ni visa mig...?	Can you show me...?
Kan ni säga mig...?	Can you tell me...?
Kan ni hjälpa mig?	Can you help me, please?
Jag skulle vilja ha...	I'd like...
Vi skulle vilja ha...	We'd like...
Var snäll och ge mig...	Please give me...
Var snäll och hämta...	Please bring me...
Jag är hungrig.	I'm hungry.
Jag är törstig.	I'm thirsty.
Jag har gått vilse.	I'm lost.
Skynda på!	Hurry up!
Det finns...	There is/There are...
Det finns inte...	There isn't/There aren't...

Ankomst

Passet, tack.

Har ni någonting att förtulla?

Nej, ingenting alls.

Kan ni vara snäll och hjälpa mig med mitt bagage?

Var står den buss som går till centrum?

Den här vägen.

Var kan jag få tag på en taxi?

Vad kostar det till...?

Var snäll och kör mig till den här adressen, tack.

Jag har bråttom.

Arrival

Your passport, please.

Have you anything to declare?

No, nothing at all.

Can you help me with my luggage, please?

Where's the bus to the centre of town, please?

This way, please.

Where can I get a taxi?

What's the fare to...?

Take me to this address, please.

I'm in a hurry.

Hotell

Mitt namn är...

Har ni reserverat?

Jag skulle vilja ha ett rum med bad.

Hur mycket kostar det per natt?

Kan jag få se på rummet?

Vilket rumsnummer har jag?

Det finns inget varmvatten.

Kan jag få tala med direktören, tack?

Har någon ringt mig?

Finns det någon post till mig?

Kan jag få räkningen, tack?

Hotel

My name is...

Have you a reservation?

I'd like a room with a bath.

What's the price per night?

May I see the room?

What's my room number, please?

There's no hot water.

May I see the manager, please?

Did anyone telephone me?

Is there any mail for me?

May I have my bill (check), please?

Äta ute

Har ni någon meny?

Kan jag få se på matsedeln?

Eating out

Do you have a fixed-price menu?

May I see the menu?

Kan vi få en askkopp, tack?	May we have an ashtray, please?
Var är toaletten?	Where's the toilet, please?
Jag skulle vilja ha en förrätt.	I'd like an hors d'œuvre (starter).
Har ni någon soppa?	Have you any soup?
Jag ska be att få fisk.	I'd like some fish.
Vad har ni för fisk?	What kind of fish do you have?
Jag ska be att få en biff.	I'd like a steak.
Vad finns det för grönsaker?	What vegetables have you got?
Ingenting mer, tack.	Nothing more, thanks.
Vad vill ni ha att dricka?	What would you like to drink?
Jag tar en öl, tack.	I'll have a beer, please.
Jag ska be att få en flaska vin.	I'd like a bottle of wine.
Får jag be om notan, tack?	May I have the bill (check), please?
Är betjäningsavgiften inräknad?	Is service included?
Tack, det var mycket gott.	Thank you, that was a very good meal.

På resa

Travelling

Var ligger järnvägsstationen?	Where's the railway station, please?
Var är biljettluckan?	Where's the ticket office, please?
Jag ska be att få en biljett till...	I'd like a ticket to...
Första eller andra klass?	First or second class?
Första klass, tack.	First class, please.
Enkel eller tur och retur?	Single or return (one way or roundtrip)?
Måste jag byta tåg?	Do I have to change trains?
Från vilken perrong avgår tåget till...?	What platform does the train for... leave from?
Var ligger närmaste tunnelbanestation?	Where's the nearest underground (subway) station?
Var ligger busstationen?	Where's the bus station, please?
När går första bussen till...?	When's the first bus to...?
Kan ni släppa av mig vid nästa hållplats?	Please let me off at the next stop.

Nöjen

Vad går det på bio?

När börjar filmen?

Finns det några biljetter till i kväll?

Var kan vi gå och dansa?

Relaxing

What's on at the cinema (movies)?

What time does the film begin?

Are there any tickets for tonight?

Where can we go dancing?

Träffa folk

God dag.

Hur står det till?

Tack bra. Och ni?

Får jag presentera…?

Jag heter…

Roligt att träffas.

Hur länge har ni varit här?

Det var trevligt att träffas.

Har ni något emot att jag röker?

Förlåt, har ni eld?

Vill ni ha något att dricka?

Får jag bjuda er på middag i kväll?

Var ska vi träffas?

Meeting people

How do you do.

How are you?

Very well, thank you. And you?

May I introduce…?

My name is…

I'm very pleased to meet you.

How long have you been here?

It was nice meeting you.

Do you mind if I smoke?

Do you have a light, please?

May I get you a drink?

May I invite you for dinner tonight?

Where shall we meet?

Affärer, varuhus etc.

Var ligger närmaste bank?

Var kan jag lösa in några rese-checker?

Kan jag få litet växel, tack?

Var finns närmaste apotek?

Hur kommer jag dit?

Kan man gå dit?

Kan ni hjälpa mig?

Hur mycket kostar den här? Och den där?

Shops, stores and services

Where's the nearest bank, please?

Where can I cash some travellers' cheques?

Can you give me some small change, please?

Where's the nearest chemist's (pharmacy)?

How do I get there?

Is it within walking distance?

Can you help me, please?

How much is this? And that?

Det är inte riktigt vad jag vill ha.	It's not quite what I want.
Den här tycker jag om.	I like it.
Kan ni rekommendera någonting mot solsveda?	Can you recommend something for sunburn?
Jag skulle vilja bli klippt.	I'd like a haircut, please.
Jag skulle vilja ha manikyr.	I'd like a manicure, please.

Frågor om vägen

Street directions

Kan ni visa mig på kartan var jag är?	Can you show me on the map where I am?
Ni är på fel väg.	You are on the wrong road.
Kör/Gå rakt fram.	Go/Walk straight ahead.
Det är till vänster/till höger.	It's on the left/on the right.

Nödsituationer

Emergencies

Ring genast efter en läkare.	Call a doctor quickly.
Ring efter en ambulans.	Call an ambulance.
Var snäll och ring polisen.	Please call the police.

swedish-english

svensk-engelsk

Introduction

This dictionary has been designed to take account of your practical needs. Unnecessary linguistic information has been avoided. The entries are listed in alphabetical order, regardless of whether the entry is printed in a single word or in two or more separate words. As the only exception to this rule, a few idiomatic expressions are listed alphabetically as main entries, according to the most significant word of the expression. When an entry is followed by sub-entries, such as expressions and locutions, these are also listed in alphabetical order.[1]

Each main-entry word is followed by a phonetic transcription (see guide to pronunciation). Following the transcription is the part of speech of the entry word whenever applicable. If an entry word is used as more than one part of speech, the translations are grouped together after the respective part of speech.

Irregular plurals are given in brackets after the part of speech.

Whenever an entry word is repeated in irregular forms or sub-entries, a tilde ($\sim$) is used to represent the full word. In plurals of long words, only the part that changes is written out fully, whereas the unchanged part is represented by a hyphen (-).

Entry word: behållare (pl $\sim$)   Plural: behållare
           anställd (pl $\sim$ a)   anställda
           antibiotikum (pl -ka)   antibiotika

An asterisk (*) in front of a verb indicates that it is irregular. For more detail, refer to the list of irregular verbs.

Abbreviations

adj	adjective	*pl*	plural
adv	adverb	*plAm*	plural (American)
Am	American	*pp*	past participle
art	article	*pr*	present tense
c	common gender	*pref*	prefix
conj	conjunction	*prep*	preposition
n	noun	*pron*	pronoun
nAm	noun (American)	*suf*	suffix
nt	neuter	*v*	verb
num	numeral	*vAm*	verb
p	past tense		(American)

---

[1] Note that Swedish alphabetical order differs from our own for three letters: *å, ä* and *ö*. These are considered independent characters and come after *z*, in that order.

Guide to Pronunciation

Each main entry in this part of the dictionary is followed by a phonetic transcription which shows you how to pronounce the words. This transcription should be read as if it were English. It is based on Standard British pronunciation, though we have tried to take account of General American pronunciation also. Below, only those letters and symbols are explained which we consider likely to be ambiguous or not immediately understood.

The syllables are separated by hyphens, and stressed syllables are printed in *italics*.

Of course, the sounds of any two languages are never exactly the same, but if you follow carefully our indications, you should be able to pronounce the foreign words in such a way that you'll be understood. To make your task easier, our transcriptions occasionally simplify slightly the sound system of the language while still reflecting the essential sound differences.

Consonants

g   always hard. as in **go**

s   always hard. as in **so**

t^y more or less as in hi**t y**ou; sometimes rather like **h** in **h**uge

The consonants **d. l. n. s. t.** if preceded by **r.** are generally pronounced with the tip of the tongue turned up well behind the front teeth. The **r** then ceases to be pronounced.

Vowels and Diphthongs

aa   long **a**. as in c**a**r, but without any **r**-sound

ah   a short version of **aa**; between **a** in c**a**t and **u** in c**u**t

æ   like **a** in c**a**t

ææ   a long **æ**-sound

ai   as in **air**. without any **r**-sound

eh   like **e** in g**e**t

er   as in oth**er**. without any **r**-sound

ew   a "rounded **ee**-sound". Say the vowel sound **ee** (as in s**ee**), and while saying it. round your lips as for **oo** (as in s**oo**n). without moving your tongue; when your lips are in the **oo** position, but your tongue in the **ee** position. you should be pronouncing the correct sound

igh   as in s**igh**

o   as in h**o**t (British pronunciation)

ou   as in l**ou**d

ur   as in f**ur**. but with rounded lips and no **r**-sound

1) A bar over a vowel symbol (e.g. $\overline{\text{ew}}$) shows that this sound is long.

2) Raised letters (e.g. ^{y}**aa**) should be pronounced only fleetingly.

Tones

In Swedish there are two "tones": one is falling, the other consists of two falling pitches, with the second starting higher than the first. As these tones are complex and very hard to copy, we do not indicate them. but mark their position as stressed.

A

abborre (ah-bo-rer) c bass, perch

abnorm (ahb-norm) adj abnormal

abonnemang (ah-bo-ner-mahng) nt subscription

abonnemangskort (ah-bo-ner-mahngs-koort) nt season-ticket

abort (ah-bort) c abortion

absolut (ahp-so-lewt) adv absolutely; adj very

absolutist (ahp-so-lew-tist) c teetotaller

abstrakt (ahp-strahkt) adj abstract

absurd (ahp-sewrd) adj absurd

accent (ahk-sehnt) c accent

acceptera (ahks-ehp-tay-rah) v accept

ackompanjera (ah-kom-pahn-Yay-rah) v accompany

adapter (ah-dahp-terr) c adaptor

addera (ah-day-rah) v add

addition (ah-di-shoon) c addition

adekvat (ah-der-kvaat) adj adequate

adel (aa-derl) c nobility

adjektiv (ahd-Yayk-teev) nt adjective

adjö! (ah-dYur) good-bye!

administration (ahd-mi-ni-strah-shoon) c administration

administrativ (ahd-mi-ni-strah-teev) adj administrative

adoptera (ah-doap-tay-rah) v adopt

adress (ahd-rayss) c address

adressat (ahd-ray-saat) c addressee

adressera (ahd-ray-say-rah) v address

adverb (ahd-værb) nt adverb

advokat (ahd-voo-kaat) c lawyer; attorney, barrister, solicitor

affisch (ah-fish) c poster

affär (ah-fæær) c store; business

affärer (ah-fææ-rerr) pl business; *göra ~ med *deal with; i ~ on business

affärsbiträde (ah-fæærs-bi-trai-der) nt shop assistant

affärscentrum (ah-fæærs-sehnt-rewm) nt (pl -ra, -rer) shopping centre

affärsinnehavare (ah-fæærs-i-ner-haa-vah-rer) c (pl ~) shopkeeper

affärsman (ah-fæærs-mahn) c (pl -män) businessman

affärsmässig (ah-fæærs-meh-si) adj business-like

affärsresa (ah-fæærs-ray-sah) c business trip

affärstid (ah-fæærs-teed) c business hours

affärstransaktion (ah-fæærs-trahn-sahk-shoon) c deal

affärsuppgörelse (ah-fæærs-ewp-Yur-rayl-ser) c deal

affärsverksamhet (ah-fæærs-værk-sahm-hāyt) c business

Afrika (aaf-ri-kah) Africa

afrikan (ahf-ri-*kaan*) c African
afrikansk (ahf-ri-*kaansk*) adj African
aftonklädsel (*ahf*-ton-klaid-serl) c evening dress
agent (ah-*gaynt*) c agent; distributor
agentur (ah-gayn-*tewr*) c agency
aggressiv (*ahg*-rer-seev) adj aggressive
aids (eids) c AIDS
akademi (ah-kah-day-*mee*) c academy
akt (ahkt) c act; nude
akta (*ahk*-tah) v mind; ~ **sig** beware; ~ **sig för** mind
aktie (*ahkt*-si-ay) c share
aktiv (*ahk*-teev) adj active
aktivitet (ahk-ti-vi-*tayt*) c activity
aktning (*ahkt*-ning) c esteem, respect
aktningsvärd (*ahkt*-nings-væærd) adj respectable
aktris (ahk-*treess*) c actress
aktuell (ahk-tew-*ehl*) adj topical
aktör (ahk-*turr*) c actor
akut (ah-*kewt*) adj acute
akvarell (ahk-vah-*rayl*) c water-colour
alarm (ah-*lahrm*) nt alarm
album (*ahl*-bewm) nt album
aldrig (*ahld*-ri) adv never
alfabet (*ahl*-fah-bayt) nt alphabet
algebra (*ahl*-Yer-brah) c algebra
algerier (ahl-*shay*-ri-err) c (pl ~) Algerian
Algeriet (ahl-shay-*ree*-ert) Algeria
algerisk (ahl-*shay*-risk) adj Algerian
alkohol (*ahl*-ko-hōāl) c alcohol
alkoholhaltig (ahl-ko-*hōāl*-hahl-ti) adj alcoholic
all (ahl) adj (nt ~t, pl ~a) all; pron all
alldaglig (*ahl*-daag-li) adj ordinary
alldeles (*ahl*-day-lerss) adv quite
allergi (ah-lær-*gee*) c allergy
allians (ah-li-*ahns*) c alliance
(de) allierade (ah-li-*āy*-rah-der) Allies pl

allmän (*ahl*-mehn) adj universal, general, public, common; broad
i allmänhet (i *ahl*-mehn-hāyt) in general
allsmäktig (*ahls*-mehk-ti) adj omnipotent
alltför (*ahlt*-furr) adv too
alltid (*ahl*-teed) adv ever, always
allting (*ahl*-ting) pron everything
allvar (*ahl*-vaar) nt seriousness; gravity
allvarlig (*ahl*-vaar-li) adj serious; bad, grave
alm (ahlm) c elm
almanacka (*ahl*-mah-nah-kah) c almanac
alpstuga (*ahlp*-stew-gah) c chalet
alstra (*ahlst*-rah) v generate
alt (ahlt) c alto
altare (*ahl*-tah-rer) nt altar
alternativ (ahl-tayr-nah-*teev*) nt alternative
alternerande (ahl-tayr-*nāy*-rahn-der) adj alternate
ambassad (ahm-bah-*saad*) c embassy
ambassadör (ahm-bah-sah-*durr*) c ambassador
ambulans (ahm-bew-*lahns*) c ambulance
Amerika (ah-*māy*-ri-kah) America
amerikan (ah-may-ri-*kaan*) c American
amerikansk (ah-*māy*-ri-*kaansk*) adj American
ametist (ah-mer-*tist*) c amethyst
amiral (ah-mi-*raal*) c admiral
amma (*ahm*-ah) v nurse
ammoniak (ah-*mōō*-ni-ahk) c ammonia
amnesti (ahm-ner-*stee*) c amnesty
amulett (ah-mew-*layt*) c charm, lucky charm
analfabet (ahn-ahl-fah-*bāyt*) c illiterate

analys (ah-nah-*lewss*) *c* analysis

analysera (ah-nah-lew-*say*-rah) *v* analyse

analytiker (ah-nah-*lew*-ti-kerr) *c* (pl ~) analyst

ananas (*ah*-nah-nahss) *c* (pl ~, ~er) pineapple

anarki (ah-nahr-*kee*) *c* anarchy

anatomi (ah-nah-to-*mee*) *c* anatomy

anbefalla (ahn-ber-*fah*-lah) *v* enjoin, recommend

anda (*ahn*-dah) *c* breath

andas (*ahn*-dahss) *v* breathe

ande (*ahn*-der) *c* spirit, ghost

andedräkt (*ahn*-der-drehkt) *c* breath

andlig (*ahnd*-li) *adj* spiritual

andning (*ahnd*-ning) *c* respiration, breathing

andra (*ahnd*-rah) *num* second

anfall (*ahn*-fahl) *nt* attack; fit

*anfalla (*ahn*-fah-lah) *v* attack

anförande (*ahn*-fur-rahn-der) *nt* speech

anförtro (ahn-furr-*troo*) *v* entrust; commit

*ange (*ahn*-Yay) *v* *give; report

angelägen (ahn-Yay-lai-gern) *adj* urgent; anxious

angelägenhet (ahn-Yay-leh-gayn-*hayt*) *c* matter, affair, concern

angenäm (ahn-Yay-naim) *adj* agreeable, pleasant, pleasing

*angripa (ahn-gree-pah) *v* assault

angränsande (ahn-grehn-sahn-der) *adj* neighbouring

*angå (ahn-*goå*) *v* concern

angående (ahn-*goå*-ern-der) *prep* concerning; as regards, about, regarding

anhängare (ahn-heh-ngah-rer) *c* (pl ~) supporter

aning (*aa*-ning) *c* notion

anka (*ahng*-kah) *c* duck

ankare (*ahng*-kah-rer) *nt* anchor

ankel (*ahng*-kayl) *c* (pl anklar) ankle

anklaga (*ahn*-klaa-gah) *v* accuse; charge; **anklagad person** accused

anklagelse (*ahn*-klaa-gayl-ser) *c* charge

*anknyta (*ahn*-knew-tah) *v* connect

anknytning (*ahn*-knewt-ning) *c* connection

anknytningslinje (*ahn*-knewt-nings-*lin*-Yer) *c* extension

ankomst (*ahn*-komst) *c* arrival; coming

ankomsttid (*ahn*-komst-teed) *c* time of arrival

anledning (*ahn*-layd-ning) *c* occasion; cause; **med ~ av** owing to

anlända (*ahn*-lehn-dah) *v* arrive

anmäla (*ahn*-mæ-lah) *v* announce; report; **~ sig** report

anmärka (*ahn*-mær-kah) *v* remark

anmärkning (*ahn*-mærk-ning) *c* remark

anmärkningsvärd (*ahn*-mærk-nings-væærd) *adj* remarkable; noticeable

annan (*ahn*-nahn) *pron* other; different; **en ~** another

annars (*ah*-nahrs) *adv* else, otherwise

annektera (ah-nehk-*tay*-rah) *v* annex

annex (ah-*nayks*) *nt* annex

annons (ah-*nongs*) *c* advertisement

annorlunda (*ahn*-or-lewn-dah) *adv* otherwise

annullera (ah-new-*lay*-rah) *v* cancel

annullering (ah-new-*lay*-ring) *c* cancellation

anonym (ah-no-*newm*) *adj* anonymous

anordning (*ahn*-ord-ning) *c* apparatus, appliance

anpassa (*ahn*-pah-sah) *v* adapt, adjust

*anse (*ahn*-*say*) *v* regard, consider, reckon

anseende (ahn-*say*-ern-der) *nt* reputation

ansenlig (ahn-sāyn-li) adj substantial

ansikte (ahn-sik-ter) nt face

ansiktsdrag (ahn-sikts-draag) nt feature

ansiktskräm (ahn-sikts-kraim) c face-cream

ansiktsmask (ahn-sikts-mahsk) c face-pack

ansiktsmassage (ahn-sikts-mah-saash) c face massage

ansiktspuder (ahn-sikts-pēw-derr) nt face-powder

ansjovis (ahn-shōō-viss) c anchovy

anskaffa (ahn-skahf-ah) v *buy

***ansluta** (ahn-slēw-tah) v connect; plug in; ~ sig till join; **ansluten** affiliated, connected

anspråk (ahn-sprōak) nt claim

anspråksfull (ahn-sprōaks-fewl) adj presumptuous

anspråkslös (ahn-sprōaks-lūrss) adj modest

anstalt (ahn-stahlt) c institute

anstränga sig (ahn-strehng-ah) labour

ansträngning (ahn-strehng-ning) c effort; strain

anställa (ahn-stehl-ah) v engage; appoint, employ

anställd (ahn-stehld) c (pl ~a) employee

anställning (ahn-stehl-ning) c employment; situation

anständig (ahn-stehn-di) adj decent; proper

anständighet (ahn-stehn-di-hāyt) c decency

anstöt (ahn-stūrt) c offence

anstötlig (ahn-stūrt-li) adj offensive

ansvar (ahn-svaar) nt responsibility

ansvarig (ahn-svaa-ri) adj responsible; ~ för in charge of

ansvarighet (ahn-svaa-ri-hāyt) c responsibility

ansöka (ahn-sūr-kah) v apply

ansökan (ahn-sūr-kahn) c (pl -kningar) application

***anta** (ahn-taa) v assume, suppose; suspect; ~ att supposing that

antal (ahn-taal) nt number, quantity

anteckna (ahn-tayk-nah) v note; record

anteckning (ahn-tehk-ning) c note; entry

anteckningsblock (ahn-tehk-nings-blok) nt writing-pad

anteckningsbok (ahn-tehk-nings-bōōk) c (pl -böcker) notebook

antenn (ahn-tayn) c aerial

antibiotikum (ahn-ti-bi-ōa-ti-kewm) nt (pl -ka) antibiotic

antik (ahn-teek) adj antique

Antiken (ahn-tee-kayn) antiquity

antikvitet (ahn-ti-kvi-tāyt) c antique; **antikviteter** antiquities pl

antikvitetshandlare (ahn-ti-kvi-tāyts-hahnd-lah-rer) c (pl ~) antique dealer

antingen ... eller (ahn-ting-ern ... eh-lerr) either ... or

antipati (ahn-ti-pah-tee) c dislike

antologi (ahn-to-lo-gee) c anthology

antyda (ahn-tēw-dah) v imply, indicate

antydan (ahn-tēw-dahn) c (pl -dningar) indication

anvisning (ahn-veess-ning) c directions pl, instructions pl

använda (ahn-vehn-der) v use; employ; apply

användbar (ahn-vehnd-baar) adj usable, useful

användning (ahn-vehnd-ning) c use; application

apa (aa-pah) c monkey

apelsin (ah-payl-seen) c orange

aperitif (ah-pay-ri-tif) c aperitif

apotek (ah-poo-tāyk) nt pharmacy; chemist's; drugstore nAm

apotekare (ah-poo-*tāy*-kah-rer) *c* (pl ~) chemist, pharmacist

apparat (ah-pah-*raat*) *c* apparatus; machine, appliance

applåd (ahp-*lōad*) *c* applause

applådera (ahp-lo-*dāy*-rah) *v* clap, applaud

aprikos (ah-pri-*kōoss*) *c* apricot

april (ahp-*ril*) April

aptit (ahp-*teet*) *c* appetite

aptitlig (ahp-*teet*-li) *adj* appetizing

aptitretare (ahp-*teet*-rāy-tah-rer) *c* (pl ~) appetizer

arab (ah-*raab*) *c* Arab

arabisk (ah-*raa*-bisk) *adj* Arab

arbeta (*ahr*-bāy-tah) *v* work

arbetare (*ahr*-bāy-tah-rer) *c* (pl ~) worker; workman; labourer

arbete (*ahr*-bay-ter) *nt* work; employment, labour, job

arbetsbesparande (*ahr*-bāyts-bay-*spaa*-rahn-der) *adj* labour-saving

arbetsdag (*ahr*-bāyts-daag) *c* working day

arbetsförmedling (*ahr*-bayts-furr-*māyd*-ling) *c* employment exchange

arbetsgivare (*ahr*-bāyts-*yee*-vah-rer) *c* (pl ~) employer

arbetskraft (*ahr*-bāyts-krahft) *c* manpower

arbetslös (*ahr*-bayts-*lūrss*) *adj* unemployed

arbetslöshet (*ahr*-bayts-lūrss-*hāyt*) *c* unemployment

arbetsrum (*ahr*-bayts-rewm) *nt* study

arbetstillstånd (*ahr*-bayts-til-stond) *nt* work permit; labor permit *Am*

arg (ahrᵛ) *adj* angry, cross

Argentina (ahr-gehn-*tee*-nah) Argentina

argentinare (ahr-gehn-*tee*-nah-rer) *c* (pl ~) Argentinian

argentinsk (ahr-gehn-*teensk*) *adj* Argentinian

argument (ahr-gew-*mehnt*) *nt* argument

argumentera (ahr-gēw-mehn-*tāy*-rah) *v* argue

ark (ahrk) *nt* sheet

arkad (ahr-*kaad*) *c* arcade

arkeolog (ahr-kay-o-*lōag*) *c* archaeologist

arkeologi (ahr-kay-o-loa-*gee*) *c* archaeology

arkitekt (ahr-ki-*taykt*) *c* architect

arkitektur (ahr-ki-tehk-*tēwr*) *c* architecture

arkiv (ahr-*keev*) *nt* archives *pl*

arm (ahrm) *c* arm; **arm i arm** arm-in-arm

armband (*ahrm*-bahnd) *nt* bracelet; bangle

armbandsur (*ahrm*-bahnds-ewr) *nt* wrist-watch

armbåge (*ahrm*-bōa-gay) *c* elbow

armé (ahr-*māy*) *c* army

armstöd (*ahrm*-stūrd) *nt* arm

arom (ah-*rōam*) *c* aroma

arrangera (ah-rahn-*shāy*-rah) *v* arrange

arrende (ah-*rayn*-der) *nt* lease

arrendera (ah-rern-*dāyr*-ah) *v* lease; ~ **ut** lease

arrestera (ah-rayss-*tāy*-rah) *v* arrest

arrestering (ah-rayss-*tāy*-ring) *c* arrest

art (aart) *c* species; breed

artig (*aar*-ti) *adj* polite; courteous

artikel (ahr-*ti*-kerl) *c* (pl -klar) article

artistisk (ahr-*tiss*-tisk) *adj* artistic

arton (*aar*-ton) *num* eighteen

artonde (*aar*-ton-der) *num* eighteenth

arv (ahrv) *nt* inheritance

arvode (*ahr*-vōo-der) *nt* fee

asbest (ahss-behst) *c* asbestos

asfalt (*ahss*-fahlt) *c* asphalt

asiat (ah-si-*aat*) *c* Asian

asiatisk (ah-si-*aa*-tisk) *adj* Asian

Asien (*aa*-si-ern) Asia

ask (ahsk) c box

aska (ahss-kah) c ash

askkopp (ahsk-kop) c ashtray

aspekt (ah-spehkt) c aspect

assistent (ah-si-staynt) c assistant

associera (ah-so-si-āy-rah) v associate

astma (ahst-mah) c asthma

astronomi (ahss-tro-no-mee) c astronomy

asyl (ah-sēwl) c asylum

ateist (ah-ter-ist) c atheist

Atlanten (aht-lahn-tern) Atlantic

atlet (aht-lāyt) c athlete

atmosfär (aht-moss-fæær) c atmosphere

atom (ah-tōam) c atom; **atom-** atomic

att (aht) conj that; **för ~** in order to

attest (ah-tayst) c certificate

attraktion (ah-trahk-shōōn) c attraction

augusti (ah-gewss-ti) August

auktion (ouk-shōōn) c auction

auktoritet (ouk-too-ri-tāyt) c authority

auktoritär (ouk-too-ri-tæær) adj authoritarian

Australien (ou-straa-li-ayn) Australia

australier (ou-straa-li-err) c (pl ~) Australian

australisk (ou-straa-lisk) adj Australian

autentisk (ou-tayn-tisk) adj authentic

automat (ou-to-maat) c vending machine, automat

automatisering (ou-to-mah-ti-sāy-ring) c automation

automatisk (ou-to-maa-tisk) adj automatic

automobilklubb (ou-to-mo-beel-klewb) c automobile club

autonom (ou-to-nōam) adj autonomous

av (aav) prep of, for, with, by, from;

adv off

avancerad (ah-vahng-sāy-rahd) adj advanced

avbeställa (aav-ber-stehl-ah) v cancel

avbetala (aav-ber-taa-lah) v *pay on account

avbetalning (aav-ber-taal-ning) c instalment

avbetalningsköp (aav-ber-taal-nings-tӰurp) nt hire-purchase

avbrott (aav-brot) nt interruption

*****avbryta** (aav-brēwt-ah) v interrupt; discontinue

avdelning (aav-dāyl-ning) c division; department, section

avdrag (aav-draag) nt discount

avdunsta (aav-dewns-tah) v evaporate

aveny (ah-vay-nēw) c avenue

avfall (aav-fahl) nt garbage, litter

avfatta (aav-fah-tah) v *draw up

avföringsmedel (aav-fūr-rings-māy-dayl) nt laxative

avgaser (aav-gaa-serr) pl exhaust gases

avgasrör (aav-gaass-rūrr) nt exhaust pipe

avgift (aav-Ӱift) c charge; **avgifter** dues pl

avgrund (aav-grewnd) c abyss

avgud (aav-gēwd) c idol

*****avgå** (aav-gōā) v pull out; resign

avgång (aav-gong) c departure

avgångstid (aav-gongs-teed) c time of departure

*****avgöra** (aav-Ӱūr-rah) v decide

avgörande (aav-Ӱūr-rahn-der) nt decision

avhandling (aav-hahn-dling) c treatise; thesis

*****avhålla sig från** (aav-hol-ah) abstain from

avigsida (aa-vig-see-dah) c reverse

avkalkningsmedel (aav-kahlk-nings-māy-dayl) nt water-softener

avkoppling (*aav*-kop-ling) *c* relaxation

avlagring (*aav*-laag-ring) *c* deposit

*****avlida** (*aav*-lee-dah) *v* pass away

avlopp (*aav*-lop) *nt* drain

avlång (*aav*-long) *adj* oblong

avlägsen (*aav*-laig-sern) *adj* remote; distant, far-off

avlägsna (*aav*-laigs-nah) *v* remove; ~ **sig** depart

avlämna (*aav*-lehm-nah) *v* deliver

avlöna (*aav*-lūrn-ah) *v* remunerate

avlöning (*aav*-lur-ning) *c* pay, salary

avlösa (*aav*-lur-sah) *v* relieve

avog (*aa*-vōōg) *adj* averse

avpassa (*aav*-pah-sah) *v* suit

avresa (*aav*-rāy-sah) *v* depart; *c* departure

avråda (*aav*-rōa-dah) *v* dissuade from

avrättning (*aav*-reht-ning) *c* execution

*****avse** (*aav*-sāy) *v* destine

avsevärd (*aav*-say-væærd) *adj* considerable

avsides (*aav*-see-derss) *adj* remote; out of the way

avsikt (*aav*-sikt) *c* purpose, intention

avsiktlig (*aav*-sikt-li) *adj* intentional

avskaffa (*aav*-skah-fah) *v* abolish

avsked (*aav*-shāyd) *nt* parting; resignation

avskeda (*aav*-shāy-dah) *v* dismiss; fire

avskedsansökan (*aav*-shāyds-ahn-sūr-kahn) *c* (pl -kningar) resignation

avskilja (*aav*-shil-ᵞah) *v* detach

*****avskjuta** (*aav*-shēw-tah) *v* launch

avskrift (*aav*-skrift) *c* copy

avsky (*aav*-shew) *v* detest, loathe; *c* disgust, loathing

avskyvärd (*aav*-shēw-væærd) *adj* horrible; hideous

avsluta (*aav*-slēw-tah) *v* finish

avslutning (*aav*-slēwt-ning) *c* conclusion, end

*****avslå** (*aav*-slōa) *v* reject

avslöja (*aav*-slur-ᵞah) *v* reveal

avslöjande (*aav*-slur-ᵞahn-der) *nt* revelation

avsnitt (*aav*-snit) *nt* passage

avspark (*aav*-spahrk) *c* kick-off

avspänd (*aav*-spehnd) *adj* easy-going, relaxed

*****avstå från** (*aav*-stōa) abstain from

avstånd (*aav*-stond) *nt* distance; space, way

avståndsmätare (*aav*-stonds-mai-tah-rer) *c* (pl ~) range-finder

avsända (*aav*-sehn-dah) *v* dispatch

avsändning (*aav*-sehnd-ning) *c* dispatch

*****avta** (*aav*-taa) *v* decrease

avtal (*aav*-taal) *nt* agreement, treaty

avtryck (*aav*-trewk) *nt* print

avtryckare (*aav*-trew-kah-rer) *c* (pl ~) trigger

avtäcka (*aav*-teh-kah) *v* uncover

avundas (*aav*-ewn-dahss) *v* envy

avundsam (*aav*-ewnd-sahm) *adj* envious

avundsjuk (*aav*-ewnd-shēwk) *adj* envious

avundsjuka (*aa*-vewnd-shēw-kah) *c* envy

*****avvika** (*aav*-vee-kah) *v* deviate

avvikelse (*aav*-vee-kerl-ser) *c* aberration

avvisa (*aav*-vee-sah) *v* reject

axel (*ahks*-ayl) *c* (pl axlar) shoulder; axis, axle

B

babord (*baa*-boord) port

baby (*bai*-bi) *c* baby

babykorg (*bai*-bi-korᵞ) *c* carry-cot

bacill (bah-*sil*) *c* germ

backa (*bah*-kah) *v* reverse

backe (*bah*-ker) *c* hill; slope

backhoppning (*bahk*-hop-ning) *c* ski-jump

backkrön (*bahk*-krūrn) *nt* hilltop

backväxel (*bahk*-vehks-ayl) *c* (pl -väx-lar) reverse

bad (baad) *nt* bath

bada (*baa*-dah) *v* bathe

badbyxor (*baad*-bewk-serr) *pl* bath-ing-suit, swimming-trunks *pl*

badda (*bah*-dah) *v* dab

baddräkt (*baad*-drehkt) *c* bathing-suit; swim-suit

badhandduk (*baad*-hahnd-dēwk) *c* bath towel

badmössa (*baad*-murss-sah) *c* bath-ing-cap

badort (*baad*-oort) *c* seaside resort

badrock (*baad*-roak) *c* bathrobe

badrum (*baad*-rewm) *nt* bathroom

badsalt (*baad*-sahlt) *nt* bath salts

bagage (bah-*gaash*) *nt* baggage, lug-gage

bagagehylla (bah-*gaash*-hew-lah) *c* luggage rack

bagageinlämning (bah-*gaash*-in-lehm-ning) *c* left luggage office; baggage deposit office *Am*

bagageutrymme (bah-*gaash*-ēwt-rew-mer) *nt* boot; trunk *nAm*

bagare (*baa*-gah-rer) *c* (pl ~) baker

bageri (baa-ger-*ree*) *nt* bakery

baka (*baa*-kah) *v* bake

bakdel (*baak*-dāyl) *c* bottom

bakelser (*baa*-kerl-serr) *pl* pastry

bakgrund (*baak*-grewnd) *c* back-ground

bakhåll (*baak*-hol) *nt* ambush

baklykta (*baak*-lewk-tah) *c* rear-light; tail-light

bakom (*baak*-om) *prep* behind; *adv* behind

baksida (*baak*-seedah) *c* rear

baksmälla (*baak*-smeh-lah) *c* hangover

bakterie (bahk-*tai*-ri-er) *c* bacterium

bakverk (*baak*-vehrk) *nt* pastry, cake

bakåt (*baa*-kot) *adv* backwards

bal (baal) *c* ball

balansräkning (bah-*lahngs*-raik-ning) *c* balance sheet

balett (bah-*layt*) *c* ballet

balja (*bahl*-Yah) *c* basin

balkong (bahl-*kong*) *c* balcony; circle

ballong (bah-*long*) *c* balloon

balsal (*baal*-saal) *c* ballroom

bambu (*bahm*-bew) *c* bamboo

bana (*baa*-nah) *c* track

banan (bah-*naan*) *c* banana

band (bahnd) *nt* band; ribbon

bandit (bahn-*deet*) *c* bandit

bandspelare (*bahnd*-spāy-lah-rer) *c* (pl ~) tape-recorder

baner (bah-*nāyr*) *nt* banner

bank (bahngk) *c* bank

bankett (bahng-*keht*) *c* banquet

bankettsal (bahng-*kayt*-saal) *c* ban-queting-hall

bankkonto (*bahngk*-kon-too) *nt* bank account

bankomat (bahng-o-*maat*) *c* cash dispenser

bankrutt (bahng-*krewt*) *adj* bankrupt

bar (baar) *c* bar, saloon; *adj* bare

bara (*baarah*) *adv* only

bark (bahrk) *c* bark

barm (bahrm) *c* bosom

barmhärtighet (bahrm-*hær*-ti-hāyt) *c* mercy

barn (baarn) *nt* child; kid; **föräldra-löst** ~ orphan

barnförlamning (*baarn*-furr-*laam*-ning) *c* polio

barnkammare (*baarn*-kah-mah-rer) *c* (pl ~) nursery

barnmorska (*baarn*-moors-kah) *c* mid-wife

barnsjukdom (*baarn*-shēwk-doom) *c* children's disease

barnsköterska (*baarn*-shūr-terr-skah) *c*

nurse

barnsäng (*baarn*-sehng) *c* cot

barnvagn (*baarn*-vahngn) *c* pram; baby carriage *Am*

barnvakt (*baarn*-vahkt) *c* babysitter

barock (bah-*rok*) *adj* baroque

barometer (bah-ro-*may*-terr) *c* (pl -trar) barometer

barriär (bah-ri-*Yæær*) *c* barrier

barrträd (*bahr*-traid) *nt* conifer, fir-tree

bartender (*baar*-tayn-derr) *c* (pl -drar) barman

baryton (*bah*-ri-ton) *c* baritone

bas (baass) *c* base; bass

baseboll (*bayss*-bol) *c* baseball

basera (bah-*say*-rah) *v* base

basilika (bah-*see*-li-kah) *c* basilica

basis (*baa*-siss) *c* basis

basker (*bahss*-kerr) *c* (pl -krar) beret

bastard (bah-*staard*) *c* bastard

bastu (*bahss*-tew) *c* sauna

batteri (bah-tay-*ree*) *nt* (pl ~er) battery

*be (*bay*) *v* ask; beg

beakta (bay-*ahk*-tah) *v* pay attention to

bebo (ber-*boo*) *v* inhabit

beboelig (ber-*boo*-ay-li) *adj* habitable; inhabitable

*bedja (*bayd*-Yah) *v* pray

*bedra (ber-*draa*) *v* deceive; cheat

bedrägeri (ber-drai-ger-*ri*) *nt* (pl ~er) deceit; fraud

bedrövad (ber-*drur*-vahd) *adj* distressed; sad

bedrövelse (ber-*drur*-verl-ser) *c* sorrow; grief

bedrövlig (ber-*drurv*-li) *adj* lamentable

bedårande (ber-*dooa*-rahn-der) *adj* adorable, enchanting

bedöma (ber-*dur*-mah) *v* judge

bedövning (ber-*durv*-ning) *c* anaesthesia

bedövningsmedel (ber-*durv*-nings-*may*-dayl) *nt* anaesthetic

befalla (ber-*fah*-lah) *v* command

befallning (ber-*fahl*-ning) *c* order, command

befatta sig med (ber-*fah*-tah) *deal with, concern oneself with

befolkning (ber-*folk*-ning) *c* population

befordra (ber-*foo*-drah) *v* promote

befordran (ber-*food*-rahn) *c* (pl -ringar) promotion

befria (ber-*free*-ah) *v* liberate; exempt

befriad (ber-*free*-ahd) *adj* exempt; liberated

befrielse (ber-*free*-erl-ser) *c* liberation; exemption

befruktning (ber-*frewkt*-ning) *c* conception

befälhavare (ber-*fail*-haa-vah-rer) *c* (pl ~) commander

begagnad (ber-*gahng*-nahd) *adj* second-hand

begeistrad (bay-*gighst*-rahd) *adj* enthusiastic

begrava (ber-*graa*-vah) *v* bury

begravning (ber-*graav*-ning) *c* funeral; burial

begravningsplats (bay-*graav*-nings-plahts) *c* cemetery; graveyard

begrepp (ber-*grayp*) *nt* idea, notion

*begripa (bay-*gree*-pah) *v* grasp, *understand

begränsa (ber-*grehn*-sah) *v* limit

begränsad (ber-*grehn*-sahd) *adj* limited

begränsning (ber-*grehns*-ning) *c* limitation

begynna (ber-*Yew*-nah) *v* *begin

begynnelse (ber-*Yew*-nerl-ser) *c* beginning

*begå (ber-*gooa*) *v* commit

begåvad (ber-*gooa*-vahd) *adj* brilliant,

talented, gifted

begåvning (ber-*gōāv*-ning) c talent; mind

begär (ber-*Yæær*) nt desire

begära (ber-*Yææ*-rah) v ask, demand, request

begäran (ber-*gææ*-rahn) c request; demand

behaglig (ber-*haag*-li) adj pleasant, delightful

behandla (ber-*hahnd*-lah) v treat; handle

behandling (ber-*hahnd*-ling) c treatment

behov (ber-*hōōv*) nt need, want; **starkt ~** urge

behå (*bāy*-hoa) c bra

*****behålla** (ber-*ho*-lah) v *keep

behållare (ber-*ho*-lah-rer) c (pl ~) container

behändig (ber-*hehn*-di) adj handy; sweet

behärska (ber-*hæærs*-kah) v master; **~ sig** control oneself

behöva (ber-*hūr*-vah) v need

beige (baish) adj beige

bekant (ber-*kahnt*) c (pl ~a) acquaintance

beklaga (ber-*klaa*-gah) v regret; pity

beklagande (ber-*klaa*-gahn-der) nt regret

beklaglig (ber-*klaag*-li) adj regrettable

bekräfta (ber-*krehf*-tah) v confirm; acknowledge

bekräftelse (ber-*krehf*-tayl-ser) c confirmation

bekväm (ber-*kvaim*) adj comfortable; convenient; easy

bekvämlighet (ber-*kvaim*-li-hāyt) c comfort

bekymmer (ber-*tYew*-merr) nt worry; anxiety, care; trouble

bekymrad (ber-*tYewm*-rahd) adj concerned

bekämpa (ber-*tYehm*-pah) v combat

bekänna (ber-*tYeh*-nah) v confess

bekännelse (ber-*tYeh*-nayl-ser) c confession

belastning (ber-*lahst*-ning) c charge

belgare (*bayl*-gah-rer) c (pl ~) Belgian

Belgien (*bayl*-gYayn) Belgium

belgisk (*bayl*-gisk) adj Belgian

belopp (ber-*lop*) nt amount

belysning (ber-*lēwss*-ning) c illumination; lighting

belåten (ber-*lōā*-tern) adj satisfied, happy

belåtenhet (ber-*lōā*-tern-hāyt) c satisfaction

belägen (ber-*lai*-gern) adj situated

belöna (ber-*lūr*-nah) v reward

belöning (ber-*lūr*-ning) c prize, reward; remuneration

bemästra (ber-*mehst*-rah) v master

bemöda sig (ber-*mūr*-dah) try, endeavour

bemötande (beh-*mur*-tahn-der) nt treatment; reply

ben (*bāyn*) nt leg; bone

bena (*bāy*-nah) c parting

bensin (bayn-*seen*) c fuel, petrol; gasoline nAm, gas nAm; **blyfri ~** unleaded petrol

bensindunk (bayn-*seen*-dewngk) c jerrycan

bensinmack (bayn-*seen*-mahk) c petrol station

bensinpump (bayn-*seen*-pewmp) c petrol pump; fuel pump Am; gas pump Am

bensinstation (bayn-*seen*-stah-*shōōn*) c service station, filling station; gas station Am

bensintank (bayn-*seen*-tahngk) c petrol tank; gas tank Am

benådning (ber-*nōād*-ning) c pardon

benägen (ber-*nai*-gern) adj inclined;

•**vara** ~ *be inclined to

benägenhet (ber-*nai*-gern-hāyt) *c* tendency; inclination

benämning (ber-*nehm*-ning) *c* denomination

beredd (ber-rayd) *adj* prepared

berg (bærᵛ) *nt* mountain; mount

bergig (bær-ᵛi) *adj* mountainous

bergsbestigning (bærᵛs-ber-*steeg*-ning) *c* mountaineering

bergskam (bærᵛs-kahm) *c* mountain ridge

bergskedja (bærᵛs-t ᵛayd-ᵛah) *c* mountain range

bergsklyfta (bærᵛs-klewf-tah) *c* gorge

bergspass (bærᵛs-pahss) *nt* mountain pass

bero på (ber-rōō) depend on

beroende (ber-*rōō*-ern-der) *adj* dependant

berusad (ber-*rēw*-sahd) *adj* intoxicated; drunk

beryktad (ber-*rewk*-tahd) *adj* notorious

beräkna (ber-*raik*-nah) *v* calculate

beräkning (ber-*raik*-ning) *c* calculation; estimate

berätta (ber-*reh*-tah) *v* *tell; relate

berättelse (ber-*reh*-tayl-ser) *c* tale

berättiga (ber-*reh*-ti-gah) *v* entitle, justify

berättigad (ber-*reh*-ti-gahd) *adj* entitled, justified

beröm (ber-*rurm*) *nt* praise

berömd (ber-*rurmd*) *adj* famous

berömdhet (ber-*rurmd*-hāyt) *c* celebrity

berömma (ber-*rur*-mah) *v* praise

berömmelse (ber-*rur*-mayl-ser) *c* fame; glory

beröra (ber-*rūr*-rah) *v* touch; affect

beröring (ber-*rūr*-ring) *c* touch, contact

beröva (ber-*rūr*-vah) *v* deprive of

besatt (ber-*saht*) *adj* possessed

besatthet (ber-*saht*-hāyt) *c* obsession

besegra (ber-*sāyg*-rah) *v* defeat; *beat, conquer

beskatta (ber-*skah*-tah) *v* tax

beskattning (ber-*skaht*-ning) *c* taxation

besked (ber-*shāyd*) *nt* message

•**beskriva** (ber-*skree*-vah) *v* describe

beskrivning (ber-*skreev*-ning) *c* description

beskylla (ber-*shew*-lah) *v* accuse

•**beslagta** (ber-*slaag*-taa) *v* impound

beslut (ber-*slēwt*) *nt* decision

•**besluta** (ber-*slēw*-tah) *v* decide

beslutsam (ber-*slēwt*-sahm) *adj* determined, resolute

besläktad (ber-*slehk*-tahd) *adj* related

besmitta (ber-*smi*-tah) *v* infect

besparingar (ber-*spaa*-ring-ahr) *pl* savings *pl*

bestick (ber-*stik*) *nt* cutlery

•**bestiga** (ber-*stee*-gah) *v* ascend; mount

•**bestrida** (ber-*stree*-dah) *v* dispute; deny

•**bestå av** (ber-*stoa*) consist of

beståndsdel (ber-*stonds*-dāyl) *c* element

beställa (ber-*steh*-lah) *v* order; reserve

beställning (ber-*stehl*-ning) *c* order; booking; **gjord på** ~ made to order

bestämd (ber-*stehmd*) *adj* definite

bestämma (ber-*steh*-mah) *v* decide; determine, define; designate

bestämmelse (ber-*stehm*-erl-ser) *c* stipulation

bestämmelseort (ber-*steh*-merl-ser-oort) *c* destination

beständig (ber-*stehn*-di) *adj* permanent

besvara (ber-*svaa*-rah) *v* answer

besvikelse (ber-*svee*-kerl-ser) *c* disappointment; *vara en ~ *be disappointing

besviken (ber-*svee*-kern) *adj* disappointed; *göra ~ disappoint

besvär (ber-*svæær*) *nt* trouble; inconvenience; nuisance; *göra sig ~ bother

besvära (ber-*svææ*-rah) *v* trouble; bother

besvärlig (ber-*svæær*-li) *adj* inconvenient, troublesome

besynnerlig (ber-*sewn*-err-li) *adj* strange; queer

*besätta (ber-*seht*-ah) *v* occupy

besättning (ber-*seht*-ning) *c* crew

besök (ber-*sūrk*) *nt* visit; call

besöka (ber-*sūr*-kah) *v* visit; call on

besökare (ber-*sūr*-kah-rer) *c* (pl ~) visitor

besökstid (ber-*sūrks*-teed) *c* visiting hours

beta (*bāy*-tah) *c* beet; *v* graze

betala (ber-*taa*-lah) *v* *pay

betalbar (ber-*taal*-baar) *adj* due

betalning (ber-*taal*-ning) *c* payment

bete (*bāy*-ter) *nt* bait

betecknande (ber-*tehk*-nahn-der) *adj* characteristic

beteckning (ber-*tehk*-ning) *c* denomination, designation

betesmark (*bāy*-terss-mahrk) *c* pasture

betjäning (ber-*tᵞai*-ning) *c* service

betjäningsavgift (ber-*tᵞai*-nings-aav-ᵞift) *c* service charge

betjänt (ber-*tᵞehnt*) *c* valet, servant

betona (ber-*tōō*-nah) *v* stress; emphasize

betong (ber-*tong*) *c* concrete

betoning (ber-*tōō*-ning) *c* stress

betrakta (ber-*trahk*-tah) *v* consider, regard; watch, view

beträda (ber-*trai*-dah) *v* *tread, *set foot on

beträffa (ber-*trehf*-ah) *v* concern

beträffande (ber-*trehf*-ahn-der) *prep* concerning; about; regarding; with reference to

bett (bayt) *nt* bite

betvivla (ber-*tveev*-lah) *v* doubt; query

betyda (ber-*tēw*-dah) *v* *mean

betydande (ber-*tēw*-dahn-der) *adj* considerable

betydelse (ber-*tēw*-derl-ser) *c* importance; sense

betydelsefull (ber-*tēw*-derl-ser-*fewl*) *adj* important; significant

betydlig (ber-*tēwd*-li) *adj* considerable

betyg (ber-*tēwg*) *nt* mark

betänklig (ber-*tængk*-li) *adj* dubious; serious, critical

beundra (ber-*ewnd*-rah) *v* admire

beundran (ber-*ewnd*-rahn) *c* admiration

beundrare (ber-*ewnd*-rah-rer) *c* (pl ~) admirer; fan

bevaka (ber-*vaa*-kah) *v* guard

bevara (ber-*vaa*-rah) *v* *keep; preserve

bevilja (ber-*vil*-ᵞah) *v* grant; allow

beviljande (ber-*vil*-ᵞahn-der) *nt* concession

bevis (ber-*veess*) *nt* proof, evidence; token

bevisa (ber-*vee*-sah) *v* prove; demonstrate; *show

beväpna (ber-*vaip*-nah) *v* arm

beväpnad (ber-*vaip*-nahd) *adj* armed

bi (bee) *nt* bee

*bibehålla (bee-ber-*ho*-lah) *v* *hold, *keep, preserve

bibel (*bee*-berl) *c* (pl biblar) bible

bibetydelse (bee-ber-*tēw*-derl-ser) *c* connotation, subordinate sense

bibliotek (bi-bli-oo-*tāyk*) *nt* library

*bidra (bee-draa) *v* contribute

bidrag (bee-draag) *nt* contribution; grant

bifall (bee-fahl) *nt* approval; consent

biff (bif) *c* steak

biflod (bee-flood) *c* tributary

bifoga (bee-foo-gah) *v* attach; enclose

bijouterier (bee-shoo-ter-ree-err) *pl* costume jewellery

bikt (bikt) *c* confession; **bikta sig** confess

bikupa (bee-kew-pah) *c* beehive

bil (beel) *c* car; automobile, motor-car

bila (bee-lah) *v* motor

bilaga (bee-laa-gah) *c* enclosure; annex

bild (bild) *c* picture; image

bilda (bil-dah) *v* form

bildad (bil-dahd) *adj* cultivated

bildskärm (bild-shærm) *c* screen

bilist (bi-list) *c* motorist

biljard (bil-Yaard) *c* billiards *pl*

biljett (bil-Yayt) *c* ticket; coupon

biljettautomat (bil-Yayt-ou-too-maat) *c* ticket machine

biljettkassa (bil-Yayt-kah-sah) *c* box-office

biljettlucka (bil-Yayt-lew-kah) *c* booking-office

biljettpris (bil-Yayt-preess) *nt* (pl ~, ~er) fare

billig (bil-i) *adj* inexpensive; cheap

biltur (beel-tewr) *c* drive

biluthyrning (beel-ewt-hewr-ning) *c* car hire; car rental *Am*

***binda** (bin-dah) *v* *bind, tie

bindestreck (bin-der-strehk) *nt* hyphen

bio (bee-oo) *c* pictures; movies *Am*, movie theater *Am*

biograf (bee⁰⁰-graaf) *c* cinema

biologi (bee-o-lo-gee) *c* biology

biskop (biss-kop) *c* bishop

***bistå** (bee-stoå) *v* assist; aid

bistånd (bee-stond) *nt* assistance

bit (beet) *c* bit; piece; morsel, lump, scrap

***bita** (bee-tah) *v* *bite

bitter (bi-terr) *adj* bitter

***bjuda** (bYew-dah) *v* offer

bjälke (bYehl-ker) *c* beam

björk (bYurrk) *c* birch

björn (bYurrn) *c* bear

björnbär (bYurrn-bæær) *nt* blackberry

blad (blaad) *nt* leaf; sheet

bladguld (blaad-gewld) *nt* gold leaf

bland (blahnd) *prep* among; amid; ~ annat among other things

blanda (blahn-dah) *v* mix; shuffle; ~ sig i interfere with

blandad (blahn-dahd) *adj* mixed; miscellaneous

blandning (blahnd-ning) *c* mixture

blank (blahngk) *adj* blank; glossy

blazer (blai-serr) *c* (pl -zrar) blazer

bleckburk (blehk-bewrk) *c* canister

blek (blayk) *adj* pale

bleka (blay-kah) *v* bleach

blekna (blayk-nah) *v* turn pale; fade

***bli** (blee) *v* *become; *get; *grow, *go

blick (blik) *c* look; glance; **kasta en** ~ glance

blid (bleed) *adj* gentle

blind (blind) *adj* blind

blindtarm (blin-tahrm) *c* appendix

blindtarmsinflammation (blin-tahrms-in-flah-mah-shoon) *c* appendicitis

blinker (bling-kerr) *c* (pl -krar) indicator

blixt (blikst) *c* lightning

blixtlampa (blikst-lahm-pah) *c* flash-gun; flashbulb

blixtlås (blikst-loåss) *nt* zip, zipper

block (blok) *nt* pad; pulley

blockera (blo-kay-rah) *v* block

blod (blood) *nt* blood

blodbrist (blood-brist) *c* anaemia

blodcirkulation (blood-seer-kew-lah-shoon) *c* circulation

blodförgiftning (blood-furr-Yift-ning) *c*

blood-poisoning

blodkärl (*blōod-t∀æærl*) *nt* blood-vessel

blodtryck (*blōod-trewk*) *nt* blood pressure

blomkål (*bloom-kōal*) *c* cauliflower

blomlök (*bloom-lūrk*) *c* bulb

blomma (*bloo-mah*) *c* flower

blomsterhandel (*bloms-terr-hahn-dayl*) *c* flower-shop

blomstrande (*blomst-rahn-der*) *adj* prosperous

blond (*blond*) *adj* fair

blondin (*blon-deen*) *c* blonde

blott (*blot*) *adv* only

blus (*blewss*) *c* blouse

bly (*blēw*) *nt* lead

blyertspenna (*blēw-errts-peh-nah*) *c* pencil

blyg (*blewg*) *adj* timid, shy

blyghet (*blēwg-hāyt*) *c* timidity

blygsam (*blēwg-sahm*) *adj* modest

blygsamhet (*blēwg-sahm-hāyt*) *c* modesty

blå (*blōa*) *adj* blue

blåmussla (*blōa-mewss-lah*) *c* mussel

blåmärke (*blōa-mær-ker*) *nt* bruise

blåsa (*blōa-sah*) *v* *blow; *c* blister; ~ **upp** inflate

blåsig (*blōa-si*) *adj* windy

blåsinstrument (*blōass-in-strēw-mehnt*) *nt* horn

blåskatarr (*blōass-kah-tahr*) *c* cystitis

bläck (*blehk*) *nt* ink

bläckfisk (*blehk-fisk*) *c* octopus

blända (*blehn-dah*) *v* blind

bländande (*blehn-dahn-der*) *adj* glaring

blänka (*blehng-kah*) *v* *shine

blöda (*blūr-dah*) *v* *bleed

blödning (*blūrd-ning*) *c* haemorrhage

blöja (*blur-∀ah*) *c* nappy; diaper *nAm*

blöta (*blūr-tah*) *v* soak

bo (*bōo*) *v* live; reside; *nt* nest

bock (*bok*) *c* bow; tick

bocka (*bo-kah*) *v* bow, *bend; tick

bod (*bōod*) *c* booth

bofast (*bōo-fahst*) *adj* resident

bofink (*bōo-fingk*) *c* finch

bogsera (*boog-sāy-rah*) *v* tow, tug

bogserbåt (*boog-sāyr-bōat*) *c* tug

boj (*boi*) *c* buoy

bok¹ (*bōok*) *c* (pl böcker) book

bok² (*bōok*) *c* beech

boka (*bōo-kah*) *v* book

bokband (*bōok-bahnd*) *nt* volume

bokföra (*bōok-fūr-rah*) *v* book

bokhandel (*bōok-hahn-dayl*) *c* (pl -dlar) bookstore

boklåda (*bōok-lōa-dah*) *c* bookstore

bokomslag (*bōok-om-slaag*) *nt* jacket; wrapper

bokstav (*book-staav*) *c* (pl-stäver) letter; **stor** ~ capital letter

bokstånd (*bōok-stond*) *nt* bookstand

bolag (*bōo-laag*) *nt* company

Bolivia (boo-*lee*-v∀ah) Bolivia

bolivian (boo-li-v∀aan) *c* Bolivian

boliviansk (boo-liv-∀aansk) *adj* Bolivian

boll (bol) *c* ball

bollplan (*bol*-plaan) *c* recreation ground

bom (boom) *c* (pl ~mar) barrier

bomb (bomb) *c* bomb

bombardera (bom-bahr-*dāy*-rah) *v* bomb

bomull (*boo*-mewl) *c* cotton-wool; cotton; **bomulls-** cotton

bomullssammet (*boo*-mewls-sah-mayt) *c* velveteen

bonde (*boon*-der) *c* (pl bönder) peasant

bondgård (*boond*-gōard) *c* farmhouse

bong (bong) *c* voucher

bord (bōord) *nt* table; **gående** ~ buffet

bordduk (*bōord*-dewk) *c* table-cloth

bordell (bor-*dehl*) c brothel

bordtennis (*bōōrd*-tehn-iss) c ping-pong; table tennis

borg (bor^y) c castle

borgen (bor-^yern) c (pl ~) bail; security

borgensman (bor-^yayns-mahn) c (pl -män) guarantor

borgerlig (bor-^yehr-li) adj middle-class

borgmästare (bor^y-mehss-tah-rer) c (pl ~) mayor

borr (bor) c drill

borra (bor-ah) v drill; bore

borsta (bors-tah) v brush

borste (bors-ter) c brush

bort (bort) adv away

borta (bor-tah) adv gone

bortkommen (bort-ko-mern) adj lost

bortom (bort-om) adv beyond; prep beyond

bortsett från (bort-sayt) apart from

boskap (bōō-skaap) c cattle pl

bostad (bōō-staad) c (pl -städer) house; residence

*bosätta sig (bōō-seh-tah) settle down

bota (bōō-tah) v cure

botanik (boo-tah-neek) c botany

botemedel (bōō-ter-may-dayl) nt remedy

botten (bo-tern) c bottom

bottenvåning (bo-tern-vōa-ning) c ground floor

boutique (boo-tik) c boutique

bowlingbana (bov-ling-baa-nah) c bowling alley

boxas (books-ahss) v box

boxningsmatch (books-nings-mahch) c boxing match

boyscout (boi-skahewt) c scout

bra (brah) adv well; adj good; **bra!** all right!

brak (braak) nt boom

brandalarm (brahnd-ah-lahrm) c fire-alarm

brandgul (brahnd-gewl) adj orange

brandkår (brahnd-kōar) c fire-brigade

brandsläckare (brahnd-sleh-kah-rer) c (pl ~) fire-extinguisher

brandstege (brahnd-stāy-ger) c fire-escape

brandsäker (brahnd-sai-kerr) adj fire-proof

brant (brahnt) adj steep

brasilianare (brah-si-li-aa-nah-rer) c (pl ~) Brazilian

brasiliansk (brah-si-li-aansk) adj Brazilian

Brasilien (brah-see-li-ern) Brazil

braxen (brahk-sayn) c (pl -xnar) bream

bred (brāyd) adj wide, broad

bredd (brayd) c breadth; width

breddgrad (brayd-graad) c latitude

bredvid (brāy-veed) prep beside; next to

brev (brāyv) nt letter; **rekommenderat ~** registered letter

brevbärare (brāyv-bææ-rah-rer) c (pl ~) postman

brevkort (brāyv-kōort) nt postcard; card

brevlåda (brāyv-lōa-dah) c pillar-box, letter-box; mailbox nAm

brevlådstömning (brāyv-lo-ds-turm-ning) c collection

brevpapper (brāyv-pah-pahr) nt note-paper, writing-paper

brevväxling (brāyv-vehks-ling) c correspondence

bricka (bri-kah) c tray

bridge (bridsh) c bridge

briljant (bril-^yahnt) adj brilliant

*brinna (bri-nah) v *burn

bris (breess) c breeze

brist (brist) c shortage, lack, want; deficiency

*brista (*briss*-tah) *v* *burst

bristfällig (*brist*-feh-li) *adj* defective; faulty

britt (brit) *c* Briton

brittisk (*bri*-tisk) *adj* British

bro (brōō) *c* bridge

brock (brok) *nt* hernia

broder (*brōō*-derr) *c* (pl bröder) brother

brodera (broo-*dāy*-rah) *v* embroider

broderi (broo-der-*ree*) *nt* (pl ~er) embroidery

broderlighet (*brōō*-derr-li-hāyt) *c* fraternity

brokig (*brōō*-ki) *adj* gay

broms (broms) *c* brake

bromsa (*brom*-sah) *v* brake

bromsljus (*broms*-ᵞēwss) *nt* brake lights

bromstrumma (*broms*-trew-mah) *c* brake drum

brons (brons) *c* bronze; **brons-** bronze

bror (brōōr) *c* (pl bröder) brother

brorsdotter (*brōōrs*-do-tayr) *c* (pl -döttrar) niece

brorson (*brōōr*-sōan) *c* (pl -söner) nephew

brosch (brōāsh) *c* brooch

broschyr (bro-*shēwr*) *c* brochure

brosk (brosk) *nt* cartilage

brott (brot) *nt* crime; fracture

brottslig (*brots*-li) *adj* criminal

brottslighet (*brots*-li-hāyt) *c* criminality

brottsling (*brots*-ling) *c* criminal; convict

brottstycke (*brot*-stew-ker) *nt* fragment

brud (brēwd) *c* bride

brudgum (*brēwd*-gewm) *c* (pl ~mar) bridegroom

bruk (brēwk) *nt* custom

bruka (*brēw*-kah) *v* use, employ; culti-

vate

bruklig (*brēwk*-li) *adj* customary

bruksanvisning (*brēwks*-ahn-*veess*-ning) *c* directions for use

brun (brēwn) *adj* brown

brunett (brew-*nayt*) *c* brunette

brunn (brewn) *c* well

brus (brēwss) *nt* fizz

brutal (brew-*taal*) *adj* brutal

brutto- (*brew*-too) gross

bry sig om (brēw) care for; mind; care about

brydsam (*brēwd*-sahm) *adj* awkward

brygga (*brew*-gah) *v* brew; *c* landing-stage

bryggeri (brew-ger-*ree*) *nt* (pl ~er) brewery

brysselkål (*brew*-serl-kōāl) *c* Brussels sprouts

*bryta (*brēw*-tah) *v* *break; fracture; ~ **samman** collapse

brytning (*brēwt*-ning) *c* breaking, refraction; accent

brådska (*bross*-kah) *c* hurry, haste

brådskande (*bross*-kahn-der) *adj* urgent; pressing

bråk (brōāk) *nt* row; fuss

bråkdel (*brōāk*-dāyl) *c* fraction

*ha bråttom (bro-tom) *be in a hurry

bräckjärn (*brehk*-ᵞæærn) *nt* crowbar

bräcklig (*brehk*-li) *adj* fragile

bräda (*brai*-dah) *c* board

brädd (brehd) *c* brim

bränna (*breh*-nah) *v* *burn

brännmärke (*brehn*-mær-ker) *nt* brand

brännolja (*brehn*-ol-ᵞah) *c* fuel oil

brännpunkt (*brehn*-pewngkt) *c* focus

brännsår (*brehn*-sōār) *nt* burn

bränsle (*brehns*-lay) *nt* fuel

bröd (brūrd) *nt* bread; **rostat ~** toast

brödrost (*brūrd*-rost) *c* toaster

bröllop (*brur*-lop) *nt* wedding

bröllopsresa (*brur*-lops-*rāy*-sah) *c*

honeymoon

bröst (brurst) *nt* breast; bosom, chest

bröstkorg (brurst-korᵛ) *c* chest

bröstsim (brurst-sim) *nt* breaststroke

bubbla (bewb-lah) *c* bubble

buckla (bewk-lah) *c* dent

bud (bewd) *nt* messenger

budget (bewd-ᵛert) *c* budget

buga sig (bew-gah) bow

buk (bewk) *c* belly; abdomen

bukett (bew-kayt) *c* bunch, bouquet

bukt (bewkt) *c* gulf

bula (bew-lah) *c* lump

bulgar (bewl-gaar) *c* Bulgarian

Bulgarien (bewl-gaa-ri-ern) Bulgaria

bulgarisk (bewl-gaa-risk) *adj* Bulgarian

bulle (bewl-er) *c* bun

buller (bewl-lerr) *nt* noise

bullrig (bewl-ri) *adj* noisy

bult (bewlt) *c* bolt

bundsförvant (bewnds-furr-vahnt) *c* associate; ally, confederate

bunt (bewnt) *c* bundle; batch

bunta ihop (bewn-tah i-hōōp) bundle

bur (bewr) *c* cage

burk (bewrk) *c* tin

busig (bew-si) *adj* rowdy

buske (bewss-ker) *c* bush; shrub

buss (bewss) *c* bus; coach

butik (bew-teek) *c* shop

by (bew) *c* village

bygga (bew-gah) *v* *build; construct

bygge (bew-ger) *nt* construction

byggnad (bewg-nahd) *c* building, construction

byggnadskonst (bewg-nahds-konst) *c* architecture

byggnadsställning (bewg-nahds-stehl-ning) *c* scaffolding

byrå¹ (bew-ro) *c* (pl ~ar) chest of drawers; bureau *nAm*

byrå² (bew-ro) *c* (pl ~er) agency

byråkrati (bew-ro-krah-tee) *c* bu-

reaucracy

byrålåda (bew-ro-lōā-dah) *c* drawer

byst (bewst) *c* bust

bysthållare (bewst-ho-lah-rer) *c* (pl ~) brassiere

byta (bew-tah) *v* change; swap; ~ **ut** exchange

byte (bew-ter) *nt* exchange; prey

byxdräkt (bewks-drehkt) *c* pant-suit

byxor (bewk-serr) *pl* trousers *pl*, pants *plAm*

båda (bōā-dah) *pron* both, either

både ... och (bōā-der ... ok) both ... and

båge (bōā-ger) *c* bow

bågformig (bōāg-for-mi) *adj* arched

bår (bōār) *c* stretcher

båt (bōāt) *c* boat

bäck (behk) *c* stream, brook

bäcken (behk-ern) *nt* pelvis

bädda (beh-dah) *v* *make the bed

bägare (bai-gah-rer) *c* (pl ~) tumbler

bälte (behl-ter) *nt* belt

bänk (behngk) *c* bench

bär (bææer) *nt* berry

***bära** (bææ-rah) *v* carry; *wear, *bear

bärare (bææ-rah-rer) *c* (pl ~) porter

bärbar (bæær-baar) *adj* portable

bärgningsbil (bærᵛ-nings-beel) *c* breakdown truck

bärnsten (bæærn-stāyn) *c* amber

bäst (behst) *adj* best

bättre (beht-rer) *adj* superior; better

bäver (bai-verr) *c* (pl bävrar) beaver

bödel (būr-derl) *c* (pl bödlar) executioner

böja (bur-ᵛah) *v* *bend; ~ **sig** *bend down

böjd (burᵛd) *adj* bent; curved

böjlig (burᵛ-li) *adj* flexible, supple

böjning (burᵛ-ning) *c* bending; flexion

böld (burld) *c* abscess

bön (būrn) *c* prayer

böna (būr-nah) *c* bean

*__bönfalla__ (*būrn*-fahl-ah) v beg

*__böra__ (*būr*-rah) v *ought to

__börda__ (*būr*-dah) c burden, load;
charge

__börja__ (*burr*-Yah) v *begin; commence,
start; ~ __om__ recommence

__början__ (*burr*-Yahn) c beginning; start;
__i__ ~ at first

__börs__ (burrs) c purse; exchange; __svar-
ta börsen__ black market

__böter__ (*būr*-terr) pl ticket, fine; penalty

C

__cancer__ (*kahn*-serr) c cancer

__cape__ (kāyp) c cape; cloak

__CD-skiva__ (*sāy*-day-*sheev*-ah) c com-
pact disc

__CD-spelare__ (*sāy*-day-*spāy*-lah-rer) c
compact disc player

__celibat__ (seh-li-*baat*) nt celibacy

__cell__ (sayl) c cell

__cellofan__ (seh-lo-*faan*) nt cellophane

__cement__ (say-*maynt*) nt cement

__censur__ (sayn-*sēwr*) c censorship

__centimeter__ (sayn-ti-*māy*-terr) c (pl ~)
centimetre

__central__ (sayn-*traal*) adj central

__centralisera__ (sayn-trah-li-*sāy*-rah) v
centralize

__centralvärme__ (sayn-*traal*-vær-mer) c
central heating

__centrum__ (*sehnt*-rewm) nt centre

__cerat__ (say-*raat*) nt lipsalve

__ceremoni__ (say-ray-mo-*nee*) c cer-
emony

__certifikat__ (sehr-ti-fi-*kaat*) nt certifi-
cate

__champagne__ (shahm-*pahn*Y) c cham-
pagne

__champinjon__ (shahm-pin-*Yōōn*) c but-
ton mushroom

__chans__ (shahngs) c chance

__charlatan__ (shahr-lah-*taan*) c quack

__charm__ (shahrm) c charm

__charmerande__ (shahr-*māy*-rahn-der)
adj charming

__charterflyg__ (tYaar-terr-flēwg) nt char-
ter flight

__chassi__ (*shah*-si) nt chassis

__chaufför__ (sho-*fūrr*) c chauffeur

__check__ (tYayk) c cheque, check nAm

__checka in__ (tYeh-kah) check in

__checkhäfte__ (tYayk-hehf-ter) nt
cheque-book; check-book nAm

__chef__ (shāyf) c boss; manager, chief

__chic__ (shik) adj smart

__Chile__ (tYee-ler) Chile

__chilenare__ (tYi-lee-nah-rer) c (pl ~)
Chilean

__chilensk__ (tYi-*lāy*nsk) adj Chilean

__chock__ (shok) c shock

__chockera__ (sho-*kāy*-rah) v shock

__chockerande__ (sho-*kāy*-rahn-der) adj
shocking

__choke__ (shoak) c choke

__choklad__ (shook-*laad*) c chocolate

__chokladpralin__ (shook-*laad*-prah-leen) c
chocolate

__cigarr__ (si-*gahr*) c cigar

__cigarraffär__ (si-gahr-ah-*fæær*) c cigar
shop

__cigarrett__ (si-gah-*rayt*) c cigarette

__cigarrettetui__ (si-gah-*rayt*-ay-tew-ee) nt
cigarette-case

__cigarrettmunstycke__ (si-gah-*rayt*-
mewn-stew-ker) nt cigarette-holder

__cigarrettobak__ (si-gah-*reht*-too-bahk) c
cigarette tobacco

__cigarrettändare__ (si-gah-*rayt*-tehn-dah-
rer) c (pl ~) cigarette-lighter

__cirka__ (*seer*-kah) adv approximately

__cirkel__ (*seer*-kerl) c (pl -klar) circle

__cirkulation__ (seer-kew-lah-*shōōn*) c cir-
culation

__cirkus__ (*seer*-kewss) c circus

cirkusarena (*seer*-kewss-ah-*rāy*-nah) *c* ring

citat (si-*taat*) *nt* quotation

citationstecken (si-tah-*shōōns*-tay-kern) *pl* quotation marks

citera (si-*tāy*-rah) *v* quote

citron (si-*trōōn*) *c* lemon

civil (si-*veel*) *adj* civilian

civilisation (si-vi-li-sah-*shōōn*) *c* civilization

civiliserad (si-vi-li-*sāy*-rahd) *adj* civilized

civilist (si-vi-*list*) *c* civilian

civilrätt (si-*veel*-reht) *c* civil law

clown (kloun) *c* clown

cocktail (*kok*-tayl) *c* cocktail

Colombia (ko-*lom*-bi-ah) Colombia

colombian (ko-lom-bi-*aan*) *c* Colombian

colombiansk (ko-lom-bi-*aansk*) *adj* Colombian

container *c* (pl ~, -nrar) container

crawlsim (*krōal*-sim) *nt* crawl

curry (*kew*-ri) *c* curry

cykel (*sew*-kerl) *c* (pl cyklar) bicycle; cycle

cykla (*sewk*-lah) *v* *ride a bicycle

cyklist (sewk-*list*) *c* cyclist

cylinder (sew-*lin*-derr) *c* (pl -drar) cylinder

D

dadel (*dah*-derl) *c* (pl dadlar) date

dag (daag) *c* day; **om dagen** by day; **per ~** per day

dagbok (*daag*-bōōk) *c* (pl -böcker) diary

dagbräckning (*daag*-brehk-ning) *c* daybreak

dagg (dahg) *c* dew

daghem (daag-hehm) *nt* day nursery

daglig (*daag*-li) *adj* everyday, daily

dagning (*daag*-ning) *c* dawn

dagordning (*daag*-ord-ning) *c* agenda

dagsljus (*dahgs*-yēwss) *nt* daylight

dagsnyheter (*daags*-nēw-hāy-terr) *pl* news

dagstidning (*dahgs*-teed-ning) *c* daily; newspaper

dagsutflykt (*dahgs*-ēwt-flewkt) *c* day trip

dal (daal) *c* valley

dalgång (*daal*-gong) *c* glen

dalsänka (*daal*-sehng-kah) *c* depression, valley

dam (daam) *c* lady

dambinda (*daam*-bin-dah) *c* sanitary towel

damfrisör (*daam*-fri-*surr*) *c* hairdresser

damm (dahm) *nt* dust; *c* dam

dammig (*dah*-mi) *adj* dusty

*dammsuga (*dahm*-sēw-gah) *v* hoover; vacuum *vAm*

dammsugare (*dahm*-sēw-gah-ray) *c* (pl ~) vacuum cleaner

damspel (*daam*-spāyl) *nt* draughts; checkers *plAm*

damspelsbräde (*daam*-spāyls-*brai*-der) *nt* draught-board

damtoalett (*daam*-tooah-*layt*) *c* ladies' room; powder-room

damunderkläder (*daam*-ewn-derr-klai-derr) *pl* lingerie

Danmark (*dahn*-mahrk) Denmark

dans (dahns) *c* dance

dansa (*dahn*-sah) *v* dance

dansk (dahnsk) *c* Dane; *adj* Danish

darra (*dah*-rah) *v* tremble

data (*daa*-tah) *pl* data *pl*

datum (*daa*-tewm) *nt* (pl data, ~) date

de (dāy) *pron* they; ~ **där** those; ~ **här** these

debatt (der-*baht*) *c* debate; discussion

debattera (der-bah-t$\overline{ay}$-rah) *v* discuss; argue

debet (d$\overline{ay}$-bayt) *c* debit

december (der-saym-berr) December

decimalsystem (day-si-maal-sew-st$\overline{ay}$m) *nt* decimal system

defekt (der-fehkt) *c* fault

definiera (der-fi-ni-$\overline{ay}$-rah) *v* define

definition (der-fi-ni-sh$\overline{oo}$n) *c* definition

deg (d$\overline{ay}$g) *c* dough

deklaration (day-klah-rah-sh$\overline{oo}$n) *c* declaration; statement

dekoration (day-ko-rah-sh$\overline{oo}$n) *c* decoration

del (d$\overline{ay}$l) *c* part; share

dela (d$\overline{ay}$-lah) *v* divide; share; ~ sig fork; ~ ut *deal; administer

delegat (day-ler-gaat) *c* delegate

delegation (day-ler-gah-sh$\overline{oo}$n) *c* delegation

delikatess (day-li-kah-tayss) *c* delicacy

delikatessaffär (day-li-kah-tayss-ah-fær) *c* delicatessen

delning (d$\overline{ay}$l-ning) *c* division

***delta** (d$\overline{ay}$l-taa) *v* participate

deltagande (d$\overline{ay}$l-taa-gahn-der) *adj* sympathetic; *nt* attendance

deltagare (d$\overline{ay}$l-taa-gah-rer) *c* (pl ~) participant

delvis (d$\overline{ay}$l-veess) *adv* partly; *adj* partial

delägare (d$\overline{ay}$l-ai-gah-rer) *c* (pl ~) associate

dem (dom) *pron* them

demokrati (day-mo-krah-tee) *c* democracy

demokratisk (day-moa-kraa-tisk) *adj* democratic

demonstration (day-mons-trah-sh$\overline{oo}$n) *c* demonstration

demonstrera (day-mons-tr$\overline{ay}$-rah) *v* demonstrate

den (dayn) *pron* (nt det, pl de) that;

~ **där** that; ~ **här** this

denna (deh-nah) *pron* (nt detta, pl dessa) this

deodorant (d$\overline{ay}$-o-do-rahnt) *c* deodorant

departement (der-pahr-ter-mehnt) *nt* department; ministry

deponera (der-po-n$\overline{ay}$-rah) *v* deposit; bank

depression (der-pray-sh$\overline{oo}$n) *c* depression

deprimera (der-pri-m$\overline{ay}$-rah) *v* depress

deprimerad (der-pri-m$\overline{ay}$-rahd) *adj* depressed

deputation (der-pew-tah-sh$\overline{oo}$n) *c* deputation, delegation

deputerad (der-pew-t$\overline{ay}$-rahd) *c* (pl ~e) deputy

depå (der-p$\overline{oa}$) *c* depot

deras (d$\overline{ay}$-rahss) *pron* their

desertera (der-sehr-t$\overline{ay}$-rah) *v* desert

desinfektera (diss-in-fayk-t$\overline{ay}$-rah) *v* disinfect

desinfektionsmedel (diss-in-fayk-sh$\overline{oo}$ns-m$\overline{ay}$-dayl) *nt* disinfectant

desperat (derss-pay-raat) *adj* desperate

dessert (der-sæær) *c* dessert; sweet

dessförinnan (dehss-fur-ri-nahn) *adv* before then

dessutom (dehss-$\overline{ew}$-tom) *adv* besides; moreover, also, furthermore

dessvärre (dehss-væ-rer) *adv* unfortunately

ju ... desto (Y$\overline{ew}$ ... dehss-too) the ... the

det (d$\overline{ay}$) *pron* it

detalj (der-tahlY) *c* detail

detaljerad (der-tahl-Y$\overline{ay}$-rahd) *adj* detailed

detaljhandel (der-tahlY-hahn-dayl) *c* retail trade

detaljhandlare (der-tahlY-hahnd-lah-rer) *c* (pl ~) retailer

detaljist (der-tahl-Yist) *c* retailer

detektiv (day-tehk-*teev*) *c* detective

detektivroman (day-tehk-*teev*-roo-*maan*) *c* detective story

devalvera (der-vahl-*vāy*-rah) *v* devalue

devalvering (der-vahl-*vāy*-ring) *c* devaluation

diabetes (diah-*bāy*-terss) *c* diabetes

diabetiker (di-ah-*bāy*-ti-kerr) *c* (pl ~) diabetic

diagnos (dee-ahg-*nōass*) *c* diagnosis; **ställa en ~** diagnose

diagonal (di-ah-go-*naal*) *c* diagonal; *adj* diagonal

diagram (dee-ah-*grahm*) *nt* graph; chart, diagram

dialekt (dee-ah-*laykt*) *c* dialect

diamant (dee-ah-*mahnt*) *c* diamond

diapositiv (*dee*-ah-poo-si-*teev*) *nt* slide

diarré (dee-ah-*rāy*) *c* diarrhoea

diesel (*dee*-serl) *c* diesel

diet (di-*āyt*) *c* diet

difteri (dif-ter-*ree*) *c* diphtheria

dig (day) *pron* you, yourself

digital (di-gi-*taal*) *adj* digital

dike (*dee*-ker) *nt* ditch

dikt (dikt) *c* poem

diktafon (dik-tah-*fōan*) *c* dictaphone

diktamen (dik-*taa*-mern) *c* (pl ~, -mi-na) dictation

diktare (*dik*-tah-rer) *c* (pl ~) poet

diktator (dik-*taa*-tor) *c* dictator

diktera (dik-*tāy*-rah) *v* dictate

dimension (di-mehn-*shōon*) *c* dimension, size

dimma (*di*-mah) *c* mist, fog

dimmig (*di*-mi) *adj* foggy

din (din) *pron* (nt ditt, pl dina) your

diplom (di-*plōam*) *nt* diploma; certificate

diplomat (di-plo-*maat*) *c* diplomat

diplomatisk (dip-lo-*maa*-tisk) *adj* diplomatic

direkt (di-*raykt*) *adj* direct

direktion (di-rehk-*shōon*) *c* direction, management

direktiv (di-rehk-*teev*) *nt* directive

direktör (di-rayk-*tūrr*) *c* director; executive, manager

dirigent (di-ri-*shaynt*) *c* conductor

dirigera (di-ri-*shāy*-rah) *v* conduct

dis (deess) *nt* haze

disciplin (di-si-*pleen*) *c* discipline

disig (*dee*-si) *adj* misty, hazy

disk (disk) *c* counter, bar; washing-up

diska (*diss*-kah) *v* wash up

diskbråck (*disk*-brok) *nt* slipped disc

diskonto (diss-*kon*-too) *nt* bank-rate

diskussion (diss-kew-*shōon*) *c* discussion; argument

diskutera (diss-kew-*tāy*-rah) *v* argue, discuss

disponibel (diss-poo-*nee*-berl) *adj* available

dispyt (diss-*pēwt*) *c* dispute

distrikt (dist-*rikt*) *nt* district

dit (deet) *adv* there

djungel (*Yewng*-ayl) *c* (pl djungler) jungle

djup (*Yēwp*) *nt* depth; *adj* deep, low

djupsinnig (*Yēwp*-si-ni) *adj* profound

djur (*Yēwr*) *nt* beast, animal

djurkretsen (*Yēwr*-kreht-sern) zodiac

djurpark (*Yēwr*-pahrk) *c* zoological gardens

djurreservat (*Yewr*-ray-sær-*vaat*) *nt* game reserve

djurskinn (*Yewr*-shin) *nt* skin

djärv (Yærv) *adj* bold

djävul (*Yai*-vewl) *c* (pl -vlar) devil

dock (dok) *conj* yet, nevertheless; but, yet

docka[1] (*doa*-kah) *c* doll

docka[2] (*doa*-kah) *c* dock; *v* dock

dockteater (*dok*-tay-aa-terr) *c* (pl -trar) puppet-show

doft (doft) *c* scent

doktor (*doak*-toar) *c* doctor

dokumentportfölj (do-kew-*maynt*-port-*furl*ᵛ) *c* attaché case

dom (doom) *c* judgment; verdict, sentence; **fällande** ~ conviction

domare (*doo*-mah-rer) (pl ~) judge; *c* umpire, referee

domkraft (*doom*-krahft) *c* jack

domkyrka (*doom*-tᵛewr-kah) *c* cathedral

domnad (*dom*-nahd) *adj* numb

domslut (*doom*-slewt) *nt* verdict

domstol (*doom*-stool) *c* court; law court

donation (do-nah-*shoon*) *c* donation

donator (do-*naa*-tor) *c* donor

donera (do-*nāy*-rah) *v* donate

dop (doop) *nt* baptism; christening

doppvärmare (*dop*-vær-mah-rer) *c* (pl ~) immersion heater

dos (dooss) *c* dose

dotter (*do*-terr) *c* (pl döttrar) daughter

dotterdotter (*do*-terr-do-terr) *c* (pl -döttrar) granddaughter

dotterson (*do*-terr-sōän) *c* (pl -söner) grandson

dov (dōäv) *adj* dull

***dra** (draa) *v* *draw; pull; ~ **av** deduct; ~ **ifrån** subtract; ~ **till** tighten; ~ **tillbaka** *withdraw; ~ **upp** *wind; ~ **ur** disconnect; ~ **åt** tighten

drag (draag) *nt* move; trait; draught

dragning (*draag*-ning) *c* draw; tendency; tinge

drake (*draa*-ker) *c* dragon

drama (*draa*-mah) *nt* (pl -mer) drama

dramatiker (drah-*maa*-ti-kerr) *c* dramatist

dramatisk (drah-*maa*-tisk) *adj* dramatic

dressera (drer-*sāy*-rah) *v* train

***dricka** (*dri*-kah) *v* *drink

drickbar (*drik*-baar) *adj* for drinking

dricks (driks) *c* tip

dricksvatten (*driks*-vah-tern) *nt* drinking-water

drink (drink) *c* drink

***driva** (*dree*-vah) *v* drift; ~ **framåt** propel; ~ **med** kid

drivhus (*dreev*-hewss) *nt* greenhouse

drivkraft (*dreev*-krahft) *c* driving force

drog (drōäg) *c* drug

droppe (*dro*-per) *c* drop

drottning (*drot*-ning) *c* queen

drunkna (*drewngk*-nah) *v* *be drowned

dryck (drewk) *c* drink; beverage; **alkoholfri** ~ soft drink

dränera (dreh-*nāy*-rah) *v* drain

dränka (*drehng*-kah) *v* drown

dröm (drurm) *c* (pl ~mar) dream

drömma (*drur*-mah) *v* *dream

du (dew) *pron* you

dubbdäck (*dewb*-dehk) *nt* spiked tyre

dubbel (*dew*-behl) *adj* double

dubbelsäng (*dew*-berl-sehng) *c* double bed

duggregn (*dewg*-rehngn) *nt* drizzle

duglig (*dēwg*-li) *adj* capable, able

duk (dewk) *c* table-cloth

duka (*dēw*-kah) *v* *set the table

duka under (*dēw*-kah) succumb

duktig (*dewk*-ti) *adj* capable; skilful, smart

dum (dewm) *adj* silly; foolish, stupid, dumb

dumbom (*dewm*-boom) *c* (pl ~mar) fool

dumdristig (*dewm*-driss-ti) *adj* daring, foolhardy

dumheter (*dewm*-hāy-terr) *pl* nonsense

dun (dewn) *nt* down

dunka (*dewng*-kah) *v* thump; bump

dunkel (*dewng*-kerl) *adj* obscure; dim

dunkelhet (*dewng*-kerl-hāyt) *c* gloom

duntäcke (*dēwn*-teh-ker) *nt* eider-

down
durkslag (*dewrk*-slaag) *nt* strainer
dusch (dewsh) *c* shower
dussin (*dew*-sin) *nt* dozen
duva (*dew*-vah) *c* pigeon
dvärg (dvær^Y) *c* dwarf
dygd (dewgd) *c* virtue
dygn (dewngn) *nt* twenty-four hours
*•**dyka** (*dew*-kah) *v* dive
dykarglasögon (*dew*-kahr-glaa-sur̄-
gon) *pl* diving goggles
dylik (*dew*-leek) *adj* such, similar
dyn (dewn) *c* dune
dyna (*dew*-nah) *c* pad
dynamo (*dew*-nah-moo) *c* dynamo
dynga (*dewng*-ah) *c* dung
dyr (dewr) *adj* expensive; dear
dyrbar (*dewr*-baar) *adj* precious;
dear, valuable, expensive
dyrka (*dewr*-kah) *v* worship
dysenteri (dew-sayn-ter-*ree*) *c* dysen-
tery
dyster (*dewss*-terr) *adj* gloomy;
sombre
då (dōa) *adv* then; *conj* when; **då och
då** occasionally; now and then
dålig (*dōa*-li) *adj* bad; ill
dån (dōan) *c* roar
dåraktig (*dōar*-ahk-ti) *adj* foolish
dåre (*dōa*-rer) *c* fool
däck (dehk) *nt* tire, tyre; deck
däckshytt (*dehks*-hewt) *c* deck cabin
däggdjur (dehg-Ȳewr) *nt* mammal
där (dæær) *adv* there; ~ **borta** over
there; ~ **nere** downstairs; down
there; ~ **uppe** upstairs; up there
därefter (*dæær*-ay-ayf-terr) *adv* after-
wards; then
däremot (dæær-ay-*mōōt*) *adv* on the
other hand
därför (*dæær*-fur̄r) *adv* therefore; ~
att because, as
därifrån (*dæær*-i-frōan) *adv* from
there

*•**dö** (dur̄) *v* die
död (dur̄d) *c* death; *adj* dead
döda (*dur̄*-dah) *v* kill
dödlig (*dur̄d*-li) *adj* mortal, fatal
dödsstraff (*durds*-strahf) *nt* death
penalty
*•**dölja** (*durl*-Yah) *v* conceal; *hide
döma (*dur*-mah) *v* judge; sentence
döpa (*dur̄*-pah) *v* baptize; christen
dörr (durr) *c* door
dörrklocka (*durr*-klo-kah) *c* doorbell
dörrvaktmästare (*durr*-vahkt-mehss-
tah-rer) *c* (pl ~) doorman
döv (dur̄v) *adj* deaf

E

ebb (ayb) *c* low tide
ebenholts (*āy*-bayn-holts) *c* ebony
Ecuador (ayk-vah-*dōar*) Ecuador
ecuadorian (ayk-vah-*dōa*-ri-aan) *c* Ec-
uadorian
ed (āyd) *c* oath, vow
effektförvaring (ay-fehkt-furr-vaa-ring)
c left-luggage office
effektiv (ay-fayk-*teev*) *adj* effective;
efficient
efter (*ayf*-terr) *prep* after
efterforska (*ayf*-terr-fors-kah) *v* inves-
tigate
efterfrågan (*ayf*-terr-frōa-gahn) *c* de-
mand
efterlikna (*ayf*-terr-leek-nah) *v* imitate
efterlämna (*ayf*-terr-lehm-nah) *v*
*leave behind
eftermiddag (*ayf*-terr-mi-daag) *c* af-
ternoon; **i** ~ this afternoon
efternamn (*ayf*-terr-nahmn) *nt* sur-
name; family name
eftersom (*ayf*-terr-som) *conj* because,
as, since
eftersträva (*ayf*-terr-strai-vah) *v* pur-

sue; aim at

eftersända (ayf-terr-sehn-dah) v forward

efterträda (ayf-terr-trai-dah) v succeed

efteråt (ayf-terr-ōat) adv afterwards

egen (āy-gayn) adj own

egendom (āy-gayn-doom) c property

egendomlig (āy-gern-doom-li) adj peculiar

egendomlighet (āy-gern-doom-li-hāyt) c peculiarity

egenskap (āy-gern-skaap) c quality; property

egentligen (ay-Yaynt-li-ern) adv really

egoism (ay-goo-ism) c selfishness

egoistisk (ay-goo-iss-tisk) adj egoistic

Egypten (ay-Yewp-tern) Egypt

egypter (ay-Yewp-terr) c (pl ~) Egyptian

egyptisk (ay-Yewp-tisk) adj Egyptian

ehuru (āy-hew-rew) conj though

ek (āyk) c oak

åker (āy-kerr) c (pl ekrar) spoke

ekipage (ay-ki-paash) nt carriage

eko (āy-koo) nt echo

ekollon (āyk-o-lon) nt acorn

ekonom (ay-ko-nōam) c economist

ekonomi (ay-ko-no-mee) c economy

ekonomisk (ay-ko-nōa-misk) adj economical, economic; thrifty

ekorre (āyk-orer) c squirrel

eksem (ehk-sāym) nt eczema

ekvatorn (ayk-vaa-torn) equator

elak (āy-lahk) adj evil; ill

elakartad (āy-lahk-aar-tahd) adj malignant

elasticitet (ay-lahss-ti-si-tāyt) c elasticity

elastisk (ay-lahss-tisk) adj elastic

eld (ayld) c fire

eldfarlig (ayld-faar-li) adj inflammable

eldfast (ayld-fahst) adj fireproof

eldstad (ayld-staad) c (pl -städer) hearth

eldsvåda (aylds-vōa-dah) c fire

elefant (ay-lay-fahnt) c elephant

elegans (ay-lay-gahns) c elegance

elegant (ay-lay-gahnt) adj elegant

elektricitet (ay-layk-tri-si-tāyt) c electricity

elektriker (ay-layk-tri-kerr) c (pl ~) electrician

elektrisk (ay-layk-trisk) adj electric

elektronisk (ay-layk-trōa-nisk) adj electronic

element (ay-lay-mehnt) nt element

elementär (ay-lay-mehn-tæær) adj primary

elev (ay-lāyv) c pupil

elfenben (ayl-fayn-bāyn) nt ivory

elfte (aylf-tay) num eleventh

eliminera (ay-li-mi-nāy-rah) v eliminate

eller (ayl-err) conj or

elva (ayl-vah) num eleven

elände (ay-lehn-der) nt misery

eländig (ay-lehn-di) adj miserable

emalj (ay-mahlY) c enamel

emaljerad (ay-mahl-Yāy-rahd) adj enamelled

embargo (aym-bahr-goo) nt embargo

embarkering (aym-bahr-kāy-ring) c embarkation

emblem (aym-blāym) nt emblem

emellertid (ay-meh-lerr-teed) adv though, however

emot (ay-mōot) prep against; towards; *ha något ~ mind

en[1] (ayn) art (nt ett) a art

en[2] (ayn) num one

-en[3] (ayn) suf (nt -et) the art

enaktare (āyn-ahk-tah-rer) c (pl ~) one-act play

enastående (āy-nah-stōa-ayn-der) adj exceptional

enbart (āyn-baart) adv exclusively

enda (ayn-dah) pron only; en ~

single

endast (ayn-dahst) adv alone, only; merely

endera (ayn-dāy-rah) pron either

endossera (ayn-do-sāy-rah) v endorse

energi (ay-nær-shee) c power, energy

energisk (ay-nær-gisk) adj energetic

engelsk (ehng-erlsk) adj English

Engelska kanalen (eh-ngerls-kah kah-naa-lern) English Channel

engelsman (ehng-erls-mahn) c (pl -män) Englishman

England (ehng-lahnd) England; Britain

engångs- (āyn-gongs) disposable

engångsflaska (āyn-gongs-flahss-kah) c no return bottle

enhet (āyn-hāyt) c unit, unity

*vara enig (vaa-rah āy-ni) agree

enighet (āy-ni-hāyt) c agreement

enkel (ayng-kayl) adj simple; plain

enkelrum (ayng-kayl-rewm) nt single room

enkelt (ayng-kerlt) adv simply; helt ~ simply

enligt (āyn-lit) prep according to

enorm (ay-norm) adj enormous; immense

ensam (ayn-sahm) adj lonely; sole

ensidig (āyn-see-di) adj one-sided

enskild (āyn-shild) adj individual

enstämmig (āyn-stehm-i) adj unanimous

entreprenör (ehnt-rer-pray-nūrr) c contractor

entusiasm (ayn-tew-si-ahsm) c enthusiasm

entusiastisk (ayn-tew-si-ahss-tisk) adj enthusiastic

envar (ayn-vaar) pron everyone

envis (āyn-veess) adj stubborn; obstinate; head-strong, dogged

envoyé (ayn-voo-ah-Vāy) c envoy

epidemi (ay-pi-der-mee) c epidemic

epilepsi (ay-pi-lehp-see) c epilepsy

epilog (eh-pi-lōāg) c epilogue

episk (āy-pisk) adj epic

episod (eh-pi-sōōd) c episode

epos (āy-poss) nt epic

Er (āyr) pron you; your; yourself

er (āyr) pron you; your; yourselves

era (āy-rah) pron your

*erbjuda (āyr-bYēw-dah) v offer; ~ sig offer one's services

erbjudande (āyr-bYēw-dahn-der) nt offer

*erfara (āyr-faa-rah) v experience

erfaren (ayr-faa-rern) adj experienced

erfarenhet (ayr-faa-rern-hāyt) c experience

erforderlig (ayr-fōōr-derr-li) adj requisite

*erhålla (āyr-ho-lah) v obtain

erinra sig (āyr-in-rah) recall

erkänna (āyr-tYeh-nah) v admit; confess, acknowledge, recognize

erkännande (āyr-tYeh-nahn-der) nt recognition

*ersätta (āyr-seh-tah) v substitute; replace

ersättning (āyr-seht-ning) c indemnity; compensation

erövra (āyr-ūrv-rah) v conquer

erövrare (āyr-ūrv-rah-rer) c (pl ~) conqueror

erövring (āyr-ūrv-ring) c conquest; capture

eskort (ayss-kort) c escort

eskortera (ayss-kor-tāy-rah) v escort

esplanad (ayss-plah-naad) c esplanade

essens (ay-sehns) c essence

essä (ay-sai) c essay

etablera (ay-tah-blāy-rah) v establish

etapp (ay-tahp) c stage, lap

eter (āy-terr) c ether

etikett (ay-ti-kayt) c label; tag

etikettera (ayti-keh-tāy-rah) v label

Etiopien (ay-ti-ōō-pi-ern) Ethiopia

etiopier (ay-ti-ōō-pi-err) c (pl ~) Ethiopian

etiopisk (ay-ti-ōō-pisk) adj Ethiopian

etsning (ehts-ning) c etching

etui (ay-tew-ee) nt case

Europa (āy-rōō-pah) Europe

europé (āy-roo-pāy) c European

europeisk (āy-roo-pāy-isk) adj European

Europeiska Unionen (ay-roo-pay-is-kah ēw-ni-ōōn-en) c European Union

evakuera (ay-vah-kew-āy-rah) v evacuate

evangelium (ay-vahn-ᵞāy-li-ᵞewm) nt (pl -lier) gospel

eventuell (ay-vehn-tew-ayl) adj possible

evolution (ay-vo-lew-shōōn) c evolution

exakt (ayks-ahkt) adv exactly; adj exact

examen (ayk-saa-mern) c examination; •ta ~ graduate

excentrisk (ayk-sehnt-risk) adj eccentric

exempel (ayk-sehm-perl) nt example; instance; till ~ for example; for instance

exemplar (ayks-aym-plaar) nt copy; specimen

existens (ayk-si-stehns) c existence

existera (ayk-si-stāy-rah) v exist

exklusiv (ehks-kloo-seev) adj exclusive

exotisk (ehk-sōa-tisk) adj exotic

expedit (ehks-pay-deet) c shop assistant

expedition (ayks-pay-di-shōōn) c expedition

experiment (ayks-peh-ri-mehnt) nt experiment

experimentera (ayks-peh-ri-mayn-tāy-rah) v experiment

expert (ayks-pært) c expert

explodera (ayks-plo-dāy-rah) v explode

explosion (ayks-plo-shōōn) c blast, explosion

explosiv (ayks-plo-seev) adj explosive

exponering (ayks-po-nāy-ring) c exposure

exponeringsmätare (ayks-po-nāy-rings-mai-tah-rer) c (pl ~) exposure meter

export (ayk-sport) c exports pl

exportera (ayks-por-tāy-rah) v export

expresståg (ayks-prayss-tōāg) nt express train

expressutdelning (ayks-prayss-ewt-dāyl-ning) c special delivery

extas (ayks-taass) c ecstasy

extra (aykst-rah) adj extra, additional; spare

extrastorlek (aykst-rah-stōōr-lāyk) c outsize

extravagant (ayk-strah-vah-gahnt) adj extravagant

extrem (ehk-strāym) adj extreme

F

fabel (faa-berl) c (pl fabler) fable

fabrik (fahb-reek) c factory; works pl; plant, mill

fabrikant (fahb-ri-kahnt) c manufacturer

fack (fahk) nt compartment; trade

fackförening (fahk-furr-āy-ning) c trade-union

fackla (fahk-lah) c torch

fackman (fahk-mahn) c (pl -män) expert

fager (faa-gerr) adj fair

fajans (fah-ᵞahngs) c faience

faktisk (fahk-tisk) adj actual, factual

faktiskt (fahk-tist) adv in effect, actually, as a matter of fact, really

faktor (*fahk*-tor) *c* factor

faktum (*fahk*-tewm) *nt* (*pl* fakta) fact

faktura (*fahk*-*tew*-rah) *c* invoice

fakturera (fahk-tew-*rayr*ah) *v* bill

fakultet (fah-kewl-*tayt*) *c* faculty

falk (fahlk) *c* hawk

fall (fahl) *nt* fall; case, instance; **i varje** ~ at any rate; anyway

***falla** (*fahl*-ah) *v* *fall

fallenhet (*fahl*-ern-hāyt) *c* faculty

fallfärdig (*fahl*-fæær-di) *adj* ramshackle

falsk (fahlsk) *adj* false

familj (fah-*mil*Y) *c* family

familjär (fah-mil-*Yææær*) *adj* familiar

fanatisk (fah-*naa*-tisk) *adj* fanatical

fantasi (fahn-tah-*see*) *c* imagination, fantasy

fantasilös (fahn-tah-*see*-lūrss) *adj* unimaginative

fantastisk (fahn-*tahss*-tisk) *adj* fantastic

fantom (fahn-*tōam*) *c* phantom

far (faar) *c* (*pl* fäder) father

fara (*faa*-rah) *c* peril, risk, danger

***fara** (*faa*-rah) *v* *go away; ~ **runt om** by-pass

farbror (*fahr*-brōōr) *c* (*pl* -bröder) uncle

farfar (*fahr*-faar) *c* (*pl* -fäder) grandfather

farföräldrar (*faar*-furr-ehld-rahr) *pl* grandparents *pl*

farlig (*faar*-li) *adj* dangerous

farmakologi (fahr-mah-ko-loo-*gee*) *c* pharmacology

farmor (*fahr*-mōōr) *c* (*pl* -mödrar) grandmother

fars (fahrs) *c* farce

fart (faart) *c* speed; rate

fartbegränsning (*faart*-bay-*grehns*-ning) *c* speed limit

fartyg (*faar*-tēwg) *nt* ship; vessel

fas (faass) *c* stage, phase

fasa (*faa*-sah) *c* horror

fasad (fah-*saad*) *c* façade

fasan (fah-*saan*) *c* pheasant

fascinera (fah-shi-*nay*-rah) *v* fascinate

fascism (fah-*shism*) *c* fascism

fascist (fah-*shist*) *c* fascist

fascistisk (fah-*shiss*-tisk) *adj* fascist

fast (fahst) *adj* fixed; firm; permanent; *adv* tight

faster (*fahss*-terr) *c* (*pl* -trar) aunt

fastighet (*fahss*-ti-hāyt) *c* house, property; premises *pl*

fastighetsmäklare (*fahss*-ti-hāyts-maik-lah-rer) *c* (*pl* ~) house agent

fastland (*fahst*-lahnd) *nt* mainland

fastställa (*fahst*-steh-lah) *v* establish; determine, ascertain, state

fastän (*fahst*-ehn) *conj* though, although

fat (faat) *nt* dish; barrel

fatal (fah-*taal*) *adj* fatal

fatta (*fah*-tah) *v* conceive; *take

fattas (*fah*-tahss) *v* fail

fattig (*fah*-ti) *adj* poor

fattigdom (*fah*-ti-doom) *c* poverty

favorit (fan-vōō-*reet*) *c* favourite

fax (fahgs) *nt* fax; **sticka ett** ~ send a fax

fe (fāy) *c* fairy

feber (*fāy*-berr) *c* fever

febrig (*fāyb*-ri) *adj* feverish

februari (fayb-rew-*aa*-ri) February

federation (fay-day-rah-*shōōn*) *c* federation

feg (fāyg) *adj* cowardly

fel (fāyl) *nt* mistake, error, fault; *adj* false, wrong; *ha ~ *be wrong; *ta ~ err

felaktig (*fāyl*-ahk-ti) *adj* incorrect; mistaken

felfri (*fāyl*-free) *adj* faultless

felsteg (*fāyl*-stāyg) *nt* slip

fem (fehm) *num* five

feminin (fāy-mi-neen) *adj* feminine

femte (fehm-ter) *num* fifth

femtio (fehm-ti) *num* fifty

femtonde (fehm-ton) *num* fifteen

femtonde (fehm-ton-der) *num* fifteenth

feodal (fay-o-daal) *adj* feudal

ferieläger (fāy-ri-er-lai-gerr) *nt* holiday camp

fernissa (fær-nee-sah) *c* varnish; *v* varnish

fest (fehst) *c* party; feast

festival (fayss-ti-vaal) *c* festival

festlig (fayst-li) *adj* festive

fet (fāyt) *adj* fatty; fat; corpulent

fetma (feht-mah) *c* fatness

fett (fayt) *nt* fat, grease

fiber (fee-berr) *c* fibre

ficka (fi-kah) *c* pocket

fickalmanacka (fik-ahl-mah-nah-kah) *c* diary

fickkam (fik-kahm) *c* (pl ~mar) pocket-comb

fickkniv (fik-kneev) *c* pocket-knife

ficklampa (fik-lahm-pah) *c* torch; flash-light

fickur (fik-ēwr) *nt* pocket-watch

fiende (fee-ayn-der) *c* enemy

fientlig (fi-ehnt-li) *adj* hostile

figur (fi-gēwr) *c* figure

fikon (fee-kon) *nt* fig

fiktion (fik-shōōn) *c* fiction

fil (feel) *c* file; row; lane

filial (fil-i-aal) *c* branch

filippinare (fi-li-pee-nah-rer) *c* (pl ~) Filipino

Filippinerna (fi-li-pee-nerr-nah) Philippines *pl*

filippinsk (fi-li-peensk) *adj* Philippine

film (film) *c* film; movie; **tecknad ~** cartoon

filma (fil-mah) *v* film

filmduk (film-dēwk) *c* screen

filmkamera (film-kaa-mer-rah) *c* film camera

filosof (fi-lo-sōāf) *c* philosopher

filosofi (fi-lo-so-fee) *c* philosophy

filt (filt) *c* blanket; felt

filter (fil-terr) *nt* filter

fin (feen) *adj* fine; delicate; **fint!** all right!; okay!

finanser (fi-nahng-serr) *pl* finances *pl*

finansiell (fi-nahng-si-ayl) *adj* financial

finansiera (fi-nahng-si-āy-rah) *v* finance

finger (fing-err) *nt* (pl fingrar) finger

fingeravtryck (fing-err-aav-trewk) *nt* fingerprint

fingerborg (fing-er-borᵛ) *c* thimble

finhacka (feen-hah-kah) *v* mince

Finland (fin-lahnd) Finland

finländare (fin-lehn-der-rer) *c* (pl ~) Finn

finmala (feen-maa-lah) *v* *grind

***finna** (fi-nah) *v* *find

finne (fi-ner) *c* pimple; **finnar** acne

finsk (finsk) *adj* Finnish

fiol (fi-ōōl) *c* violin

fira (fee-rah) *v* celebrate

firande (fee-rahn-der) *nt* celebration

firma (feer-mah) *c* firm; company

fisk (fisk) *c* fish

fiska (fiss-kah) *v* fish

fiskaffär (fisk-ah-fæær) *c* fish shop

fiskare (fiss-kah-rer) *c* (pl ~) fisherman

fiskben (fisk-bāyn) *nt* fishbone; bone

fiskedon (fiss-ker-dōōn) *nt* fishing tackle

fiskekort (fiss-ker-kōōrt) *nt* fishing licence

fiskerinäring (fiss-ker-ree-næ-ring) *c* fishing industry

fiskmås (fisk-mōāss) *c* seagull

fisknät (fisk-nait) *nt* fishing net

fiskredskap (fisk-rāyd-skaap) *nt* fishing gear

fiskrom (*fisk*-rom) *c* roe

fjord (f<u>Yo</u>ard) *c* fjord

fjorton (f<u>Yoo</u>r-ton) *num* fourteen

fjortonde (f<u>Yoo</u>r-ton-der) *num* fourteenth

fjäder (f<u>Ya</u>i-derr) *c* (pl -drar) feather; spring

fjäderfä (f<u>Ya</u>i-derr-fai) *nt* poultry; fowl

fjädring (f<u>Ya</u>id-ring) *c* suspension

fjäll (f<u>Ye</u>hl) *nt* scale; mountain

fjälla (f<u>Ye</u>h-lah) *v* peel

fjärde (f<u>Yææ</u>r-der) *num* fourth

fjäril (f<u>Yææ</u>-ril) *c* butterfly

fjärilsim (f<u>Yææ</u>-ril-sim) *nt* butterfly stroke

flagga (*flah*-gah) *c* flag

flamingo (*flahm*-ing-goo) *c* flamingo

flanell (flah-*nayl*) *c* flannel

flanera (flah-*nay*-rah) *v* stroll

flanör (flah-*nürr*) *c* stroller

flaska (*flahss*-kah) *c* bottle

flaskhals (*flahsk*-hahls) *c* bottleneck

flasköppnare (*flahsk*-urp-nah-rer) *c* (pl ~) bottle opener

flat (flaat) *adj* flat

fler (fl<u>ay</u>r) *adj* more; **(de) flesta** most; **flera** several

flicka (*fli*-kah) *c* girl

flicknamn (*flik*-nahmn) *nt* maiden name; girl's name

flickscout (*flik*-skout) *c* girl guide

flin (fleen) *nt* grin

flina (*flee*-nah) *v* grin

flintskallig (*flint*-skah-li) *adj* bald

flintsten (*flint*-st<u>ay</u>n) *c* flint

flisa (*flee*-sah) *c* chip

flit (fleet) *c* diligence

flitig (*flee*-ti) *adj* industrious, diligent

flod (fl<u>oo</u>d) *c* river; flood

flodbank (*fl<u>oo</u>d*-bahngk) *c* bank

flodmynning (*fl<u>oo</u>d*-mew-ning) *c* river mouth, estuary

flodstrand (*fl<u>oo</u>d*-strahnd) *c* (pl -stränder) riverside; river bank

flotta (*flo*-tah) *c* navy; fleet; **flott-** naval

flotte (*flo*-ter) *c* raft

flottig (*flo*-ti) *adj* greasy

flottör (flo-*türr*) *c* float

fluga (*fl<u>ew</u>*-gah) *c* fly; bow tie

fly (fl<u>ew</u>) *v* escape

flyg (fl<u>ew</u>g) *nt* flight

*****flyga** (*fl<u>ew</u>*-gah) *v* *fly

flygbolag (*fl<u>ew</u>g*-b<u>oo</u>-laag) *nt* airline

flygel (*fl<u>ew</u>g*-gerl) *c* (pl -glar) grand piano

flygfält (*fl<u>ew</u>g*-fehlt) *nt* airfield

flygkapten (*fl<u>ew</u>g*-kahp-t<u>ay</u>n) *c* captain

flygmaskin (*fl<u>ew</u>g*-mah-*sheen*) *c* aircraft

flygolycka (*fl<u>ew</u>g*-oo-*lew*-kah) *c* plane crash

flygplan (*fl<u>ew</u>g*-plaan) *nt* aeroplane, aircraft, plane; airplane *nAm*

flygplats (*fl<u>ew</u>g*-plahts) *c* airport

flygpost (*fl<u>ew</u>g*-post) *c* airmail

flygresa (*fl<u>ew</u>g*-r<u>ay</u>-sah) *c* flight

flygsjuka (*fl<u>ew</u>g*-sh<u>ew</u>-kah) *c* air-sickness

flygvärdinna (*fl<u>ew</u>g*-vær-*di*-nah) *c* stewardess

flykt (flewkt) *c* escape

flyktig (*flewk*-ti) *adj* passing; volatile

flykting (*flewk*-ting) *c* refugee

*****flyta** (*fl<u>ew</u>*-tah) *v* flow; float

flytande (*fl<u>ew</u>*-tahn-der) *adj* fluent; liquid, fluid

flytta (*flewt*-ah) *v* move

flyttbar (*flewt*-baar) *adj* movable

flyttning (*flewt*-ning) *c* move

flytväst (*fl<u>ew</u>t*-vehst) *c* life-jacket

fläck (flehk) *c* stain, spot; speck, blot; **fläcka ned** stain

fläckborttagningsmedel (*flehk*-boart-taag-nings-*m<u>ay</u>*-dayl) *nt* stain remover

fläckfri (*flehk*-free) *adj* spotless, stainless

fläckig (*fleh-ki*) *adj* spotted

fläkt (flehkt) *c* breath of air, breeze; fan

fläktrem (*flehkt*-rehm) *c* (pl ~mar) fan belt

flämta (*flehm*-tah) *v* pant

flöjt (flur ʸt) *c* flute

fnittra (*fnit*-rah) *v* giggle

foajé (foo-ah-*ʸay*) *c* lobby, foyer

fock (fok) *c* foresail

foder (*fōō*-derr) *nt* lining; forage

foderbehållare (*fōō*-derr-bay-*ho*-lah-rer) *c* (pl ~) manger

fodral (foo-*draal*) *nt* case; cover

fogde (*foog*-der) *c* bailiff

folk (folk) *nt* folk, nation, people; *pl* people *pl*; **folk**- national, popular

folkdans (*folk*-dahns) *c* folk-dance

folklore (*folk*-lōar) *c* folklore

folkmassa (*folk*-mah-sah) *c* crowd

folkrik (*folk*-reek) *adj* populous

folkvisa (*folk*-vee-sah) *c* folk song

fond (fond) *c* fund

fondbörs (*fond*-burrs) *c* stock exchange

fondmarknad (*fond*-mahrk-nahd) *c* stock market

fonetisk (fo-*nāy*-tisk) *adj* phonetic

fontän (fon-*tain*) *c* fountain

forcera (for-*sāy*-rah) *v* force

fordon (*fōō*-doon) *nt* vehicle

fordra (*fōōd*-rah) *v* demand; claim

fordran (*fōōd*-rahn) *c* (pl -ringar) claim

fordringsägare (*fōōd*-rings-ai-gah-rer) *c* (pl ~) creditor

forell (fo-*rayl*) *c* trout

form (form) *c* form; shape

forma (*for*-mah) *v* form; model, shape

formalitet (for-mah-li-*tāyt*) *c* formality

format (for-*maat*) *nt* format; size

formel (*for*-merl) *c* (pl -mler) formula

formell (for-*mehl*) *adj* formal

formulär (for-mēw-*læær*) *nt* form

forntida (*foorn*-tee-dah) *adj* ancient

forskning (*forsk*-ning) *c* research

fort[1] (foort) *adv* in a hurry

fort[2] (fort) *nt* fort

***fortgå** (*foort*-gōa) *v* continue

fortkörning (*foort*-tʸurr-ning) *c* speeding

***fortsätta** (*foort*-seh-tah) *v* *keep on; continue; *go on, *go ahead, carry on; proceed

fortsättning (*foort*-seht-ning) *c* continuation

fosterföräldrar (*fooss*-terr-furr-*ehld*-rahr) *pl* foster-parents *pl*

fosterland (*fooss*-terr-lahnd) *nt* (pl -länder) fatherland, native country

fot (fōōt) *c* (pl fötter) foot; **till fots** on foot; walking

fotboll (*fōōt*-bol) *c* football; soccer

fotbollslag (*fōōt*-bols-laag) *nt* soccer team

fotbollsmatch (*fōōt*-bols-mahch) *c* football match

fotbroms (*fōōt*-broms) *c* foot-brake

fotgängare (*fōōt*-ʸehng-ah-rer) *c* (pl ~) pedestrian

fotnot (*fōōt*-nōōt) *c* note

foto (*fōō*-too) *nt* photo

fotoaffär (*fōō*-too-ah-*fæær*) *c* camera shop

fotogen (fo-to-*shāyn*) *c* paraffin; kerosene

fotograf (foo-too-*graaf*) *c* photographer

fotografera (foo-too-grah-*fāy*-rah) *v* photograph

fotografering (foo-too-grah-*fāy*-ring) *c* photography

fotografi (foo-too-grah-*fee*) *nt* photograph

fotostatkopia (foo-too-*staat*-koo-*pee*-ah) *c* photostat

fotpuder (*fōōt*-pēw-derr) *nt* foot powder

fotspecialist (fōōt-spay-si-ah-*list*) c chiropodist

fotvård (fōōt-vord) c pedicure

frakt (frahkt) c freight

fram (frahm) adv forward

framför (frahm-fūrr) prep before; in front of; adv ahead

framföra (frahm-fūr-rah) v present, state

*•**framgå** (frahm-goa) v appear

framgång (frahm-gong) c prosperity

framgångsrik (frahm-gongs-reek) adj successful

framkalla (frahm-kah-lah) v develop

*•**framlägga** (frahm-lehg-ah) v present

framsida (frahm-see-dah) c front; face

framsteg (frahm-stāyg) nt progress; advance; *•**göra** ~ advance, *make progress; *get on

framstegsvänlig (frahm-stāygs-vehn-li) adj progressive

framstående (frahm-stoā-ayn-der) adj prominent; distinguished

framställa (frahm-steh-lah) v produce, represent

framtid (frahm-teed) c future

framtida (frahm-tee-dah) adj future

framträda (frahm-trāi-dah) v appear

framträdande (frahm-treh-dahn-der) nt appearance

framvisa (frahm-vee-sah) v *show

framåt (frahm-ōāt) adv onwards, forward, ahead

framåtsträvande (frahm-ōāt-strai-vahn-der) adj progressive

frankera (frahng-kāy-rah) v stamp

franko (frahng-koo) adj post-paid

Frankrike (frahngk-ri-ker) France

frans (frahns) c fringe

fransa sig (frahn-sah) fray

fransk (frahnsk) adj French

fransman (frahns-mahn) m (pl -män) Frenchman

fras (fraass) c phrase

frasig (fraa-si) adj crisp

fred (frāyd) c peace

fredag (frāy-daag) c Friday

frekvens (frer-kvehns) c frequency

fresta (frayss-tah) v tempt

frestelse (frayss-tayl-ser) c temptation

fri (free) adj free

fribiljett (free-bil-Yayt) c free ticket

frid (freed) c peace

fridfull (freed-fewl) adj peaceful; serene

*•**frige** (fri-Yay) v release

frigivande (free-Yee-vahn-der) nt liberation

frigörelse (free-Yūr-rerl-ser) c emancipation, liberation

frihet (free-hāyt) c liberty, freedom

friidrott (free-ee-drot) c athletics pl

frikalla (free-kah-lah) v exempt

frikostig (free-koss-ti) adj liberal

friktion (frik-shōōn) c friction

frikännande (free-tYeh-nahn-der) nt acquittal

frimärke (free-mær-ker) nt postage stamp

frimärksautomat (free-mærks-ou-too-maat) c stamp machine

frisk (frisk) adj well, healthy

friskintyg (frisk-in-tēwg) nt health certificate

frisyr (fri-sēwr) c hair-do

*•**frita** (free-taa) v exempt; ~ **från** discharge of

fritid (free-teed) c spare time

fritidscenter (free-teeds-sehn-terr) nt recreation centre

frivillig[1] (free-vi-li) c (pl ~a) volunteer

frivillig[2] (free-vi-li) adj voluntary

frivol (fri-vol) adj frivolous

from (froom) adj pious

frost (frost) c frost

frostknöl (*froast*-knūrl) c chilblain

frostskyddsvätska (*frost*-shewds-vehts-kah) c antifreeze

frotté (fro-*tay*) c terry cloth

fru (frēw) c madam

frukost (*frew*-kost) c breakfast

frukt (frewkt) c fruit

frukta (*frewk*-tah) v dread, fear

fruktan (*frewk*-tahn) c dread, fright

fruktansvärd (*frewk*-tahns-væærd) adj awful

fruktbar (*frewkt*-baar) adj fertile

fruktsaft (*frewkt*-sahft) c squash, juice

fruktträdgård (*frewkt*-trai-gōard) c orchard

frusen (*frēw*-sern) adj frozen, cold

frys (frēwss) c deep-freeze

*frysa (*frēw*-sah) v *be cold; *freeze

fryspunkt (*frēwss*-pewngkt) c freezing-point

fråga (*frōa*-gah) c question; matter, issue; v ask

frågesport (*frōa*-ger-sport) c quiz

frågetecken (*frōa*-ger-tay-kern) nt question mark

frågvis (*frōag*-veess) adj inquisitive

från (frōan) prep from; off, as from, out of; ~ **och med** from; as from

frånstötande (*frōan*-stūr-tahn-der) adj repellent; repulsive

frånvarande (*frōan*-vaa-rahn-der) adj absent

frånvaro (*frōan*-vaa-roo) c absence

fräck (frehk) adj impertinent, insolent; bold

fräckhet (*frehk*-hāyt) c nerve

frälsa (*frehl*-sah) v redeem; deliver

frälsning (*frehls*-ning) c delivery

främling (*frehm*-ling) c stranger; alien

främmande (*frehm*-ahn-der) adj strange; foreign

frö (frūr) nt seed

fröjd (frurᵛd) c joy

fröken (*frūr*-kayn) c miss; spinster

fukt (fewkt) c damp

fukta (*fewk*-tah) v moisten; damp

fuktig (*fewk*-ti) adj damp; humid, moist

fuktighet (*fewk*-ti-hāyt) c humidity, moisture

ful (fēwl) adj ugly

full (fewl) adj full; drunk

fullblods- (*fewl*-blōods) thoroughbred

fullborda (*fewl*-boor-dah) v accomplish; finish

*fullgöra (*fewl*-ᵛur-rah) v fulfill; perform

fullkomlig (*fewl*-kom-li) adj complete; perfect; **fullkomligt** completely; entirely

fullkomlighet (*fewl*-kom-li-hāyt) c perfection

fullkornsbröd (*fewl*-kōorns-brūrd) nt wholemeal bread

fullpackad (*fewl*-pahk-ahd) adj chockfull; crowded

fullsatt (*fewl*-saht) adj full up

fullständig (*fewl*-stehn-di) adj complete, total, utter; **fullständigt** completely

fullända (*fewl*-ehn-dah) v complete

fundera på (fewn-*day*-rah) *think over, ponder upon

fungera (fewng-*gāy*-rah) v work; operate

funktion (fewngk-*shōon*) c function; working, operation

funktionsoduglig (fewngk-*shōons*-ōo-dēwg-li) adj out of order

fuska (*fewss*-kah) v cheat

fy! (fēw) shame!

fylla (*few*-lah) v fill; ~ **i** fill in; fill out Am

fylld (fewld) adj stuffed

fyllning (*fewl*-ning) c filling; stuffing

fynd (fewnd) nt discovery, find; bargain

fyr (fewr) c lighthouse

fyra (few-rah) num four

fyrtio (furr-ti) num forty

fysik (few-seek) c physics

fysiker (few-si-kerr) c (pl ~) physicist

fysiologi (few-si-o-lo-gee) c physiology

fysisk (few-sisk) adj physical

få (foa) adj few

***få** (foa) v *get; *may, *have, *be allowed to

fåfänglig (foa-fehng-li) adj vain

fågel (foa-gerl) c (pl fåglar) bird

fåll (fol) c hem

fånga (fong-ah) v *catch

fånge (fong-er) c prisoner

fångenskap (fong-ayn-skaap) c imprisonment

fångvaktare (fong-vahk-tah-rer) c (pl ~) jailer

får (foar) nt sheep

fåra (foa-rah) c furrow, groove

fårkött (foar-t Yurt) nt mutton

***få tag i** (faw taag ee) *come across

fåtölj (foa-turl Y) c armchair; easy chair

fäkta (fehk-tah) v fence

fälg (fehl Y) c rim

fälla (fehl-ah) c trap

fält (fehlt) nt field

fältkikare (fehlt-t Yee-kah-rer) c (pl ~) field glasses

fältsäng (fehlt-sehng) c camp-bed

fängelse (fehng-ayl-ser) nt prison; gaol, jail

fängsla (fehngs-lah) v imprison, captivate

färdig (fæær-di) adj finished; ready

färg (fær Y) c colour; dye

färga (fær- Yah) v dye

färgad (fær- Yahd) adj coloured, dyed

färgblind (fær Y-blind) adj colour-blind

färgfilm (fær Y-film) c colour film

färglåda (fær Y-loa-dah) c paint-box

färgrik (fær Y-reek) adj richly coloured, vivid

färgstark (fær Y-stahrk) adj colourful

färgäkta (fær Y-ehk-tah) adj fast-dyed

färgämne (fær Y-ehm-ner) nt colourant

färja (fær-Yah) c ferry-boat

färsk (færsk) adj fresh

fästa (fehss-tah) v attach, fasten; *stick; ~ med nål pin; fäst vid attached to

fästman (fehst-mahn) c (pl -män) fiancé

fästmö (fehst-mūr) c fiancée

fästning (fehst-ning) c fortress; stronghold

föda (fūr-dah) c food

född (furd) adj born

födelse (fūr-dayl-ser) c birth

födelsedag (fūr-dayl-ser-daag) c birthday

födelseort (fūr-dayl-ser-oort) c place of birth

födsel (furd-serl) c (pl -slar) birth

föga (fūr-gah) adj little

följa (furl-Yah) v accompany; follow; ~ efter follow

följaktligen (furl Y-ahkt-li-gayn) adv consequently

följande (furl-Yahn-der) adj following; next, subsequent

följd (furl Yd) c consequence; result; succession

följeslagare (furl-Yer-slaa-gah-rer) c (pl ~) companion

följetong (furl-Yer-tong) c serial

fönster (furns-terr) nt window

fönsterbräde (furn-sterr-braider) nt window-sill

fönstergaller (furns-terr-gahl-err) nt bar

fönsterlucka (furns-terr-lew-kah) c shutter

för (fūrr) prep for, conj for; ~ att to

föra (*fūr*-rah) *v* convey, carry

förakt (furr-*ahkt*) *nt* scorn, contempt

förakta (furr-*ahk*-tah) *v* despise; scorn

förare (*fūr*-rah-rer) *c* (pl ~) driver

förarga (furr-*ahr*-Yah) *v* annoy; displease

förargelse (furr-*ahr*-Yerl-ser) *c* annoyance

förarglig (furr-*ahr*Y-li) *adj* annoying

förband (furr-*bahnd*) *nt* bandage

förbandslåda (furr-*bahnds*-lōā-dah) *c* first-aid kit

förbanna (furr-*bahn*-ah) *v* curse

förbehåll (*fūr*-ber-hol) *nt* reservation; qualification; **utan ~** unconditionally

förbereda (*fūr*-ber-*rāy*-dah) *v* prepare

förberedelse (*fūr*-ber-*rāy*-dayl-ser) *c* preparation

förbi (furr-*bee*) *prep* past; **gå ~* pass by

****förbinda** (furr-*bin*-dah) *v* connect; join; dress

förbindelse (furr-*bin*-dehl-ser) *c* connection

förbipasserande (furr-*bee*-pah-*sāy*-rahn-der) *c* (pl ~) passer-by

****förbise** (furr-bi-*sāy*) *v* overlook

förbiseende (furr-bi-*sāy*-ayn-der) *nt* oversight

****förbjuda** (furr-*b*Ȳ*ew*-dah) *v* *forbid; prohibit

förbjuden (furr-*b*Ȳ*ew*-dayn) *adj* prohibited

****förbli** (furr-*blee*) *v* remain; stay

förbluffa (furr-*blew*-fah) *v* amaze

förbruka (furr-*brēw*-kah) *v* consume; *spend; use up

förbrukning (furr-*brēwk*-ning) *c* consumption

förbryllande (furr-*brew*-lahn-der) *adj* puzzling

förbrytare (furr-*brēw*-tah-rer) *c* (pl ~) criminal

förbud (furr-*bēwd*) *nt* prohibition

förbund (furr-*bewnd*) *nt* league; **förbunds-** federal

förbundsstat (furr-*bewnd*-staat) *c* federation

förbättra (furr-*beht*-rah) *v* improve

förbättring (furr-*beht*-ring) *c* improvement

fördel (*furr*-dāyl) *c* advantage; profit

fördelaktig (*fūr*-dāyl-ahk-ti) *adj* advantageous; attractive

fördom (*furr*-doom) *c* prejudice

****fördriva** (furr-*dree*-vah) *v* expel, chase

fördröja (furr-*drur*-Yah) *v* delay; slow down

fördämning (furr-*dehm*-ning) *c* dike

fördärva (furr-*dær*-vah) *v* *spoil

före (*fūr*-rer) *prep* before; ahead of; **~ detta** former

förebrå (*fūr*-rer-brōā) *v* reproach; blame

förebråelse (*fūr*-rer-brōā-ayl-ser) *c* reproach

förebygga (*fūr*-rer-bewg-ah) *v* prevent

förebyggande (*fūr*-rer-bew-gahn-der) *adj* preventive

****föredra** (*fūr*-rer-draa) *v* prefer

föredrag (*fūr*-rer-draag) *nt* lecture, talk

****föregripa** (*fūr*-rer-gree-pah) *v* anticipate

****föregå** (*fur*-rer-gōā) *v* precede

föregående (*fūr*-rer-gōā-ern-der) *adj* previous; preceding; prior

föregångare (*fūr*-rer-gong-ah-rer) *c* (pl ~) predecessor

****förekomma** (*fūr*-rer-ko-mah) *v* occur; anticipate

förekomst (*fūr*-rer-komst) *c* frequency

föreläsning (*fūr*-rer-laiss-ning) *c* lecture

föremål (*fūr*-rer-mōāl) *nt* object

förena (furr-*āy*-nah) *v* join, unite

förenad (furr-ā̄y-nahd) *adj* united, combined, joint

förening (furr-ā̄y-ning) *c* association; society, club; union

Förenta Staterna (fur-*rayn*-tah-*staa*-terr-nah) United States; the States

*•***föreslå** (*fūr*-rer-slō̄a) *v* propose; suggest

förespråkare (*fūr*-rer-sprō̄a-kah-ray) *c* (pl ~) spokesman, advocate

förestående (*fūr*-rer-stō̄a-ayn-der) *adj* oncoming

föreståndarinna (*fūr*-rer-ston-dah-*ri*-nah) *c* matron; manageress

föreställa (*fūr*-rer-stehl-ah) *v* introduce; represent; ~ **sig** imagine; fancy

föreställning (*fūr*-rer-stehl-ning) *c* idea; performance, show

*•***företa** (*fūr*-rer-tah) *v* *undertake

företag (*fūr*-rer-taag) *nt* enterprise; undertaking; concern, company

företräde (*fūr*-rer-trai-der) *nt* priority

förevisa (*fūr*-rer-vee-sah) *v* exhibit

förevändning (*fūr*-rer-vehnd-ning) *c* pretence

förfader (*fūr*-faa-derr) *c* (pl -fäder) ancestor

förfall (furr-fahl) *nt* decay

*•***förfalla** (furr-fah-lah) *v* deteriorate; expire

förfallen (furr-*fahl*-ern) *adj* dilapidated; ~ **till betalning** overdue

förfallodag (furr-*fah*-lo-daag) *c* due date, day of maturity, expiry

förfalska (furr-*fahls*-kah) *v* forge; counterfeit

förfalskning (furr-*fahlsk*-ning) *c* fake, falsification

förfaringssätt (furr-*faa*-rings-seht) *nt* method

författare (furr-*fah*-tah-rer) *c* (pl ~) author; writer

förfluten (furr-*flew*-tayn) *adj* past; det

förflutna the past

*•***förflyta** (furr-*flew*-tah) *v* pass

förflyttning (furr-*flewt*-ning) *c* transfer

förfogande (furr-*fōōg*-ahn-der) *nt* disposal

förfriskning (furr-*frisk*-ning) *c* refreshment

förfråga sig (furr-*frōag*-ah) inquire

förfrågan (furr-*frōa*-gahn) *c* (pl -gningar) request, inquiry; query

förfärlig (furr-*fæær*-li) *adj* terrible; dreadful, frightful

förfölja (furr-*furl*-Yah) *v* pursue; chase

förföra (furr-*fūr*-rah) *v* seduce

förförisk (furr-*fūr*-risk) *adj* seductive

förgasare (furr-*gaa*-sah-rer) *c* (pl ~) carburettor

förgifta (furr-Yif-tah) *v* poison

förgrenas (furr-*grāy*-nahss) *v* fork, ramify

förgrund (*fūrr*-grewnd) *c* foreground

förgylld (furr-Yewld) *adj* gilt

*•***förgå sig** (furr-*gō̄a*) offend

förgäves (furr-Yaiv-erss) *adv* in vain

på förhand (pō̄a *fūrr*-hahnd) in advance

förhandla (furr-*hahnd*-lah) *v* negotiate

förhandling (furr-*hahnd*-ling) *c* negotiation

förhastad (furr-*hahss*-tahd) *adj* rash; premature

förhindra (furr-*hin*-drah) *v* prevent

förhoppning (furr-*hop*-ning) *c* hope

förhållande (furr-*hol*-ahn-der) *nt* relation; affair

förhäxa (furr-*hehk*-sah) *v* bewitch

förhör (furr-*hūrr*) *nt* interrogation; examination

förhöra (furr-*hūr*-rah) *v* interrogate; ~ **sig** inquire; enquire

förkasta (furr-*kahss*-tah) *v* reject; turn down

förklara (furr-*klaa*-rah) *v* explain; declare; ~ **skyldig** convict

förklaring (furr-*klaa*-ring) c explanation; declaration

förklarlig (furr-*klaar*-li) adj accountable

förklä sig (furr-*klai*) disguise

förkläde (furr-klai-der) nt apron

förklädnad (furr-klaid-nahd) c disguise

förkorta (furr-kor-tah) v shorten

förkortning (furr-kort-ning) c abbreviation

förkylning (furr-t^Yewl-ning) c cold;
bli förkyld *catch a cold

förkämpe (fürr-t^Yehm-per) c advocate, champion

förkärlek (fürr-t^Yæær-layk) c preference

förkörsrätt (fürr-t^Yurrs-reht) c right of way

förlag (furr-laag) nt publishing house

förlamad (furr-laa-mahd) adj paralyzed; lame

förlikning (furr-leek-ning) c settlement

förlopp (furr-lop) nt process

förlora (furr-lōō-rah) v *lose

förlossning (furr-loss-ning) c delivery; redemption

förlovad (furr-lōā-vahd) adj engaged

förlovning (furr-lōāv-ning) c engagement

förlovningsring (furr-lōāv-nings-ring) c engagement ring

förlust (furr-lewst) c loss

*förlåta** (furr-lōā-tah) v *forgive; förlåt! sorry!

förlåtelse (furr-lōā-tayl-ser) c pardon

förlägen (furr-lai-gern) adj embarrassed; *göra ~ embarrass

*förlägga** (furr-leh-gah) v place; *mislay

förläggare (furr-leh-gah-rer) c (pl ~) publisher

förlänga (furr-lehng-ah) v lengthen; extend; renew

förlängning (furr-lehng-ning) c extension

sion

förlängningssladd (furr-lehng-nings-slahd) c extension cord

förlöjliga (furr-lur^Y-li-gah) v ridicule

förman (fürr-mahn) c (pl -män) foreman

förmedlare (furr-*mayd*-lah-rer) c (pl ~) intermediary

förmiddag (fürr-mi-daag) c morning

förminska (furr-mins-kah) v lessen, reduce

förmoda (furr-mōōd-ah) v suppose; guess, reckon, assume

förmodan (furr-mōōd-ahn) c (pl ~den) supposition

förmyndare (fürr-mewn-dah-rer) c (pl ~) tutor; guardian

förmynderskap (fürr-mewn-derr-skaap) nt custody, guardianship

förmå att (furr-mōā) *be able to; cause to

förmåga (furr-mōā-gah) c ability; faculty, capacity

förmån (fürr-mōān) c benefit; till ~ för in favour of ...

förmånlig (fürr-mōān-li) adj advantageous

förmögen (furr-mūr-gern) adj wealthy

förmögenhet (furr-mūr-gern-hāyt) c fortune

förmörkelse (furr-murr-kehl-ser) c eclipse

förnamn (fürr-nahmn) nt first name; Christian name

förneka (furr-nāy-kah) v deny

*förnimma** (furr-nim-ah) v sense, perceive; apprehend

förnimmelse (furr-nim-erl-ser) c sensation; perception

förnuft (furr-newft) nt reason; sense

förnuftig (furr-newf-ti) adj reasonable, sensible

förnya (furr-nēw-ah) v renew

förnämst (furr-naimst) adj leading,

foremost, greatest

förolämpa (*fŭr-ōō*-lehm-pah) v insult

förolämpning (*furr-ōō*-lehmp-ning) c insult

förorda (*fŭr-ōōr*-dah) v recommend

förorening (*fŭr*-oo-*rāy*-ning) c pollution

förorsaka (*fŭr*-oor-saa-kah) v cause

förort (*furr*-oort) c suburb

förpackning (*furr-pahk*-ning) c packing; package

förpliktelse (*furr-plik*-terl-ser) c obligation; engagement

förr (furr) adv formerly

förra (*furr*-ah) adj last; past

förresten (furr-*rehss*-tayn) adv by the way; besides

i förrgår (ee furr-*gōar*) the day before yesterday

förråd (furr-*rōad*) nt supply

förråda (furr-*rōad*-ah) v betray; *give away

förrådsbyggnad (fur-*rōads*-bewg-nahd) c warehouse

förrädare (furr-*rai*-dah-rer) c traitor

förräderi (furr-*aid*-er-ree) nt treason

förrätt (*furr*-reht) c hors-d'œuvre; first course

församling (furr-*sahm*-ling) c assembly; parish, congregation

***förse** (furr-*sāy*) v supply, furnish

förseelse (furr-*sāy*-ayl-ser) c offence

försena (furr-*sāy*-nah) v delay; **försenad** late; delayed; overdue

försening (furr-*sāy*-ning) c delay

försiktig (furr-*sik*-ti) adj cautious, careful

försiktighet (furr-*sik*-ti-hāyt) c caution; precaution

försiktighetsåtgärd (furr-*sik*-ti-hayts-ōāt-Ɣæærd) c precaution

förskott (*fŭr*-skot) nt advance; **betald i ~** prepaid

förskottera (*fŭr*-sko-*tāy*-rah) v advance

förskräcka (furr-*skreh*-kah) v terrify; *bli förskräckt *be frightened

förskräcklig (furr-*skrehk*-li) adj frightful; dreadful, terrible, horrible

förslag (furr-*slaag*) nt proposal; suggestion, proposition

försoning (furr-*sōōn*-ing) c reconciliation

***försova sig** (furr-*sōā*-vah) *oversleep

försprång (*fŭrr*-sprong) nt lead, start

först (furrst) adv at first

första (*furrs*-tah) num first; adj foremost, initial, earliest, original

förstad (*fŭr*-staad) c (pl -städer) suburb; **förstads-** suburban

förstavelse (*fŭr*-staa-vayl-ser) c prefix

förstklassig (*furrst*-klahss-i) adj first-class; first-rate

förstoppad (furr-*sto*-pahd) adj constipated

förstoppning (furr-*stop*-ning) c constipation

förstora (furr-*stōō*-rah) v enlarge

förstoring (furr-*stōō*-ring) c enlargement

förstoringsglas (furr-*stōō*-rings-glaass) nt magnifying glass

förströelse (furr-*strūr*-ayl-ser) c amusement; diversion

***förstå** (furr-*stōā*) v *understand; *see; comprehend

förståelse (furr-*stōā*-ayl-ser) c understanding

förstående (furr-*stōā*-ern-der) adj understanding

förstånd (furr-*stond*) nt intellect; reason, brain

förstöra (furr-*stŭr*-rah) v damage, destroy

förstörelse (furr-*stŭr*-rayl-ser) c destruction

försumlig (furr-*sewm*-li) adj neglectful

försumma (furr-*sewm*-ah) v neglect; fail

försvar (furr-*svaar*) nt defence

försvara (furr-*svaa*-rah) v defend, justify

*försvinna (furr-*svi*-nah) v disappear; vanish

försvunnen (furr-*svew*-nayn) adj lost; missing

försäkra (furr-*saik*-rah) v assure; insure

försäkring (furr-*saik*-ring) c insurance

försäkringsbrev (furr-*saik*-rings-brāyv) nt insurance policy; policy

försäkringspremie (furr-*saik*-rings-prāy-mi-ay) c premium

försäljare (furr-*sehl-*Yah-rer) c (pl ~) salesman

försäljerska (furr-*sehl-*Yerrs-kah) c salesgirl

försäljning (furr-*sehl*Y-ning) c sale

försändelse (furr-*sehn*-dayl-ser) c consignment; item of mail

försök (furr-*sūrk*) nt attempt; experiment, try

försöka (furr-*sūr*-kah) v try; attempt

förtal (furr-*taal*) nt slander, calumny

förteckning (furr-*tayk*-ning) c index, list

förtjusande (furr-*t*Yēwss-ahn-der) adj delightful; lovely

förtjusning (furr-*t*Yēwss-ning) c delight

förtjust (furr-*t*Yēwst) adj delighted; joyful

förtjäna (furr-*t*Y*ai*-nah) v merit, deserve; earn

förtjänst (furr-*t*Y*ehnst*) c gain; merit

förtret (furr-*trāyt*) c annoyance

förtroende (furr-*trōō*-ern-der) nt confidence; trust

förtrolig (furr-*trōō*-li) adj intimate

förtrollande (furr-*trol*-ahn-der) adj enchanting; glamorous

förtrycka (furr-*trew*-kah) v oppress

förträfflig (furr-*trehf*-li) adj excellent

förtulla (furr-*tew*-ler) v declare

förtunna (furr-*tewn*-ah) v dilute

förtvivla (furr-*tveev*-lah) v despair

förtvivlan (furr-*tveev*-lahn) c despair

förundran (furr-*ewnd*-rahn) c wonder

förundra sig (furr-*ewnd*-rah) wonder

förut (*furr-*ēwt) adv before; formerly

förutsatt att (furr-*ēwt*-saht aht) provided that

*förutse (*fūr-*ēwt-sāy) v anticipate

förutspå (*fūr-*ēwt-spōā) v predict

*förutsäga (*fūr-*ēwt-seh-Yah) v forecast

förutsägelse (*fūr-*ēwt-sayayl-ser) c forecast

förutvarande (*fūr-*rēwt-vaa-rahn-der) adj former

förvaltande (*fūrr-*vahl-tahn-der) adj administrative

förvaltare (furr-*vahl*-tah-rer) c (pl ~) administrator; trustee

förvaltning (furr-*vahlt*-ning) c administration

förvaltningsrätt (furr-*vahlt*-nings-reht) c administrative law

förvandla (furr-*vahnd*-lah) v transform; **förvandlas till** turn into

förvaring (furr-*vaa*-ring) c custody

förvaringsrum (furr-*vaa*-rings-rewm) nt depository

förverkliga (furr-*værk*-li-gah) v realize

förvirra (furr-*vi*-rah) v confuse; muddle

förvirrad (furr-*vi*-rahd) adj confused

förvirring (furr-*vi*-ring) c confusion

förvissa sig om (furr-*viss*-ah) ascertain

förvåna (furr-*vōān*-ah) v astonish; surprise; amaze

förvånansvärd (furr-*vōā*-nahns-væærd) adj astonishing

förvåning (furr-*vōāning*) c astonishment; amazement

i förväg (ee furr-vaig) in advance

förväntan (furr-vehn-tahn) c (pl
-tningar) expectation

förvänta sig (furr-vehn-tah) expect

förvärv (furr-værv) nt acquisition

förväxla (furr-vehks-lah) v *mistake,
confuse, mix up

föråldrad (furr-old-rahd) adj antiquat-
ed, out-of-date

föräldrar (furr-ehld-rahr) pl parents pl

förälskad (furr-ehls-kahd) adj in love

förändra (furr-ehnd-rah) v change; al-
ter

förändring (furr-ehnd-ring) c change,
variation, alteration

föröva (furr-ūrv-ah) v commit

G

gaffel (gah-fayl) c (pl -flar) fork

gagnlös (gahngn-lūrss) adj futile, use-
less, fruitless

galen (gaa-lern) adj crazy

galge (gahl-ᵛer) c coat-hanger; gal-
lows pl

galla (gahl-ah) c bile; gall

gallblåsa (gahl-blōass-ah) c gall blad-
der

galleri (gah-ler-ree) nt gallery

gallsten (gahl-stāyn) c gallstone

galopp (gah-lop) c gallop

gam (gaam) c vulture

gammal (gahm-ahl) adj old; ancient,
aged; stale

gammaldags (gahm-ahl-dahks) adj
old-fashioned; quaint

gammalmodig (gahm-ahl-mōō-di) adj
old-fashioned, outmoded

ganska (gahns-kah) adv fairly; pretty,
rather, quite

gap (gaap) nt jaws pl, mouth

gapa (gaapah) v open one's mouth

garage (gah-raash) nt garage

garantera (gah-rahn-tāy-rah) v guar-
antee

garanti (gah-rahn-tee) c guarantee

garderob (gahr-der-rōāb) c wardrobe;
closet nAm; checkroom nAm

gardin (gahr-deen) c curtain

garn (gaarn) nt (pl ~er) yarn

gas (gaass) c gas

gaskök (gaass-tᵛūrk) nt gas cooker

gaspedal (gaass-pay-daal) c acceler-
ator

gasspis (gaass-speess) c gas cooker

gastronom (gahst-ro-nōām) c gour-
met

gasverk (gaass-værk) nt gasworks

gasväv (gaass-vaiv) c gauze

gata (gaa-tah) c street; road

gatubeläggning (gaa-tew-bay-lehg-
ning) c pavement

gatukorsning (gaatew-kors-ning) c
crossroads

gavel (gaa-vayl) c (pl gavlar) gable

***ge** (ᵛāy) v *give; pass; ~ **efter**
*give in; indulge; ~ **sig** surrender;
~ **sig av** *set out, *leave; ~ **upp**
*give up; quit; ~ **ut** publish

gedigen (ᵛay-dee-gern) adj solid

gelé (shay-lāy) c jelly

gemen (ᵛay-māyn) adj mean, foul

gemensam (ᵛay-māyn-sahm) adj com-
mon; joint, mutual; **gemensamt**
jointly; in common

gemenskap (ᵛay-māyn-skaap) c com-
munity, fellowship

genast (ᵛāy-nahst) adv immediately,
at once, straight away

genera (shay-nāy-rah) v embarrass

general (ᵛay-nay-raal) c general

generation (ᵛay-nay-rah-shōōn) c gen-
eration

generator (ᵛay-nay-raa-tor) c gener-
ator

generös (shay-nay-*rürss*) *adj* generous

geni (*Yay*-nee) *nt* (pl ~er) genius

genljud (*Yayn*-*Yewd*) *nt* echo

genom (*Yay*-nom) *prep* through

genomborra (*Yay*-nom-bo-rah) *v* pierce

genomföra (*Yay*-nom-*für*-rah) *v* carry out

*genomgå (*Yay*-nom-*goå*) *v* *go through

genomresa (*Yay*-nom-ray-sah) *c* passage, transit

genomskinlig (*Yay*-nom-sheen-li) *adj* transparent; sheer

genomsnitt (*Yay*-nom-snit) *nt* average; mean; **i ~** on the average

genomsnittlig (*Yay*-nom-snit-li) *adj* average; medium

genomsöka (*Yay*-nom-*sür*-kah) *v* search, ransack

genomtränga (*Yay*-nom-trehng-ah) *v* penetrate

gentemot (*Yaynt*-ay-*möot*) *prep* towards

genus (*gay*-newss) *nt* gender

geografi (*Yay*-o-grah-*fee*) *c* geography

geologi (*Yay*-o-lo-*gee*) *c* geology

geometri (*Yay*-o-mayt-*ree*) *c* geometry

gest (shehst) *c* gesture

gestikulera (shehss-ti-kew-*layr*-ah) *v* gesticulate

get (*Yayt*) *c* (pl ~ter) goat; **geta-bock** billy goat

geting (*Yay*-ting) *c* wasp

getskinn (*Yayt*-shin) *nt* kid

gevär (Yer-*væær*) *nt* rifle; gun

gift (*Yift*) *nt* poison

gifta sig (*Yif*-tah) marry

giftig (*Yif*-ti) *adj* poisonous; toxic

gikt (*Yikt*) *c* gout

gilla (*Yi*-lah) *v* like; approve

gillande (*Yi*-lahn-der) *nt* approval

giltig (*Yil*-ti) *adj* valid

gips (*Yips*) *c* plaster

gissa (*Yi*-sah) *v* guess

gisslan (*Yiss*-lahn) *c* hostage

gitarr (Yi-*tahr*) *c* guitar

givetvis (*Yee*-vert-veess) *adv* of course

givmild (*Yeev*-mild) *adj* generous; liberal

givmildhet (*Yeev*-mild-*häyt*) *c* generosity

*gjuta (*Yew*-tah) *v* *cast

gjutjärn (*Yewt*-*Yærn*) *nt* cast iron

glaciär (glah-si-*Yæær*) *c* glacier

glad (glaad) *adj* glad; cheerful, joyful

gladlynt (*glaad*-lewnt) *adj* good-humoured

glans (glahns) *c* gloss

glas (glaass) *nt* glass; **färgat ~** stained glass; **glas-** glass

glasera (glah-*say*-rah) *v* glaze

glass (glahss) *c* ice-cream

glasögon (*glaass*-*ür*-gon) *pl* glasses; spectacles

*glida (*glee*-dah) *v* *slide; glide

glidning (*gleed*-ning) *c* slide

glimt (glimt) *c* glimpse; flash

glob (*glöob*) *c* globe

glupsk (glewpsk) *adj* greedy

*glädja (*glaid*-Yah) *v* please, delight

glädje (*glaid*-Yer) *c* joy, pleasure; gaiety, gladness; **med ~** gladly

glänsa (*glehn*-sah) *v* *shine

glänsande (*glehn*-sahn-der) *adj* shining, lustrous

glänta (*glehn*-tah) *c* glade

glöd (glürd) *c* embers *pl*; glow

glöda (*glür*-dah) *v* glow

glödlampa (*glürd*-lahm-pah) *c* light bulb

glödlampshållare (*glürd*-lahmps-*ho*-lah-rer) *c* (pl ~) socket

glömma (*glur*-mah) *v* *forget

glömsk (glurmsk) *adj* forgetful

*gnida (*gneed*-ah) *v* rub

gnissla (*gniss*-lah) *v* creak

gnista (*gniss*-tah) *c* spark

gnistra (*gnist*-rah) v sparkle

gnistrande (*gnist*-rahn-der) adj sparkling

gobeläng (goo-ber-*lehng*) c tapestry

god (gōōd) adj nice; good; kind; var ~ please; var så ~ here you are

goddag! (gōō-daa) hello!

godis (*gōōd*-iss) nt candy nAm

godkänna (*gōōd*-tᵞehn-ah) v approve of

godlynt (*gōōd*-lewnt) adj good-tempered

godmodig (*gōōd*-mōō-di) adj good-natured

gods (goods) nt estate

godståg (*goods*-tōåg) nt goods train; freight-train nAm

godsvagn (*goods*-vahngn) c waggon

godtrogen (*gōōd*-trōō-gern) adj credulous

godtycklig (*gōōd*-tewk-li) adj arbitrary, fortuitous

golf (golf) c golf

golfbana (*golf*-baa-ner) c golf-course; golf-links

golv (golv) nt floor

gondol (gon-*dōål*) c gondola

gosse (*goss*-er) c lad

gottaffär (*got*-ah-*fæær*) c sweetshop; candy store Am

gotter (*got*-err) pl sweets

***gottgöra** (*got*-ᵞürr-ah) v *make good, indemnify

gottgörelse (*got*-ᵞür-rerl-ser) c indemnity

grabb (grahb) c chap

grace (graass) c grace

graciös (grah-si-*ürss*) adj graceful

grad (graad) c degree; grade; till den ~ so

gradvis (*graad*-veess) adj gradual

grafisk (*graa*-fisk) adj graphic; ~ framställning diagram

gram (grahm) nt gram

grammatik (grah-mah-*teek*) c grammar

grammatisk (grah-*mah*-tisk) adj grammatical

grammofon (grah-mo-*fōān*) c record-player; gramophone

grammofonskiva (grah-mo-*fōān*-shee-vah) c record; disc

gran (graan) c fir-tree

granit (grah-*neet*) c granite

granne (*grah*-ner) c neighbour

grannskap (*grahn*-skaap) nt neighbourhood

grapefrukt (*graip*-frewkt) c grapefruit

gratis (*graa*-tiss) adj free; gratis

gratulation (grah-tew-lah-*shōōn*) c congratulation

gratulera (grah-tew-*lāy*-rah) v compliment, congratulate

grav (graav) c grave; tomb

gravera (grah-*vāy*-rah) v engrave

gravid (grah-*veed*) adj pregnant

gravsten (*graav*-stāyn) c gravestone; tombstone

gravsättning (*graav*-seht-ning) c burial

gravyr (grah-*vēwr*) c engraving

gravör (grah-*vürr*) c engraver

grej (gray) c gadget

grek (grāyk) c Greek

grekisk (*grāy*-kisk) adj Greek

Grekland (*grāyk*-lahnd) Greece

gren (grāyn) c branch; bough

grepp (grayp) nt grasp; clutch, grip

greve (*grāy*-ver) c count; earl

grevinna (gray-*vi*-nah) c countess

grevskap (*grāyv*-skaap) nt county

griffeltavla (*gri*-ferl-taav-lah) c slate

grilla (*gri*-lah) v grill; roast

grillrestaurang (*gril*-rayss-tew-*rahng*) c grill-room

grind (grind) c gate

***gripa** (*greep*-ah) v grasp; *take, grip, seize, *catch

gripbar (*greep*-baar) *adj* tangible

gris (greess) *c* pig

griskött (*greess*-tʏurt) *nt* pork

groda (*grōō*-dah) *c* frog

grodd (grood) *c* germ

grop (grōōp) *c* pit

gropig (*grōō*-pi) *adj* bumpy, rough

gross (gross) *nt* gross

grossist (gro-*sist*) *c* wholesale dealer

grotta (gro-tah) *c* grotto; cave

grov (grōōv) *adj* coarse; gross

grund (grewnd) *c* cause; ground; *adj* shallow; **på ~ av** because of; on account of, for

grunda (*grewn*-dah) *v* found; base, ground

grundlag (*grewnd*-laag) *c* constitutional law

grundlig (*grewnd*-li) *adj* thorough

grundläggande (*grewnd*-leh-gahn-der) *adj* fundamental; basic

grundprincip (*grewnd*-prin-*seep*) *c* basis

grundsats (*grewnd*-sahts) *c* fundamental principle

grundval (*grewnd*-vaal) *c* base, foundation

grupp (grewp) *c* group; set

grus (grēwss) *nt* gravel; grit

grusväg (*grēwss*-vaig) *c* gravelled road

gruva (*grew*-vah) *c* mine; pit

gruvarbetare (*grēwv*-ahr-*bāy*-tah-rer) *c* (pl ~) miner

gruvdrift (*grēwv*-drift) *c* mining

grym (grewm) *adj* cruel; harsh

gryning (*grēw*-ning) *c* dawn

gryta (*grēw*-tah) *c* pot, casserole

grå (grōā) *adj* grey

***gråta** (*grōā*-tah) *v* cry; *weep

grädde (*greh*-der) *c* cream

gräddfärgad (*grehd*-fær-ʏahd) *adj* cream

gräl (grail) *nt* quarrel; dispute

gräla (*grai*-lah) *v* argue, quarrel; ~ **på** scold

gränd (grehnd) *c* alley; lane

gräns (grehns) *c* frontier, border; limit, bound

gränslinje (*grehns*-lin-ʏer) *c* boundary

gräs (graiss) *nt* grass

gräshoppa (*graiss*-ho-pah) *c* grasshopper

gräslig (*graiss*-li) *adj* horrible

gräslök (*graiss*-lūrk) *c* chives *pl*

gräsmatta (*graiss*-mah-tah) *c* lawn

grässtrå (*graiss*-strōa) *nt* blade of grass

gräva (*grai*-vah) *v* *dig; ~ **ut** excavate

grön (grūrn) *adj* green

grönsak (*grūrn*-saak) *c* vegetable

grönsakshandlare (*grūrn*-saaks-*hahnd*-lah-rer) *c* (pl ~) greengrocer; vegetable merchant

grönsallad (*grūrn*-sahl-ahd) *c* lettuce

gud (gēwd) *c* god

gudfar (*gēwd*-faar) *c* (pl -fäder) godfather

gudinna (gew-*din*-ah) *c* goddess

gudomlig (gew-*doom*-li) *adj* divine

gudstjänst (*gewds*-tʏehnst) *c* worship, divine service

guide (gighd) *c* guide

gul (gēwl) *adj* yellow

guld (gewld) *nt* gold

guldgruva (*gewld*-grēw-vah) *c* goldmine

guldsmed (*gewld*-smāyd) *c* goldsmith

gulsot (*gēwl*-sōōt) *c* jaundice

gummi (*gew*-mi) *nt* rubber; gum

gummiband (*gew*-mi-bahnd) *nt* rubber band

gunga (*gewng*-ah) *c* swing; *v* rock, *swing

gungbräda (*gewng*-brai-dah) *c* seesaw

gunstling (*gewnst*-ling) *c* favourite

gurgla (*gewrg*-lah) *v* gargle

gurka (*gewr*-kah) c cucumber

guvernant (*gēw*-verr-*nahnt*) c governess

guvernör (gēw-verr-*nūrr*) c governor

gylf (ᵛewlf) c fly

gyllene (ᵛewl-ler-ner) adj golden

gymnast (ᵛewm-*nahst*) c gymnast

gymnastik (ᵛewm-nah-*steek*) c gymnastics pl

gymnastikbyxor (ᵛewm-nah-*steek*-bewk-serr) pl trunks pl

gymnastiksal (ᵛewm-nah-*steek*-saal) c gymnasium

gymnastikskor (ᵛewm-nah-*steek*-skōōr) pl gym shoes; plimsolls pl; sneakers plAm

gynekolog (ᵛew-nay-ko-*lōāg*) c gynaecologist

gynna (ᵛewn-ah) v favour

gynnsam (ᵛewn-sahm) adj favourable

gyttja (ᵛewt-ᵛah) c mud

*gå (gōā) v *go; walk; ~ förbi pass by; ~ igenom pass through; ~ i land land; ~ in enter; ~ med på consent to; ~ ombord embark; ~ upp *rise; ~ ut *go out

gång (gong) c time; gait; passage, corridor, aisle; en ~ once; some time; en ~ till once more; gång på gång again and again; någon ~ some day; två gånger twice

gångart (gong-aart) c gait

gångbana (gong-baan-ah) c sidewalk nAm

gångjärn (gong-ᵛæærn) nt hinge

gångstig (gong-steeg) c footpath

gård (gōārd) c farm; yard

gås (gōāss) c (pl gäss) goose

gåshud (gōāss-hēwd) c goose-flesh

gåta (gōā-tah) c riddle; enigma

gåtfull (gōāt-fewl) adj mysterious

gåva (gōā-vah) c gift; present

gädda (ᵛeh-dah) c pike

gäl (ᵛail) c gill

gäll (ᵛehl) adj loud

gälla (ᵛehl-ah) v apply

gällande (ᵛehl-ahn-der) adj current, valid

gäng (ᵛehng) nt gang

gärna (ᵛæær-nah) adv gladly, willingly

gärning (ᵛæær-ning) c deed, act

gäspa (ᵛehss-pah) v yawn

gäst (ᵛehst) c guest

gästfri (ᵛehst-free) adj hospitable

gästfrihet (ᵛehst-free-hāyt) c hospitality

gästrum (ᵛehst-rewm) nt guest-room; spare room

gödsel (ᵛur-serl) c manure

gödselstack (ᵛur-serl-stahk) c dunghill

gök (ᵛūrk) c cuckoo

gömma (ᵛur-mah) v *hide

*göra (ᵛūr-rah) v *do; *make; ~ illa harm; ~ upp settle; *make up

gördel (ᵛūrr-dayl) c (pl -dlar) girdle

H

*ha (haa) v *have

habegär (haa-bay-ᵛæær) nt greed

hacka (hahk-ah) c hoe, pick-axe; v hoe, chop

hagalen (haa-gaa-lern) adj greedy

hagel (haa-gerl) nt hail

haj (high) c shark

haka (haa-kah) c chin

hal (haal) adj slippery

halka (hahl-kah) v slip

hall (hahl) c hall

hallon (hah-lon) nt raspberry

halm (hahlm) c straw

halmtak (hahlm-taak) nt thatched roof

hals (hahls) c throat; neck

halsband (*hahls*-bahnd) *nt* necklace; collar

halsbränna (*hahls*-breh-nah) *c* heartburn

halsduk (*hahls*-dewk) *c* scarf

halsfluss (*hahls*-flewss) *c* tonsilitis

halsmandlar (*hahls*-mahnd-lahr) *pl* tonsils *pl*

halsont (*hahls*-oont) *nt* sore throat

halstra (*hahl*-strah) *v* roast

halt (hahlt) *adj* lame

halta (*hahl*-tah) *v* limp

halv (hahlv) *adj* half

halvcirkel (*hahlv*-seer-kerl) *c* (pl -klar) semicircle

halvera (hahl-*vay*-rah) *v* halve

halvlek (*hahlv*-layk) *c* half-time

halvpension (*hahlv*-pahng-*shoon*) *c* half board

halvvägs (*hahl*-vaigs) *adv* halfway

halvö (*hahlv*-ūr) *c* peninsula

hammare (*hah*-mah-rer) *c* (pl ~) hammer

hamn (hahmn) *c* port, harbour

hamnarbetare (*hahmn*-ahr-*bay*-tah-rer) *c* (pl ~) docker

hamnpir (*hahmn*-peer) *c* jetty

hamnstad (*hahmn*-staad) *c* (pl -städer) seaport

hampa (*hahm*-pah) *c* hemp

han (hahn) *pron* he

han- (haan) *pref* male

hand (hahnd) *c* (pl händer) hand; **hand-** manual; ***ta ~ om** look after; ***take care of**, attend to

handarbete (*hahnd*-ahr-*bay*t-er) *nt* needlework

handbagage (*hahnd*-bah-*gaash*) *nt* hand luggage; hand baggage *Am*

handbojor (*hahnd*-bo-Yor) *pl* handcuffs *pl*

handbok (*hahnd*-bōōk) *c* (pl -böcker) handbook

handbroms (*hahnd*-broms) *c* handbrake

handduk (*hahnd*-dewk) *c* towel

handel (*hahn*-derl) *c* trade; business, commerce; ***driva ~** trade; **handels-** commercial

handelsman (*hahn*-derls-mahn) *c* (pl -män) tradesman

handelsrätt (*hahn*-derls-reht) *c* commercial law

handelsvara (*hahn*-derls-vaa-rah) *c* merchandise

handfat (*hahnd*-faat) *nt* wash-basin

handflata (*hahnd*-flaa-tah) *c* palm

handfull (*hahnd*-fewl) *c* handful

handgjord (*hahnd*-Yōōrd) *adj* handmade

handikappad (*hahn*-di-kahp-ahd) *adj* handicapped, disabled

handkräm (*hahnd*-kraim) *c* hand cream

handla (*hahnd*-lah) *v* shop; act

-handlare (*hahnd*-lah-rer) dealer

handled (*hahnd*-layd) *c* wrist

handling (*hahnd*-ling) *c* action; act, plot, deed; certificate; **handlingar** documents *pl*

handpenning (*hahnd*-pay-ning) *c* down payment, deposit

handske (*hahnd*-sker) *c* glove

handslag (*hahnd*-slaag) *nt* handshake

handstil (*hahnd*-steel) *c* handwriting

handtag (*hahnd*-taag) *nt* knob, handle

handväska (*hahnd*-vehss-kah) *c* handbag; bag

hans (hahns) *pron* his

hantera (hahn-*tay*-rah) *v* handle

hanterlig (hahn-*tay*r-li) *adj* manageable

hantverk (*hahnt*-værk) *nt* handicraft

hare (*haa*-rer) *c* hare

harmoni (hahr-mo-*nee*) *c* harmony

harpa (*hahr*-pah) *c* harp

hasselnöt (*hahss*-erl-*nūrt*) *c* (pl ~ter) hazelnut

hast (hahst) c haste

hastig (hahss-ti) adj fast, rapid; hasty

hastighet (hahss-ti-hāȳt) c speed

hastighetsbegränsning (hahss-ti-hāȳts-ber-grehns-ning) c speed limit

hastighetsmätare (hahss-ti-hāȳts-mai-tah-rer) c (pl ~) speedometer

hat (haat) nt hatred, hate

hata (haa-tah) v hate

hatt (haht) c hat

hatthylla (haht-hew-lah) c hat rack

hav (haav) nt sea

havande (haa-vahn-der) adj pregnant

havre (haav-rer) c oats pl

havsstrand (hahvs-strahnd) c (pl -stränder) seashore

havsvatten (hahvs-vah-tern) nt sea-water

hebreiska (hay-brāȳ-iss-kah) c Hebrew

hed (hāȳd) c moor, heath

heder (hāȳ-derr) c honour

hederlig (hāȳ-derr-li) adj honest, straight

hederskänsla (hāȳ-derrs-tᵛehns-lah) c sense of honour

hedning (hāȳd-ning) c pagan, heathen

hednisk (hāȳd-nisk) adj heathen; pagan

hedra (hāȳd-rah) v honour

hej! (hay) hello!

hel (hāȳl) adj entire; whole

helgdag (hehlᵛ-daag) c holiday

helgedom (hehl-ger-doom) c shrine, sanctuary

helgeflundra (hehl-ᵛer-flewnd-rah) c halibut

helgerån (hehl-ᵛeh-rōān) nt sacrilege

helgon (hehl-gon) nt saint

helhet (hāȳl-hāȳt) c whole

helig (hāȳ-li) adj holy; sacred

hellre (hehl-rer) adv rather; sooner

helpension (hāȳl-pahng-shōōn) c full board; bed and board; board and lodging

helt (hāȳt) adv entirely; quite; ~ och hållet wholly; altogether

helvete (hehl-vāȳ-ter) nt hell

hem (hehm) nt home; adv home; *gå ~ *go home; hem- domestic

hembiträde (hehm-bee-trai-der) nt housemaid

hemgjord (hehm-ᵛoord) adj home-made

hemland (hehm-lahnd) nt (pl -länder) native country

hemlig (hehm-li) adj secret

hemlighet (hehm-li-hāȳt) c secret

hemlängtan (hehm-lehng-tahn) c homesickness

hemma (hehm-ah) adv at home; home

hemmafru (heh-mah-frew) c housewife

hemorrojder (heh-mo-roi-derr) pl haemorrhoids pl; piles pl

hemort (hehm-oort) c domicile

hemsk (hehmsk) adj terrible

hemtrevlig (hehm-trāȳv-li) adj cosy

henne (hehn-er) pron her

hennes (hehn-erss) pron her

herde (hāȳr-der) c shepherd

herr (hær) mister

herravälde (hær-ah-vehl-der) nt domination; dominion

herre (hær-er) c gentleman; min ~ sir

herrfrisör (hær-fri-sūrr) c barber

herrgård (hær-gōard) c manor-house

herrtoalett (hær-tōō-ah-layt) c men's room

hertig (hær-tig) c duke

hertiginna (hær-ti-gin-ah) c duchess

hes (hayss) adj hoarse

het (hāȳt) adj hot

heta (hāȳ-tah) v *be called

heterosexuell (heh-ter-ro-sehk-sew-ayl) adj heterosexual

hetlevrad (*hāyt-lāyv*-rahd) *adj* hot-tempered

hetta (*hay*-tah) *c* heat

hicka (*hi*-kah) *c* hiccup

hierarki (hi-err-ahr-*kee*) *c* hierarchy

himmel (*him*-erl) *c* (pl -mlar) sky; heaven

hinder (*hin*-derr) *nt* obstacle; impediment

hindra (*hind*-rah) *v* hinder; impede; embarrass

hink (hingk) *c* bucket

hinna (*hin*-ah) *c* membrane

*****hinna** (*hin*-ah) *v* *catch; *find time

hiss (hiss) *c* lift; elevator *nAm*

hissa (*hiss*-ah) *v* hoist

historia (hiss-*tōō*-ri-ah) *c* history; story

historiker (hiss-*tōō*-ri-kerr) *c* (pl ~) historian

historisk (hiss-*tōō*-risk) *adj* historic; historical

hitta (*hit*-ah) *v* *find

hittegods (*hi*-ter-goods) *nt* lost and found

hittegodsmagasin (*hi*-ter-goods-mah-gah-*seen*) *nt* lost property office

hittills (*heet*-tils) *adv* so far

hjord (Yoord) *c* herd; flock

hjort (Yoort) *c* deer

hjortdjurshorn (Yoort-Yēwrs-hōōrn) *nt* antlers *pl*

hjortkalv (Yoort-kahlv) *c* fawn

hjul (Yēwl) *nt* wheel

hjulaxel (Yēwl-*ahk*-serl) *c* (pl -axlar) axle

hjälm (Yehlm) *c* helmet

hjälp (Yehlp) *c* help; aid, assistance; relief; helper; **första hjälpen** first-aid

hjälpa (Yehl-pah) *v* help; aid, assist

hjälpsam (Yehlp-sahm) *adj* helpful

hjälpstation (Yehlp-stah-shōōn) *c* first-aid post

hjälte (Yehl-ter) *c* hero

hjärna (Yæær-nah) *c* brain

hjärnskakning (Yæærn-skaak-ning) *c* concussion

hjärta (Yær-tah) *nt* heart

hjärtattack (Yært-ah-*tahk*) *c* heart attack

hjärtklappning (Yært-klahp-ning) *c* palpitation

hjärtlig (Yært-li) *adj* cordial; hearty

hjärtlös (Yært-lūrss) *adj* heartless

hobby (*ho*-bi) *c* (pl -bies, ~er) hobby

hockey (*ho*-ki) *c* hockey

Holland (*ho*-lahnd) Holland

holländare (ho-lehn-dah-rer) *c* (pl ~) Dutchman

holländsk (ho-*lehndsk*) *adj* Dutch

homosexuell (ho-moo-sehk-sew-*ayl*) *adj* homosexual

hon (hoon) *pron* she

hon- (hōōn) *pref* female

honom (*ho*-nom) *pron* him

honung (*hōā*-newng) *c* honey

hop (hōōp) *c* crowd; bunch

hopp (hop) *nt* hope; jump, leap, hop

hoppa (*ho*-pah) *v* jump; *leap, hop; ~ över skip, jump over

hoppas (*ho*-pahss) *v* hope

hoppfull (*hop*-fewl) *adj* hopeful, confident

hopplös (*hop*-lūrss) *adj* hopeless

hora (*hōō*-rah) *c* whore

horisont (ho-ri-*sont*) *c* horizon

horisontal (ho-ri-son-*taal*) *adj* horizontal

horn (hoorn) *nt* horn

hos (hooss) *prep* at

hosta (*hooss*-tah) *v* cough; *c* cough

hot (hōōt) *nt* threat

hota (*hōō*-tah) *v* threaten

hotande (*hōō*-tahn-der) *adj* threatening

hotell (ho-*tayl*) *nt* hotel

hov[1] (hōāv) *nt* court

hov² (hōōv) c hoof

hovmästare (hōāv-mehss-tah-rer) c (pl ∼) head-waiter

hud (hēwd) c skin

hudkräm (hēwd-krehm) c skin cream

hudutslag (hēwd-ēwt-slaag) nt rash

*hugga (hewg-gah) v *hew

humle (hewm-lay) nt hop

hummer (hew-merr) c (pl -mrar) lobster

humor (hēw-mor) c humour

humoristisk (hēw-mo-riss-tisk) adj humorous

humör (hēw-mūrr) nt mood; temper, temperament

hund (hewnd) c dog

hundkoja (hewnd-ko-Yah) c kennel

hundra (hewnd-rah) num hundred

hunger (hewng-err) c hunger

hungrig (hewng-ri) adj hungry

hur (hēwr) adv how; ∼ **mycket** how much; ∼ **många** how many; ∼ **som helst** anyhow; any way

hus (hēwss) nt house; home

husblock (hēwss-blok) nt house block *Am*

husbåt (hēwss-bōat) c houseboat

hushåll (hēwss-hol) nt household

hushållerska (hēwss-ho-lerrs-kah) c housekeeper

hushållning (hēwss-hol-ning) c housekeeping; economy

hushållsarbete (hēwss-hols-ahr-bāy-ter) nt housework

hushållssysslor (hēwss-hols-sewss-lor) pl housekeeping

husmor (hēwss-mōōr) c (pl -mödrar) mistress

husrum (hēwss-rewm) nt accommodation; lodging

hustru (hewst-rew) c wife

husvagn (hēwss-vahngn) c caravan; trailer *nAm*

huttra (hewt-rah) v shiver

huttrande (hewt-rahn-der) adj shivery

huvud (hōāv-er) nt (pl ∼, ∼en) head; **huvud-** main; chief, cardinal, principal, capital, primary

huvudbry (hēw-verd-brēw) nt puzzle

huvudgata (hēw-verd-gaa-tah) c main street; thoroughfare

huvudkudde (hēw-verd-kew-der) c pillow

huvudledning (hēw-verd-lāyd-ning) c mains pl

huvudlinje (hēw-verd-lin-Yer) c main line

huvudrätt (hēw-verd-reht) c main course

huvudsaklig (hēw-verd-saak-li) adj cardinal, capital; **huvudsakligen** mainly

huvudstad (hēw-verd-staad) c (pl -städer) capital

huvudväg (hēw-verd-vaig) c main road; thoroughfare

huvudvärk (hēw-verd-værk) c headache

hy (hēw) c complexion, skin

hycklande (hewk-lahn-der) adj hypocritical

hycklare (hewk-lah-rer) c (pl ∼) hypocrite

hyckleri (hewk-ler-ree) nt (pl ∼er) hypocrisy

hydda (hew-dah) c hut; cabin

hygien (hew-gi-āyn) c hygiene

hygienisk (hew-gi-āy-nisk) adj hygienic

hylla (hew-lah) v congratulate, honour; c shelf, rack

hyllning (hewl-ning) c tribute; homage; congratulations pl

hymn (hewmn) c hymn, anthem

hypotek (hew-po-tāyk) nt mortgage

hyra (hēw-rah) v rent, hire; lease; c rent; ∼ **ut** *let

hyresgäst (hēw-rerss-Yehst) c tenant

hyreshus (*hēw-rerss-hēwss*) *nt* block of flats; apartment house *Am*

hyreskontrakt (*hēw-rerss-kon-trahkt*) *nt* lease

hyresvärd (*hēw-rerss-væærd*) *c* landlord

hyresvärdinna (*hēw-rerss-vær-di-nah*) *c* landlady

hysterisk (*hewss-tāy-risk*) *adj* hysterical

hytt (*hewt*) *c* cabin; booth

hyttventil (*hewt-vehn-teel*) *c* porthole

hågkomst (*hōag-komst*) *c* remembrance

hål (*hōal*) *nt* hole; *göra ~ pierce

håla (*hōal-ah*) *c* cavern

hålighet (*hōal-i-hāyt*) *c* cavity, hollow

håll (*hol*) *nt* way; stitch

***hålla** (*ho-lah*) *v* *hold; *keep; ~ love; ~ **fast** *hold; ~ **tillbaka** restrain; ~ **uppe** support; *hold up; ~ **upp med** stop; ~ **ut** *keep up

hållning (*hol-ning*) *c* gait, carriage; attitude

hållplats (*hol-plahts*) *c* stop, halt

hån (*hōan*) *nt* scorn; mockery, derision

håna (*hōa-nah*) *v* mock, deride

hår (*hōar*) *nt* hair; ~ **gelé** *nt* hair gel

hårborste (*hōar-bors-ter*) *c* hairbrush

hård (*hōard*) *adj* hard

hårdnackad (*hōard-nahk-ahd*) *adj* obstinate, stubborn

hårig (*hōar-i*) *adj* hairy

hårklippning (*hōar-klip-ning*) *c* haircut

hårklämma (*hōar-kleh-mah*) *c* bobby pin *Am*

hårkräm (*hōar-kraim*) *c* hair cream

hårnål (*hōar-nōal*) *c* hairpin

hårnät (*hōar-nait*) *nt* hair-net

hårolja (*hōar-ol-ʸah*) *c* hair-oil

hårrullar (*hōar-rew-lahr*) *pl* hair rollers

hårspray (*hōar-spray*) *nt* hair-spray

hårspänne (*hōar-speh-nay*) *nt* hairgrip

hårtork (*hōar-tork*) *c* hair-dryer

hårvatten (*hōar-vah-tern*) *nt* hair tonic

häck (*hehk*) *c* hedge

hädanefter (*hai-dahn-ehf-terr*) *adv* henceforth

häftig (*hehf-ti*) *adj* violent, severe; intense, fierce

häftklammer (*hehft-klah-merr*) *c* (pl ~, -mrar) staple

häftplåster (*hehft-ploss-terr*) *nt* sticking-plaster

häftstift (*hehft-stift*) *nt* drawing-pin; thumbtack *nAm*

häger (*hai-gerr*) *c* heron

häkte (*hehk-ter*) *nt* custody

häl (*hail*) *c* heel

hälft (*hehlft*) *c* half; **till hälften** half

hälla (*heh-lah*) *v* pour

hälsa (*hehl-sah*) *v* greet; salute; *c* health

hälsning (*hehls-ning*) *c* greeting

hälsosam (*hehl-soo-sahm*) *adj* wholesome, salubrious

hälsovårdscentral (*hehl-soo-vōards-sehn-traal*) *c* health centre

hämnd (*hehmnd*) *c* revenge

hämta (*hehm-tah*) *v* fetch; *get, collect, pick up

hända (*hehn-dah*) *v* happen; occur

händelse (*hehn-dayl-ser*) *c* event, happening; incident; **i ~ av** in case of

händig (*hehn-di*) *adj* skilful

hänga (*hehng-ah*) *v* *hang; ~ **med** *keep up with

hängare (*hehng-ah-rer*) *c* (pl ~) peg, hook, hanger

hängbro (*hehng-brōō*) *c* suspension bridge

hänglås (*hehng-lōass*) *nt* padlock

hängmatta (*hehng-mah-tah*) *c* hammock

hängslen (*hehngs*-lern) *pl* braces *pl;* suspenders *plAm*

hängsmycke (*hehng*-smew-ker) *nt* pendant

hänsyn (*hain*-sēwn) *c* regard; **med ~ till** considering; as regards; ***ta ~ till** consider

hänsynsfull (*hain*-sēwns-fewl) *adj* considerate

hänsynsfullhet (*hain*-sewns-*fewl*-hāyt) *c* consideration

hänvisa till (*hain*-vee-sah) refer to

hänvisning (*hain*-veess-ning) *c* reference

här (hæær) *adv* here

härbärge (hæær-bær-Yah) *nt* hostel

härbärgera (hær-bær-Yāy-rah) *v* accommodate

härkomst (hæær-komst) *c* origin

härleda (hæær-lāyd-ah) *v* deduce

härlig (hæær-li) *adj* wonderful; delightful; fine

häromdagen (hæær-om-daa-gern) *adv* recently

härskare (hærs-kah-rer) *c* (pl ~) ruler; sovereign

härsken (hærs-kayn) *adj* rancid

härstamning (hæær-stahm-ning) *c* origin

häst (hehst) *c* horse

hästkapplöpning (hehst-kahp-lūrp-ning) *c* horserace

hästkapplöpningsbana (hehst-kahp-lūrp-nings-baa-nah) *c* race-course

hästkraft (hehst-krahft) *c* horsepower

hästsko (hehst-skōō) *c* horseshoe

hävarm (haiv-ahrm) *c* lever

hävstång (haiv-stong) *c* (pl -stänger) lever

häxa (hehk-sah) *c* witch

hö (hūr) *nt* hay

höft (hurft) *c* hip

höfthållare (hurft-ho-lah-rer) *c* (pl ~) girdle

hög (hūrg) *c* lot, heap, pile; *adj* high; tall

högdragen (hūrg-draa-gern) *adj* haughty

höger (hūr-gerr) *adj* right, right-hand; **på ~ hand** on the right-hand side; **till ~** to the right

högkvarter (hūrg-kvahr-*tair*) *nt* headquarters *pl*

högland (hūrg-lahnd) *nt* (pl -länder) uplands *pl*

högljudd (hūrg-Yewd) *adj* loud

högmodig (hūrg-mōō-di) *adj* haughty

högskola (hūrg-skōō-lah) *c* college

högsäsong (hūrg-seh-song) *c* peak season; high season

högt (hurkt) *adv* aloud

högtalare (hūrg-taa-lah-rer) *c* loudspeaker

högtidlig (hūrg-teed-li) *adj* solemn, ceremonious

högvatten (hūrg-vah-tern) *nt* high tide

höja (hurY-ah) *v* raise; lift

höjd (hurYd) *c* height; altitude; **på sin ~** at most

höjdpunkt (hurYd-pewngt) *c* height; peak, climax

hök (hūrk) *c* hawk

höna (hūr-nah) *c* hen

höra (hūr-rah) *v* *hear

hörbar (hūrr-baar) *adj* audible

hörn (hūrrn) *nt* corner

hörsal (hūrr-saal) *c* auditorium

hörsel (hurr-sayl) *c* hearing

hösnuva (hūr-snēw-vah) *c* hay fever

höst (hurst) *c* autumn; fall *nAm*

hövding (hurv-ding) *c* chieftain

hövlig (hūrv-li) *adj* polite, civil

I

i (ee) *prep* in; at, for, to

*iaktta (ee-ahkt-taa) v observe; watch

iakttagelse (eeahkt-taa-gerl-ser) c observation

ibland (i-blahnd) adv sometimes; prep among

idag (i-daag) adv today

idé (i-dāy) c idea

ideal (i-day-aal) nt ideal

idealisk (i-day-aal-isk) adj ideal

identifiera (i-dayn-ti-fi-āyr-ah) v identify

identifiering (i-dayn-ti-fi-āy-ring) c identification

identisk (i-dayn-tisk) adj identical

identitet (i-dayn-ti-tāyt) c identity

identitetskort (i-dayn-ti-tāyts-koort) nt identity card

idiom (i-di-ōām) nt idiom

idiomatisk (i-di-o-maa-tisk) adj idiomatic

idiot (i-di-ōōt) c idiot

idiotisk (i-di-ōōt-isk) adj idiotic

idol (i-dōal) c idol

idrottsman (eed-rots-mahn) c (pl -män) sportsman

ifall (i-fahl) conj if; in case

igelkott (ee-gerl-kot) c hedgehog

igen (i-Yehn) adv again

igenvuxen (i-Yn-vewk-sern) adj overgrown

ignorera (ing-noa-rāy-rah) v ignore

igår (i-gōar) adv yesterday

ihålig (ee-hōā-li) adj hollow

ihärdig (ee-hæær-di) adj persevering, tenacious

ikon (i-kōan) c icon

illaluktande (i-lah-lewk-tahn-der) adj smelly

illamående (i-lah-mōā-ayn-der) nt nausea, sickness; adj sick

illegal (il-er-gaal) adj illegal

illtjut (il-tYewt) nt shriek

illusion (il-ew-shōōn) c illusion

illustration (i-lew-strah-shōōn) c illustration; picture

illustrera (i-lew-strāy-rah) v illustrate

illvillig (il-vi-li) adj spiteful, malicious

ilska (ils-kah) c anger

imitation (i-mi-tah-shōōn) c imitation

imitera (i-mi-tāy-rah) v imitate

immigrera (i-mi-grāy-rah) v immigrate

immunisera (i-mēw-ni-sāy-rah) v immunize

immunitet (i-mēw-ni-tāyt) c immunity

imperium (im-pāy-ri-ewm) nt empire; imperial- imperial

imponera (im-po-nāy-rah) v impress

imponerande (im-po-nāyr-ahn-der) adj impressive; imposing

impopulär (im-po-pew-læær) adj unpopular

import (im-port) c import

importera (im-por-tāy-rah) v import

importtull (im-port-tewl) c import duty

importvara (im-port-vaa-rah) c import

importör (im-por-tūrr) c importer

impotens (im-po-tayns) c impotence

impotent (im-po-taynt) adj impotent

impregnerad (im-prayng-nāy-rahd) adj rainproof, impregnated

improvisera (im-pro-vi-sāy-rah) v improvise

impuls (im-pewls) c impulse

impulsiv (im-pewl-seev) adj impulsive

in (in) adv in; *gå ~ *go in; ~ i into; inside

inackordering (in-ahk-or-dāyr-ing) c boarder; lodger

inandas (in-ahn-dahss) v inhale

*inbegripa (in-ber-gree-pah) v comprise

inberäknad (in-ber-raik-nahd) adj included

inbetalning (in-ber-taal-ning) c payment, deposit

inbillad (in-bi-lahd) adj imaginary

inbilla sig (in-bi-lah) imagine

inbillning (*in*-bil-ning) *c* imagination

*inbjuda (*in*-bᵞᵉ̄w-dah) *v* invite; ask

inbjudan (*in*-bᵞᵉ̄w-dahn) *c* invitation

inblanda (*in*-blahn-dah) *v* involve

inblandad (*in*-blahn-dahd) *adj* involved; concerned

inblandning (*in*-blahnd-ning) *c* interference

inbrott (*in*-brot) *nt* burglary; *göra ~ burgle

inbrottstjuv (*in*-brots-tᵞᵉ̄wv) *c* burglar

inbördes (*in*-būrr-derss) *adj* mutual

indela (*in*-dāyl-ah) *v* divide; classify

indian (in-di-*aan*) *c* Indian

indiansk (in-di-*aansk*) *adj* Indian

Indien (*in*-di-ayn) India

indier (*in*-di-ᵞerr) *c* (pl ~) Indian

indignation (in-ding-nah-*shōōn*) *c* indignation

indirekt (*in*-di-raykt) *adj* indirect

indisk (*in*-disk) *adj* Indian

individ (in-di-*veed*) *c* individual

individuell (in-di-vee-dew-*ayl*) *adj* individual

indones (in-doo-*nāyss*) *c* Indonesian

Indonesien (in-doo-*nāy*-si-ᵞern) Indonesia

indonesisk (in-doo-*nāyss*-isk) *adj* Indonesian

industri (in-dewss-*tree*) *c* industry

industriell (in-dewss-tri-*ayl*) *adj* industrial

industriområde (in-dew-*stree*-om-*rōa*-der) *nt* industrial area

ineffektiv (in-ay-fehk-*teev*) *adj* ineffective; inefficient

infall (*in*-fahl) *nt* whim; idea

infanteri (in-fahn-ter-*ree*) *nt* infantry

infektion (in-fehk-*shōōn*) *c* infection

infinitiv (*in*-fi-ni-teev) *c* infinitive

inflammation (in-flah-mah-*shōōn*) *c* inflammation; *bli inflammerad *become septic

inflation (in-flah-*shōōn*) *c* inflation

influensa (in-flēw-*ayn*-sah) *c* flu; influenza

inflytelserik (*in*-flēw-tayl-say-reek) *adj* influential

infoga (*in*-fōō-gah) *v* insert

informator (in-for-*maa*-tor) *c* tutor

informell (in-for-*mayl*) *adj* informal; casual

informera (in-for-*māyr*-ah) *v* inform

infraröd (*in*-frah-rūrd) *adj* infra-red

infödd (*in*-furd) *adj* native

inföding (in-*fūr*-ding) *c* native

införa (*in*-fūrr-ah) *v* import; introduce

införsel (in-*fūrr*-serl) *c* (pl -slar) import

ingefära (*i*-nger-fææ-rah) *c* ginger

ingen (*ing*-ayn) *pron* nobody; none, no one; no

ingendera (*i*-ngayn-*dāy*-rah) *pron* neither

ingenjör (in-shayn-ᵞ*urr*) *c* engineer

ingenstans (*ing*-ayn-stahns) *adv* nowhere

ingenting (*ing*-ayn-ting) *pron* nothing; nil

ingrediens (ing-gray-di-*ayns*) *c* ingredient

*ingripa (*in*-gree-pah) *v* interfere; intervene

ingång (*in*-gong) *c* entrance; way in, entry

inhemsk (*in*-haymsk) *adj* domestic

initial (i-ni-tsi-*aal*) *c* initial

initiativ (i-nit-si-ah-*teev*) *nt* initiative

injektion (in-ᵞayk-*shōōn*) *c* injection

injektionsspruta (in-ᵞehk-*shōōns*-sprēw-tah) *c* syringe

inkassera (*in*-kah-*sāy*-rah) *v* cash

inklusive (ing-klew-*see*-ver) *adj* inclusive; *allt inkluderat* all included, all in

inkompetent (in-kom-per-*tehnt*) *adj* incompetent

inkomst (*in*-komst) *c* income; revenue; **inkomster** earnings *pl*

inkomstskatt (*in*-komst-skaht) *c* income-tax

inkräkta (*in*-krehk-tah) *v* trespass

inkräktare (*in*-krehk-tah-rer) *c* (pl ∼) trespasser

inkvartera (*in*-kvahr-tāy-rah) *v* lodge

inkvartering (*in*-kvahr-tāy-ring) *c* lodgings *pl*

inköpspris (*in*-tᵞurps-preess) *nt* cost price

inledande (*in*-lāyd-ahn-der) *adj* preliminary

inledning (*in*-lāyd-ning) *c* introduction

innan (*i*-nahn) *conj* before; *adv* before

innanför (*in*-ahn-fūrr) *prep* inside

innanmäte (*in*-ahn-mait-er) *nt* entrails, pulp

inne (*i*-ner) *adv* inside, indoors

*****innebära** (*i*-ner-bæær-ah) *v* imply

innefatta (*i*-ner-fah-tah) *v* include

innehavare (*i*-ner-haa-vah-rer) *c* (pl ∼) owner; occupant

innehåll (*i*-ner-hol) *nt* contents *pl*

*****innehålla** (*i*-ner-ho-lah) *v* contain

innehållsförteckning (*i*-ner-hols-furr-tayk-ning) *c* table of contents

innerslang (*in*-err-slahng) *c* inner tube

innersta (*in*-ayrs-tah) *nt* heart

innertak (*i*-nerr-taak) *nt* ceiling

*****innesluta** (*i*-ner-slēwt-ah) *v* encircle; enclose

inofficiell (*in*-o-fi-si-ayl) *adj* unofficial

inom (*in*-om) *prep* within; ∼ **kort** soon; shortly

inomhus (*in*-om-hēwss) *adj* indoor; *adv* indoors

inre (*in*-rer) *adj* inner; internal, inside

inringa (*in*-ring-ah) *v* encircle

inrätta (*in*-reh-tah) *v* institute, establish

insats (*in*-sahts) *c* bet, inset; contribution

*****inse** (*in*-sāy) *v* realize; *****see

insekt (*in*-sehkt) *c* insect; bug *nAm*

insektsgift (*in*-sehkts-ᵞift) *nt* insecticide

insektsmedel (*in*-sehkts-māy-dayl) *nt* insect repellent

insida (*in*-seed-ah) *c* inside; interior

insikt (*in*-sikt) *c* insight

insistera (in-si-stāyr-ah) *v* insist

inskription (in-skrip-shōōn) *c* inscription

*****inskriva** (*in*-skree-vah) *v* list, enter, inscribe; ∼ **sig** register

inskrivningsblankett (*in*-skreev-nings-blahng-kayt) *c* registration form

inskränkning (*in*-skrehngk-ning) *c* restriction, limitation

inskränkt (*in*-skrehngkt) *adj* restricted; limited; narrow-minded

inspektera (in-spayk-tāy-rah) *v* inspect

inspektion (in-spayk-shōōn) *c* inspection

inspektör (in-spayk-tūrr) *c* inspector

inspelning (*in*-spāyl-ning) *c* recording

inspirera (in-spi-rāyr-ah) *v* inspire

inspruta (*in*-sprēw-tah) *v* inject

instabil (in-stah-*beel*) *adj* unstable

installation (in-stah-lah-shōōn) *c* installation

installera (in-stah-*lāy*-rah) *v* install; induct

instinkt (*in*-stingt) *c* instinct

institut (in-sti-*tēwt*) *nt* institute

institution (in-sti-tew-shōōn) *c* institution

instruera (in-strew-āy-rah) *v* instruct

instruktion (in-strewk-shōōn) *c* direction

instruktör (in-strewk-tūrr) *c* instructor

instrument (in-strew-*maynt*) *nt* instrument

instrumentbräda (in-strēw-*maynt*-brai-dah) *c* dashboard

inställning (*in*-stehl-ning) *c* attitude;

position

instämma (*in*-stehm-ah) *v* agree

*inta (*in*-taa) *v* capture, take

intagning (*in*-taag-ning) *c* admission

intakt (in-*tahkt*) *adj* unbroken; intact

inte (*in*-ter) *adv* not; ~ **alls** by no means; ~ **desto mindre** nevertheless; ~ **ens** not even; ~ **längre** no longer

inteckning (*in*-tayk-ning) *c* mortgage

intellekt (in-ter-*laykt*) *nt* intellect

intellektuell (in-ter-layk-tew-*ayl*) *adj* intellectual

intelligens (in-ter-li-*gayns*) *c* intelligence

intelligent (in-ter-li-*gaynt*) *adj* intelligent; clever

intendent (in-tern-*daynt*) *c* superintendent, curator, controller

intensiv (in-tayn-*seev*) *adj* intense

intern (in-*tæærn*) *c* prisoner

internationell (in-terr-naht-shoo-*nayl*) *adj* international

internatskola (in-terr-*naat*-skoo-lah) *c* boarding-school

interrogativ (in-ter-ro-gahteev) *adj* interrogative

intervall (in-terr-*vahl*) *c* interval

intervju (in-terr-v^yew) *c* interview

intet (in-*tert*) *nt* nothing

intetsägande (*in*-tert-sai-gahn-der) *adj* insignificant

intressant (in-tray-*sahnt*) *adj* interesting

intresse (in-*treh*-ser) *nt* interest

intressera (in-trer-*sāy*-rah) *v* interest

intresserad (in-trer-*sāy*-rahd) *adj* interested

introducera (in-tro-dew-*sāyr*-ah) *v* introduce

intryck (*in*-trewk) *nt* impression; ***göra ~ på** impress

inträde (*in*-trai-der) *nt* entrance; admission

inträdesavgift (*in*-traiderss-aav-^yift) *c* entrance-fee

intyg (*in*-tēwg) *nt* certificate; document; testimonial

intäkter (*in*-tehk-terr) *pl* earnings *pl*

inuti (*in*-ēw-ti) *adv* within, inside

invadera (in-vah-*dāy*-rah) *v* invade

invalid (in-vah-*leed*) *c* invalid

invalidiserad (*in*-vah-li-di-*sāy*-rahd) *adj* crippled; invalid, disabled

invand (in-*vaand*) *adj* habitual

invandrare (*in*-vahnd-rah-rer) *c* (pl ~) immigrant

invandring (*in*-vahnd-ring) *c* immigration

invasion (in-vah-*shōōn*) *c* invasion

invecklad (*in*-vayk-lahd) *adj* complicated; complex, involved

inventering (in-vayn-*tāy*-ring) *c* inventory

investera (in-vayss-*tāy*-rah) *v* invest

investering (in-vayss-*tāy*-ring) *c* investment

invånare (*in*-vōa-nah-rer) *c* (pl ~) inhabitant; resident

invända (*in*-vehn-dah) *v* object

invändig (*in*-vehn-di) *adj* internal, inside

invändning (*in*-vehnd-ning) *c* objection

inåt (*in*-ōat) *adv* inwards

inälvor (*in*-ehl-vor) *pl* bowels *pl*; intestines *pl*

Irak (i-*raak*) Iraq

irakier (i-*raa*-ki-err) *c* (pl ~) Iraqi

irakisk (i-*raak*-isk) *adj* Iraqi

Iran (i-*raan*) Iran

iranier (i-*raan*-i-err) *c* (pl ~) Iranian

iransk (i-*raansk*) *adj* Iranian

Irland (*eer*-lahnd) Ireland

irländare (eer-lehn-dah-rer) *c* (pl ~) Irishman

irländsk (*eer*-lehnsk) *adj* Irish

ironi (i-roo-*nee*) *c* irony

ironisk (i-*rōōn*-isk) *adj* ironical

irra (eer-ah) v err

irritera (eer-i-*tāyr*-ah) v irritate; annoy

is (eess) c ice

isblåsa (eess-blōa-sah) c ice-bag

iskall (eess-kahl) adj freezing

Island (eess-lahnd) Iceland

isländsk (eess-lehnsk) adj Icelandic

islänning (eess-lehn-ing) c Icelander

isolator (i-soo-laa-*tor*) c insulator, insulant

isolera (i-soo-*lāy*-rah) v isolate; insulate

isolerad (i-soo-*lāy*-rahd) adj isolated

isolering (i-soo-*lāy*-ring) c isolation; insulation

Israel (eess-rah-ayl) Israel

israelier (iss-rah-*āy*-li-err) c (pl ~) Israeli

israelisk (iss-rah-*āy*-lisk) adj Israeli

isvatten (eess-vah-tern) nt iced water

isär (i-*sæær*) adv apart

Italien (i-*taal*-Yayn) Italy

italienare (i-tahl-*Yāy*-nah-rer) c (pl ~) Italian

italiensk (i-tahl-*Yaynsk*) adj Italian

iver (ee-verr) c zeal; eagerness

ivrig (eev-ri) adj eager; anxious

iväg (i-*vaig*) adv off

J

ja (Yaa) yes; **ja ja!** well!

jacka (Yah-kah) c jacket

jade (Yaa-der) c jade

jag (Yaa) pron I

jaga (Yaa-gah) v hunt; ~ **bort** chase; ~ **efter** hunt for

jakande (Yaa-kahn-der) adj affirmative

jakt (Yahkt) c hunt; chase

jaktstuga (Yahkt-stēwg-ah) c lodge

januari (Yah-new-*aa*-ri) January

Japan (Yaa-pahn) Japan

japan (Yah-paan) c Japanese

japansk (Yah-*paansk*) adj Japanese

jeans (djiins) pl jeans

jerseytyg (Yurr-si-tēwg) nt jersey

jetplan (Yeht-plaan) nt jet

jobb (Yob) nt job

jockey (djo-ki) c jockey

jod (Yod) c iodine

jolle (Yo-ler) c dinghy

jord (Yōord) c earth; soil

Jordanien (Yōōr-daa-ni-ern) Jordan

jordanier (Yōōr-daa-ni-err) c (pl ~) Jordanian

jordansk (Yōōr-daansk) adj Jordanian

jordbruk (Yōord-brēwk) nt agriculture

jordbävning (Yōord-behv-ning) c earthquake

jordgubbe (Yōord-gew-ber) c strawberry

jordisk (Yōōr-disk) adj earthly

jordklot (Yōord-klōōt) nt globe

jordlott (Yōord-lot) c allotment, plot

jordmån (Yōord-mōan) c soil

jordnöt (Yōord-nūrt) c (pl ~ter) peanut

jordvall (Yōord-vahl) c dam

journalfilm (shoor-naal-film) c newsreel

journalism (shoor-nah-*lism*) c journalism

journalist (shoor-nah-*list*) c journalist

jubileum (Yew-bi-*lāy*-ewm) nt (pl -leer) jubilee

jude (Yēw-der) c Jew

judisk (Yēw-disk) adj Jewish

juice (Yōōss) c juice

jul (Yēwl) c Christmas; Xmas; **god ~!** Merry Christmas!; ~ **gåva** c Christmas present

juli (Yēw-li) July

jumper (Yewm-perr) c (pl -prar) jumper

jungfru (*Yewng*-frew) *c* virgin

juni (*Yew*-ni) June

junior (*Yew*-ni-or) *adj* junior

juridik (Yew-ri-*deek*) *c* law

juridisk (Yew-*ree*-disk) *adj* juridical, legal

jurist (Yew-*rist*) *c* lawyer

jury (*Yew*-ri) *c* jury

just[1] (Yewst) *adv* just

just[2] (shewst) *adj* fair

justera (shew-*stay*-rah) *v* adjust

juvel (Yew-*vayl*) *c* gem; **juveler** jewellery

juvelerare (Yew-ver-*lay*-rah-rer) *c* (pl ~) jeweller

jägare (*Yai*-gah-rer) *c* (pl ~) hunter

jämföra (Yehm-*fūr*-rah) *v* compare

jämförelse (Yehm-*fūr*-rayl-say) *c* comparison

jämlikhet (*Yehm*-leek-hāyt) *c* equality

jämlöpande (Yehm-*lūr*-pahn-der) *adj* parallel

jämn (Yehmn) *adj* even; smooth, level

jämna (*Yehm*-nah) *v* level

jämra sig (*Yehm*-rah) moan

jämvikt (*Yehm*-vikt) *c* balance

järn (Yæærn) *nt* iron; **järn-** iron

järnhandel (*Yæærn*-hahn-dayl) *c* hardware store

järnvaror (*Yæærn*-vaa-ror) *pl* hardware

järnverk (*Yæærn*-værk) *nt* ironworks

järnväg (*Yæærn*-vaig) *c* railway; railroad *nAm*

järnvägsspår (*Yæærn*-vaig-spōar) *nt* track

järnvägsstation (*Yæærn*-vaig-stah-shōon) *c* station

järnvägsvagn (*Yæærn*-vaigs-vahngn) *c* carriage; passenger car *Am*

järnvägsövergång (*Yæærn*-vaigs-ūr-verr-gong) *c* railway crossing, level crossing

jäsa (*Yaiss*-ah) *v* ferment

jäst (Yehst) *c* yeast

jätte (*Yeht*-er) *c* giant

jättestor (*Yeh*-ter-stōor) *adj* huge

K

kabaré (kah-bah-*ray*) *c* cabaret

kabel (*kaab*-erl) *c* (pl kablar) cable

kabin (kah-*been*) *c* cabin

kabinett (kah-bi-*nayt*) *nt* cabinet

kafé (kah-*fay*) *nt* (pl ~er) café

kafeteria (kah-fer-*tay*-ri-ah) *c* cafeteria

kaffe (*kah*-fay) *nt* coffee

kaffebryggare (*kah*-fay-brew-gah-rer) *c* (pl ~) percolator

kagge (*kah*-ger) *c* keg, cask

kaj (kigh) *c* quay; dock

kajuta (kah-*Yew*-tah) *c* cabin

kaka (*kaa*-kah) *c* cake

kakel (*kaa*-kerl) *nt* tile

kaki (*kaa*-ki) *c* khaki

kal (kaal) *adj* bare, naked

kalas (kah-*laass*) *nt* party

kalcium (*kahl*-si-ewm) *nt* calcium

kalender (kah-*layn*-derr) *c* (pl -drar) calendar

kalk (kahlk) *c* lime

kalkon (kahl-*kōon*) *c* turkey

kall (kahl) *adj* cold

kalla (*kahl*-ah) *v* call; **så kallad** so-called

kalori (kah-loo-*ree*) *c* calorie

kalsonger (kahl-*song*-err) *pl* drawers; briefs *pl*; shorts *plAm*; underpants *plAm*

kalv (kahlv) *c* calf

kalvinism (kahl-vi-*nism*) *c* Calvinism

kalvkött (*kahlv*-t Yurt) *nt* veal

kalvskinn (*kahlv*-shin) *nt* calf skin

kam (kahm) *c* (pl ~mar) comb

kamaxel (*kahm*-ahks-erl) *c* (pl -axlar) camshaft

kamé (kah-*māy*) c cameo

kamel (kah-*māyl*) c camel

kamera (*kaa*-mer-rah) c camera

kamgarn (*kahm*-gaarn) nt worsted

kamin (kah-*meen*) c heater, stove

kamma (*kah*-mah) v comb

kammare (*kah*-mah-rer) c (pl ~, kamrar) chamber

kammartjänare (*kahm*-ahr-tᵛai-nah-rer) c (pl ~) valet

kamp (kahmp) c fight; struggle, combat, battle

kampa (*kahm*-pah) v camp

kampanj (kahm-*pahnᵛ*) c campaign

kampare (*kahm*-pah-rer) c (pl ~) camper

kampingplats (*kahm*-ping-plahts) c camping site

kamrat (kahm-*raat*) c comrade

Kanada (*kah*-nah-dah) Canada

kanadensare (kah-nah-*dayn*-sah-rer) c (pl ~) Canadian

kanadensisk (kah-nah-*dayn*-sisk) adj Canadian

kanal (kah-*naal*) c canal; channel

kanariefågel (kah-*naa*-ri-er-fōa-gerl) c (pl -glar) canary

kandelaber (kahn-der-*laa*-berr) c (pl -brar) candelabrum

kandidat (kahn-di-*daat*) c candidate

kanel (kah-*nāyl*) c cinnamon

kanhända (kahn-*hehn*-dah) adv perhaps

kanin (kah-*neen*) c rabbit

kanon (kah-*nōōn*) c gun

kanot (kah-*nōōt*) c canoe

kanske (*kahn*-sher) adv perhaps; maybe

kant (kahnt) c edge; border; verge, rim

kantin (kahn-*teen*) c canteen

kaos (*kaa*-oss) nt chaos

kaotisk (kah-*ōā*-tisk) adj chaotic

kapa (*kaa*-pah) v hijack

kapabel (kah-*paa*-berl) adj capable

kapacitet (kah-pah-si-*tāyt*) c capacity

kapare (*kaa*-pah-rer) c (pl ~) hijacker

kapell (kah-*payl*) nt chapel

kapital (kah-pi-*taal*) nt capital

kapitalism (kah-pi-tah-*lism*) c capitalism

kapitalplacering (kah-pi-*taal*-plah-*sāy*-ring) c investment

kapitulation (kah-pi-tew-lah-*shōōn*) c capitulation, surrender

kaplan (kah-*plaan*) c chaplain

kappa (*kah*-pah) c coat

kapplöpning (*kahp*-lürp-ning) c race

kapplöpningshäst (*kahp*-lürp-nings-hehst) c race-horse

kapprum (*kahp*-rewm) nt cloakroom

kappsegling (*kahp*-sāyg-ling) c regatta

kappsäck (*kahp*-sehk) c suitcase, grip

kapsyl (kahp-*sēwl*) c capsule

kapten (kahp-*tāyn*) c captain

kapuschong (kah-pew-*shong*) c hood

karaff (kah-*rahf*) c carafe

karakterisera (kah-rahk-ter-ri-*sāy*-rah) v characterize

karakteristisk (kah-rahk-ter-*riss*-tisk) adj characteristic; typical

karaktär (kah-rahk-*tæær*) c character

karaktärsdrag (kah-rahk-*tæærs*-draag) nt characteristic

karamell (kah-rah-*mayl*) c caramel, sweet; candy nAm

karantän (kah-rahn-*tain*) c quarantine

karat (kah-*raat*) c (pl ~) carat

karbonkopia (kahr-*bōān*-koo-*pee*-ah) c carbon copy

karbonpapper (kahr-*bōān*-pah-perr) nt carbon paper

kardinal (kahr-di-*naal*) c cardinal

karg (kahrᵛ) adj bare

karl (kaar) c guy; chap, fellow

karmosinröd (kahr-mo-*seen*-rürd) adj crimson

karneval (kahr-nay-*vaal*) *c* carnival

kaross (kah-*ross*) *c* coach

karosseri (kah-ro-ser-*ree*) *nt* (pl ~er) coachwork; motor body *Am*

karp (kahrp) *c* carp

karriär (kah-ri-*æær*) *c* career

karta (*kaar*-tah) *c* map

kartong (kahr-*tong*) *c* carton

karusell (kah-rew-*sayl*) *c* merry-go-round

kaschmir (kahsh-*meer*) *c* cashmere

kasern (kah-*sæærn*) *c* barracks *pl*

kasino (kah-*see*-no) *nt* casino

kassa (*kah*-sah) *c* cash, fund; pay-desk

kassaskåp (*kah*-sah-skoåp) *nt* safe

kassavalv (*kah*-sah-vahlv) *nt* vault

kasse (*kah*-ser) *c* shopping bag

kassera (kah-*sāy*-rah) *v* discard

kassör (kah-*sūrr*) *c* cashier

kassörska (kah-*sūrrs*-kah) *c* cashier

kast (kahst) *nt* throw; cast

kasta (*kahss*-tah) *v* *throw; toss, *cast; *overcast

kastanj (kahss-*tahnᵛ*) *c* chestnut

kastanjebrun (kah-*stahn*-ᵛer-brēwn) *adj* auburn

kastby (*kahst*-bēw) *c* gust

kastrull (kahst-*rewl*) *c* saucepan

katakomb (kah-tah-*komb*) *c* catacomb

katalog (kah-tah-*loāg*) *c* catalogue

katarr (kah-*tahr*) *c* catarrh

katastrof (kah-tah-*stroāf*) *c* catastrophe; disaster; calamity

katastrofal (kah-tah-stro-*faal*) *adj* disastrous

katedral (kah-ter-*draal*) *c* cathedral

kategori (kah-ter-goā-*ree*) *c* category

katolsk (kah-*toōlsk*) *adj* catholic; ro-mersk ~ Roman Catholic

katrinplommon (kaht-*reen*-ploo-mon) *nt* prune

katt (kaht) *c* cat

kavaj (kah-*vigh*) *c* jacket

kaviar (*kah*-vi-ᵛahr) *c* caviar

kedja (*tᵛayd*-ᵛah) *c* chain

kejsardöme (*tᵛay*-sahr-dūr-mer) *nt* empire

kejsare (*tᵛay*-sah-rer) *c* (pl ~) em-peror

kejsarinna (*tᵛay*-sah-ri-nah) *c* empress

kejserlig (*tᵛay*-serr-li) *adj* imperial

kelgris (*tᵛāyl*-greess) *c* pet

kemi (tᵛay-*mee*) *c* chemistry

kemikalieaffär (tᵛay-mi-*kaa*-li-ay-ah-fæær) *c* chemist's; drugstore *nAm*

kemisk (*tᵛāy*-misk) *adj* chemical

kemtvätt (*tᵛāym*-tveht) *c* dry-clean-er's

kemtvätta (*tᵛāym*-tveh-tah) *v* dry-clean

kennel (*keh*-nerl) *c* (pl -nlar) kennel

Kenya (*kāyn*-i-ah) Kenya

keramik (tᵛay-rah-*meek*) *c* ceramics *pl*; pottery

kex (kayks) *nt* biscuit; cookie *nAm*; cracker *nAm*

kika (*tᵛee*-kah) *v* peep

kikare (*tᵛee*-kah-rer) *c* (pl ~) binocu-lars *pl*

kikhosta (*tᵛeek*-hooss-tah) *c* whoop-ing-cough

kil (tᵛeel) *c* wedge, gusset

kilo (*tᵛee*-loo) *nt* kilogram

kilometer (tᵛee-loo-*māy*-terr) *c* (pl ~) kilometre

Kina (*tᵛee*-nah) China

kind (tᵛind) *c* cheek

kindben (*tᵛind*-bāyn) *nt* cheek-bone

kindtand (*tᵛind*-tahnd) *c* (pl -tänder) molar

kines (tᵛi-*nāyss*) *c* Chinese

kinesisk (tᵛi-*nāy*-sisk) *adj* Chinese

kinin (tᵛi-*neen*) *nt* quinine

kinkig (*tᵛing*-ki) *adj* difficult

kiosk (tᵛi-*osk*) *c* kiosk

kirurg (tᵛi-*rewrg*) *c* surgeon

kissekatt (ki-ser-*kaht*) *c* pussy-cat

kista (*t*Yiss-tah) *c* chest; coffin

kittel (*t*Yi-terl) *c* (pl -tlar) kettle

kittla (*t*Yit-lah) *v* tickle

kiv (t*Y*eev) *nt* strife, quarrelling

kivas (*t*Yeev-ahss) *v* quarrel

kjol (t*Y*ōōl) *c* skirt

klack (klahk) *c* heel

klaga (klaa-gah) *v* complain

klagomål (klaa-goo-mōal) *nt* complaint

klander (klahn-derr) *nt* blame

klandra (klahn-drah) *v* blame

klang (klahng) *c* tone

klar (klaar) *adj* ready; clear, serene

klara sig (klaa-rah) manage; get along; pass; **klara sig med** *make do with

***klargöra** (klaar-Yūr-rah) *v* clarify

***klarlägga** (klaar-lehg-ah) *v* elucidate

klass (klahss) *c* class; form

klassificera (klah-si-fi-sāy-rah) *v* classify, grade

klassisk (klah-sisk) *adj* classical

klasskamrat (klahss-kahm-raat) *c* class-mate

klassrum (klahss-rewm) *nt* classroom

klatsch (klahch) *c* smack

klausul (klahew-sēwl) *c* clause

klenod (klay-nōōd) *c* gem

klia (klee-ah) *v* itch

klibbig (kli-bi) *adj* sticky

klient (kli-aynt) *c* client; customer

klimat (kli-maat) *nt* climate

klimpig (klim-pi) *adj* lumpy

klinik (kli-neek) *c* clinic

klippa¹ (kli-pah) *v* *cut; ~ av *cut off

klippa² (kli-pah) *c* rock; cliff

klippbok (klip-bōōk) *c* (pl -böcker) scrap-book

klippig (kli-pi) *adj* rocky

klipsk (klipsk) *adj* smart, shrewd

klister (kliss-terr) *nt* gum

klisterremsa (kliss-terr-raym-sah) *c* adhesive tape

klistra (kliss-trah) *v* paste; *stick

klo (klōō) *c* claw

kloak (kloo-aak) *c* sewer

klocka (klo-kah) *c* watch; bell; **klockan ...** at ... o'clock; **klockan tolv** noon

klockarmband (klok-ahrm-bahnd) *nt* watch-strap

klockspel (klok-spāyl) *nt* chimes *pl*

klok (klōōk) *adj* clever

klor (klōār) *c* chlorine

kloss (kloss) *c* block

kloster (kloss-terr) *nt* cloister; convent, monastery

klot (klōōt) *nt* sphere

klubb (klewb) *c* club

klubba (klew-bah) *c* club; mallet; lollipop

klump (klewmp) *c* lump

klumpig (klewm-pi) *adj* clumsy; awkward

klumpsumma (klewmp-sewm-ah) *c* lump sum

klyfta (klewf-tah) *c* cleft; cleavage; segment

***klyva** (klēw-vah) *v* *split

klåda (klōā-dah) *c* itch

klä (klai) *v* *become; clothe; cover; ~ av sig undress; ~ om sig change; ~ på dress; ~ på sig *put on; ~ sig dress; *vara klädd i *wear

klädborste (klaid-bors-ter) *c* clothes-brush

kläder (klai-derr) *pl* clothes *pl*

klädhängare (klehd-hehng-ah-rer) *c* (pl ~) hanger

klädskåp (klaid-skōāp) *nt* wardrobe

klämma (klehm-ah) *c* clamp

klänning (klehn-ing) *c* dress; frock; gown

klättra (kleht-rah) *v* climb

klättring (kleht-ring) *c* climb

klösa (klūr-sah) *v* scratch

klöver (klūr-verr) *c* clover

knacka (*knah*-kah) *v* knock; tap
knackning (*knahk*-ning) *c* knock
knapp[1] (knahp) *c* button
knapp[2] (knahp) *adj* scarce; **knappast** scarcely; **knappt** *adv* hardly
knapphet (*knahp*-hāyt) *c* scarcity
knapphål (*knahp*-hōal) *nt* buttonhole
knappnål (*knahp*-nōal) *c* pin
knaprig (*knaap*-ri) *adj* crisp
knekt (knehkt) *c* knave
knep (knāyp) *nt* artifice
***knipa** (*knee*-pah) *v* pinch
kniptång (*kneep*-tong) *c* (pl -tänger) pincers *pl*
kniv (kneev) *c* knife
knivblad (*kneev*-blaad) *nt* blade
knoge (*knōō*-ger) *c* knuckle
knopp (knop) *c* bud
knorra (*kno*-rah) *v* grumble
knubbig (*knewb*-i) *adj* plump
knuff (knewf) *c* push
knut (knēwt) *c* knot
knutpunkt (*knēwt*-pewngkt) *c* junction
***knyta** (*knēw*-tah) *v* tie; knot; ~ **upp** untie
knytnäve (*knēwt*-nai-ver) *c* fist
knytnävsslag (*knēwt*-naivs-slaag) *nt* punch
knä (knai) *nt* knee
knäböja (*knai*-bur-Yah) *v* *kneel
knäppa (*knehp*-ah) *v* button; ~ **upp** unbutton
knäskål (*knai*-skōal) *c* kneecap
ko (kōō) *c* cow
koagulera (ko-ah-gew-*lāy*-rah) *v* coagulate
kock (kok) *c* cook
kod (kōad) *c* code
koffein (ko-fer-*een*) *nt* caffeine
koffeinfri (ko-fer-*een*-free) *adj* decaffeinated
koffert (*ko*-ferrt) *c* trunk
kofta (*kof*-tah) *c* cardigan

kofångare (*kōō*-fong-ah-rer) *c* (pl ~) bumper
koj (koi) *c* berth; bunk
koka (*kōō*-kah) *v* boil
kokain (koo-kah-*een*) *nt* cocaine
kokbok (*kōōk*-bōōk) *c* (pl -böcker) cookery-book; cookbook *nAm*
kokosnöt (*koo*-kooss-nūrt) *c* (pl ~ter) coconut
kol (kōal) *nt* coal
kola (*kōa*-lah) *c* toffee
kolja (*kol*-Yah) *c* haddock
kolla (*kol*-ah) *v* check
kollapsa (ko-*lahp*-sah) *v* collapse
kollega (ko-*lāy*-gah) *c* colleague
kollektiv (ko-lehk-teev) *adj* collective
kollidera (ko-li-*dāy*-rah) *v* collide; crash
kollision (ko-li-*shōōn*) *c* collision; crash
koloni (ko-lo-*nee*) *c* colony
kolonn (ko-*lon*) *c* column
kolossal (ko-lo-*saal*) *adj* huge
kolumn (ko-*lewmn*) *c* column
kolv (kolv) *c* piston
kolvring (*kolv*-ring) *c* piston ring
kolvstång (*kolv*-stong) *c* (pl -stänger) piston-rod
koma (*kōa*-mah) *c* coma
kombination (kom-bi-nah-*shōōn*) *c* combination
kombinera (koam-bi-*nāy*-rah) *v* combine
komedi (ko-may-*dee*) *c* comedy; **musikalisk** ~ musical comedy
komfort (kom-*fort*) *c* comfort
komfortabel (kom-for-*taa*-berl) *adj* comfortable
komiker (*kōō*-mi-kerr) *c* (pl ~) comedian
komisk (*kōō*-misk) *adj* comic
***komma** (*ko*-mah) *v* *come; ~ **ihåg** remember; ~ **tillbaka** return; *get

back

kommatecken (*ko*-mah-tay-kern) *nt* comma

kommentar (ko-mayn-*taar*) *c* comment

kommentera (ko-mayn-*tāy*-rah) *v* comment

kommersiell (ko-mær-si-*ayl*) *adj* commercial

kommission (ko-mi-*shōōn*) *c* commission

kommitté (ko-mi-*tāy*) *c* committee

kommun (ko-*mēwn*) *c* municipality; commune; **kommunal-** municipal

kommunfullmäktige (ko-*mēwn*-fewl-mehk-ti-ger) *pl* municipality council

kommunikation (ko-mew-ni-kah-*shōōn*) *c* communication

kommuniké (ko-mew-ni-*kāy*) *c* communiqué

kommunism (ko-mew-*nism*) *c* communism

kommunist (ko-mew-*nist*) *c* communist

kompakt (kom-*pahkt*) *adj* compact

kompanjon (koam-pahn-*Yōōn*) *c* partner; associate

kompass (kom-*pahss*) *c* compass

kompensation (kom-payn-sah-*shōōn*) *c* compensation

kompensera (kom-pern-*sāy*-rah) *v* compensate

kompetent (koam-pay-*taynt*) *adj* qualified

komplett (kom-*playt*) *adj* complete

komplex (kom-*plehks*) *nt* complex

komplicerad (kom-pli-*sāyr*-ahd) *adj* complicated

komplimang (kom-pli-*mahng*) *c* compliment

komplimentera (kom-pli-mern-*tāyr*-ah) *v* compliment

komplott (kom-*plot*) *c* plot; conspiracy

komponera (kom-poo-*nāy*-rah) *v* compose

komposition (kom-po-si-*shōōn*) *c* composition

kompositör (kom-po-si-*turr*) *c* composer

kompromiss (kom-pro-*miss*) *c* compromise

koncentration (kon-sayn-trah-*shōōn*) *c* concentration

koncentrera (kon-sayn-*trāy*-rah) *v* concentrate

koncern (kon-*surrn*) *c* concern

koncession (kon-ser-*shōōn*) *c* concession

koncis (kon-*seess*) *adj* concise

kondition (kon-di-*shōōn*) *c* condition

konditor (kon-dee-toar) *c* confectioner

konditori (kon-di-too-*ree*) *nt* (pl ~er) pastry shop

kondom (kon-*dōam*) *c* condom

konduktör (kon-dewk-*turr*) *c* ticket collector

konfektionssydd (kon-fayk-*shōōn*-sewd) *adj* ready-made

konferens (kon-fer-*rayns*) *c* conference

konfidentiell (kon-fi-dayn-tsi-*ayl*) *adj* confidential

konfiskera (kon-fi-*skāyr*-ah) *v* confiscate

konflikt (kon-*flikt*) *c* conflict

konfrontera (kon-fron-*tāy*-rah) *v* confront, face

kongregation (kon-gray-gah-*shōōn*) *c* congregation

kongress (kong-*rayss*) *c* congress

konjak (*kon*-Yahk) *c* cognac

konkret (kon-*krāyt*) *adj* concrete

konkurrens (kon-kew-*rayns*) *c* competition

konkurrent (kon-kew-*raynt*) *c* competitor

konkurrera (kon-kew-*rāyr*-ah) *v* compete

konkursmässig (kon-*kewrs*-meh-si) *adj* bankrupt

konsekvens (kon-ser-*kvayns*) *c* consequence; issue

konsert (kon-*sæær*) *c* concert

konsertsal (kon-*sær*-saal) *c* concert hall

konservativ (kon-*sær*-vah-*teev*) *adj* conservative

konservatorium (kon-*sær*-vah-*too*-ri-ewm) *nt* (pl -rier) music academy

konservburk (kon-*særv*-bewrk) *c* can, tin

konserver (kon-*særv*-err) *pl* tinned food

konservera (kon-sær-*vay*-rah) *v* preserve

konservering (kon-sær-*vay*-ring) *c* preservation

konservöppnare (kon-*særv*-urp-nah-rer) *c* (pl ~) can opener, tin-opener

konst (konst) *c* art; **de sköna konsterna** fine arts

konstakademi (*konst*-ah-kah-day-*mee*) *c* art school

konstatera (kons-tah-*tayr*-ah) *v* ascertain, establish; diagnose

konstgalleri (*konst*-gah-ler-*ri*) *nt* (pl ~er) art gallery; gallery

konstgjord (*konst*-Yoord) *adj* artificial

konsthantverk (*konst*-hahnt-værk) *nt* handicraft

konsthistoria (*konst*-hiss-*too*-ri-ah) *c* art history

konstig (*kons*-ti) *adj* funny, odd; queer

konstindustri (*konst*-in-dew-*stree*) *c* arts and crafts

konstnär (*konst*-næær) *c* artist

konstnärinna (*konst*-næ-*ri*-nah) *c* artist

konstnärlig (konst-*næær*-li) *adj* artistic

konstruera (kon-strew-*ayr*-ah) *v* construct

konstruktion (kon-strewk-*shoon*) *c* construction

konstsamling (*konst*-sahm-ling) *c* art collection

konstsiden (*konst*-see-dern) *c* rayon

konststycke (*konst*-stew-ker) *nt* trick

konstutställning (*konst*-ēwt-stehl-ning) *c* art exhibition

konstverk (*konst*-værk) *nt* work of art

konsul (*kon*-sewl) *c* consul

konsulat (kon-sew-*laat*) *nt* consulate

konsultation (kon-sewl-tah-*shoon*) *c* consultation

konsument (kon-sew-*maynt*) *c* consumer

kontakt (kon-*tahkt*) *c* contact

kontakta (kon-*tahk*-tah) *v* contact

kontaktlinser (kon-*tahkt*-lin-serr) *pl* contact lenses

kontanter (kon-*tahn*-terr) *pl* cash

kontinent (kon-ti-*naynt*) *c* continent

kontinental (kon-ti-nayn-*taal*) *adj* continental

kontinuerlig (kon-ti-new-*ayr*-li) *adj* continuous

konto (*kon*-too) *nt* account

kontor (kon-*toor*) *nt* office

kontorist (kon-too-*rist*) *c* clerk

kontorsartiklar (kon-*toors*-ahr-tik-lahr) *pl* stationery

kontorstid (kon-*toors*-teed) *c* office hours; business hours

kontra (*kont*-rah) *prep* versus

kontrakt (kon-*trahkt*) *nt* contract; agreement

kontrast (kon-*trahst*) *c* contrast

kontroll (kon-*trol*) *c* control; inspection; supervision

kontrollera (kon-tro-*lay*-rah) *v* control; check, inspect, supervise

kontur (kon-*tewr*) c contour

konversation (kon-vær-sah-*shoon*) c conversation

kooperation (koo-o-per-rah-*shoon*) c co-operative

kooperativ (koo-o-per-rah-*teev*) adj co-operative

kopia (ko-*pee*-ah) c copy

kopiera (koo-pi-*āyr*-ah) v copy

kopp (kop) c cup

koppar (*ko*-pahr) c copper

koppel (*ko*-payl) nt leash; lead

koppla (*kop*-lah) v connect; ~ **av** relax; ~ **på** switch on; ~ **till** connect; ~ **ur** disconnect; declutch

koppling (*kop*-ling) c clutch

kopplingsbord (*kop*-lings-boōrd) nt switchboard

korall (ko-*rahl*) c coral

korg (kory) c basket; hamper

korint (ko-*rint*) c currant

kork (kork) c cork

korka upp (*kor*-kah) uncork

korkskruv (*kork*-skrēwv) c corkscrew

korn (koōrn) nt grain; corn, barley

korp (korp) c raven

korpulent (kor-pew-*laynt*) adj corpulent; stout

korrekt (ko-*raykt*) adj correct

korrespondens (ko-ray-spon-*dahngs*) c correspondence

korrespondent (ko-rayss-pon-*daynt*) c correspondent

korrespondera (ko-rayss-pon-*dāy*-rah) v correspond

korridor (ko-ri-*doar*) c corridor

korrumpera (ko-rewm-*pāy*-rah) v corrupt

korrumperad (ko-rewm-*pāy*-rahd) adj corrupt

korruption (ko-rewp-*shoon*) c corruption

kors (kors) nt cross

korsett (kor-*sayt*) c corset

korsfästa (*kors*-fehss-tah) v crucify

korsfästelse (*kors*-fehss-tayl-ser) c crucifixion

korsning (*kors*-ning) c crossing

korståg (*kors*-toāg) nt crusade

kort¹ (kort) adj short; brief

kort² (koort) nt card; snapshot; **grönt** ~ green card

kortfattad (*kort*-faht-ahd) adj brief; concise

kortslutning (*kort*-slēwt-ning) c short circuit

korv (korv) c sausage

kosmetika (koss-*māy*-ti-kah) pl cosmetics pl

kost (kost) c fare

kosta (*koss*-tah) v *cost

kostnad (*kost*-nahd) c cost

kostnadsfri (*kost*-nahds-free) adj free of charge

kostsam (*kost*-sahm) adj expensive

kostym (koss-*tēwm*) c suit

kotlett (kot-*leht*) c chop; cutlet

krabba (*krah*-bah) c crab

kraft (krahft) c force; energy, strength, power

kraftig (*krahf*-ti) adj strong, powerful; robust

kraftverk (*krahft*-værk) nt power-station

krage (*kraa*-gay) c collar

kragknapp (*kraag*-knahp) c collar stud

kram (kraam) c hug

krama (*kraam*-ah) v cuddle, embrace

kramp (krahmp) c cramp; convulsion

krampa (*krahm*-pah) c clamp

kran (kraan) c tap

krasslig (*krahss*-li) adj unwell

krater (*kraa*-terr) c (pl -trar) crater

kratta (*krah*-tah) c rake

krav (kraav) nt requirement

kredit (kray-*deet*) c credit

kreditera (kray-di-*tāy*-rah) v credit

kreditiv (kray-*di*-teev) *nt* letter of credit

kreditkort (kray-*deet*-koort) *nt* credit card; charge plate *Am*

kremera (kray-*māyr*-ah) *v* cremate

kremering (kray-*māy*-ring) *c* cremation

krets (krayts) *c* circuit; circle

kretslopp (*krayts*-lop) *nt* circulation, orbit, cycle

kricket (*kri*-kayt) *nt* cricket

krig (kreeg) *nt* war

krigsfånge (*kriks*-fong-er) *c* prisoner of war

krigsmakt (*kriks*-mahkt) *c* military force

kriminell (kri-mi-*nayl*) *adj* criminal

kringliggande (*kring*-li-gahn-der) *adj* surrounding

kris (kreess) *c* crisis

kristall (kriss-*tahl*) *c* crystal; **kristall-** crystal

kristen[1] (*kriss*-tern) *c* (pl -tna) Christian

kristen[2] (*kriss*-tern) *adj* Christian

Kristus (*kriss*-tewss) Christ

krita (*kreet*-ah) *c* chalk

kritik (kri-*teek*) *c* criticism

kritiker (*kree*-ti-kerr) *c* (pl ~) critic

kritisera (kri-ti-*sāy*-rah) *v* criticize

kritisk (*kree*-tisk) *adj* critical

krog (kroog) *c* restaurant

krok (krook) *c* hook

krokig (*krook*-i) *adj* crooked, curved, bent

krokodil (kroo-koo-*deel*) *c* crocodile

krom (krōam) *c* chromium

krona (*krōo*-nah) *c* crown

kronblad (*krōon*-blaad) *nt* petal

kronisk (*krōo*-nisk) *adj* chronic

kronologisk (kroo-noo-*lōāg*-isk) *adj* chronological

kronärtskocka (*krōon*-ærts-ko-kah) *c* artichoke

kropp (krop) *c* body; **fast ~** solid

krucifix (krew-si-*fiks*) *nt* crucifix

kruka (*krēw*-kah) *c* jar

krus (krēwss) *nt* pitcher

krusa (*krēw*-sah) *v* curl

krusbär (*krēwss*-bæær) *nt* gooseberry

krut (krēwt) *nt* gunpowder

krycka (*krew*-kah) *c* crutch

krydda (*krew*-dah) *c* spice; *v* flavour

kryddad (*krew*-dahd) *adj* spiced; spicy

krympa (*krewm*-pah) *v* *shrink

krympfri (*krewmp*-free) *adj* shrinkproof

***krypa** (*krēwp*-ah) *v* *creep; crawl

kryssning (*krewss*-ning) *c* cruise

kråka (*krōāk*-ah) *c* crow

kräfta (*krehf*-tah) *c* crayfish

kräkas (*krai*-kahss) *v* vomit

kräldjur (*krail*-Yēwr) *nt* reptile

kräm (kraim) *c* cream

krämpa (*krehm*-pah) *c* ailment

kränka (*krehng*-kah) *v* offend

kränkande (*krehng*-kahn-der) *adj* offensive

kränkning (*krehngk*-ning) *c* offence; violation

kräsen (*krai*-sern) *adj* choosy, fastidious, particular

kräva (*krai*-vah) *v* demand; require, claim

krök (krūrk) *c* bend

kröna (*krūr*-nah) *v* crown

kub (kēwb) *c* cube

Kuba (*kēw*-bah) Cuba

kuban (kew-*baan*) *c* Cuban

kubansk (kew-*baansk*) *adj* Cuban

kudde (*kew*-day) *c* cushion; pillow

kuggas (*kewg*-ahss) *v* fail

kula (*kēw*-lah) *c* bullet

kull (kewl) *c* litter

kulle (*kew*-lay) *c* hill; mound

kullkasta (*kewl*-kahss-tah) *v* *upset

kulspetspenna (*kēwl*-spayts-pay-nah) *c* ballpoint-pen

kultiverad (kewl-ti-*vay*-rahd) *adj* cultured, refined

kultur (kewl-*tewr*) *c* culture

kund (kewnd) *c* customer; client

kung (kewng) *c* king

kungarike (*kewng*-ah-ree-ker) *nt* kingdom

kunglig (*kewng*-li) *adj* royal

*__kungöra__ (kewn-ᵞ*urr*-ah) *v* proclaim

kungörelse (kewn-ᵞ*ur*-rayl-ser) *c* announcement; proclamation, notice

*__kunna__ (*kewn*-ah) *v* *can; *may, *be able to

kunskap (*kewn*-skaap) *c* knowledge

kupé (kew-*pay*) *c* compartment

kuperad (kew-*pay*-rahd) *adj* hilly

kupol (kew-*poal*) *c* dome

kupong (kew-*pong*) *c* coupon; voucher

kur (kewr) *c* cure

kurort (*kewr*-oort) *c* spa

kurs (kewrs) *c* course

kursivering (kewr-si-*vayr*-ing) *c* italics *pl*

kurva (*kewr*-vah) *c* curve, turning, bend

kusin (kew-*seen*) *c* cousin

kuslig (*kewss*-li) *adj* creepy

kust (kewst) *c* coast; sea-coast, seaside

kuvert (kew-*væær*) *nt* envelope

kuvertavgift (kew-*væær*-aav-ᵞift) *c* cover charge

kvacksalvare (*kvahk*-sahl-vah-rer) *c* (pl ~) quack

kvadrat (kvah-*draat*) *c* square

kvadratisk (kvah-*draa*-tisk) *adj* square

kvalificera sig (kvah-li-fi-*sayr*-ah) qualify

kvalificerad (kvah-li-fi-*sayr*-ahd) *adj* qualified

kvalifikation (kvah-li-fi-kah-*shoon*) *c* qualification

kvalitet (kvah-li-*tayt*) *c* quality

kvantitet (kvahn-ti-*tayt*) *c* quantity

kvar (kvaar) *adv* left

kvarleva (*kvaar*-lay-vah) *c* remnant

kvarn (kvaarn) *c* mill

kvart (kvahrt) *c* quarter of an hour; quarter

kvartal (kvahr-*taal*) *nt* quarter; **kvartals-** quarterly

kvarter (kvahr-*tayr*) *nt* block

kvast (kvahst) *c* broom

kvav (kvaav) *adj* stuffy

kvick (kvik) *adj* quick

kvicksilver (*kvik*-sil-vehr) *nt* mercury

kvicktänkt (*kvik*-tehngkt) *adj* bright

kvinna (*kvi*-nah) *c* woman

kvinnlig (*kvin*-li) *adj* feminine

kvist (kvist) *c* twig

kvitto (*kvi*-too) *nt* receipt

kvot (kvoot) *c* quota

kväll (kvehl) *c* evening; night; **i ~** tonight

kvällsmat (*kvehls*-maat) *c* supper

kväva (*kvai*-vah) *v* choke

kvävas (*kvai*-vahss) *v* choke

kväve (*kvai*-ver) *nt* nitrogen

kyckling (tᵞ*ewk*-ling) *c* chicken

kyla (tᵞ*ew*-lah) *c* cold

kylig (tᵞ*ew*-li) *adj* cool; chilly

kylskåp (tᵞ*ewl*-skoap) *nt* fridge, refrigerator

kylsystem (tᵞ*ewl*-sew-staym) *nt* cooling system

kypare (tᵞ*ew*-pah-rer) *c* (pl ~) waiter

kyrka (tᵞ*ewr*-kah) *c* church

kyrkogård (tᵞ*ewr*-koo-goard) *c* churchyard; cemetery

kyrktorn (tᵞ*ewrk*-toorn) *nt* church tower

kyrkvaktmästare (tᵞ*ewrk*-vahkt-mehss-tah-rer) *c* (pl ~) sexton

kysk (tᵞewsk) *adj* chaste

kyss (tᵞewss) *c* kiss

kyssa (tᵞ*ew*-sah) *v* kiss

kåda (*koad*-ah) *c* resin

kål (koal) *c* cabbage

käck (t^yehk) *adj* plucky

käft (t^yehft) *c* mouth

kägelspel (t^yai-gerl-spāyl) *nt* bowling

käke (t^yai-ker) *c* jaw

kälkborgerlig (t^yehlk-bor-^yerr-li) *adj* bourgeois

kälke (t^yehl-ker) *c* sleigh, sledge

källa (t^yehl-ah) *c* spring; source, fountain

källare (t^yeh-lah-rer) *c* (pl ~) cellar

källarvåning (t^yeh-lahr-voā-ning) *c* basement

kämpa (t^yehm-pah) *v* *fight; struggle, combat, battle

känd (t^yehnd) *adj* famous, known, noted

känguru (t^yehng-gew-rew) *c* kangaroo

känna (t^yeh-nah) *v* *feel; *know; ~ **igen** recognize

kännare (t^yeh-nah-rer) *c* (pl ~) connoisseur

kännbar (t^yehn-baar) *adj* perceptible, noticeable

kännedom (t^yehn-er-doom) *c* knowledge

kännemärke (t^yehn-er-mær-ker) *nt* feature

kännetecken (t^yeh-ner-tay-kern) *nt* characteristic

känsel (t^yehn-serl) *c* touch; feeling; **utan** ~ numb

känsla (t^yehns-lah) *c* emotion, sensation

känslig (t^yehns-li) *adj* sensitive; delicate

känslolös (t^yayns-loo-lūrss) *adj* insensitive

käpp (t^yehp) *c* cane; stick

käpphäst (t^yehp-hehst) *c* hobby-horse

kär (t^yæær) *adj* dear

kärl (t^yæærl) *nt* vessel

kärlek (t^yæær-lāyk) *c* love

kärleksaffär (t^yæær-lāyks-ah-fæær) *c* affair

kärleksfull (t^yæær-lāyks-fewl) *adj* affectionate

kärlekshistoria (t^yæær-lāyks-hiss-tōō-ri-ah) *c* love-story

kärn- (t^yæærn) nuclear; atomic

kärna (t^yær-nah) *c* stone, pip; core, essence; nucleus

kärnhus (t^yæærn-hēwss) *nt* core

kärnkraft (t^yæærn-krahft) *c* nuclear energy

kärra (t^yæ-rah) *c* cart; barrow

kö (kūr) *c* queue

köa (kūr-ah) *v* queue; stand in line *Am*

kök (t^yūrk) *nt* kitchen

kökschef (t^yurks-shāyf) *c* chef

kökshandduk (t^yurks-hahn-dēwk) *c* tea-cloth

köksredskap (t^yurks-rāyd-skaap) *nt* utensil

köksspis (t^yurk-speess) *c* stove, cooker

köksträdgård (t^yurks-trai-goārd) *c* kitchen garden

köl (t^yūrl) *c* keel

kön (t^yūrn) *nt* sex; **köns-** genital

könssjukdom (t^yūrns-shēwk-doom) *c* venereal disease

köp (t^yūrp) *nt* purchase

köpa (t^yūr-pah) *v* *buy; purchase

köpare (t^yūr-pah-rer) *c* (pl ~) buyer; purchaser

köpesumma (t^yūr-per-sew-mah) *c* purchase price

köpman (t^yūrp-mahn) *c* (pl -män) merchant; trader

*köpslå (t^yūrp-sloā) *v* bargain

kör (kūrr) *c* choir

köra (t^yūr-rah) *v* *drive; ~ **för fort** *speed; ~ **om** *overtake; pass *vAm*

körbana (t^yūrr-baan-ah) *c* carriageway; roadway *nAm*

körfil (tᵞurr-feel) c lane
körkort (tᵞurr-koort) nt driving licence
körriktningsvisare (tᵞurr-rikt-nings-vee-sah-rer) c (pl ~) trafficator; directional signal Am
körsbär (tᵞurss-bææær) nt cherry
körsnär (tᵞurrs-nææær) c furrier
körtel (tᵞurr-terl) c (pl -tlar) gland
kött (tᵞurt) nt flesh; meat

L

laboratorium (lah-bo-rah-tōō-ri-ewm) nt (pl -rier) laboratory
labyrint (lah-bew-rint) c labyrinth; maze
lack (lahk) nt lacquer; varnish
lada (laa-dah) c barn
laddning (lahd-ning) c charge; cargo
lag (laag) c law; nt team
laga (laa-gah) v fix; mend
lager (laa-gerr) nt store, stock; layer
laglig (laag-li) adj legal; lawful
lagra (laag-rah) v store; stock
lagring (laag-ring) c storage
lagun (lah-gewn) c lagoon
lakan (laa-kahn) nt sheet
lakrits (laa-krits) c liquorice
lamm (lahm) nt lamb
lammkött (lahm-tᵞurt) nt lamb
lampa (lahm-pah) c lamp
lampskärm (lahmp-shærm) c lampshade
land (lahnd) nt (pl länder) land; country; *gå i ~ land, disembark; i ~ ashore
landa (lahn-dah) v land
landgräns (lahnd-grehns) c boundary
landgång (lahnd-gong) c gangway
landmärke (lahnd-mær-ker) nt landmark

landsbygd (lahnds-bewgd) c countryside; country
landsflykt (lahnds-flewkt) c exile
landsflykting (lahnds-flewk-ting) c exile
landskap (lahnd-skaap) nt province, landscape; scenery
landsman (lahnds-mahn) c (pl -män) countryman
***landstiga** (lahnd-steeg-ah) v disembark
landsväg (lahnds-vaig) c highway
lantbruk (lahnt-brēwk) nt farm; lantbruks- agrarian
lantbrukare (lahnt-brēw-kah-rer) c (pl ~) farmer
lantegendom (lahnt-āȳ-gayn-doom) c estate
lantlig (lahnt-li) adj rural
lantställe (lahnt-steh-ler) nt country house
lappa (lahp-ah) v patch
larma (lahr-mah) v alarm; clamour
lasarett (lah-sah-reht) nt hospital
last (lahst) c cargo; load, freight; vice
lasta (lahss-tah) v load; charge; ~ av unload
lastbil (lahst-beel) c lorry; truck nAm
lastkaj (lahst-kigh) c wharf
lastrum (lahst-rewm) nt hold
lat (laat) adj lazy; idle
Latinamerika (lah-teen-ah-māȳ-ri-kah) Latin America
latinamerikansk (lah-teen-ah-may-ri-kaansk) adj Latin-American
lavin (lah-veen) c avalanche
lax (lahks) c salmon
***le** (lāȳ) v smile
led (lāȳd) c joint; ur ~ dislocated
leda (lāȳd-ah) v *lead; head, direct
ledande (lāȳ-dahn-der) adj leading
ledare (lāȳ-dah-rer) c (pl ~) leader
ledarhund (lāȳd-ahr-hewnd) c guidedog

ledarskap (*lāyd*-ahr-skaap) *nt* leadership

ledig (*lāy*-di) *adj* vacant; unoccupied

ledighet (*lāy*-di-hāyt) *c* leave; leisure

ledning (*lāyd*-ning) *c* lead, guidance; management

ledsaga (*lāyd*-saag-ah) *v* accompany; conduct

ledsen (*lay*-sayn) *adj* sad, sorry

ledstång (*lāyd*-stong) *c* (pl -stänger) rail, banister

leende (*lāy*-ern-der) *nt* smile

legal (lay-*gaal*) *adj* legal

legalisering (lay-gah-li-*sāy*-ing) *c* legalization

legat (lay-*gaat*) *nt* legacy

legation (lay-gah-*shōōn*) *c* legation

legitimation (*lay*-gi-ti-mah-*shōōn*) *c* identification

lejon (*lay*-on) *nt* lion

lek (lāyk) *c* play

leka (*lāyk*-ah) *v* play

lekman (*lāyk*-mahn) *c* (pl -män) layman

lekplats (*lāyk*-plahts) *c* playground

leksak (*lāyk*-saak) *c* toy

leksaksaffär (*lāyk*-sahks-ah-*fæær*) *c* toyshop

lekskola (*lāyk*-skōōl-ah) *c* kindergarten

lektion (lehk-*shōōn*) *c* lesson

lektor (*lehk*-tor) *c* lecturer, senior master

lem (laym) *c* (pl ~mar) limb

len (lāyn) *adj* soft, smooth

lera (*lāy*-rah) *c* clay

lergods (*lair*-goods) *nt* pottery, ceramics *pl;* crockery

lerig (*lāy*-ri) *adj* muddy

leta efter (*lāy*-tah) look for

leva (*lāy*-vah) *v* live

levande (*lāy*-vahn-der) *adj* alive; live

lever (*lāy*-verr) *c* (pl levrar) liver

leverans (lay-vay-*rahns*) *c* delivery; supply

leverera (lay-vay-*rāy*-rah) *v* deliver; furnish

levnadsstandard (*lāyv*-nahds-stahn-dahrd) *c* standard of living

libanes (li-bah-*nāyss*) *c* Lebanese

libanesisk (li-bah-*nāyss*-isk) *adj* Lebanese

Libanon (*lee*-bah-non) Lebanon

liberal (li-bay-*raal*) *adj* liberal

Liberia (li-*bāy*ri-ah) Liberia

liberian (li-bay-ri-*aan*) *c* Liberian

liberiansk (li-bāy-ri-*aansk*) *adj* Liberian

licens (li-*sayns*) *c* licence

*•**lida** (*lee*-dah) *v* suffer

lidande (*leed*-ahn-der) *nt* suffering; ailment, affliction

lidelse (*leed*-erl-ser) *c* passion

lidelsefull (*leed*-erl-ser-fewl) *adj* passionate

lifta (*lif*-tah) *v* hitchhike

liftare (*lif*-tah-rer) *c* (pl ~) hitchhiker

*•**ligga** (*li*-gah) *v* *lie; *be situated

lik (leek) *nt* corpse; *adj* alike, like

lika (*lee*-kah) *adj* equal; even; *adv* equally, as;. ~ mycket as much

likadan (lee-kah-*daan*) *adj* alike

likaledes (lee-kah-*lāyd*-erss) *adv* likewise

likasinnad (lee-kah-*sin*-ahd) *adj* like-minded

likaså (*lee*-kah-*sōā*) *adv* likewise; as well, as much

likformig (*leek*-for-mi) *adj* uniform, homogeneous

likgiltig (*leek*-yil-ti) *adj* indifferent

likhet (*leek*-hāyt) *c* resemblance; similarity

likna (*leek*-nah) *v* resemble

liknande (*leek*-nahn-der) *adj* similar, such

liksom (*lik*-som) *conj* as

likström (*leek*-strurm) *c* direct current

liktorn (*leek*-tōārn) *c* corn

likväl (leek-*vail*) *adv* yet; however, still

likvärdig (*leek*-vær-di) *adj* equivalent; *vara ~ equal

likör (li-*kurr*) *c* liqueur

lilja (*lil*-ʸah) *c* lily

lillfinger (*lil*-fing-ayr) *nt* (pl -fingrar) little finger

lim (lim) *nt* glue

limpa (*lim*-pah) *c* loaf; carton of cigarettes

lina (*leen*-ah) *c* cord, line

lind (lind) *c* lime; limetree

linda (*lin*-dah) *v* *wind

lindra (*lind*-rah) *v* relieve, mitigate, soothe

linjal (lin-*ʸaal*) *c* ruler

linje (*leen*-ʸer) *c* line

linjefartyg (*leen*-ʸer-faar-tēwg) *nt* liner

linjerederi (*lin*-ʸer-ray-day-ree) *nt* (pl ~er) shipping line

linne (*li*-ner) *nt* linen

lins (lins) *c* lens; lentil

list (list) *c* ruse; artifice; border

lista (*liss*-tah) *c* list

listig (*liss*-ti) *adj* cunning

lita på (*lee*-tah) trust; rely on

liten (*lee*-tern) *adj* (pl små) minor, small; little; petty, short; **ytterst ~ minute**

liter (*lee*-terr) *c* litre

litteratur (li-ter-rah-*tēwr*) *c* literature; **litteratur-** literary

litterär (li-ter-*ræær*) *adj* literary

liv (leev) *nt* life

livbälte (*leev*-behl-ter) *nt* lifebelt

livfull (*leev*-fewl) *adj* lively

livförsäkring (*liv*-furr-saik-ring) *c* life insurance

livlig (*leev*-li) *adj* vivid; busy

livmoder (*leev*-mōōd-err) *c* (pl -drar) womb

livräddare (*leev*-reh-dah-rer) *c* (pl ~)

life-saver

livsfarlig (*lifs*-faar-li) *adj* perilous

livsmedel (*lifs*-māy-derl) *nt* food

livsmedelsbutik (*lifs*-māy-derls-bew-teek) *c* grocer's

livstid (*lifs*-teed) *c* lifetime

livsviktig (*lifs*-vik-ti) *adj* vital

livvakt (*leev*-vahkt) *c* bodyguard

ljud (ʸēwd) *nt* sound

***ljuda** (ʸēw-dah) *v* sound

ljudband (ʸēwd-bahnd) *nt* tape

ljuddämpare (ʸēwd-dehm-pah-rer) *c* (pl ~) silencer; muffler *nAm*

ljudisolerad (ʸēwd-i-soo-lāy-rahd) *adj* soundproof

***ljuga** (ʸēwg-ah) *v* lie

ljum (ʸewm) *adj* lukewarm, tepid

ljumske (ʸewms-ker) *c* groin

ljung (ʸewng) *c* heather

ljunghed (ʸewng-hāyd) *c* moor

ljus (ʸēwss) *adj* light; *nt* light

ljushårig (ʸēwss-hōa-ri) *adj* fair

ljuvlig (ʸēwv-li) *adj* lovely

lock (lok) *nt* cover, lid, top; *c* curl

locka (*lok*-ah) *v* curl; entice, tempt

lockelse (*lo*-kayl-ser) *c* attraction

lockig (*lo*-ki) *adj* curly

locktång (*lok*-tong) *c* (pl -tänger) curling-tongs *pl*

lodrät (*lōōd*-rait) *adj* vertical; perpendicular

logera (lo-*shāy*-rah) *v* accommodate

logi (lo-*shee*) *nt* (pl ~er, ~n) accommodation

logik (loo-*geek*) *c* logic

logisk (*lawg*-isk) *adj* logical

lojal (lo-*ʸaal*) *adj* loyal

lok (lōōk) *nt* locomotive

lokal (loo-*kaal*) *adj* local; **lokal-** local

lokalisera (loo-kah-li-*sāy*-rah) *v* locate

lokalsamtal (loo-*kaal*-sahm-taal) *nt* local call

lokaltåg (loo-*kaal*-tōag) *nt* local train

lokomotiv (loo-koo-moo-*teev*) *nt* engine

longitud (*long*-gi-tēwd) *c* longitude

lopp (lop) *nt* race; course

lort (loort) *c* dirt, filth

lortig (*loort*-i) *adj* filthy, dirty

lossa (*loss*-ah) *v* loosen; unfasten; discharge

lots (loots) *c* pilot

lott (lot) *c* lot; lottery ticket

lotteri (lo-ter-*ree*) *nt* lottery

lov (lōav) *nt* vacation; permission

lova (*lōa*-vah) *v* promise

LP-skiva (ayl-pay-*shee*-vah) *c* long-playing record

lucka (*lew*-kah) *c* hatch

luffare (*lewf*-ah-rer) *c* (pl ∼) tramp

luft (lewft) *c* air; sky; luft- air-; pneumatic

lufta (*lewf*-tah) *v* air, ventilate

luftfilter (*lewft*-fil-terr) *nt* (pl ∼, -trer) air-filter

luftig (*lewf*-ti) *adj* airy

luftkonditionerad (*lewft*-kon-di-shoo-*nāy*-rahd) *adj* air-conditioned

luftkonditionering (*lewft*-kon-di-shoo-*nāyr*-ing) *c* air-conditioning

luftrörskatarr (*lewft*-rūrrs-kah-*tahr*) *c* bronchitis

lufttryck (*lewft*-trewk) *nt* atmospheric pressure

lufttät (*lewft*-tait) *adj* airtight

lugn (lewngn) *adj* calm; quiet, tranquil; sedate, restful

lugna (*lewng*-nah) *v* calm down; reassure; ∼ **sig** calm down

lukt (lewkt) *c* smell; odour

lukta (*lewk*-tah) *v* *smell

lunch (lewnsh) *c* lunch; luncheon

lunga (*lewng*-ah) *c* lung

lunginflammation (*lewng*-in-flah-mah-*shōon*) *c* pneumonia

lura (*lēwr*-ah) *v* cheat

lus (lēwss) *c* (pl löss) louse

lust (lewst) *c* desire; zest; *ha ∼ att

*feel like; fancy

lustig (*lewss*-ti) *adj* funny; amusing, jolly, humorous

lustjakt (*lewst*-Yahkt) *c* yacht

lustspel (*lewst*-spāyl) *nt* comedy

luta (*lēw*-tah) *v* *lean; ∼ **sig** *lean

lutande (*lēw*-tahn-der) *adj* slanting

lutning (*lēwt*-ning) *c* inclination

luxuös (lewk-sew-*ūrss*) *adj* luxurious

lya (*lēw*-ah) *c* den

lycka (*lewk*-ah) *c* happiness; fortune, luck

lyckas (*lewk*-ahss) *v* manage, succeed

lycklig (*lewk*-li) *adj* happy; fortunate

lyckosam (*lewk*-ko-sahm) *adj* lucky

lyckönska (*lewk*-urns-kah) *v* congratulate

lyckönskning (*lewk*-urnsk-ning) *c* congratulation

lyda (*lēwd*-ah) *v* obey

lydig (*lēw*-di) *adj* obedient

lydnad (*lēwd*-nahd) *c* obedience

lyfta (*lewf*-tah) *v* lift; *take off

lyftkran (*lewft*-kraan) *c* crane

lykta (*lewk*-tah) *c* lantern

lyktstolpe (*lewkt*-stol-per) *c* lamppost

lymmel (*lew*-merl) *c* (pl -mlar) rascal

lysande (*lēw*-sahn-der) *adj* luminous

lysa upp (*lēw*-sah) illuminate, light up; brighten

lyssna (*lewss*-nah) *v* listen

lyssnare (*lewss*-nah-rer) *c* (pl ∼) listener

lyx (lewks) *c* luxury

låda (*lōa*-dah) *c* drawer

låg (lōag) *adj* low

låga (*lōa*-gah) *c* flame

lågland (*lōag*-lahnd) *nt* (pl -länder) lowlands *pl*

lågsäsong (*lōag*-seh-*song*) *c* low season; off season

lågtryck (*lōag*-trewk) *nt* depression

lågvatten (*lōag*-vaht-ern) *nt* low tide

lån (lōān) *nt* loan

låna (lōā-nah) *v* borrow; ~ **ut** *lend

lång (long) *adj* long; tall

långbyxor (long-bewks-err) *pl* trousers *pl*; slacks *pl*

långsam (long-sahm) *adj* slow

långt (longt) *adv* far; ~ **bort** far-away; **längre bort** further away; **längst bort** furthest; **på** ~ **när** by far

långtråkig (long-trōā-ki) *adj* boring; dull

långvarig (long-vaar-i) *adj* long, lengthy

lår (lōār) *nt* thigh

lås (lōāss) *nt* lock

låsa (lōā-sah) *v* lock; ~ **in** lock up; ~ **upp** unlock

***låta** (lōā-tah) *v* sound; allow to, *let; *leave

låtsa (lot-sah) *v* simulate, pretend

läcka (leh-kah) *c* leak; *v* leak

läcker (lehk-err) *adj* delicious

läder (leh-derr) *nt* leather; **läder**-leather

läge (lai-ger) *nt* location; position; situation, site

lägenhet (lai-gern-hāyt) *c* flat; apartment *nAm*

läger (lai-gerr) *nt* camp

***lägga** (lehg-ah) *v* *put; *lay; ~ **på** *put on; apply; add; ~ **sig** *lie down; ~ **till** add

läggningsvätska (lehg-nings-vehts-kah) *c* setting lotion

läka (lai-kah) *v* heal

läkare (lai-kah-rer) *c* (pl ~) doctor; physician; **allmänpraktiserande** ~ general practitioner

läkarmottagning (lai-kahr-moot taag-ning) *c* surgery

läkarvetenskap (lai-kahr-vāy-tern-skaap) *c* medicine

läkemedel (lai-ker-māy-dayl) *nt* rem-edy

läktare (lehk-tah-rer) *c* (pl ~) stand

lämna (lehm-nah) *v* *leave; check out; ~ **i sticket** *let down

lämplig (lehmp-li) *adj* appropriate; proper, fit, convenient

län (lain) *nt* province

längd (lehngd) *c* length; **på längden** lengthways

längs (lehngs) *prep* along; past

längta (lehng-tah) *v* desire; ~ **efter** long for

längtan (lehng-tahn) *c* longing; wish

länk (lehngk) *c* link

läpp (lehp) *c* lip

läppstift (lehp-stift) *nt* lipstick

lära (læær-ah) *c* teachings *pl*; *v* *teach; ~ **sig** *learn; ~ **sig utan-till** memorize

lärare (læær-ah-rer) *c* (pl ~) teacher; master, schoolmaster, schoolteach-er

lärarinna (læær-ah-*rin*-ah) *c* teacher

lärd (læærd) *c* scholar

lärka (lær-kah) *c* lark

lärobok (lææ-roo-bōōk) *c* (pl -böcker) textbook

lärorik (lææ-roo-reek) *adj* instructive

läroverk (lææ-roo-værk) *nt* secondary school

läsa (lai-sah) *v* *read

läsesal (lai-ser-saal) *c* reading-room

läskedryck (lehss-ker-drewk) *c* lemon-ade

läskpapper (lehsk-pahp-err) *nt* blot-ting paper

läslampa (laiss-lahm-pah) *c* reading-lamp

läslig (laiss-li) *adj* legible

läsning (laiss-ning) *c* reading

lätt (leht) *adj* easy; light, slight

lätta (leht-ah) *v* relieve; lighten, ease

lätthanterlig (leht-hahn-tayr-li) *adj* easy to handle

lätthet (*leht-hāyt*) c facility, ease
lättnad (*leht-nahd*) c relief
lättretad (*leht-rāy-tahd*) adj irritable
lättretlig (*leht-rāyt-li*) adj irascible, touchy; quick-tempered
lättsmält (*leht-smehlt*) adj digestible
läxa (*lehks-ah*) c homework, lesson
löda (*lūrd-ah*) v solder
lödder (*lur-derr*) nt lather
lödkolv (*lūrd-kolv*) c soldering-iron
löfte (*lurf-ter*) nt promise; vow
lögn (*lurngn*) c lie
löjeväckande (*lur-Yer-veh-kahn-der*) adj ludicrous
löjlig (*lurY-li*) adj ridiculous; ludicrous, foolish
lök (*lūrk*) c onion
lön (*lūrn*) c salary; wages pl, pay
löna sig (*lūrn-ah*) *pay
lönande (*lūrn-ahn-der*) adj paying
löneförhöjning (*lūrn-er-furr-hurY-ning*) c rise; raise nAm
lönlös (*lūrn-lūrss*) adj useless, futile
lönn (*lurn*) c maple
lönsam (*lūrn-sahm*) adj profitable
löntagare (*lūrn-taa-gah-rer*) c (pl ～) employee
lördag (*lūrr-daag*) c Saturday
lös (*lūrss*) adj loose
lösa (*lūr-sah*) v solve; ～ in cash; ～ upp *undo
lösdriveri (*lūrss-dree-ver-ree*) nt vagrancy
lösen (*lūr-sern*) c ransom
lösenord (*lūrss-ern-ōord*) nt password
löshår (*lūrss-hoar*) nt hair piece
löslig (*lūrss-li*) adj soluble
lösning (*lūrss-ning*) c solution
löständer (*lūrss-tehn-derr*) pl false teeth
löv (*lūrv*) nt leaf

M

madrass (*mah-drahss*) c mattress
magasin (*mah-gah-seen*) nt storehouse; warehouse
mage (*maa-ger*) c stomach; mag- gastric
mager (*maa-gerr*) adj thin; lean
magisk (*maag-isk*) adj magic
magnetapparat (*mahng-nāyt-ah-pah-raat*) c magneto
magnetisk (*mahng-nāy-tisk*) adj magnetic
magnifik (*mahng-ni-feek*) adj magnificent
magont (*maag-oont*) nt stomach-ache
magplågor (*maag-plōag-or*) pl stomach-ache
magra (*maag-rah*) v slim
magsår (*maag-soar*) nt gastric ulcer
maj (*migh*) May
major (*mah-Yōor*) c major
majoritet (*mah-Yoo-ri-tāyt*) c majority
majs (*mighss*) c maize
majskolv (*mighss-kolv*) c corn on the cob
maka (*maak-ah*) c wife
make (*maak-er*) c husband
makrill (*mahk-ril*) c mackerel
makt (*mahkt*) c power; might, force; rule
maktbefogenhet (*mahkt-bay-fōo-gern-hāyt*) c authority
maktlös (*mahkt-lūrss*) adj powerless
mal (*maal*) c moth
mala (*maa-lah*) v *grind
malaria (*mah-laa-ri-Yah*) c malaria
Malaysia (*mah-ligh-si-ah*) Malaysia
malaysier (*mah-ligh-si-err*) c (pl ～) Malay
malaysisk (*mah-ligh-sisk*) adj Malaysian
mallig (*mahl-i*) adj cocky

malm (mahlm) *c* ore

malplacerad (mahl-plah-*sāyr*-ahd) *adj* misplaced

mammut (*mahm*-ewt) *c* mammoth

man¹ (mahn) *pron* one

man² (mahn) *c* (pl män) man

manchester (mahn-*shayss*-terr) *c* corduroy

mandarin (mahn-dah-*reen*) *c* mandarin; tangerine

mandat (mahn-*daat*) *nt* mandate

mandel (*mahn*-dayl) *c* (pl -dlar) almond

manet (mah-*nāyt*) *c* jelly-fish

mani (mah-*nee*) *c* craze

manikyr (mah-ni-*kēwr*) *c* manicure

manikyrera (mah-ni-kew-*rāy*-rah) *v* manicure

manlig (*mahn*-li) *adj* masculine

mannekäng (mah-ner-*kehng*) *c* model

manschett (mahn-*shayt*) *c* cuff

manschettknappar (mahn-*shayt*-knah-pahr) *pl* cuff-links *pl*

manuskript (mah-new-*skript*) *nt* manuscript

mardröm (*maar*-drurm) *c* (pl ~mar) nightmare

margarin (mahr-gah-*reen*) *nt* margarine

marginal (mahr-ɣi-*naal*) *c* margin

marinmålning (mah-*reen*-mōal-ning) *c* seascape

maritim (mah-ri-*teem*) *adj* maritime

mark (mahrk) *c* ground, earth; grounds

markant (mahr-*kahnt*) *adj* striking

markera (mahr-*kāy*-rah) *v* mark

markis (mahr-*keess*) *c* awning; marquis

marknad (*mahrk*-nahd) *c* fair

marmelad (mahr-may-*laad*) *c* marmalade

marmor (*mahr*-moor) *c* marble

marockan (mah-ro-*kaan*) *c* Moroccan

marockansk (mah-ro-*kaansk*) *adj* Moroccan

Marocko (mah-*rok*-o) Morocco

mars (mahrs) March

marsch (mahrsh) *c* march

marschera (mahr-*shāy*-rah) *v* march

marschfart (*mahrsh*-faart) *c* cruising speed

marsvin (*maar*-sveen) *nt* guinea-pig

martyr (mahr-*tēwr*) *c* martyr

mask (mahsk) *c* worm; mask

maska (*mahss*-kah) *c* mesh; ladder

maskara (mahss-*kaa*-rah) *c* mascara

maskin (mah-*sheen*) *c* engine; machine; ***skriva ~** type

maskineri (mah-shi-ner-*ree*) *nt* (pl ~er) machinery

maskinskriven (mah-*sheen*-skree-vern) *adj* typewritten

maskinskriverska (mah-*sheen*-skree-vayrs-kah) *c* typist

maskros (*mahsk*-rōōss) *c* dandelion

massa (*mahss*-ah) *c* mass; bulk

massage (mah-*saash*) *c* massage

massera (mah-*sāy*-rah) *v* massage

massiv (mah-*seev*) *adj* solid; massive

massmöte (*mahss*-mūr-ter) *nt* rally

massproduktion (*mahss*-pro-dewk-shōōn) *c* mass production

massör (mah-*sūrr*) *c* masseur

mast (mahst) *c* mast

mat (maat) *c* food; fare; **djupfryst ~** frozen food; **laga ~** cook; **~ och logi** bed and board; room and board, board and lodging; **smälta maten** digest

mata (*maa*-tah) *v* *feed

match (mahch) *c* match

matematik (mah-tay-mah-*teek*) *c* mathematics

matematisk (mah-tay-*maat*-isk) *adj* mathematical

materia (mah-*tāy*-ri-ah) *c* matter

material (mah-teh-ri-*aal*) *nt* material

materiell (mah-teh-ri-*ayl*) *adj* material

matförgiftning (*maat*-furr-ᵞift-ning) *c* food poisoning

matlust (*maat*-lewst) *c* appetite

matros (mah-*trōoss*) *c* seaman

maträtt (*maat*-reht) *c* dish

matsal (*maat*-saal) *c* dining-room

matsedel (*maat*-sāy-derl) *c* menu

matservis (*maat*-sehr-*veess*) *c* dinner-service

matsked (*maat*-shāyd) *c* tablespoon

matsmältning (*maat*-smehlt-ning) *c* digestion

matsmältningsbesvär (*maat*-smehlt-nings-bay-svæær) *nt* indigestion

matt (maht) *adj* dim, mat; dull

matta (*mah*-tah) *c* carpet; mat

matvaror (*maat*-vaa-roor) *pl* foodstuffs *pl*

mausoleum (mou-so-*lāy*-ewm) *nt* (pl -leer) mausoleum

med (māyd) *prep* with; by; *ha ~ sig *bring

medalj (may-*dahlᵞ*) *c* medal

medan (*māy*-dahn) *conj* while; whilst

medarbetare (*māyd*-ahr-bāy-tah-rer) *c* (pl ~) colleague

medborgare (*māyd*-bor-ᵞah-rer) *c* (pl ~) citizen; **medborgar-** civic

medborgarskap (*māyd*-bor-ᵞahr-skaap) *nt* citizenship

medborgerlig (*māyd*-bor-ᵞayr-li) *adj* civil

medbrottsling (*māyd*-brots-ling) *c* accessary

meddela (*māyd*-dāy-lah) *v* inform; report, communicate, notify

meddelande (*māyd*-dāy-lahn-day) *nt* message; information, communication

medel (*māy*-derl) *nt* means; **antiseptiskt ~** antiseptic; **lugnande ~** sedative; tranquillizer; **smärtstillande ~** analgesic; **stärkande ~** tonic

medel- (*māy*-derl) medium

Medelhavet (*māy*-derl-haa-vert) Mediterranean

medelklass (*māy*-derl-klahss) *c* middle class

medelmåttig (*māyd*-erl-mot-i) *adj* moderate; medium

medelpunkt (*māyd*-erl-pewngt) *c* centre

medeltida (*māy*-derl-tee-dah) *adj* mediaeval

Medeltiden (*māy*-derl-tee-dern) Middle Ages

medfödd (*māyd*-furd) *adj* inborn

medföra (*māyd*-fūr-rah) *v* *bring

***medge** (*māyd*-ᵞāy) *v* admit; grant

medhjälpare (*māyd*-ᵞehl-pah-rer) *c* (pl ~) assistant

medicin (may-di-*seen*) *c* medicine; drug

medicinsk (may-di-*seensk*) *adj* medical

meditera (may-di-*tāyr*-ah) *v* meditate

medkänsla (*māyd*-tᵞehns-lah) *c* sympathy

medla (*māyd*-lah) *v* mediate

medlare (*māyd*-lah-rer) *c* (pl ~) mediator

medlem (*māyd*-laym) *c* (pl ~mar) member; associate

medlemskap (*māyd*-laym-skaap) *nt* membership

medlidande (*māyd*-lee-dahn-der) *nt* pity; *ha ~ med pity

medräkna (*māyd*-raik-nah) *v* count, include

medströms (*māyd*-strurms) *adv* downstream

medtävlare (*māyd*-taiv-lah-rer) *c* (pl ~) competitor

medvetande (*māyd*-vāy-tahn-der) *nt* consciousness

medveten (*māyd*-vāy-tern) *adj* conscious; aware

medvetslös (*mayd*-vayts-lurss) *adj* unconscious

mejeri (may-Yay-ree) *nt* (pl ~er) dairy

mejsel (*may*-sayl) *c* (pl -slar) chisel

mekaniker (may-*kaa*-ni-kerr) *c* (pl ~) mechanic

mekanisk (may-*kaa*-nisk) *adj* mechanical

mekanism (may-kah-*nism*) *c* mechanism

mellan (*may*-lahn) *prep* between; among

mellanmål (*may*-lahn-moal) *nt* snack

mellanrum (*may*-lahn-rewm) *nt* space

mellanspel (*may*-lahn-spayl) *nt* interlude

mellantid (*may*-lahn-teed) *c* interim

mellanvåning (*may*-lahn-voa-ning) *c* mezzanine

mellersta (*may*-lerrs-tah) *adj* middle

melodi (may-lo-*dee*) *c* melody; tune

melodisk (mer-*food*-isk) *adj* melodious

melodrama (may-loo-*draam*-ah) *nt* (pl -mer) melodrama

melon (may-*loon*) *c* melon

memorandum (may-moo-*rahn*-dewm) *nt* (pl -da) memo

men (mayn) *conj* but; only

mena (*mayn*-ah) *v* *mean

mened (*mayn*-ayd) *c* perjury

mening (*may*-ning) *c* sentence; sense; meaning

meningslös (*may*-nings-lurss) *adj* meaningless

menstruation (mayn-strew-ah-*shoon*) *c* menstruation

mental (mayn-*taal*) *adj* mental

mentalsjukhus (mehn-*taal*-shewk-hewss) *nt* asylum

meny (mer-*new*) *c* menu; **fast** ~ set menu

mer (mayr) *adv* more; **lite** ~ some

more

mest av allt (mayst aav ahlt) most of all

för det mesta (furr day *mayss*-tah) mostly

meta (*mayt*-ah) *v* fish; angle

metall (may-*tahl*) *c* metal; **metall-** metal

meter (*may*-terr) *c* (pl ~) metre

metkrok (*mayt*-krook) *c* fishing hook

metod (may-*tood*) *c* method

metodisk (may-*too*-disk) *adj* methodical

metrev (*mayt*-rayv) *c* fishing line

metrisk (*mayt*-risk) *adj* metric

metspö (*mayt*-spur) *nt* fishing rod

mexikanare (mayks-i-*kaa*-nah-rer) *c* (pl ~) Mexican

mexikansk (mayks-i-*kaansk*) *adj* Mexican

Mexiko (*mayks*-i-koo) Mexico

middag (*mi*-dah) *c* dinner; ***äta** ~ dine

midja (*meed*-Yah) *c* waist

midnatt (*meed*-naht) *c* midnight

midsommar (*mid*-so-mahr) *c* midsummer

mig (may) *pron* me; myself

migrän (mi-*grain*) *c* migraine

mikrofon (mik-ro-*foan*) *c* microphone

mil (meel) *c* ten kilometres

mild (mild) *adj* mild; gentle

miljon (mil-*Yoon*) *c* million

miljonär (mil-Yoo-*næær*) *c* millionaire

miljö (mil-*Yur*) *c* environment; milieu

milstolpe (*meel*-stol-per) *c* milestone

min (min) *pron* (nt mitt, pl mina) my

mindervärdig (*min*-derr-væær-di) *adj* inferior

minderårig (*min*-derr-*oa*-ri) *adj* under age; *c* minor

mindre (*mind*-rer) *adv* less; *adj* minor

mineral (mi-ner-*raal*) *nt* mineral

mineralvatten (mi-ner-*raal*-vah-tern) *nt*

mineral water; soda-water

miniatyr (mi-ni-ah-*tēwr*) *c* miniature

minimum (*mee*-ni-mewm) *nt* (pl ~, -ma) minimum

minister (mi-*niss*-terr) *c* (pl -trar) minister

mink (mingk) *c* mink

minnas (*min*-ahss) *v* remember, recollect

minne (*minah*) *nt* memory; remembrance

minnesfest (*mi*-nayss-fehst) *c* commemoration

minnesmärke (*mi*-nayss-mær-ker) *nt* memorial; monument

minnesvärd (*mi*-nayss-væærd) *adj* memorable

minoritet (mi-noo-ri-*tāyt*) *c* minority

minska (*mins*-kah) *v* decrease; subtract; lower

minskning (*minsk*-ning) *c* decrease, reduction

minst (minst) *adj* least

minus (*mee*-newss) *prep* minus

minut (mi-*newt*) *c* minute

mirakel (mi-*raa*-kayl) *nt* (pl -kler) miracle

missa (*miss*-ah) *v* miss

missbelåten (*miss*-ber-*lōa*-tern) *adj* discontented

missbruk (*miss*-brēwk) *nt* abuse; misuse

missbruka (*miss*-brēwkah) *v* abuse

missfall (*miss*-fahl) *nt* miscarriage

missfärgad (*miss*-fær-Yahd) *adj* discoloured

***missförstå** (*miss*-furr-*stōa*) *v* *misunderstand

missförstånd (*miss*-furr-stond) *nt* misunderstanding

misshaga (*miss*-haa-gah) *v* displease

misslyckad (*miss*-lew-kahd) *adj* unsuccessful

misslyckande (*miss*-lew-kahn-der) *nt* failure

misslyckas (*miss*-lew-kahss) *v* fail

missnöjd (*miss*-nur Yd) *adj* dissatisfied

***missta** (*miss*-taa) *be mistaken; err

misstag (*miss*-taag) *nt* mistake; error

misstanke (*miss*-tahng-ker) *c* suspicion

misstro (*miss*-trōō) *v* mistrust; *c* distrust

misstrogen (*miss*-trōō-gern) *adj* distrustful

misstänka (*miss*-tehng-kah) *v* suspect

misstänksam (*miss*-tehngk-sahm) *adj* suspicious

misstänksamhet (*miss*-tayngk-sahm-hāyt) *c* suspicion

misstänkt[1] (*miss*-tehngt) *c* (pl ~a) suspect

misstänkt[2] (*miss*-tehngt) *adj* suspicious, suspected

missunna (*miss*-ewn-ah) *v* grudge

mista (*miss*-tah) *v* *lose

mitt (mit) *c* middle; midst; ~ i amid; ~ ibland amid

mittemellan (*mit*-ay-may-lahn) *adv* in between

mittemot (mit-ay-*mōōt*) *prep* opposite; facing

mixer (*miks*-err) *c* (pl ~) mixer

mjuk (mY ēwk) *adj* soft; smooth; supple

mjuka upp (mY ēw-kah) soften

mjäll (mY ehl) *nt* dandruff; *adj* tender

mjöl (mY ūrl) *nt* flour

mjölk (mY urlk) *c* milk

mjölkbud (mY url-bēwd) *nt* milkman

mjölkig (mY url-ki) *adj* milky

mjölnare (mY ūrl-nah-rer) *c* (pl ~) miller

mockaskinn (*mo*-kah-shin) *nt* suede

mod (mōōd) *nt* courage; guts

mode (*mōō*-der) *nt* fashion

modell (moo-*dayl*) *c* model

modellera (moo-day-*lāyr*-ah) *v* model

moderat (moo-de̱r-*raat*) *adj* moderate

modern (moo-*dæærn*) *adj* modern; fashionable

modersmål (mōō-derrs-*mōāl*) *nt* mother tongue; native language

modig (mōō-di) *adj* brave, courageous

modist (moo-*dist*) *c* milliner

mogen (mōō-gayn) *adj* mature; ripe

mognad (mōōg-nahd) *c* maturity

mohair (moo-*hæær*) *c* mohair

moln (mōāln) *nt* cloud

molnig (mōāl-ni) *adj* cloudy

monark (moo-*nahrk*) *c* monarch

monarki (moo-nahr-*kee*) *c* monarchy

monetär (mo-ner-*tæær*) *adj* monetary

monolog (mo-noo-*lōāg*) *c* monologue

monopol (mo-no-*pōāl*) *nt* monopoly

monoton (mo-no-*tōān*) *adj* monotonous

monter (*mon*-terr) *c* (pl -trar) showcase

montera (mon-*tāy*-rah) *v* assemble

montering (mon-*tāy*-ring) *c* assembly

montör (mon-*tūrr*) *c* fitter, assembler

monument (mo-new-*mehnt*) *nt* monument

moped (moo-*pāyd*) *c* moped; motorbike *nAm*

mor (mōōr) *c* (pl mödrar) mother

moral (moo-*raal*) *c* moral

moralisk (moo-*raa*-lisk) *adj* moral

morallära (moo-*raal*-læ̱æ̱-rah) *c* morality

morbror (*moor*-broor) *c* (pl -bröder) uncle

mord (mōōrd) *nt* murder; assassination

morfar (*moor*-fahr) *c* (pl -fäder) grandfather

morfin (mor-*feen*) *nt* morphine; morphia

morgon (*mor*-on) *c* (pl -gnar) morning; **i ~** tomorrow

morgonrock (*mo*-ron-rok) *c* dressing-gown

morgontidning (*mo*-ron-teed-ning) *c* morning paper

morgonupplaga (*mor*-on-ewp-laag-ah) *c* morning edition

mormor (*moor*-moor) *c* (pl -mödrar) grandmother

morot (mōō-rōōt) *c* (pl morötter) carrot

morra (*mor*-ah) *v* growl

i morse (ee *mor*-ser) this morning

mosa (*mōōss*-ah) *v* mash

mosaik (moo-sah-*eek*) *c* mosaic

moské (moss-*kāy*) *c* mosque

moskit (moss-*skeet*) *c* mosquito

mossa (*moss*-ah) *c* moss

moster (*mooss*-terr) *c* (pl -trar) aunt

mot (mōōt) *prep* against; towards

motbjudande (*mōōt*-bᵞe̱w-dahn-day) *adj* revolting

motell (moo-*tayl*) *nt* motel

motgång (*mōōt*-gong) *c* adversity

motion (mot-*shōōn*) *c* exercise; motion

motiv (moo-*teev*) *nt* motive

motor (*mōō*-tor) *c* engine, motor

motorbåt (*mōō*-tor-bōāt) *c* motorboat

motorcykel (*mōō*-tor-sew-kerl) *c* (pl -klar) motor-cycle

motorfartyg (*mōō*-tor-faar-tēwg) *nt* motor vessel

motorhuv (*mōō*-tor-hēwv) *c* bonnet; hood *nAm*

motorskada (*mōō*-tor-skaa-dah) *c* engine failure

motorstopp (*mōō*-tor-stop) *nt* breakdown

motorväg (*mōō*-tor-vaig) *c* motorway; highway *nAm*

motsats (*mōōt*-sahts) *c* contrary; reverse

motsatt (*mōōt*-saht) *adj* opposite;

contrary

motstående (mōōt-stoā-ayn-der) adj opposite

motstånd (mōōt-stond) nt resistance; resistor

motståndare (mōōt-ston-dah-rer) c (pl ~) opponent

motsvara (mōōt-svaar-ah) v correspond to

motsvarande (mōōt-svaar-ahn-der) adj equivalent

motsvarighet (mōōt-svaa-ri-hāyt) c equivalence

*****motsäga** (mōōt-say-ah) v contradict

motsägande (mōōt-say-ahn-der) adj contradictory

*****motta** (mōōt-taa) v receive; accept

mottagande (mōōt-taag-ahn-der) nt reception; receipt

mottagning (mōōt-taag-ning) c reception; **mottagningstid** consultation hours

mottagningsbevis (mōōt-taag-nings-ber-veess) nt receipt

motto (mot-oo) nt motto

motvilja (mōōt-vil-Yah) c antipathy; dislike; aversion

mousserande (moo-sāy-rahn-der) adj sparkling

mugg (mewg) c mug

mulen (mēwl-ern) adj overcast, cloudy

mullbär (mewl-bæær) nt mulberry

multe (mewl-ter) c mullet

multiplicera (mewl-ti-pli-sāy-rah) v multiply

multiplikation (mewl-ti-pli-kah-shōōn) c multiplication

mulåsna (mēwl-oāss-nah) c mule

mun (mewn) c (pl ~nar) mouth

munk (mewngk) c monk

munsbit (mewns-beet) c bite

munstycke (mewn-stew-ker) nt nozzle

munter (mewn-terr) adj merry; gay, cheerful

munterhet (mewn-terr-hāyt) c gaiety

muntlig (mewnt-li) adj oral; verbal

muntra upp (mewnt-rah) cheer up

munvatten (mewn-vah-tern) nt mouthwash

mur (mēwr) c wall

mura (mēwr-ah) v *lay bricks

murare (mēw-rah-rer) c (pl ~) bricklayer

murgröna (mēwr-grūr-nah) c ivy

mus (mēwss) c (pl möss) mouse

museum (mew-sāy-ewm) nt (pl museer) museum

musik (mēw-seek) c music

musikal (mēw-si-kaal) c musical

musikalisk (mēw-si-kaa-lisk) adj musical

musiker (mēw-si-kerr) c (pl ~) musician

musikinstrument (mēw-seek-in-strēw-mehnt) nt musical instrument

muskel (mewss-kerl) c muscle

muskotnöt (mewss-kot-nūrt) c (pl ~ter) nutmeg

muskulös (mewss-kew-lūrss) adj muscular

muslin (mewss-leen) nt muslin

mustasch (mewss-taash) c moustache

muta (mēwt-ah) v bribe

mutning (mēwt-ning) c bribery

mutter (mew-terr) c (pl -trar) nut

mycket (mew-ker) adv very; much, far

mygga (mewg-ah) c mosquito

myggnät (mewg-nait) nt mosquito-net

myndig (mewn-di) adj of age

myndigheter (mewn-di-hāy-terr) pl authorities pl

mynning (mewn-ing) c mouth

mynt (mewnt) nt coin

mynta (mewn-tah) c mint

myntenhet (mewnt-āyn-hāyt) c monetary unit

myntöppning (*mewnt*-urp-ning) *c* slot

myra (*mēw*-rah) *c* ant

mysig (*mēw*-si) *adj* cosy

mysterium (mewss-*tāy*-ri-ewm) *nt* (pl -rier) mystery

mystisk (*mewss*-tisk) *adj* mysterious

myt (*mēwt*) *c* myth

myteri (mew-ter-*ree*) *nt* (pl ~er) mutiny

må (*moā*) *v* *feel

mål (*moāl*) *nt* goal; meal

måla (*moāl*-ah) *v* paint

målare (*moā*-lah-rer) *c* (pl ~) painter

målarfärg (*moā*-lahr-fær^y) *c* paint

mållinje (*moāl*-lin-^yer) *c* finish, finishing line

mållös (*moāl*-lūrss) *adj* speechless

målning (*moāl*-ning) *c* painting

målsättning (*moāl*-seht-ning) *c* objective, aim

måltavla (*moāl*-taav-lah) *c* target

måltid (*moāl*-teed) *c* meal

målvakt (*moāl*-vahkt) *c* goalkeeper

månad (*moā*-nahd) *c* month

månadstidning (*moā*-nahds-teed-ning) *c* monthly magazine

månatlig (*moā*-naht-li) *adj* monthly

måndag (*mon*-daag) *c* Monday

måne (*moā*-ner) *c* moon

många (*mong*-ah) *adj* many; much

mångsidig (*mong*-see-di) *adj* all-round

månsken (*moān*-shāyn) *nt* moonlight

mås (*moāss*) *c* gull

***måste** (*moss*-ter) *v* *must; *be obliged to, *have to, need to; *be bound to

mått (*mot*) *nt* measure

måttband (*mot*-bahnd) *nt* tape-measure

måttlig (*mot*-li) *adj* moderate

mäklare (*maik*-lah-rer) *c* (pl ~) broker

mäktig (*mehk*-ti) *adj* powerful; mighty

mängd (mehngd) *c* amount; lot

människa (*meh*-ni-shah) *c* human being; man

mänsklig (*mehnsk*-li) *adj* human

mänsklighet (*mehn*-skli-hāyt) *c* humanity; mankind

märg (mæær^y) *c* marrow

märka (*mæær*-kah) *v* notice, sense; mark

märkbar (*mærk*-baar) *adj* noticeable; perceptible

märke (*mær*-ker) *nt* mark; brand; *lägga ~ till notice

märkvärdig (*mærk*-vææ-di) *adj* curious

mässa (*meh*-sah) *c* Mass

mässing (*meh*-sing) *c* brass

mässingsorkester (*mehss*-ings-or-kehss-terr) *c* (pl -trar) brass band

mässling (*mehss*-ling) *c* measles

mästare (*mayss*-tah-rer) *c* (pl ~) master; champion

mästerverk (*mehss*-terr-værk) *nt* masterpiece

mäta (*mai*-tah) *v* measure

mätare (*mait*-ah-rer) *c* (pl ~) meter; gauge

möbelben (*mūr*-berl-bāyn) *nt* leg

möbler (*mūrb*-lerr) *pl* furniture

möblera (*mūr*-blāy-rah) *v* furnish

möda (*mūrdah*) *c* pains, trouble

mögel (*mūr*-gerl) *nt* mildew

möglig (*mūrg*-li) *adj* mouldy

möjlig (*mur^y*-li) *adj* possible

***möjliggöra** (*mur^y*-li-*Yūr*-rah) *v* *make possible; enable

möjlighet (*mur^y*-li-hāyt) *c* possibility

mönster (*murns*-terr) *nt* pattern

mör (*mūr*) *adj* tender

mörda (*mūr*-dah) *v* murder

mördare (*mūr*-dah-rer) *c* (pl ~) murderer

mörk (murrk) *adj* dark; obscure

mörker (*murr*-kerr) *nt* dark; darkness

mört (murrt) *c* roach

mössa (*mur*-sah) *c* cap

möta (*mūr*-tah) *v* *meet; encounter

mötande (*mūr*-tahn-der) *adj* oncoming

möte (*mūrt*-er) *nt* meeting; **avtalat** ~ appointment; engagement

mötesplats (*mūr*-tayss-plahts) *c* meeting-place

N

nackdel (*nahk*-dāyl) *c* disadvantage

nacke (*nahk*-er) *c* nape of the neck

nagel (*naa*-gayl) *c* (pl naglar) nail

nagelborste (*naa*-gayl-bors-ter) *c* nail-brush

nagelfil (*naa*-gayl-feel) *c* nail-file

nagellack (*naa*-gayl-lahk) *nt* nail-polish

nagelsax (*naa*-gayl-sahks) *c* nail-scissors *pl*

naiv (nah-*eev*) *adj* naïve

naken (*naa*-kern) *adj* naked; nude, bare

nakenstudie (*naa*-kern-*stēw*-di-er) *c* nude

namn (nahmn) *nt* name; **i ... namn** in the name of

narkos (nahr-*kōass*) *c* narcosis

narkotika (nahr-*kōā*-ti-kah) *c* narcotic

nation (naht-*shōon*) *c* nation

nationaldräkt (naht-shoo-*naal*-drehkt) *c* national dress

nationalisera (naht-shoo-nah-li-*sāyr*-ah) *v* nationalize

nationalitet (naht-shoo-nah-li-*tāyt*) *c* nationality

nationalpark (naht-shoo-*naal*-pahrk) *c* national park

nationalsång (naht-shoo-*naal*-song) *c* national anthem

nationell (naht-shoo-*nayl*) *adj* national

natt (naht) *c* (pl nätter) night; **i** ~ tonight; **om natten** by night; **över natten** overnight

nattaxa (*naht*-tahk-sah) *c* night rate

nattflyg (*naht*-flēwg) *nt* night flight

nattklubb (*naht*-klewb) *c* nightclub; cabaret

nattkräm (*naht*-kraim) *c* night-cream

nattlig (*naht*-li) *adj* nightly

nattlinne (*naht*-li-ner) *nt* nightdress

nattåg (*naht*-tōāg) *nt* night train

natur (nah-*tēwr*) *c* nature

naturlig (nah-*tēwr*-li) *adj* natural

naturligtvis (nah-*tēwr*-lit-*veess*) *adv* of course; naturally

naturskön (nah-*tēwr*-shürn) *adj* scenic

naturvetenskap (nah-*tēwr*-vāyt-ern-skaap) *c* physics

navel (*naav*-erl) *c* (pl navlar) navel

navigation (nah-vi-gah-*shōon*) *c* navigation

navigera (nah-vi-*gāy*-rah) *v* navigate

necessär (nay-ser-*sær*) *c* toilet case

ned (nāyd) *adv* down

nedan (*nāy*-dahn) *adv* beneath, below

nedanför (*nāy*-dahn-fürr) *prep* below; under

nederbörd (*nāyd*-err-*būrrd*) *c* precipitation

nederlag (*nāyd*-err-laag) *nt* defeat

nederländare (*nāy*-derr-lehn-dah-rer) *c* (pl ~) Dutchman

Nederländerna (*nāy*-derr-lehn-derr-nah) the Netherlands

nederländsk (*nāy*-dayr-lehnsk) *adj* Dutch

nedersta (*nāy*-derr-stah) *adj* bottom, lowest

nedre (*nāyd*-rer) *adj* inferior

nedslående (*nāyd*-slōā-ayn-der) *adj* depressing

nedsmutsad (*nāyd*-smewt-sahd) *adj*

soiled

nedstigning (nāyd-steeg-ning) c descent

nedstämd (nāyd-stehmd) adj low; down, down-hearted

nedåt (nāyd-ot) adv down; downwards

negativ (nay-gah-teev) adj negative; nt negative

neger (nāy-gerr) c (pl negrer) Negro

negligé (nay-gli-shāy) c negligee

nej (nay) no

neka (nāyk-ah) v deny

nekande (nāyk-ahn-der) adj negative

neon (nay-ōan) nt neon

ner (nāyr) adv down, downstairs

nerv (nærv) c nerve

nervös (nær-vūrss) adj nervous

netto- (nayt-oo) net

neuralgi (nayv-rahl-gee) c neuralgia

neuros (nayv-rōass) c neurosis

neutral (nayew-traal) adj neutral

neutrum (nāy-ewt-rewm) neuter

Ni (nee) pron you

ni (nee) pron you

nick (nik) c nod

nicka (nik-ah) v nod

nickel (nik-erl) c nickel

*****niga** (nee-gah) v curtsy

Nigeria (ni-gāyr-i-ah) Nigeria

nigerian (ni-gay-ri-aan) c Nigerian

nigeriansk (ni-gay-ri-aansk) adj Nigerian

nikotin (ni-koo-teen) nt nicotine

nio (neeoo) num nine

nionde (nee-on-der) num ninth

nit (neet) nt zeal, ardour

nittio (nit-i) num ninety

nitton (nit-on) num nineteen

nittonde (nit-on-der) num nineteenth

nivå (ni-voa) c level

njure (nYew-rer) c kidney

*****njuta** (nYew-tah) v enjoy

njutning (nYewt-ning) c delight

nog (nōōg) adv enough; probably

noga (nōō-gah) adj precise

noggrann (nōōg-rahn) adj accurate, precise

nolla (no-lah) c zero; nought

nominell (noo-mi-nayl) adj nominal

nominera (noo-mi-nāyr-ah) v nominate

nominering (noo-mi-nāyr-ing) c nomination

nord (nōōrd) c north

nordlig (nōōrd-li) adj northern; northerly, north

nordost (nōōrd-oost) c north-east

Nordpolen (nōōrd-pōō-lern) North Pole

nordväst (nōōrd-vehst) c north-west

Norge (nor-Yer) Norway

norm (norm) c norm, standard

normal (nor-maal) adj normal; regular

norrman (nor-mahn) c (pl -män) Norwegian

norsk (norsk) adj Norwegian

nos (nōōss) c snout

noshörning (nōōss-hūrr-ning) c rhinoceros

nota (nōōt-ah) c bill; check nAm

notera (noo-tāyr-ah) v note

nougat (noo-gaat) c nougat

novell (noo-vehl) c short story

november (noo-vehm-berr) November

nu (new) adv now

nudistbadstrand (new-dist-baad-strahnd) c (pl -stränder) nudist beach

nuförtiden (new-furr-tee-dayn) adv nowadays

nummer (newm-err) nt number; act

nummerplåt (new-merr-plōat) c registration plate; licence plate Am

nunna (newn-ah) c nun

nunnekloster (newn-er-kloss-terr) nt nunnery

nutid (*nēw*-teed) *c* present
nutida (*nēw*-tee-dah) *adj* contemporary
nuvarande (*nēw*-vaa-rahn-der) *adj* present; current
ny (*nēw*) *adj* new; recent; **splitter ~** brand-new
nyans (new-*ahngs*) *c* nuance; shade
Nya Zeeland (*nēwah sāy*-lahnd) New Zealand
nybörjare (*nēw*-burr-ᵞah-rer) *c* (pl ~) beginner; learner
nyck (newk) *c* whim; fancy
nyckel (new-kerl) *c* (pl -klar) key
nyckelben (new-kerl-bāyn) *nt* collarbone
nyckelhål (new-kerl-hōal) *nt* keyhole
nyfiken (*nēw*-fee-kern) *adj* curious
nyfikenhet (*nēw*-fee-kern-hāyt) *c* curiosity
nyhet (*nēw*-hāyt) *c* news
nyheter (*nēw*-hāy-terr) *pl* news; tidings *pl*
nykter (newk-terr) *adj* sober
nyligen (*nēw*-li-gayn) *adv* recently; lately
nylon (new-*lōan*) *nt* nylon
nynna (newn-ah) *v* hum
•nypa (*nēw*-pah) *v* pinch
•nysa (*nēw*-sah) *v* sneeze
nyss (newss) *adv* a moment ago
nytta (new-tah) *c* use; benefit; profit; **•ha ~ av** benefit by, profit by
nyttig (new-ti) *adj* useful
nyttighet (new-ti-hāyt) *c* utility
nyttja (newt-ᵞah) *v* use, employ
nyår (*nēw*-ōar) *nt* New Year
nå (nōa) *v* reach
nåd (nōad) *c* grace; mercy
någon (*nōa*-gon) *pron* somebody; any, someone
någonsin (*nōa*-gon-sin) *adv* ever
någonstans (*nōa*-gon-stahns) *adv* somewhere

någorlunda (*nōa*-goor-lewn-dah) *adv* quite; rather
något (*nōa*-got) *pron* something, some
några (*nōag*-rah) *pron* some; *adj* some
nål (nōal) *c* needle
näbb (nehb) *c* beak
näktergal (nehk-terr-*gaal*) *c* nightingale
nämligen (nehm-li-gern) *adv* namely
nämna (nehm-nah) *v* mention
när (næær) *adv* when; *conj* when
nära (næær-ah) *adj* near; close
närande (næær-ahn-der) *adj* nourishing; nutritious
närapå (næ æ-rah-poa) *adv* nearly
närbelägen (næær-bay-*laig*-ern) *adj* near
närgången (næær-gong-ern) *adj* inquisitive
närhelst (næær-*hehlst*) *conj* whenever
närhet (næær-hāyt) *c* vicinity
närliggande (næær-li-gahn-der) *adj* nearby
närma sig (nær-mah) approach
närmast (nær-mahst) *adv* closest; nearest
närsynt (næær-sēwnt) *adj* shortsighted
närvarande (næær-vaa-rahn-der) *adj* present; **•vara ~ vid** attend, assist at
närvaro (næær-vaa-roo) *c* presence
näs (naiss) *nt* isthmus
näsa (nai-sah) *c* nose
näsblod (naiss-blōod) *nt* nosebleed
näsborre (naiss-bo-rer) *c* nostril
näsduk (naiss-dēwk) *c* handkerchief
nästa (nehss-tah) *adj* following, next
nästan (nehss-tahn) *adv* practically; almost; nearly
näsvis (naiss-veess) *adj* impertinent
näsvishet (naiss-veess-hāyt) *c* impertinence

nät (nait) *nt* net

näthinna (*nait*-hin-ah) *c* retina

nätverk (*nait*-værk) *nt* network

nöd (nūrd) *c* misery; distress

nödläge (*nūrd*-lai-ger) *nt* emergency

nödsignal (*nūrd*-sing-naal) *c* distress signal

nödsituation (*nūrd*-si-tew-ah-*shōōn*) *c* emergency

nödtvång (*nūrd*-tvong) *nt* urgency

nödutgång (*nūrd*-ēwt-gong) *c* emergency exit

nödvändig (*nūrd*-vehn-di) *adj* necessary

nödvändighet (*nūrd*-vehn-di-hāyt) *c* necessity; need

nöja sig (*nur*-Yah) content oneself

nöjd (nurYd) *adj* content; pleased

nöje (*nur*Y-er) *nt* pleasure; enjoyment, fun, amusement

nöt (nūrt) *c* (pl ~ter) nut

nötknäppare (*nūrt*-knehp-ah-rer) *c* (pl ~) nutcrackers *pl*

nötskal (*nūrt*-skaal) *nt* nutshell

O

oaktat (ōō-ahk-taht) *prep* in spite of

oanad (ōō-aan-ahd) *adj* unexpected

oangenäm (ōō-ahn-Yer-*naim*) *adj* unpleasant

oansenlig (ōō-ahn-*sāyn*-li) *adj* insignificant; inconspicuous

oanständig (ōō-ahn-stehn-di) *adj* obscene

oantagbar (ōō-ahn-taag-baar) *adj* unacceptable

oas (oo-*aass*) *c* oasis

oavbruten (ōō-aav-brēw-tern) *adj* continuous; uninterrupted

oavsiktlig (ōō-aav-sikt-li) *adj* unintentional

obduktion (ob-dewk-*shōōn*) *c* autopsy

obebodd (ōō-ber-*bood*) *adj* uninhabited

obeboelig (ōō-ber-*boo*-ay-li) *adj* uninhabitable

obegriplig (ōō-ber-greep-li) *adj* incomprehensible

obegränsad (ōō-ber-*grehn*-sahd) *adj* unlimited

obehaglig (ōō-ber-*haag*-li) *adj* unpleasant; disagreeable

obekant (ōō-ber-*kahnt*) *adj* unfamiliar

obekväm (ōō-ber-*kvaim*) *adj* uncomfortable, inconvenient

oberoende (ōō-ber-*rōō*-ayn-der) *adj* independent

oberättigad (ōō-ber-*reh*-ti-gahd) *adj* unauthorized

obestämd (ōō-ber-*stehmd*) *adj* indefinite

obesvarad (ōō-ber-*svaa*-rahd) *adj* unanswered

obetydlig (ōō-ber-*tēwd*-li) *adj* insignificant; petty

obetänksam (ōō-ber-*tehngk*-sahm) *adj* thoughtless, rash

obildad (ōō-bil-dahd) *adj* uneducated

objekt (ob-Yaykt) *nt* object

objektiv (ob-Yerk-teev) *adj* objective

obligation (ob-li-gah-*shōōn*) *c* bond

obligatorisk (ob-li-gah-*tōō*-risk) *adj* compulsory; obligatory

oblyg (ōō-blēwg) *adj* immodest

obotlig (ōō-*bōōt*-li) *adj* incurable

observation (ob-serr-vah-*shōōn*) *c* observation

observatorium (ob-serr-vah-*tōō*-ri-ewm) *nt* (pl-rier) observatory

observera (ob-serr-*vāyr*-ah) *v* observe; note

och (o) *conj* and

också (*ok*-sōā) *adv* also; too

ockupation (o-kew-pah-*shōōn*) *c* occupation

ockupera (o-kew-*pay*-rah) *v* occupy

odla (*ood*-lah) *v* cultivate; *grow, raise

oduglig (*oo*-dewg-li) *adj* incapable, incompetent

odygdig (*oo*-dewg-di) *adj* mischievous, naughty

*vara **oenig** (vaa-rah *oo*-*ay*-ni) disagree

*vara **oense** (vaa-rah *oo*-ayn-say) disagree

oerfaren (*oo*-*ayr*-faa-rern) *adj* inexperienced

oerhörd (*oo*-ayr-hürrd) *adj* immense; tremendous

ofantlig (oo-*fahnt*-li) *adj* vast

ofarlig (*oo*-faar-li) *adj* harmless

ofattbar (*oo*-faht-baar) *adj* incomprehensible, inconceivable

offensiv (of-ern-seev) *adj* offensive; *c* offensive

offentlig (o-*faynt*-li) *adj* public

*offentliggöra** (o-*faynt*-li-*Yür*-rah) *v* announce; publish

offentliggörande (o-*faynt*-li-*Yür*-rahn-der) *nt* publication

offer (o-ferr) *nt* sacrifice; victim; casualty

officer (o-fi-*sayr*) *c* officer

officiell (o-fi-si-*ayl*) *adj* official

offra (of-rah) *v* sacrifice

ofog (*oo*-*foog*) *nt* mischief

oframkomlig (*oo*-frahm-kom-li) *adj* impassable

ofta (of-tah) *adv* often; frequently

ofullkomlig (*oo*-fewl-kom-li) *adj* imperfect

ofullständig (*oo*-fewl-stehn-di) *adj* incomplete

ofärdig (*oo*-fæær-di) *adj* crippled, disabled

oförarglig (*oo*-furr-ahr-*Y*-li) *adj* harmless

oförklarlig (*oo*-furr-*klaar*-li) *adj* inexplicable, unaccountable

oförmodad (*oo*-furr-*moo*-dahd) *adj* unexpected, casual

oförmögen (*oo*-fürr-mür-gern) *adj* incapable, unable

oförskämd (*oo*-furr-shehmd) *adj* impertinent; insolent, impudent

oförskämdhet (*oo*-furr-shehmd-hayt) *c* insolence

oförståndig (*oo*-furr-ston-di) *adj* unwise

oförtjänt (*oo*-furr-t*Y*aint) *adj* unearned

ogift (*oo*-*Y*ift) *adj* single

ogilla (*oo*-*Y*i-lah) *v* disapprove of, dislike

ogiltig (*oo*-*Y*il-ti) *adj* invalid; expired, void

ogräs (*oo*-graiss) *nt* weed

ogynnsam (*oo*-*Y*ewn-sahm) *adj* unfavourable

ohälsosam (*oo*-hehl-soo-sahm) *adj* unhealthy

ohövlig (*oo*-hürv-li) *adj* impolite; rude

ojust (*oo*-shewst) *adj* unfair

ojämn (*oo*-*Y*ehmn) *adj* uneven; rough

ok (*ook*) *nt* yoke

oklanderlig (oo-*klahn*-derr-li) *adj* faultless

oklar (*oo*-klaar) *adj* dim; obscure

okonstlad (*oo*-konst-lahd) *adj* simple, ingenious

okrossbar (*oo*-kross-baar) *adj* unbreakable

oktober (ok-*too*-berr) October

okunnig (*oo*-kew-ni) *adj* ignorant

okvalificerad (*oo*-kvah-li-fi-*say*-rahd) *adj* unqualified

okänd (*oo*-t*Y*ehnd) *adj* unknown

olaglig (*oo*-laag-li) *adj* unlawful; illegal

olik (*oo*-leek) *adj* different; distinct, unlike; *vara ~ differ; vary

olika (*oo*-lee-kah) *adj* different; unequal; various

oliv (o-*leev*) c olive

olivolja (o-*leev*-ol-ᵞah) c olive oil

olja (*ol*-ᵞah) c oil; v lubricate

oljebyte (*ol*-ᵞer-bew-ter) nt oil-change

oljefilter (*ol*-ᵞer-*fil*-terr) nt (pl -trer, ~) oil filter

oljefyndighet (*ol*-ᵞer-fewn-di-hāyt) c oil-well

oljekälla (*ol*-ᵞer-tᵞeh-lah) c oil-well

oljemålning (*ol*-ᵞer-mōal-ning) c oil-painting

oljeraffinaderi (*ol*-ᵞer-rah-fi-nah-der-ree) nt (pl ~er) oil-refinery

oljetryck (*ol*-ᵞer-trewk) nt oil pressure

oljig (*ol*-ᵞi) adj oily; greasy

oljud (ōō-ᵞewd) nt noise

olustig (ōō-lewss-ti) adj uneasy; out of spirits

olycka (ōō-lew-kah) c accident; misfortune, calamity, disaster

olycklig (ōō-lewk-li) adj unhappy; miserable, unfortunate

olycksbådande (ōō-lewks-bōad-ahn-der) adj ominous; sinister

olycksfall (ōō-lewks-*fahl*) nt accident

olägenhet (ōō-leh-gern-hāyt) c inconvenience

olämplig (ōō-lehmp-li) adj inconvenient; inappropriate

oläslig (ōō-laiss-li) adj illegible

om (om) conj if; whether; prep about, in; **runt ~** round

ombord (om-bōord) adv aboard; *gå ~** embark

ombordläggning (om-bōord-lehg-ning) c collision

omdirigering (om-di-ri-shāy-ring) c diversion, detour

omdöme (om-dur-mer) nt judgement

omdömesgill (om-dur-merss-ᵞil) adj judicious

omedelbar (ōō-māy-dayl-baar) adj immediate; spontaneous; **omedelbart** instantly, immediately, straight away

omedveten (ōō-māyd-vāy-tern) adj unaware

omelett (o-mer-*layt*) c omelette

omfamna (om-fahm-nah) v embrace; hug

omfamning (om-fahm-ning) c embrace

omfartsled (om-faarts-lāyd) c by-pass

omfatta (om-fah-tah) v comprise; include

omfattande (om-faht-ahn-der) adj extensive; comprehensive

omfång (om-fong) nt extent

omfångsrik (om-fongs-*reek*) adj bulky, big; extensive

***omge** (om-gāy) v surround; circle

omgivning (om-ᵞeev-ning) c setting; environment

omgående (om-gōā-ayn-der) adj prompt

***omkomma** (om-kom-ah) v perish

omkostnader (om-kost-nah-derr) pl expenses pl

omkring (om-*kring*) prep round; around; adv about

omkull (om-*kewl*) adv down, over; ***slå ~** knock down

omkörning förbjuden (om-tᵞurr-ning furr-bᵞēw-dayn) no overtaking; no passing Am

omlopp (om-lop) nt circulation

omnämna (om-nehm-nah) v mention

omnämnande (om-nehm-nahn-der) nt mention

omodern (ōō-moo-dæærn) adj out of date

omringa (om-ring-ah) v surround; encircle

område (om-rōad-er) nt district; region, area, zone

omräkna (om-raik-nah) v convert

omräkningstabell (om-raik-nings-tah-bayl) c conversion chart

omslagspapper (om-slaags-pah-perr)

nt wrapping paper

•**omsluta** (*om*-slew-tah) *v* surround; encircle

omsorgsfull (*om*-sor ʸs-fewl) *adj* thorough, careful

omstridd (*om*-strid) *adj* controversial

omständighet (*om*-stehn-di-hāyt) *c* circumstance

omsvängning (*om*-svehng-ning) *c* sudden change

omsättning (*om*-seht-ning) *c* turnover

omtvistad (*om*-tviss-tahd) *adj* controversial

omtänksam (*om*-tehngk-sahm) *adj* considerate, thoughtful

omtänksamhet (*om*-tehngk-sahm-hāyt) *c* thoughtfulness

omvandla (*om*-vahnd-lah) *v* transform

omväg (*om*-vaig) *c* detour

omvänd (*om*-vehnd) *adj* inverted; converted

omvända (*om*-vehn-dah) *v* convert

omväxlande (*om*-vehks-lahn-der) *adj* varied

omväxling (*om*-vehks-ling) *c* change; variety

omåttlighet (*ōō*-mot-li-hāyt) *c* immoderation

omöblerad (*ōō*-murb-*lāy*-rahd) *adj* unfurnished

omöjlig (*ōō*-mur ʸ-li) *adj* impossible

ond (oond) *adj* evil; wicked

ondska (oonds-kah) *c* evil

ondskefull (oond-skay-fewl) *adj* vicious; spiteful

onsdag (oons-daag) *c* Wednesday

ont (oont) *nt* harm

onyx (*ōa*-newks) *c* onyx

onödig (*ōō*-nūr-di) *adj* unnecessary

oordentlig (*ōō*-or-*daynt*-li) *adj* untidy; sloppy

oordning (*ōō*-oard-ning) *c* mess

opal (oo-*paal*) *c* opal

opartisk (*ōō*-paart-isk) *adj* impartial

opassande (*ōō*-pah-sahn-der) *adj* improper; indecent, unsuitable

opera (*ōō*-per-rah) *c* opera

operahus (*ōō*-per-rah-hewss) *nt* opera house

operation (o-per-rah-*shōōn*) *c* operation

operera (o-per-*rāy*r-ah) *v* operate

operett (oo-per-*rayt*) *c* operetta

opersonlig (*ōō*-pehr-*sōōn*-li) *adj* impersonal

opponera sig (o-po-*nāy*-rah) oppose

opposition (o-po-si-*shōōn*) *c* opposition

optiker (*op*-ti-kerr) *c* (pl ∼) optician

optimism (op-ti-*mism*) *c* optimism

optimist (op-ti-*mist*) *c* optimist

optimistisk (op-ti-*miss*-tisk) *adj* optimistic

opålitlig (*ōō*-pōā-leet-li) *adj* unreliable; untrustworthy

ord (*ōō*rd) *nt* word

ordbok (*ōō*rd-bōōk) *c* (pl -böcker) dictionary

ordentlig (or-*dehnt*-li) *adj* thorough

order (*ōā*r-derr) *c* (pl ∼) order

orderblankett (*ōā*r-derr-blahng-*keht*) *c* order-form

ordförande (*ōō*rd-fūr-rahn-der) *c* (pl ∼) chairman; president

ordförråd (*ōō*rd-furr-*rōā*d) *nt* vocabulary

ordinera (*ōā*r-di-*nāy*-rah) *v* prescribe

ordinär (*ōā*r-di-*nær*) *adj* ordinary, common

ordlista (*ōō*rd-liss-tah) *c* vocabulary, wordbook

ordna (*ōā*rd-nah) *v* arrange; settle; sort

ordning (*ōā*rd-ning) *c* order; method; tidiness; •**göra i** ∼ prepare; **i** ∼ in order

ordningsföljd (*awrd*-nings-furl ʸd) *c* order; sequence

ordspråk (ōōrd-sprōāk) *nt* proverb

ordväxling (ōōrd-vehks-ling) *c* argument

oreda (ōō-rāyd-ah) *c* disorder; mess, muddle

oregelbunden (ōō-rāy-gayl-bewn-dayn) *adj* irregular

oren (ōō-rāyn) *adj* unclean

organ (or-*gaan*) *nt* organ

organisation (or-gah-ni-sah-*shōōn*) *c* organization

organisera (or-gah-ni-*sāy*-rah) *v* organize

organisk (or-*gaa*-nisk) *adj* organic

orgel (or-Yerl) *c* (pl orglar) organ

orientalisk (o-ri-ayn-*taa*-lisk) *adj* oriental

Orienten (o-ri-*ayn*-tayn) the Orient

orientera sig (o-ri-ayn-*tāy*-rah) orientate oneself

originell (or-gi-*nayl*) *adj* original

oriktig (ōō-rik-ti) *adj* incorrect; inaccurate

orimlig (ōō-rim-li) *adj* unreasonable; absurd

orkan (or-*kaan*) *c* hurricane

orkester (or-*kayss*-terr) *c* (pl -trar) orchestra

orm (oorm) *c* snake

oro (ōō-*rōō*) *c* concern; disturbance, fear, worry; unrest

oroa (ōō-*rōō*-ah) *v* alarm; ~ **sig** worry

orolig (ōō-roo-li) *adj* anxious

oroväckande (ōō-rōō-veh-kahn-der) *adj* alarming

orsak (ōōr-saak) *c* cause; reason

orsaka (ōōr-saa-kah) *v* cause

ort (oort) *c* place

ortodox (or-to-*doks*) *adj* orthodox

orubblig (ōō-rewb-li) *adj* steadfast

orätt (ōō-reht) *c* wrong; *adj* wrong; *göra ~ wrong

orättvis (ōō-reht-veess) *adj* unfair, unjust

orättvisa (ōō-reht-veesah) *c* injustice

osann (ōō-sahn) *adj* untrue

osannolik (ōō-sah-noo-leek) *adj* unlikely

osjälvisk (ōō-shehl-visk) *adj* unselfish

oskadad (ōō-skaa-dahd) *adj* unhurt; whole

oskuld (ōō-skewld) *c* innocence; virgin; virginity

oskyddad (ōō-shew-dahd) *adj* unprotected

oskyldig (ōō-shewl-di) *adj* innocent, harmless

osnygg (ōō-snewg) *adj* slovenly, foul

oss (oss) *pron* us; ourselves

ost (oost) *c* cheese

ostadig (ōō-staa-di) *adj* unsteady

ostlig (oost-li) *adj* easterly, eastern

ostron (oost-ron) *nt* oyster

osund (ōō-sewnd) *adj* unsound

osympatisk (ōō-sewm-*paat*-isk) *adj* disagreeable

osynlig (ōō-sēwn-li) *adj* invisible

osäker (ōō-sai-kerr) *adj* uncertain

osäkerhet (ōō-sai-kerr-hāyt) *c* insecurity; incertainty

otacksam (ōō-tahk-sahm) *adj* ungrateful

otillfredsställande (ōō-til-frāyds-steh-lahn-der) *adj* unsatisfactory

otillgänglig (ōō-til-Yehng-li) *adj* inaccessible

otillräcklig (ōō-til-rehk-li) *adj* insufficient; inadequate

otrevlig (ōō-trāyv-li) *adj* unpleasant

otrogen (ōō-trōō-gayn) *adj* unfaithful

otrolig (ōō-trōō-li) *adj* incredible; improbable

otur (ōō-tēwr) *c* bad luck; misfortune

oturlig (ōō-tēwr-li) *adj* unlucky

otvivelaktigt (ōō-tveev-erl-ahk-tit) *adv* undoubtedly

otålig (ōō-tōāl-i) *adj* impatient; eager

otäck (ōō-tehk) adj nasty

otät (ōō-tait) adj leaky

oumbärlig (ōō-ewm-bæær-li) adj indispensable

oundviklig (ōō-ewnd-veek-li) adj unavoidable, inevitable

oupphörligen (ōō-ewp-hürr-li-ern) adv continually

ouppodlad (ōō-ewp-ōōd-lahd) adj uncultivated

outhärdlig (ōō-ēwt-hæærd-li) adj unbearable, intolerable

ouvertyr (oo-vær-tēwr) c overture

oval (oo-vaal) adj oval

ovan¹ (ōā-vahn) adv above; overhead

ovan² (ōō-vaan) adj unaccustomed

ovanför (ōā-vahn-fürr) prep over; above

ovanlig (ōō-vaan-li) adj unusual; uncommon; exceptional

ovanpå (ōā-vahn-pōā) prep on top of

overall (ōā-ver-rōāl) c overalls pl

overklig (ōō-værk-li) adj unreal

overksam (ōō-værk-sahm) adj idle

oviktig (ōō-vik-ti) adj unimportant; insignificant

ovillig (ōō-vi-li) adj unwilling

ovillkorlig (ōō-vil-kōār-li) adj unconditional

oviss (ōō-viss) adj uncertain; vague

oväder (ōō-vai-derr) nt tempest

ovälkommen (ōō-verl-ko-mern) adj unwelcome, undesirable

ovänlig (ōō-vehn-li) adj unkind; unfriendly

oväntad (ōō-vehn-tahd) adj unexpected

ovärderlig (ōō-vær-dāyr-li) adj priceless

oväsen (ōō-vai-sayn) nt noise; racket

oväsentlig (ōō-vai-sehnt-li) adj petty

oxe (ooks-er) c ox

oxkött (ooks-tʸurt) nt beef

oåterkallelig (ōō-ōāt-err-kahl-er-li) adj irrevocable

oäkta (ōō-ehk-tah) adj false

oändlig (ōō-ehnd-li) adj infinite, endless; immense

oärlig (ōō-æær-li) adj dishonest; crooked

oätbar (ōō-ait-baar) adj inedible

oöverkomlig (ōō-ūr-verr-kom-li) adj insurmountable; prohibitive

oöverträffad (ōō-ūrv-err-trehf-ahd) adj unsurpassed

P

pacifism (pah-si-fism) c pacifism

pacifist (pah-si-fist) c pacifist

pacifistisk (pah-si-fiss-tisk) adj pacifist

packa (pah-kah) v pack; ~ in pack; ~ upp unpack

packning (-pahk-ning) c pack; packing

padda (pahd-ah) c toad

paddel (pah-dayl) c (pl -dlar) paddle

paket (pah-kāyt) nt packet; parcel, package

Pakistan (pah-ki-staan) Pakistan

pakistanier (pah-ki-staa-ni-err) c (pl ~) Pakistani

pakistansk (pah-ki-staansk) adj Pakistani

palats (pah-lahts) nt palace

palm (pahlm) c palm

panel (pah-nāyl) c panel; panelling

panik (pah-neek) c panic

pank (pahngk) adj broke

panna (pahn-ah) c forehead; pan

pant (pahnt) c pledge; security

pantlånare (pahnt-lōā-nah-ray) c (pl ~) pawnbroker

*pantsätta (pahnt-seh-tah) v pawn

papegoja (pah-per-goi-ah) c parakeet, parrot

papiljott (pah-pil-*Yot*) c curler

papp (pahp) c cardboard; **papp-cardboard**

pappa (*pah*-pah) c daddy

papper (*pah*-perr) nt paper; **pappers-paper**

pappershandel (*pah*-perrs-hahn-dayl) c (pl -dlar) stationer's

papperskniv (*pah*-perrs-kneev) c pa-per-knife

papperskorg (*pah*-perrs-kor Y) c wastepaper-basket

pappersnäsduk (*pah*-perrs-naiss-dēwk) c paper hanky, tissue

papperspåse (*pah*-perrs-pōa-ser) c pa-per bag

papperservett (*pah*-perrs-sær-vayt) c paper napkin

par (paar) nt pair; couple; **äkta ~** married couple

parad (pah-*raad*) c parade

parafera (pah-rah-*fāy*-rah) v initial

paragraf (pah-rah-*graaf*) c paragraph

parallell (pah-rah-*layl*) c parallel, adj parallel

paralysera (pah-rah-lew-*sāy*-rah) v paralise

paraply (pah-rah-*plēw*) nt umbrella

parfym (pahr-*fēwm*) c perfume

park (pahrk) c park; **offentlig ~** pub-lic garden

parkera (pahr-*kāy*-rah) v park

parkering (pahr-*kāy*-ring) c parking; **~ förbjuden** no parking

parkeringsavgift (pahr-*kāy*-rings-aav-Yift) c parking fee

parkeringsljus (pahr-*kāy*-rings-Yewss) nt parking light

parkeringsmätare (pahr-*kāy*-rings-mai-tah-rer) c (pl ~) parking meter

parkeringsplats (pahr-*kāy*-rings-plahts) c car park; parking lot Am

parkeringszon (pahr-*kāy*-rings-sōōn) c parking zone

parkett (pahr-*kayt*) c parquet; stall; orchestra seat Am

parlament (pahr-lah-*maynt*) nt parlia-ment

parlamentarisk (pahr-lah-mayn-*taar*-isk) adj parliamentary

parlör (pahr-*lūrr*) c phrase-book

parti (pahr-*tee*) nt (pl ~er) party; side

partisk (*paar*-tisk) adj partial

partner (*paart*-nerr) c (pl ~) partner

pass (pahss) nt passport; pass

passa (*pahss*-ah) v fit; suit; look af-ter, match

passage (pah-*saash*) c passage

passagerare (pah-sah-*shāy*-rah-rer) c (pl ~) passenger

passande (*pahss*-ahn-der) adj proper, suitable; convenient, adequate

passera (pah-*sāy*-rah) v pass

passfoto (*pahss*-fōō-too) nt passport photograph

passion (pah-*shōōn*) c passion

passiv (*pah*-seev) adj passive

passkontroll (*pahss*-kon-*trol*) c pass-port control

patent (pah-*taynt*) nt patent

patentbrev (pah-*taynt*-brāyv) nt pat-ent

pater (*paa*-terr) c (pl patrar) father

patient (pah-si-*ehnt*) c patient

patricierhus (paht-*ree*-si-err-hēwss) nt mansion

patriot (paht-ri-*ōōt*) c patriot

patron (paht-*rōōn*) c cartridge

patrull (paht-*rewl*) c patrol

patrullera (pah-trew-*lāy*-rah) v patrol

paus (pouss) c pause; intermission, interval; ***göra ~** pause

paviljong (pah-vil-*Yong*) c pavilion

pedal (pay-*daal*) c pedal

peka (*pāyk*-ah) v point

pekfinger (*pāyk*-fing-err) nt (pl -grar) index finger

pelare (*pāyl*-ah-rer) *c* (pl ~) column; pillar

pelargång (*pāy*-lahr-gong) *c* arcade

pelikan (pay-li-*kaan*) *c* pelican

pendlare (*pehnd*-lah-rer) *c* (pl ~) commuter

pengar (*payng*-ahr) *pl* money; **placera** ~ invest

penicillin (pay-ni-si-*leen*) *nt* penicillin

penna (*peh*-nah) *c* pen

penningförsändelse (*payn*-ing-furr-*sehn*-dayl-ser) *c* remittance

pennkniv (*pehn*-kneev) *c* penknife

pennvässare (*pehn*-veh-sah-rer) *c* (pl ~) pencil-sharpener

pensel (*pehn*-serl) *c* (pl -slar) paint-brush

pension (pahng-*shōōn*) *c* pension; board

pensionat (pahng-shoo-*naat*) *nt* boarding-house; pension; guest-house

pensionerad (pahng-shoo-*nāy*-rahd) *adj* retired

peppar (*pay*-pahr) *c* pepper

pepparmint (*pay*-pahr-mint) *nt* peppermint

pepparrot (*pay*-pahr-rōōt) *c* horse-radish

perfekt (pær-*faykt*) *adj* perfect

period (pay-ri-*ōōd*) *c* period; term

periodisk (pay-ri-*ōō*-disk) *adj* periodical

permanent (pær-mah-*naynt*) *c* permanent wave

permanentveck (pær-mah-*naynt*-vayk) permanent press

perrong (pæ-*rong*) *c* platform

perrongbiljett (pæ-*rong*-bil-*Yayt*) *c* platform ticket

perser (*pær*-serr) *c* (pl ~) Persian

Persien (*pær*-si-ern) Persia

persienn (pær-si-*æn*) *c* blind; shutter

persika (*pær*-si-kah) *c* peach

persilja (pær-*sil*-Yah) *c* parsley

persisk (*pær*-sisk) *adj* Persian

person (pær-*sōōn*) *c* person; **enskild** ~ individual; **per** ~ per person

personal (pær-soo-*naal*) *c* staff; personnel

personbil (pær-*sōōn*-beel) *c* car

personlig (pær-*sōōn*-li) *adj* personal; private

personlighet (pær-*sōōn*-li-hāyt) *c* personality

persontåg (pær-*sōōn*-tōāg) *nt* slow train

perspektiv (pær-spayk-*teev*) *nt* perspective

peruk (per-*rēwk*) *c* wig

pessimism (pay-si-*mism*) *c* pessimism

pessimist (pay-si-*mist*) *c* pessimist

pessimistisk (pay-si-*miss*-tisk) *adj* pessimistic

petition (pay-ti-*shōōn*) *c* petition

pianist (pi-ah-*nist*) *c* pianist

piano (pi-*aa*-noo) *nt* piano

pickels (*pik*-erls) *pl* pickles *pl*

picknick (*pik*-nik) *c* picnic

picknicka (*pik*-ni-kah) *v* picnic

pigg (pig) *adj* brisk; alert

piggsvin (*pig*-sveen) *nt* porcupine

pikant (pi-*kahnt*) *adj* spicy

pil (peel) *c* arrow; willow

pilgrim (*peel*-grim) *c* pilgrim

pilgrimsfärd (*peel*-grims-fæærd) *c* pilgrimage

piller (*pi*-lerr) *nt* pill

pilot (pi-*lōōt*) *c* pilot

pimpsten (*pimp*-stāyn) *c* pumice stone

pina (*pee*-nah) *c* torment

pincett (pin-*sayt*) *c* tweezers *pl*

pingst (pingst) *c* Whitsun

pingvin (ping-*veen*) *c* penguin

pinsam (*peen*-sahm) *adj* embarrassing

pionjär (pi-on-*Yæær*) *c* pioneer

pipa (*pee*-pah) c pipe

***pipa** (*pee*-pah) v chirp

piprensare (*peep*-rayn-sah-rer) c (pl ~) pipe cleaner

piptobak (*peep*-too-bahk) c pipe tobacco

pir (peer) c pier

piska (*piss*-kah) c whip

pistol (piss-*tool*) c pistol

pittoresk (pi-to-*raysk*) adj picturesque

pjäs (p Yaiss) c play

pjäxor (p Yehks-or) pl ski boots

placera (plah-*sayr*-ah) v place; *lay, *put

plakat (plah-*kaat*) nt placard

plan (plaan) c plan; project, scheme, map; nt level; adj even, level, plane

planera (plah-*nay*-rah) v plan

planet (plah-*nayt*) c planet

planetarium (plah-nay-*taa*-ri-ewm) nt (pl -rier) planetarium

planka (*plahng*-kah) c plank

***planlägga** (*plaan*-leh-gah) v plan, design

planta (*plahn*-tah) c plant

plantage (plahn-*taash*) c plantation

plantera (plahn-*tay*-rah) v plant

plantskola (*plahnt*-skool-ah) c nursery

plast (plahst) c plastic; **plast-** plastic

platina (*plah*-tee-nah) c platinum

plats (plahts) c place; spot; seat; room; job; **ställa på ~** *put away; **öppen ~** square

platsbiljett (*plahts*-bil-Yeht) c seat reservation

platt (plaht) adj flat

platta (*plaht*-ah) c plate

plattform (*plaht*-form) c platform

platå (plah-*toå*) c plateau

plikt (plikt) c duty

plocka (*plok*-ah) v pick; **~ upp** pick up

plog (ploog) c plough

plomb (plomb) c filling

plommon (*ploom*-on) nt plum

plural (*plew*-raal) c plural

plus (plewss) prep plus

plåga (*ploåg*-ah) c plague; v torment

plånbok (*ploån*-book) c (pl -böcker) wallet; pocket-book

plåster (*ploss*-terr) nt plaster

plåt (ploåt) c sheet metal; plate

plåtburk (*ploåt*-bewrk) c tin, can

plädera (pleh-*dayr*-ah) v plead

plöja (*plur*Y-ah) v plough

plötslig (*plurts*-li) adj sudden; **plötsligt** suddenly

pocketbok (*po*-kert-book) c (pl -böcker) paperback

poesi (poo-ay-*see*) c poetry

pojke (*poi*-ker) c boy

pokal (poo-*kaal*) c cup

polack (poo-*lahk*) c Pole

Polen (*poå*-lern) Poland

polera (poo-*lay*-rah) v polish

polio (*poå*-li-oo) c polio

polis (poo-*leess*) c police pl; policeman

poliskonstapel (poo-*leess*-kon-staa-perl) c (pl -plar) policeman

polisonger (po-li-*song*-err) pl whiskers pl; sideburns pl

polisstation (poo-*leess*-stah-shoon) c police-station

politik (poo-li-*teek*) c politics; policy

politiker (poo-*lee*-ti-kerr) c (pl ~) politician

politisk (poo-*lee*-tisk) adj political

pollett (po-*layt*) c token

polsk (poålsk) adj Polish

pommes frites (pom-*frit*) chips

ponny (*po*-new) c (pl -nies, ~er) pony

poplin (pop-*leen*) nt poplin

popmusik (*pop*-mew-seek) c pop music

populär (po-pew-*læær*) adj popular

porslin (pors-*leen*) *nt* china; crockery, porcelain

port (*poort*) *c* front door, gate

portfölj (port-*furlY*) *c* briefcase

portier (port-*Yay*) *c* hall porter, receptionist

portion (port-*shoon*) *c* portion; helping

portmonnä (port-mo-*nai*) *c* purse

portnyckel (*poort*-new-kerl) *c* (pl -klar) latchkey

porto (*por*-too) *nt* postage

portofri (*por*-too-free) *adj* postage paid

porträtt (poort-*reht*) *nt* portrait

Portugal (*por*-tew-gahl) Portugal

portugis (por-tew-*geess*) *c* Portuguese

portugisisk (por-tew-*gee*-sisk) *adj* Portuguese

portvakt (*poort*-vahkt) *c* janitor, concierge

position (po-si-*shoon*) *c* position; station

positiv[1] (*poo*-si-teev) *adj* positive

positiv[2] (poo-si-*teev*) *nt* street-organ

post (post) *c* item; mail; post

posta (*poss*-tah) *v* mail; post

postanvisning (*post*-ahn-veess-ning) *c* postal order; money order; mail order *Am*

poste restante (post rer-*stahnt*) poste restante

postkontor (*post*-kon-toor) *nt* post-office

postnummer (*post*-new-merr) *nt* zip code *Am*

postväsen (*post*-vai-sern) *nt* postal service

potatis (poo-*taa*-tiss) *c* potato

poäng (po-*ehng*) *c* point; ***få** ~ score

poängsumma (po-*ehng*-sew-mah) *c* score

prakt (prahkt) *c* splendour

praktfull (*prahkt*-fewl) *adj* splendid;

magnificent, glorious, gorgeous

praktik (prahk-*teek*) *c* practice

praktisera (prahk-ti-*say*-rah) *v* practise

praktisk (*prahk*-tisk) *adj* practical

prat (praat) *nt* chat

prata (*praat*-ah) *v* chat; talk; ~ **strunt** talk rubbish

pratmakare (*praat*-maa-kah-rer) *c* (pl ~) chatterbox

pratsam (*praat*-sahm) *adj* talkative

pratstund (*praat*-stewnd) *c* chat

precis (pray-*seess*) *adj* exact, precise; *adv* exactly, just

predika (pray-*deek*-ah) *v* preach

predikan (pray-*deek*-ahn) *c* sermon

predikstol (pray-dik-stool) *c* pulpit

preliminär (pray-li-mi-*næær*) *adj* preliminary

premiärminister (pray-mi-ær-mi-niss-terr) *c* (pl -trar) premier

prenumerant (pray-new-mer-*rahnt*) *c* subscriber

preposition (pray-po-si-*shoon*) *c* preposition

presenning (pray-*say*-ning) *c* tarpaulin

present (pray-*saynt*) *c* present

presentation (pray-sayn-tah-*shoon*) *c* introduction

presentera (pray-sayn-*tay*-rah) *v* introduce; present

president (pray-si-*daynt*) *c* president

pressa (*prayss*-ah) *v* press

presskonferens (*prayss*-kon-fer-rayns) *c* press conference

prestation (prayss-tah-*shoon*) *c* achievement; feat

prestera (pray-*stay*-rah) *v* achieve

prestige (pray-*steesh*) *c* prestige

preventivmedel (pray-vayn-*teev*-may-dayl) *nt* contraceptive

pricka av (*prik*-ah) tick off

prickskytt (*prik*-shewt) *c* sniper

primär (pri-*mæær*) *adj* primary

princip (prin-*seep*) *c* principle

prins (prins) *c* prince

prinsessa (prin-*say*-sah) *c* princess

prioritet (pri-o-ri-*tayt*) *c* priority

pris (preess) *nt* (pl ~, ~er) price; cost, rate; award, prize

prisfall (*preess*-fahl) *nt* fall in prices; break; slump

prislista (*preess*-liss-tah) *c* price-list

prisnedsättning (*preess*-nayd-seht-ning) *c* reduction

*****prissätta** (*preess*-seh-tah) *v* price

privat (pri-*vaat*) *adj* private

privatliv (pri-*vaat*-leev) *nt* privacy

privilegiera (pri-vi-lay-gi-*ayr*-ah) *v* privilege, favour

privilegium (pri-vi-*lay*-gi-ewm) *nt* (pl -gier) privilege

problem (proo-*blaym*) *nt* problem; question

procedur (proo-ser-*dewr*) *c* procedure

procent (proo-*saynt*) *c* (pl ~) percent

procentsats (proo-*saynt*-sahts) *c* percentage

process (proo-*sayss*) *c* process; lawsuit

procession (proo-seh-*shoon*) *c* procession

producent (proo-*dew*-sehnt) *c* producer

produkt (proo-*dewkt*) *c* produce; product

produktion (proo-dewk-*shoon*) *c* production; output

professor (pro-*fay*-sor) *c* professor

profet (pro-*fayt*) *c* prophet

program (proo-*grahm*) *nt* programme

projekt (pro-*shaykt*) *nt* project

proklamera (prok-lah-*may*-rah) *v* proclaim

promenad (pro-mer-*naad*) *c* walk; promenade, stroll

promenadkäpp (pro-mer-*naad*-t ᵛehp) *c* walking-stick

promenera (pro-mer-*nay*-rah) *v* walk

pronomen (pro-*nōā*-mayn) *nt* pronoun

propaganda (pro-pah-*gahn*-dah) *c* propaganda

propeller (pro-*pay*-lerr) *c* (pl -lrar) propeller

proportion (pro-por-*shoon*) *c* proportion

proportionell (pro-por-shōō-*nayl*) *adj* proportional

propp (prop) *c* stopper; fuse

proppfull (*prop*-fewl) *adj* chock-full

prospekt (proo-*spaykt*) *nt* prospectus

prostituerad (pross-ti-tew-*ay*-rahd) *c* (pl ~e) prostitute

protein (proo-tay-*een*) *nt* protein

protest (proo-*tayst*) *c* protest

protestantisk (proo-tay-*stahn*-tisk) *adj* Protestant

protestera (proo-tay-*stay*-rah) *v* protest; object; ~ **mot** object to

protokoll (pro-to-*kol*) *nt* record; minutes

prov (prōōv) *nt* test; trial; proof; sample; **skriftligt** ~ written test; exercise

prova (*prōō*-vah) *v* try on

proviant (proo-vi-*ahnt*) *c* provisions *pl*

provinsiell (proo-vin-si-*ayl*) *adj* provincial

provisorisk (proo-vi-*sōōr*-isk) *adj* temporary; provisional

provrum (*prōōv*-rewm) *nt* fitting room

pruta (*prēw*-tah) *v* bargain

prydlig (*prēwd*-li) *adj* neat

präst (prehst) *c* clergyman; parson, minister, rector; **katolsk** ~ priest

prästgård (*prehst*-gōārd) *c* vicarage; rectory, parsonage

pröva (*prūr*-vah) *v* attempt; test

prövning (*prūrv*-ning) *c* test

psalm (sahlm) *c* hymn

psykiater (psew-ki-*aa*-terr) c (pl ~) psychiatrist

psykisk (*psew*-kisk) adj mental, psychic

psykoanalytiker (psew-ko-ah-nah-*lew*-ti-kerr) c (pl ~) analyst; psychoanalyst

psykolog (psew-ko-*lōāg*) c psychologist

psykologi (psew-ko-lo-*gee*) c psychology

psykologisk (psew-ko-*lōā*-gisk) adj psychological

publicera (pewb-li-*sāy*-rah) v publish

publicitet (pewb-li-si-*tāyt*) c publicity

publik (pew-*bleek*) c audience; public

puder (*pēw*-derr) nt powder

puderdosa (*pēw*-derr-dōō-sah) c powder compact

pudervippa (*pēw*-derr-vi-pah) c powder-puff

pullover (pew-*lōāv*-err) c pullover

puls (pewls) c pulse

pulsåder (*pewls*-ōā-derr) c (pl -dror) artery

pump (pewmp) c pump

pumpa (*pewm*-pah) v pump

pund (pewnd) nt pound

pung (pewng) c pouch

punkt (pewngkt) c point; item; full stop, period

punkterad (pewngk-*tāy*-rahd) adj punctured

punktering (pewngk-*tāy*-ring) c puncture; flat tyre, blow-out

punktlig (*pewngkt*-li) adj punctual

pur (pēwr) adj sheer

purpur (*pewr*-pewr) adj purple

puss (pewss) c kiss

pussel (*pewss*-erl) nt jigsaw puzzle; puzzle

pyjamas (pew-*Yaa*-mahss) c (pl ~, ~ar) pyjamas pl

pytteliten (*pew*-ter-lee-tern) adj tiny

på (pōā) prep on; upon, at; in

påfallande (pōā-fahl-ahn-der) adj striking

påfrestning (pōā-frayst-ning) c strain

påfyllningsförpackning (pōā-fewl-nings-furr-*pahk*-ning) c refill

påfågel (pōā-fōāg-erl) c (pl -glar) peacock

***pågå** (pōā-gōā) v *be in progress

påhitt (pōā-hit) nt idea, invention

påk (pōāk) c cudgel

påklädningsrum (pōā-klaid-nings-rewm) nt dressing-room

påle (pōā-ler) c pole

pålitlig (pōā-leet-li) adj reliable; sound, trustworthy

***pålägga** (pōā-leh-gah) v impose, inflict

påminna (pōā-mi-nah) v remind

påpeka (pōā-pāy-kah) v remark; indicate

påringning (pōā-ring-ning) c call

påse (pōā-ser) c bag

till påseende (til pōā-sāy-ayn-der) on approval

påsk (posk) c Easter

påsklilja (posk-lil-Yah) c daffodil

påssjuka (pōāss-shēw-kah) c mumps

***påstå** (pōā-stōā) v claim

påstående (pōā-stōā-ayn-der) nt statement

påtryckning (pōā-trewk-ning) c pressure

påve (pōā-ver) c pope

påverka (pōā-vær-kah) v affect; influence

påverkan (pōā-vær-kahn) c (pl -kningar) influence

päls (pehls) c fur coat; fur

pälsverk (pehls-værk) nt furs

pärla (*pæær*-lah) c pearl; bead

pärlemor (*pæær*-ler-mōōr) c mother-of-pearl

pärlhalsband (*pæærl*-hahls-bahnd) nt

pearl necklace, beads *pl*

pärm (pærm) *c* cover

päron (*pææ*-ron) *nt* pear

pöl (pūrl) *c* puddle

R

rabarber (rah-*bahr*-berr) *c* rhubarb

rabatt (rah-*baht*) *c* discount; rebate; flowerbed

rabies (*raa*-bi-erss) *c* rabies

racket (*rah*-kayt) *c* racquet

rad (raad) *c* row; line, file, rank

radband (*raad*-bahnd) *nt* rosary; beads *pl*

radergummi (rah-*dāyr*-gew-mi) *nt* eraser

radie (*raa*-di-ᵞer) *c* radius

radikal (rah-di-*kaal*) *adj* radical

radio (*raa*-di-oo) *c* radio; wireless

raffinaderi (rah-fi-nah-der-*ree*) *nt* (pl ~er) refinery

rak (raak) *adj* straight

raka sig (*raa*-kah) shave

rakapparat (*raak*-ah-pah-*raat*) *c* electric razor; shaver

rakblad (*raak*-blaad) *nt* razor-blade

rakborste (*raak*-bors-ter) *c* shaving-brush

raket (rah-*kāyt*) *c* rocket

rakhyvel (*raak*-hēw-verl) *c* (pl-vlar) safety-razor

rakkniv (*raak*-kneev) *c* razor

rakkräm (*raak*-kraim) *c* shaving-cream

rakt (raakt) *adv* straight; ~ **fram** straight ahead; straight on

raktvål (*raak*-tvōal) *c* shaving-soap

rakvatten (*raak*-vah-tern) *nt* after-shave lotion

ram (raam) *c* frame

ramp (rahmp) *c* ramp

rand (rahnd) *c* (pl ränder) stripe

randig (*rahn*-di) *adj* striped

rang (rahng) *c* rank

ranson (rahn-*sōōn*) *c* ration

rapphöna (*rahp*-hūrn-ah) *c* partridge

rappning (*rahp*-ning) *c* plaster

rapport (rah-*port*) *c* report

rapportera (rah-por-*tāy*-rah) *v* report

raring (*raa*-ring) *c* sweetheart

raritet (rah-ri-*tāyt*) *c* curio

ras (raass) *c* breed, race; *nt* landslide; **ras-** racial

rasa (*raass*-ah) *v* collapse; rage

rasande (*raass*-ahn-der) *adj* furious; mad; *vara ~ rage

raseri (raa-say-*ree*) *nt* fury, rage

rask (rahsk) *adj* swift

rast (rahst) *c* break

rastlös (*rahst*-lūrss) *adj* restless

rastlöshet (*rahst*-lūrss-hāyt) *c* unrest

ratt (raht) *c* steering-wheel

rattstång (*raht*-stong) *c* (pl -stänger) steering-column

reagera (ray-ah-*gāy*-rah) *v* react

reaktion (ray-ahk-*shōōn*) *c* reaction

realisation (ray-ah-li-sah-*shōōn*) *c* sales; clearance sale

realisera (ray-ah-li-*sāyr*-ah) *v* realize

recension (ray-sayn-*shōōn*) *c* review

recept (ray-*saypt*) *nt* prescription; recipe

reception (ray-sayp-*shōōn*) *c* reception office

receptionist (ray-sayp-shoo-*nist*) *c* receptionist

redaktör (ray-dahk-*tūrr*) *c* editor

redan (*rāy*-dahn) *adv* already

redigera (ray-di-*shāy*-rah) *v* edit; *write, *draw up

redogörelse (*rāy*-doo-ᵞūr-rayl-ser) *c* report; account

redovisa (*rāy*-doo-vee-sah) *v* account for

redskap (*rāyd*-skaap) *nt* tool; implement, utensil

reducera (ray-dew-*sāy*-rah) *v* reduce

reduktion (ray-dewk-*shōōn*) *c* reduction

referens (ray-fer-*rayns*) *c* reference

reflektera (ray-flayk-*tāy*-rah) *v* reflect

reflektor (ray-*flayk*-tor) *c* reflector

reflex (rayf-*lehks*) *c* reflection

Reformationen (ray-for-mah-*shōō*-nern) reformation

regel[1] (*rāy*-gerl) *c* rule; regulation; **som ~** as a rule

regel[2] (*rāy*-gerl) *c* bolt

regelbunden (*rāy*-gerl-bewn-dayn) *adj* regular

regelmässig (*rāy*-gerl-mehss-i) *adj* regular

regent (ray-*Yehnt*) *c* ruler

regera (ray-*Yāy*-rah) *v* rule; govern, reign

regering (ray-*Yāy*-ring) *c* government; rule

regeringstid (ray-*Yāy*-rings-teed) *c* reign

regi (ray-*shee*) *c* direction

regim (ray-*sheem*) *c* régime

region (ray-gi-*ōōn*) *c* region

regional (ray-gi-oo-*naal*) *adj* regional

regissera (rer-shi-*sāyr*-ah) *v* direct

regissör (ray-shi-*surr*) *c* director

register (ray-*Yiss*-terr) *nt* index

registrering (ray-Yi-*strāy*-ring) *c* registration

registreringsnummer (ray-Yi-*strāy*-rings-newm-err) *nt* registration number; licence number Am

reglemente (rayg-ler-*mayn*-ter) *nt* regulation

reglera (ray-*glāy*-rah) *v* regulate

reglering (ray-*glāyr*-ing) *c* regulation

regn (rehngn) *nt* rain

regna (*rehng*-nah) *v* rain

regnbåge (*rehngn*-bōa-ger) *c* rainbow

regnig (*rehng*-ni) *adj* rainy

regnrock (*rehng*-rok) *c* mackintosh; raincoat

regnskur (rehngn-*skēwr*) *c* shower

reguljär (ray-gewl-*Yæær*) *adj* regular

rehabilitering (ray-hah-bi-li-*tāy*-ring) *c* rehabilitation

reklam (rayk-*laam*) *c* advertising

reklamationsbok (rayk-lah-mah-*shōōns*-bōōk) *c* (pl ~böcker) complaints book

reklamsändning (rayk-*laam*-sehnd-ning) *c* commercial

rekommendation (ray-ko-mayn-dah-*shōōn*) *c* recommendation

rekommendationsbrev (ray-ko-mayn-dah-*shōōns*-brāyv) *nt* letter of recommendation

rekommendera (ray-ko-mayn-*dāy*-rah) *v* recommend; register

rekord (rer-*kord*) *nt* record

rekreation (rayk-rāy-ah-*shōōn*) *c* recreation

rekryt (ray-*krēwt*) *c* recruit

rektangel (rayk-*tahng*-erl) *c* (pl -glar) rectangle; oblong

rektangulär (rayk-tahng-gew-*læær*) *adj* rectangular

rektor (*rayk*-tor) *c* headmaster; principal

relatera (ray-lah-*tāy*-rah) *v* relate

relation (ray-lah-*shōōn*) *c* relation

relativ (*ray*-lahteev) *adj* relative; comparative

relief (ray-li-*ayf*) *c* relief

religion (ray-li-*Yōōn*) *c* religion

religiös (ray-li-*shürss*) *adj* religious

relik (ray-*leek*) *c* relic

reliksskrin (ray-*leek*-skreen) *nt* shrine

rem (raym) *c* strap

remsa (*raym*-sah) *c* strip

ren[1] (*rāyn*) *c* reindeer

ren[2] (*rāyn*) *adj* pure, neat, clean; sheer

*****rengöra** (*rāyn*-*Yür*-rah) *v* clean

rengöring (*rayn*-Y*ur*-ring) c cleaning

rengöringsmedel (*rayn*-Y*ur*-rings-*may*-dayl) nt cleaning fluid; detergent

renommé (rer-no-*may*) nt reputation

rep (*rayp*) nt rope; cord

repa (*rayp*-ah) c scratch

reparation (rer-pah-rah-*shoon*) c repair; reparation

reparera (rer-pah-*rayr*-ah) v repair; mend

repertoar (ray-pær-too-*aar*) c repertory

repetera (ray-pay-*tayr*-ah) v rehearse

repetition (ray-pay-ti-*shoon*) c rehearsal; repetition; revision

reporter (ray-*poar*-terr) c (pl -trar) reporter

representant (rer-pray-sayn-*tahnt*) c representative, agent

representation (rer-pray-sayn-tah-*shoon*) c representation

representativ (rer-pray-sayn-tah-*teev*) adj representative

representera (rer-pray-sayn-*tay*-rah) v represent

reproducera (rer-pro-dew-*say*-rah) v reproduce

reproduktion (rer-pro-dewk-*shoon*) c reproduction

republik (rer-pew-*bleek*) c republic

republikansk (rer-pewb-li-*kaansk*) adj republican

resa (*ray*-sah) c journey; voyage, trip; v travel; ~ **bort** *leave; ~ **sig** *get up

resebyrå (*ray*-ser-bew-*roa*) c travel agency

resecheck (*ray*-ser-t*vayk*) c traveller's cheque

reseförsäkring (*ray*-ser-furr-*saik*-ring) c travel insurance

resehandbok (*ray*-ser-hahnd-*book*) c (pl -böcker) guidebook

resekostnader (*ray*-ser-kost-nah-derr) pl travelling expenses

reseledare (*ray*-ser-*lay*-dah-rer) c (pl ~) guide, tour leader

resenär (*ray*-ser-næær) c traveller

reserv (rer-*særv*) c reserve; reserv-spare

reservation (rer-sær-vah-*shoon*) c reservation; booking

reservdel (rer-*særv*-*dayl*) c spare part

reservdäck (rer-*særv*-dehk) nt spare tyre

reservera (rer-sær-*vayr*-ah) v reserve; book

reserverad (rer-sær-*vay*-rahd) adj reserved

reservhjul (rer-*særv*-Y*ewl*) nt spare wheel

reservoar (rer-sær-voo-*aar*) c reservoir

reservoarpenna (rer-sær-voo-*aar*-pay-nah) c fountain-pen

resgodsfinka (*rayss*-goots-*fin*-kah) c luggage van

resolut (rer-so-*lewt*) adj resolute

resonera (rer-so-*nayr*-ah) v reason

respekt (rer-*spaykt*) c respect; esteem

respektabel (rer-spayk-*taa*-berl) adj respectable

respektera (rer-spayk-*tay*-rah) v respect

respektfull (rer-*spaykt*-fewl) adj respectful

respektive (rayss-payk-teev-er) adj respective

resplan (*rayss*-plaan) c itinerary

resrutt (*rayss*-rewt) c itinerary

rest (rayst) c rest; remnant, remainder

restaurang (rayss-to-*rahng*) c restaurant

restaurangvagn (rayss-to-*rahng*-vahngn) c dining-car

resterande (ray-*stayr*-ahn-der) adj remaining

restriktion (rayst-rik-*shōōn*) *c* restriktion

resultat (ray-sewl-*taat*) *nt* result; outcome; issue

resultera (rer-sewl-*tāy*-rah) *v* result

resväska (*rāyss*-vehss-kah) *c* suitcase; case, bag

resårband (ray-*sōar*-bahnd) *nt* elastic band

reta (*rāyt*-ah) *v* tease; annoy, irritate

retsam (*rāyt*-sahm) *adj* teasing, annoying

returflyg (ray-tewr-*flēw*g) *nt* return flight

returnera (ray-tewr-*nāy*-rah) *v* *send back

reumatism (ray-ew-mah-*tism*) *c* rheumatism

rev (*rāy*v) *nt* reef

reva (*rāy*-vah) *c* tear

revben (*rāy*v-*bāy*n) *nt* rib

revidera (rer-vi-*dāy*-rah) *v* revise

revision (rer-vi-*shōōn*) *c* revision

revolt (rer-*volt*) *c* revolt

revolution (rer-vo-lew-*shōōn*) *c* revolution

revolutionär (rer-vo-lew-shoo-*næær*) *adj* revolutionary

revolver (rer-*vol*-verr) *c* revolver

revy (rer-*vēw*) *c* revue

revyteater (rer-*vēw*-tay-*aa*-terr) *c* (pl -trar) music-hall

***rida** (*reed*-ah) *v* *ride

riddare (*rid*-ah-rer) *c* (pl ~) knight

ridning (*reed*-ning) *c* riding

ridskola (*reed*-skōōl-ah) *c* riding-school

ridå (ri-*dōa*) *c* curtain

rik (reek) *adj* rich

rike (*reek*-er) *nt* country; kingdom; empire

rikedom (*ree*-ker-doom) *c* wealth; riches *pl*

riklig (*reek*-li) *adj* abundant; plentiful

riklighet (*reek*-li-hāyt) *c* plenty

riksdagsman (*riks*-dahks-mahn) *c* (pl -män) Member of Parliament

rikssamtal (*riks*-sahm-taal) *nt* trunk-call

riksväg (*riks*-vaig) *c* trunk road

rikta (*rik*-tah) *v* direct

riktig (*rik*-ti) *adj* right; just, correct, proper

riktighet (*rik*-ti-hāyt) *c* correctness

riktning (*rikt*-ning) *c* direction; way

riktnummer (*rikt*-new-merr) *nt* area code

rim (rim) *nt* rhyme

rimlig (*rim*-li) *adj* reasonable

ring (ring) *c* ring

ringa (*ring*-ah) *v* call; *ring; ~ upp phone, ring up; call up *Am*

ringaktning (*ring*-ahkt-ning) *c* contempt

ringklocka (*ring*-klo-kah) *c* bell

***rinna** (*ri*-nah) *v* *run

ris (reess) *nt* rice

risk (risk) *c* risk; hazard, chance

riskabel (riss-*kaa*-berl) *adj* unsafe

riskera (ri-*skāyr*-ah) *v* risk

riskfylld (*risk*-fewld) *adj* risky

rispa (*riss*-pah) *v* scratch

rita (*ree*-tah) *v* *draw

***riva** (*ree*-vah) *v* *tear, demolish; grate

rival (ri-*vaal*) *c* rival

rivalitet (ri-vah-li-*tāyt*) *c* rivalry

rivjärn (*reev*-ᵞ*ææ*rn) *nt* grater

rivning (*reev*-ning) *c* demolition

ro (rōō) *c* quiet; *v* row

roa (*rōō*-ah) *v* amuse; entertain

roande (*rōō*-ahn-der) *adj* entertaining

robust (ro-*bewst*) *adj* robust

rock (rok) *c* coat

rockslag (*rok*-slaag) *nt* lapel

roddbåt (*rood*-bōat) *c* rowing-boat

roder (*rōō*-derr) *nt* rudder

rodna (*rōad*-nah) *v* blush

rolig (*rōō*-li) *adj* funny; enjoyable
rom (rom) *c* roe
roman (roo-*maan*) *c* novel
romanförfattare (roo-*maan*-furr-*fah*-tah-rer) *c* (pl ~) novelist
romans (roo-*mahns*) *c* romance
romantisk (roo-*mahn*-tisk) *adj* romantic
rond (rond) *c* round
rondell (ron-*dayl*) *c* roundabout
rop (rōōp) *nt* call; cry
ropa (*rōō*-pah) *v* call; cry
rorkult (*rōōr*-kewlt) *c* helm
rorsman (*rōōrs*-mahn) *c* (pl -män) steersman; helmsman
ros (rōōss) *c* rose
rosa (*rōa*-sah) *adj* rose, pink
rost (rost) *c* rust
rostig (*ross*-ti) *adj* rusty
rot (rōōt) *c* (pl rötter) root
rotting (*rot*-ing) *c* rattan
rouge (rōōsh) *c* rouge
rovdjur (*rōōv*-ewr) *nt* beast of prey
rubin (rew-*been*) *c* ruby
rubrik (rew-*breek*) *c* headline, heading
ruin (rew-*een*) *c* ruins
ruinera (rew-ee-*nāy*-rah) *v* ruin
rulett (rew-*layt*) *c* roulette
rulla (*rewl*-ah) *v* roll
rulle (*rewl*-er) *c* roll
rullgardin (*rewl*-gahr-*deen*) *c* blind
rullskridskoåkning (*rewl*-skri-skoo-*ōak*-ning) *c* roller-skating
rullstol (*rewl*-stōōl) *c* wheelchair
rulltrappa (*rewl*-trah-pah) *c* escalator
rum (rewm) *nt* room; space; ~ **med frukost** bed and breakfast
rumsbetjäning (*rewms*-ber-t^Y*ai*-ning) *c* room service
rumstemperatur (*rewms*-taym-per-rah-*tēwr*) *c* room temperature
rumän (rew-*main*) *c* Rumanian
Rumänien (rew-*mai*-ni-ern) Rumania

rumänsk (rew-*mainsk*) *adj* Rumanian
rund (rewnd) *adj* round
rundad (*rewn*-dahd) *adj* rounded
rundhänt (*rewnd*-hehnt) *adj* liberal
rundresa (*rewnd*-*rāy*-sah) *c* tour
runt (rewnt) *adv* around
rusa (*rēwss*-ah) *v* rush; dash
rusningstid (*rēwss*-nings-*teed*) *c* rush-hour; peak hour
russin (*rewss*-in) *nt* raisin
rustik (rew-*steek*) *adj* rustic
rustning (*rewst*-ning) *c* armour
ruta (*rēwt*-ah) *c* square; pane
rutig (*rēwt*-i) *adj* chequered
rutin (rew-*teen*) *c* routine
rutschbana (rewch-*baan*-ah) *c* slide
rutt (rewt) *c* route
rutten (*rewt*-ern) *adj* rotten
ryck (rewk) *nt* tug; wrench
rygg (rewg) *c* back
ryggrad (*rewg*-raad) *c* backbone; spine
ryggskott (*rewg*-skot) *nt* lumbago
ryggsäck (*rewg*-sehk) *c* rucksack; knapsack
ryggvärk (*rewg*-værk) *c* backache
***ryka** (*rēw*-kah) *v* smoke
ryktbarhet (*rewkt*-baar-*hāyt*) *c* fame
rykte (*rewk*-ter) *nt* rumour; reputation; renown
rymd (rewmd) *c* space
rymlig (*rewm*-li) *adj* spacious; roomy, large
rymling (*rewm*-ling) *c* runaway
rymma (*rewm*-ah) *v* *run away; contain
rynka (*rewng*-kah) *c* wrinkle
rysk (rewsk) *adj* Russian
ryslig (*rēwss*-li) *adj* horrible; awful
rysning (*rēwss*-ning) *c* shiver; shudder, *nt* chill
ryss (rewss) *c* Russian
Ryssland (*rewss*-lahnd) Russia
***ryta** (*rēw*-tah) *v* roar

rytm (rewtm) *c* rhythm

ryttare (*rewt*-ah-rer) *c* (pl ~) rider; horseman

rå (rōa) *adj* raw

råd (rōad) *nt* advice; ***ha ~ med** afford

råda (rōa-dah) *v* advise

rådfråga (rōad-frōa-gah) *v* consult

*rådgiva (rōad-Yee-vah) *v* advise

rådgivare (rōad-Yee-vah-rer) *c* (pl ~) counsellor

rådjurskalv (rōa-Yewrs-kahlv) *c* fawn

rådman (rōad-mahn) *c* (pl -män) magistrate

rådsförsamling (rōads-furr-*sahm*-ling) *c* council

rådsmedlem (rōads-māyd-lehm) *c* (pl ~mar) councillor

råmaterial (rōa-mah-tay-ri-*aal*) *nt* raw material

rån¹ (rōan) *nt* robbery; **väpnat ~** hold-up

rån² (rōan) *nt* wafer

råna (rōa-nah) *v* rob

rånare (rōa-nah-reh) *c* (pl ~) robber

råolja (rōa-ol-Yah) *c* petroleum

råtta (ro-tah) *c* rat

räcka (rehk-ah) *v* suffice

räcke (rehk-er) *nt* rail; railing

räckhåll (rehk-hol) *nt* reach

räckvidd (rehk-vid) *c* range

räd (raid) *c* raid

rädd (rehd) *adj* afraid

rädda (rehd-ah) *v* save; rescue

räddning (rehd-ning) *c* rescue

rädisa (rai-di-sah) *c* radish

rädsla (raids-lah) *c* fear

räka (rai-kah) *c* shrimp; prawn

räkna (raik-nah) *v* reckon, count; **~ ut** calculate

räknemaskin (raik-ner-mah-*sheen*) *c* adding-machine

räkneord (raik-ner-*ōōrd*) *nt* numeral

räkning (raik-ning) *c* bill; arithmetic

rännsten (rehn-stāyn) *c* gutter

ränsel (rehn-sayl) *c* (pl -slar) haversack

ränta (rehn-tah) *c* interest

rätt¹ (reht) *c* course

rätt² (reht) *adj* appropriate, right, correct; *adv* rather; *c* justice; ***ha ~ *** be right; **med rätta** rightly

rätta (reht-ah) *v* correct; **~ till** correct, adjust

rättegång (reh-ter-gong) *c* trial; lawsuit

rättelse (reh-terl-ser) *c* correction

rättfärdig (reht-fæær-di) *adj* righteous

rättighet (reh-ti-hāyt) *c* right

rättmätig (reht-mai-ti) *adj* legitimate

rättskaffens (reht-skahf-erns) *adj* honourable

rättskrivning (reht-skreev-ning) *c* dictation

rättvis (reht-veess) *adj* just; fair, right

rättvisa (reht-vee-sah) *c* justice

räv (raiv) *c* fox

röd (rūrd) *adj* red

rödbeta (rūrd-bāy-tah) *c* beetroot

rödhake (rūrd-haa-ker) *c* robin

rödlila (rūrd-lee-lah) *adj* mauve

rödspätta (rūrd-speh-tah) *c* plaice

rök (rūrk) *c* smoke

röka (rūr-kah) *v* smoke

rökare (rūr-kah-rer) *c* (pl ~) smoker

rökelse (rūrk-erl-ser) *c* incense

rökkupé (rūrk-kēw-*pāy*) *c* smoker, smoking-compartment

rökning förbjuden (rūrk-ning furr-bYew-dern) no smoking

rökrum (rūrk-rewm) *nt* smoking-room

röntga (rurnt-kah) *v* X-ray

röntgenbild (rurnt-kern-bild) *c* X-ray

rör (rūrr) *nt* pipe; tube; cane

röra¹ (rūrr-ah) *v* touch; move; **~ om** stir; **~ sig** move

röra² (rūrr-ah) *c* muddle

rörande (*rūrr*-ahn-der) *adj* touching; *prep* regarding

rörelse (*rūrr*-erl-ser) *c* motion, movement; emotion; **sätta i* ~ move

rörlig (*rūrr*-li) *adj* mobile

rörmokare (*rūrr*-moo-kah-rer) *c* (pl ~) plumber

röst (rurst) *c* voice; vote

rösta (*rurss*-tah) *v* vote

röstning (*rurst*-ning) *c* vote

rösträtt (*rurst*-reht) *c* franchise; suffrage

S

sackarin (sah-kah-*reen*) *nt* saccharin

sadel (*saa*-dayl) *c* (pl sadlar) saddle

safir (sah-*feer*) *c* sapphire

saft (sahft) *c* syrup

saftig (*sahf*-ti) *adj* juicy

saga (*saa*-gah) *c* fairytale; tale

sak (saak) *c* thing; matter, affair

sakkunnig (*saak*-kewn-i) *adj* expert

saklig (*saak*-li) *adj* matter-of-fact

sakna (*saak*-nah) *v* lack, miss

saknad (*saak*-nahd) *c* lack

sakta ned (*sahk*-tah) slow down

sal (saal) *c* hall

saldo (*sahl*-doo) *nt* balance

saliv (sah-*leev*) *c* saliva, spit

sallad (*sahl*-ahd) *c* salad

salladsolja (*sah*-lahds-ol-Yah) *c* salad-oil

salong (sah-*long*) *c* drawing-room; salon

salt (sahlt) *nt* salt; *adj* salty

saltkar (*sahlt*-kaar) *nt* salt-cellar

till salu (til *saa*-lew) for sale

saluhall (*saa*-lew-hahl) *c* market

salva (*sahl*-vah) *c* ointment; salve

samarbete (*sahm*-ahr-bāy-ter) *nt* co-operation

samarbetsvillig (*sahm*-ahr-bāyts-vi-li) *adj* co-operative

samband (*sahm*-bahnd) *nt* relation

samfund (*sahm*-fewnd) *nt* society

samhälle (*sahm*-heh-ler) *nt* community; locality; **samhälls-** social

samhällsbevarande (*sahm*-hehls-ber-vaa-rahn-der) *adj* conservative

samla (*sahm*-lah) *v* gather; assemble, collect; ~ **ihop** compile; ~ **in** collect

samlag (*sahm*-laag) *nt* sexual intercourse

samlare (*sahm*-lah-rer) *c* (pl ~) collector

samlas (*sahm*-lahss) *v* gather

samling (*sahm*-ling) *c* collection

samma (*sahm*-ah) *adj* same

*sammanbinda (*sah*-mahn-bin-dah) *v* link

sammandrag (*sah*-mahn-draag) *nt* summary

*sammanfalla (*sahm*-ahn-fahl-ah) *v* coincide

sammanfatta (*sahm*-ahn-fah-tah) *v* summarize

sammanfattning (*sah*-mahn-faht-ning) *c* summary, résumé

sammanfoga (*sahm*-ahn-fōōg-ah) *v* join, *put together

sammanhang (*sahm*-ahn-hahng) *nt* connection; coherence, reference

sammankomst (*sahm*-ahn-komst) *c* meeting; assembly

sammanlagd (*sahm*-ahn-lahgd) *adj* overall, total

sammanslagning (*sahm*-ahn-slaag-ning) *c* merger

sammanslutning (*sah*-mahn-slēwt-ning) *c* society; association

sammanställa (*sahm*-ahn-stehl-ah) *v* compose; compile

sammanstöta (*sahm*-ahn-stūr-tah) *v* bump

sammanstötning (*sahm*-ahn-stürt-ning) *c* collision

*sammansvärja sig (*sahm*-ahn-*svær*-Yah) conspire

sammansvärjning (sahm-ahn-*svær*Y-ning) *c* conspiracy, plot

sammansättning (*sahm*-ahn-seht-ning) *c* composition

sammanträde (*sahm*-ahn-traid-er) *nt* meeting

sammanträffande (*sahm*-ahn-trehf-ahn-der) *nt* concurrence; encounter

sammet (*sah*-mayt) *c* velvet

samordna (*sahm*-ord-nah) *v* co-ordinate

samordning (*sahm*-ord-ning) *c* co-ordination

samtal (*sahm*-taal) *nt* conversation; talk, discussion

samtalsämne (*sahm*-taals-aim-ner) *nt* topic

samtida (*sahm*-tee-dah) *adj* contemporary

samtidig (*sahm*-tee-di) *adj* simultaneous

samtycka (*sahm*-tew-kah) *v* consent

samtycke (*sahm*-tew-ker) *nt* consent

samverkan (*sahm*-vær-kahn) *c* co-operation

samvete (*sahm*-vāy-ter) *nt* conscience

sanatorium (sah-nah-*tōō*-ri-ewm) *nt* (pl -rier) sanatorium

sand (sahnd) *c* sand

sandal (sahn-*daal*) *c* sandal

sandig (*sahn*-di) *adj* sandy

sandpapper (*sahnd*-pahp-err) *nt* sandpaper

sanitär (sah-ni-*tæær*) *adj* sanitary

sann (sahn) *adj* very, true

sannfärdig (*sahn*-fæær-di) *adj* truthful

sanning (*sah*-ning) *c* truth

sannolik (*sahn*-oo-leek) *adj* likely; probable

sansad (*sahns*-ahd) *adj* sober

sardin (sahr-*deen*) *c* sardine

satellit (sah-tay-*leet*) *c* satellite

satäng (sah-*tehng*) *c* satin

Saudiarabien (*sou*-di-ah-*raa*-bi-ern) Saudi Arabia

saudiarabisk (*sou*-di-ah-*raab*-isk) *adj* Saudi Arabian

sax (sahks) *c* scissors *pl*

scen (sāyn) *c* scene, stage

schack (shahk) *nt* chess; **schack!** check!

schackbräde (*shahk*-brai-der) *nt* checkerboard *nAm*

schal (shaal) *c* shawl

schampo (*shahm*-pōō) *nt* shampoo

scharlakansfeber (shahr-*laa*-kahns-*fāy*-berr) *c* scarlet fever

scharlakansröd (shahr-*laa*-kahns-*rürd*) *adj* scarlet

schema (*shāy*-mah) *nt* scheme

schlager (*shlaa*-gerr) *c* (pl ~, -rar) hit

Schweiz (shvayts) Switzerland

schweizare (*shvay*-tsah-rer) *c* (pl ~) Swiss

schweizisk (*shvay*-tsisk) *adj* Swiss

scout (skout) *c* boy scout

*se (sāy) *v* *see; notice; ~ **på** look at; ~ **till** attend to; ~ **upp** look out; watch out; ~ **ut** look

sebra (*sāyb*-rah) *c* zebra

sedan (*sāy*-dahn) *adv* then; afterwards; *conj* since, after; *prep* since; **för ...** ~ ago; ~ **dess** since

sedel (*sāy*-dayl) *c* (pl sedlar) banknote

seder (*sāy*-derr) *pl* customs *pl*

sediment (say-di-*maynt*) *nt* deposit

sedlig (*sāyd*-li) *adj* moral

sedvanlig (*sāyd*-vaan-li) *adj* customary

sedvänja (*sāyd*-vehn-Yah) *c* usage

seg (sāyg) *adj* tough

segel (*sāy*-gerl) *nt* sail

segelbar (*sāy*-gerl-baar) *adj* navigable

segelbåt (*sāy*-gerl-bōat) *c* sailing-boat

segelflygplan (*sāy*-gerl-flēwg-plaan) *nt* glider

segelsport (*sāy*-gerl-sport) *c* yachting

segelsällskap (*sāy*-gerl-sehl-skaap) *nt* yacht-club

seger (*sāy*-gerr) *c* (pl segrar) victory

segerrik (*sāy*-gerr-reek) *adj* triumphant

segla (*sāyg*-lah) *v* sail; navigate

segra (*sāyg*-rah) *v* *win

segrare (*sāyg*-rah-ray) *c* (pl ~) winner, victor

sekreterare (*sehk*-ray-*tāy*-rah-rer) *c* (pl ~) secretary; clerk

sektion (sehk-*shōōn*) *c* section

sekund (ser-*kewnd*) *c* second

sekundär (ser-kewn-*dæær*) *adj* secondary

selleri (say-ler-*ree*) *nt* celery

semester (say-*mayss*-terr) *c* holiday

semesterort (say-*mayss*-terr-oort) *c* holiday resort

semikolon (say-mi-*kōō*-lon) *nt* semicolon

sen (*sāyn*) *adj* late; **för sent** too late

sena (*sāyn*-ah) *c* sinew; tendon

senap (*sāy*-nahp) *c* mustard

senat (ser-*naat*) *c* senate

senator (ser-*naa*-tor) *c* senator

senil (say-*neel*) *adj* senile

sensation (sayn-sah-*shōōn*) *c* sensation

sensationell (sayn-sah-shoo-*nayl*) *adj* sensational

sentimental (sayn-ti-mayn-*taal*) *adj* sentimental

separat (say-pah-*raat*) *adv* separately

september (sayp-*taym*-berr) September

septisk (*sayp*-tisk) *adj* septic

serie (*sāy*-ri-er) *c* series; **tecknad ~** comics *pl*

seriös (say-ri-*ūrss*) *adj* serious

serum (*sāy*-rewm) *nt* serum

servera (sær-*vāy*-rah) *v* serve

serveringsfat (sær-*vāy*-rings-faat) *nt* dish

servett (sær-*vayt*) *c* napkin; serviette

servitris (sær-vit-*reess*) *c* waitress

servitör (sær-vi-*tūrr*) *c* waiter

session (say-*shōōn*) *c* session

sevärdhet (*sāy*-væærd-hāyt) *c* sight

sex (sayks) *num* six

sextio (*sayks*-ti) *num* sixty

sexton (*sayks*-ton) *num* sixteen

sextonde (*sayks*-ton-der) *num* sixteenth

sexualitet (sayk-sew-ah-li-*tāyt*) *c* sexuality

sexuell (sayk-sew-*ayl*) *adj* sexual

Siam (*see*-ahm) Siam

siames (see-ah-*māyss*) *c* Siamese

siamesisk (see-ah-*māyss*-isk) *adj* Siamese

sida (*see*-dah) *c* side; page; **på andra sidan** across; **på andra sidan om** beyond; **åt sidan** aside; sideways

siden (*see*-dayn) *nt* silk; **siden-** silken

sidogata (*see*-doo-*gaat*-ah) *c* sidestreet

sidoljus (*see*-doo-*yewss*) *nt* sidelight

sidoskepp (*see*-doo-shayp) *nt* aisle

siffra (*sif*-rah) *c* figure; digit

sifon (si-*fōan*) *c* siphon, syphon

sig (say) *pron* himself, herself; themselves

sigill (si-*yil*) *nt* seal

signal (sing-*naal*) *c* signal

signalement (sing-nah-lay-*maynt*) *nt* description

signalera (sing-nah-*lāyr*-ah) *v* signal

signalhorn (sing-*naal*-hōorn) *nt* hooter, horn

signatur (sing-nah-*tēwr*) *c* signature

sikt (sikt) *c* visibility

sikta¹ (*sik*-tah) *v* aim at; ~ **på** aim at

sikta² (*sik*-tah) *v* sift

sil (seel) *c* strainer

sila (*seel*-ah) *v* strain

sill (sil) *c* herring

silver (*sil*-verr) *nt* silver; silverware

silversmed (*sil*-verr-smāyd) *c* silversmith

simbassäng (*sim*-bah-sehng) *c* swimming pool

simma (*sim*-ah) *v* *swim

simmare (*si*-mah-rer) *c* (pl ~) swimmer

simning (*sim*-ning) *c* swimming

simpel (*sim*-perl) *adj* common

simulera (*si*-mew-*lāyr*-ah) *v* pretend

sin (sin) *pron* (nt sitt, pl sina) his, her, its, one's, their

singularis (*sing*-gēw-laa-riss) *nt* singular

sinne (*si*-ner) *nt* sense

sinnesförvirrad (*si*-nerss-furr-*vi*-rahd) *adj* mad

sinnesrörelse (*si*-nerss-rūr-rayl-ser) *c* emotion

sinnessjuk¹ (*si*-nerss-shēwk) *adj* insane

sinnessjuk² (*si*-nerss-shēwk) *c* (pl ~a) lunatic

sinnesstämning (*si*-nerss-stehm-ning) *c* spirits

siren (si-*rāyn*) *c* siren

sist (sist) *adj* last; **till** ~ at last

sista (*siss*-tah) *adj* ultimate

*sitta (*sit*-ah) *v* *sit

sittplats (*sit*-plahts) *c* seat

situation (si-tew-ah-*shōōn*) *c* situation

sju (shew) *num* seven

sjuk (shēwk) *adj* ill; sick

sjukdom (*shēwk*-doom) *c* illness; sickness, disease

sjukhus (*shēwk*-hewss) *nt* hospital

sjukledighet (*shēwk*-lāy-di-hāyt) *c* sick-leave

sjuksköterska (*shēwk*-shūrt-err-skah) *c* nurse

sjukvård (*shēwk*-vōārd) *c* public health

sjukvårdsrum (*shēwk*-vōārds-rewm) *nt* infirmary

sjunde (*shewn*-der) *num* seventh

*sjunga (*shewng*-ah) *v* *sing

*sjunka (*shewng*-kah) *v* *sink

sjuttio (*shewt*-i) *num* seventy

sjutton (*shewt*-on) *num* seventeen

sjuttonde (*shewt*-on-der) *num* seventeenth

själ (shail) *c* soul

själv (shehlv) *pron* myself, yourself, himself, herself, itself, oneself

själva (*shehl*-vah) *pron* ourselves, yourselves, themselves

självbetjäning (*shehlv*-ber-tYai-ning) *c* self-service

självgod (*shehlv*-gōōd) *adj* self-righteous

självisk (*shehl*-visk) *adj* selfish

självklar (*shehlv*-klaar) *adj* self-evident

självmord (*shehlv*-mōōrd) *nt* suicide

självservering (*shehlv*-sayr-*vāy*-ring) *c* self-service restaurant

självstyre (*shehlv*-stēw-rer) *nt* self-government

självständig (*shehlv*-stehn-di) *adj* independent

självständighet (*shehlv*-stehn-di-hāyt) *c* independence

självupptagen (*shehlv*-ewp-taag-ern) *adj* self-centred

sjätte (*sheh*-ter) *num* sixth

sjö (shūr) *c* lake

sjöborre (*shūr*-bo-rer) *c* sea-urchin

sjöfart (*shūr*-faart) *c* navigation; shipping

sjöfågel (*shūr*-fōa-gayl) *c* (pl -glar.) sea-bird

sjöjungfru (*shūr*-Yewng-frew) *c* mermaid

sjökort (*shūr*-koort) *nt* nautical chart

sjöman (*shūr*-mahn) *c* (pl -män) sailor

sjörövare (*shūr*-rūr-vah-rer) *c* (pl ~) pirate

sjösjuk (*shūr*-shewk) *adj* seasick

sjösjuka (*shūr*-shew-kah) *c* seasickness

sjösättning (*shūr*-seht-ning) *c* launching

sjötunga (*shūr*-tewng-ah) *c* sole

*ska (skaa) *v* *shall; *will

skada (*skaa*-dah) *c* injury; damage, mischief, harm; *v* *hurt, injure, harm

skadad (*skaa*-dahd) *adj* injured

skadeersättning (*skaa*-der-āyr-seht-ning) *c* compensation; indemnity

skadlig (*skaad*-li) *adj* harmful; hurtful

skaffa (*skahf*-ah) *v* get, procure, provide; ~ **sig** acquire, *v* acquire; obtain

skafferi (skah-fay-*ree*) *nt* (pl ~er) larder

skaft (skahft) *nt* handle

skaka (*skaa*-kah) *v* *shake

skal (skaal) *nt* skin, peel; shell

skala (*skaa*-lah) *c* scale; *v* peel

skalbagge (*skaal*-bahg-er) *c* beetle; bug

skald (skahld) *c* poet

skaldjur (*skaal*-ȳewr) *nt* shellfish

skalle (*skah*-ler) *c* skull

skam (skahm) *c* shame; disgrace

skamsen (*skahm*-sayn) *adj* ashamed

skandal (skahn-*daal*) *c* scandal

skandinav (skahn-di-*naav*) *c* Scandinavian

Skandinavien (skahn-di-*naav*-i-ern) Scandinavia

skandinavisk (skahn-di-*naav*-isk) *adj* Scandinavian

skapa (*skaa*-pah) *v* create

skarp (skahrp) *adj* sharp; keen;

strong

skata (*skaa*-tah) *c* magpie

skatt (skaht) *c* tax; treasure

skattefri (skah-ter-*free*) *adj* tax-free

skattmästare (*skaht*-mehss-tah-rer) *c* (pl ~) treasurer

ske (shāy) *v* happen; occur

sked (shāyd) *c* spoon; spoonful

skelett (skay-*layt*) *nt* skeleton

skelögd (*shāyl*-ūrgd) *adj* cross-eyed

sken (shāyn) *nt* glare

skenhelig (*shāyn*-hāy-li) *adj* hypocritical

skepp (shayp) *nt* boat

skeppa (*shayp*-ah) *v* ship

skeppsredare (*shayps*-rāy-dah-rer) *c* (pl ~) shipowner

skeppsvarv (*shayps*-vahrv) *nt* shipyard

skicka (*shik*-ah) *v* *send; ~ **bort** dismiss; ~ **efter** *send for; ~ **iväg** *send off; ~ **tillbaka** *send back

skicklig (*shik*-li) *adj* skilled, skilful; clever

skicklighet (*shik*-li-hāyt) *c* ability; skill

skida (*shee*-dah) *c* ski; **åka skidor** ski

skidbyxor (*sheed*-bewks-err) *pl* ski pants

skidlift (*sheed*-lift) *c* ski-lift

skidstavar (*sheed*-staa-vahr) *pl* ski sticks; ski poles *Am*

skidåkare (*sheed*-ōā-kah-rer) *c* (pl ~) skier

skidåkning (*sheed*-ōāk-ning) *c* skiing

skiffer (*shif*-err) *nt* slating

skift (shift) *nt* gang, shift

skiftnyckel (*shift*-new-kayl) *c* (pl -klar) spanner; wrench

skilja (*shil*-ʸah) *v* separate; part; **skiljas** divorce; ~ **sig** divorce

skiljevägg (*shil*-ʸer-vehg) *c* partition

skillnad (*shil*-nahd) *c* difference; distinction; ***göra** ~ distinguish

skilsmässa (*shils*-meh-sah) *c* divorce

*skina (*shee*-nah) *v* *shine

skinka (*shing*-kah) *c* ham; buttock

skinn (shin) *nt* hide; **skinn-** leather

skinna (*shi*-nah) *v* skin, fleece

skir (sheer) *adj* sheer

skiss (skiss) *c* sketch

skissbok (*skiss*-bōōk) *c* (pl -böcker) sketch-book

skissera (ski-*sāy*-rah) *v* sketch

skiva (*sheev*-ah) *c* slice; disc

skivspelare (*shiv*-spāy-lah-rer) *c* (pl ~) record-player

skjorta (*shoor*-tah) *c* shirt

skjul (shewl) *nt* shed

*skjuta (*shēwt*-ah) *v* fire, *shoot; push

skjutdörr (*shēwt*-durr) *c* sliding door

sko (skōō) *c* shoe

skoaffär (*skōō*-ah-fæær) *c* shoe-shop

skog (skōōg) *c* forest; wood

skogig (*skōō*g-i) *adj* wooded

skogsdunge (*skoogs*-dew-nger) *c* grove

skogstrakt (*skoogs*-trahkt) *c* woodland

skogvaktare (*skōōg*-vahk-tah-rer) *c* (pl ~) forester

skoj (skoi) *nt* fun

skoja (*skoi*-ah) *v* joke, fool

skokräm (*skōō*-krehm) *c* shoe polish

skola (*skōōl*-ah) *c* school

skolbänk (*skōōl*-behngk) *c* desk

skolflicka (*skōōl*-fli-kah) *c* schoolgirl

skolka (*skol*-kah) *v* play truant

skollärare (*skōōl*-læær-ah-rer) *c* (pl ~) schoolmaster, schoolteacher

skolpojke (*skōōl*-poi-ker) *c* schoolboy

skolväska (*skōōl*-vehss-kah) *c* satchel

skomakare (*skōō*-maa-kah-rer) *c* (pl ~) shoemaker

skorpa (*skor*-pah) *c* crust; rusk

skorsten (*skors*-tāyn) *c* chimney

skosnöre (*skōō*-snūr-rer) *nt* shoe-lace

skotsk (skotsk) *adj* Scottish; Scotch

skott (skot) *nt* shot

skottavla (*skot*-taav-lah) *c* target

skotte (*sko*-ter) *c* Scot

skottkärra (*skot*-tˠær-ah) *c* wheelbarrow

Skottland (*skot*-lahnd) Scotland

skottår (*skot*-ōār) *nt* leap-year

skovel (*skōā*-verl) *c* (pl -vlar) shovel

skrapa (*skraap*-ah) *v* scrape; scratch

skratt (skraht) *nt* laugh; laughter

skratta (*skrah*-tah) *v* laugh

skreva (*skrāy*-vah) *c* cleft

skri (skree) *nt* scream

skridsko (*skri*-skoo) *c* skate; **åka skridskor** skate

skridskobana (*skri*-skoo-baa-nah) *c* skating-rink

skridskoåkning (*skri*-skoo-ōāk-ning) *c* skating

skriftlig (*skrift*-li) *adj* written

skrik (skreek) *nt* cry; scream, shout

*skrika (*skree*-kah) *v* shriek; scream, shout; cry

*skriva (*skree*-vah) *v* *write; ~ in book; enter; ~ in sig check in; ~ om *rewrite; ~ på endorse; ~ upp *write down

skrivblock (*skreev*-blok) *nt* writing-pad

skrivbord (*skreev*-bōōrd) *nt* desk; bureau

skrivmaskin (*skreev*-mah-sheen) *c* typewriter

skrivmaskinspapper (*skreev*-mah-sheens-pah-perr) *nt* typing paper

skrivpapper (*skreev*-pah-perr) *nt* note-paper

skrot (skrōōt) *nt* scrap-iron

skrovlig (*skrōāv*-li) *adj* hoarse

skrubbsår (*skrewb*-sōār) *nt* graze

skruv (skrēwv) *c* screw

skruva (*skrēw*-vah) *v* screw; ~ av unscrew; ~ på screw on, turn on

skruvmejsel (*skrēwv*-may-sayl) *c* (pl -slar) screw-driver

skrymmande (*skrewm*-ahn-der) *adj* bulky

skrynkla (*skrewngk*-lah) *c* crease; *v* crease

•skryta (*skrēwt*-ah) *v* boast

skråma (*skrōa*-mah) *c* scratch

skräck (skrehk) *c* scare; fright; horror, terror

skräddare (*skreh*-dah-rer) *c* (pl ~) tailor

skräddarsydd (*skreh*-dahr-sewd) *adj* tailor-made

skrämd (skrehmd) *adj* frightened

skrämma (*skrehm*-ah) *v* frighten; scare

skrämmande (*skrehm*-ahn-der) *adj* terrifying

skräp (skraip) *nt* rubbish; refuse, junk

skugga (*skewg*-ah) *c* shadow; shade

skuggig (*skewg*-i) *adj* shady

skuld (skewld) *c* guilt, fault; debt

skulptur (skewlp-*tēwr*) *c* sculpture

skulptör (skewlp-*tūrr*) *c* sculptor

skum (skewm) *nt* foam, froth; *adj* obscure

skumgummi (*skewm*-gewm-i) *nt* foam-rubber

skumma (*skewm*-ah) *v* foam

skura (*skēw*-rah) *v* scrub

skurk (skewrk) *c* villain

skutta (*skew*-tah) *v* skip; *leap

skvadron (skvah-*drōōn*) *c* squadron

skvaller (*skvah*-lerr) *nt* gossip

skvallra (*skvahl*-rah) *v* gossip

sky (shēw) *c* sky, cloud; gravy

skydd (shewd) *nt* protection; shelter, cover

skydda (*shewd*-ah) *v* protect; shelter

skyfall (*shēw*-fahl) *nt* cloud-burst

skygg (shewg) *adj* shy

skygghet (*shewg*-hāyt) *c* shyness

skyldig (*shewl*-di) *adj* guilty; •**vara** ~ **owe**

skyltdocka (*shewlt*-do-kah) *c* dummy, mannequin

skyltfönster (*shewlt*-furns-terr) *nt* shop-window

skymfa (*shewm*-fah) *v* call names

skymning (*shewm*-ning) *c* twilight; dusk

skymt (shewmt) *c* glimpse

skymta (*shewm*-tah) *v* glimpse

skynda sig (*shewn*-dah) hurry; hasten

skyskrapa (*shēw*-skraa-pah) *c* sky-scraper

skådespel (*skōa*-der-spāyl) *nt* spectacle; drama

skådespelare (*skōa*-der-spāy-lah-rer) *c* (pl ~) actor; comedian

skådespelerska (*skōa*-der-spāy-lerrs-kah) *c* actress

skådespelsförfattare (*skōa*-der-spāyls-furr-*fah*-tah-rer) *c* (pl ~) playwright

skål (skōal) *c* bowl; basin; toast

skåp (skōap) *nt* cupboard; closet

skåpvagn (*skōap*-vahngn) *c* pick-up van

skägg (shehg) *nt* beard

skäl (shail) *nt* reason

skälla (*shehl*-ah) *v* bark, bay; scold; ~ **ut** scold

skälm (shehlm) *c* rascal

skälva (*shehl*-vah) *v* shiver; tremble

skämma bort (*sheh*-mah bort) *spoil

skämmas (*shehm*-ahss) *v* *be ashamed

skämt (shehmt) *nt* joke

skämtsam (*shehmt*-sahm) *adj* humorous

skär (shæær) *adj* pink

•skära (*shææ*-rah) *v* *cut; carve; ~ **av** *cut off; ~ **ned** reduce, *cut down; decrease

skärgård (*shæær*-gōard) *c* archipelago

skärm (shærm) *c* screen

skärmmössa (shærm-mur-sah) *c* cap

skärpt (shærpt) *adj* bright

skärsår (shæær-soar) *nt* cut

sköldpadda (shurld-pahd-ah) *c* turtle

skölja (shurl-ʸah) *v* rinse

sköljmedel (shurlʸ-māy-derl) *nt* conditioner

sköljning (shurlʸ-ning) *c* rinse

skön (shurn) *adj* beautiful, fine; comfortable

skönhet (shurn-hāyt) *c* beauty

skönhetsmedel (shurn-hāyts-māydayl) *pl* cosmetics *pl*

skönhetssalong (shurn-hāyts-sahlong) *c* beauty salon

skönhetsvård (shurn-hāyts-voard) *c* beauty treatment

skör (shurr) *adj* fragile

skörd (shurrd) *c* harvest; crop

skörda (shurr-dah) *v* reap; harvest; gather

sköta (shurt-ah) *v* look after; ~ **om** *take care of

sladd (slahd) *c* flex, electric cord; skid

slag¹ (slaag) *nt* a sort of, a kind of; **all slags** all sorts of

slag² (slaag) *nt* battle; blow, tap; bump

slaganfall (slaag-ahn-fahl) *nt* stroke

slagsmål (slahgs-moal) *nt* fight

slaktare (slahk-tah-rer) *c* (pl ~) butcher

slangtryck (slahng-trewk) *nt* tyre pressure

slank (slahngk) *adj* slender; slim

slant (slahnt) *c* coin

slapp (slahp) *adj* limp

slappna av (slahp-nah) relax

slarv (slahrv) *nt* neglect

slarvig (slahr-vi) *adj* careless; slovenly

slav (slaav) *c* slave

slicka (slik-ah) *v* lick

slingra sig (sling-rah) *wind

slingrande (sling-rahn-der) *adj* winding

slipa (slee-pah) *v* sharpen

***slippa** (sli-pah) *v* not *have to

slipprig (slip-ri) *adj* slippery

slips (slips) *c* necktie

slira (slee-rah) *v* skid; slip

***slita** (slee-tah) *v* *tear; ~ **ut** wear out

sliten (sleet-ern) *adj* worn

slogan (sloa-gahn) *c* (pl ~) slogan

slott (slot) *nt* castle

slug (slewg) *adj* sly

sluka (slew-kah) *v* swallow

slump (slewmp) *c* chance, luck; **av en** ~ by chance

slumpartad (slewmp-ahr-tahd) *adj* accidental

sluss (slewss) *c* lock; sluice

slut (slewt) *nt* end; finish

till slut at last

sluta (slewt-ah) *v* end; discontinue, finish

***sluta** (slewt-ah) *v* close

slutbetala (slewt-ber-taa-lah) *v* *pay off

sluten (slewt-ern) *adj* closed; reserved

slutlig (slewt-li) *adj* final; eventual

slutresultat (slewt-ray-sewl-taat) *nt* final result

slutsats (slewt-sahts) *c* conclusion

slutta (slewt-ah) *v* slope; slant

sluttande (slewt-ahn-der) *adj* slanting, sloping

sluttning (slewt-ning) *c* hillside, slope; incline

***slå** (sloa) *v* *beat; *strike, *hit; slap, punch; ~ **ifrån** switch off; ~ **igen** slam; ~ **ihjäl** kill; ~ **in** wrap; ~ **till** *strike; ~ **upp** look up

slående (sloa-ayn-der) *adj* striking

***slåss** (sloss) *v* struggle

släcka (slehk-ah) *v* *put out; extinguish

släde (*slai*-der) *c* sleigh, sledge

släkt (slehkt) *c* family

släkting (*slehk*-ting) *c* relative; relation

slänga (*slehng*-ah) *v* *throw

släpa (*slaip*-ah) *v* drag; haul

släppa in (*slehp*-ah) admit; *let in

släpvagn (*slaip*-vahngn) *c* trailer

slät (slait) *adj* smooth; level

slätt (sleht) *c* plain

slätvar (*slait*-vaar) *c* brill

slö (slur) *adj* blunt, dull

slöja (*slur*-Yah) *c* veil

slösa bort (*slur*-sah bort) waste

slösaktig (*slurss*-ahk-ti) *adj* wasteful; lavish, extravagant

slöseri (slur-ser-*ree*) *nt* waste, wastefulness

smak (smaak) *c* taste; flavour

smaka (*smaa*-kah) *v* taste

smaklig (*smaak*-li) *adj* savoury

smaklös (*smaak*-lurss) *adj* tasteless

smaksätta (*smaak*-say-tah) *v* flavour

smal (smaal) *adj* narrow

smaragd (smah-*rahgd*) *c* emerald

smed (smāyd) *c* blacksmith; smith

smekmånad (*smāyk*-mōa-nahd) *c* honeymoon

smeknamn (*smāyk*-nahmn) *nt* nickname

smet (smāyt) *c* batter

smidig (*smeed*-i) *adj* supple; flexible

smink (smingk) *c* make-up

*smita (*smee*-tah) *v* slip away

smitta (*smit*-ah) *v* infect

smittande (*smi*-tahn-der) *adj* contagious

smittkoppor (*smit*-ko-poor) *pl* smallpox

smittsam (*smi*-too-sahm) *adj* infectious; contagious

smoking (*smōa*-king) *c* dinner-jacket; tuxedo *nAm*

smuggla (*smewg*-lah) *v* smuggle

smula (*smew*-lah) *c* crumb; bit

smultron (*smewlt*-ron) *nt* wild strawberry

smuts (smewts) *c* dirt

smutsig (*smewt*-si) *adj* dirty; filthy

smycke (*smew*-ker) *nt* jewel; **smycken** jewellery

*smyga (*smew*-gah) *v* sneak

småaktig (*smōa*-ahk-ti) *adj* stingy

småfranska (*smōa*-frahns-kah) *c* roll

småningom (*smōa*-ning-om) *adv* gradually

småpengar (*smōa*-payng-ahr) *pl* change

småprat (*smōa*-praat) *nt* chat

småprata (*smōa*-praat-ah) *v* chat

småskratta (*smōa*-skraht-ah) *v* chuckle

smäll (smehl) *c* spanking; crack

smälla (*smehl*-ah) *v* spank; crack

smälta (*smehl*-tah) *v* melt, thaw; digest

smärta (*smær*-tah) *c* pain

smärtfri (*smært*-free) *adj* painless

smärting (*smær*-ting) *c* canvas

smärtsam (*smært*-sahm) *adj* painful

smärtstillande (*smært*-sti-lahn-der) *adj* pain-relieving, analgesic

smör (smūrr) *nt* butter

smörgås (*smūrr*-gōass) *c* sandwich

smörja (*smurr*-Yah) *c* trash

*smörja (*smurr*-Yah) *v* grease, lubricate

smörjning (*smurr*Y-ning) *c* lubrication

smörjolja (*smurr*Y-ol-Yah) *c* lubrication oil

smörjsystem (*smurr*Y-sew-*stāym*) *nt* lubrication system

snabb (snahb) *adj* rapid; fast

snabbgående (*snahb*-gōa-ayn-der) *adj* express, high-speed

snabbhet (*snahb*-hāyt) *c* rapidity, swiftness

snabbkurs (*snahb*-kewrs) *c* intensive

course

snabbköp (*snahb*-tⱽ*ūrp*) *nt* supermarket

snackbar (*snahk*-baar) *c* snack-bar

snarare (*snaar*-ah-rer) *adv* rather

snarka (*snahr*-kah) *v* snore

snart (snaart) *adv* soon; presently, shortly; **så ~ som** as soon as

snask (snahsk) *nt* candy *nAm*

sned (snāyd) *adj* slanting

snickare (*snik*-ah-rer) *c* (pl ~) carpenter

snida (*snee*-dah) *v* carve

snideri (snee-der-*ree*) *nt* carving

snideriarbete (snee-der-*ree*-ahr-*bāy*-ter) *nt* wood-carving

snigel (*snee*-gayl) *c* (pl -glar) snail

snilleblixt (*sni*-ler-blikst) *c* brain-wave

snitt (snit) *nt* cut

snodd (snood) *c* twine

snorkel (*snor*-kayl) *c* (pl -klar) snorkel

snubbla (*snewb*-lah) *v* stumble

snurra (*snew*-rah) *v* *spin

snygg (snewg) *adj* good-looking

***snyta sig** (*snēw*-tah) *blow one's nose

snål (snōal) *adj* avaricious

snäcka (*sneh*-kah) *c* sea-shell

snäckskal (*snehk*-skaal) *nt* shell

snäll (snehl) *adj* good; sweet, kind, nice

snälltåg (*snehl*-tōag) *nt* through train, express train

snäv (snaiv) *adj* narrow

snö (snūr) *c* snow

snöa (*snūr*-ah) *v* snow

snöig (*snūr*-i) *adj* snowy

snöre (*snūr*-rer) *nt* string; tape

snöslask (*snūr*-slahsk) *nt* slush

snöstorm (*snūr*-storm) *c* snowstorm; blizzard

social (soo-si-*aal*) *adj* social

socialism (soo-si-ah-*lism*) *c* socialism

socialist (soo-si-ah-*list*) *c* socialist

socialistisk (soo-siah-*liss*-tisk) *adj* socialist

socka (*sok*-ah) *c* sock

socker (*so*-kerr) *nt* sugar

sockerbit (*so*-kerr-beet) *c* lump of sugar

sockerlag (*so*-kerr-laag) *c* syrup

sockersjuk (*so*-kerr-shēwk) *c* (pl ~a) diabetic

sockersjuka (*so*-kerr-shēw-kah) *c* diabetes

sodavatten (*sōō*-dah-vah-tern) *nt* soda-water

soffa (*so*-fah) *c* sofa; couch

sol (sōōl) *c* sun

solbada (*sōōl*-baa-dah) *v* sunbathe

solbränd (*sōōl*-brehnd) *adj* tanned

solbränna (*sōōl*-breh-nah) *c* suntan

soldat (sol-*daat*) *c* soldier

solfjäder (*sōōl*-fⱽeh-derr) *c* fan

solglasögon (*sōōl*-glaass-*ūr*-goan) *pl* sun-glasses *pl*

solid (so-*leed*) *adj* firm

solig (*sōō*-li) *adj* sunny

solistframträdande (soo-*list*-frahm-trai-dahn-der) *nt* recital

solljus (*sōōl*-Ɏewss) *nt* sunlight

solnedgång (*sōōl*-nāyd-gong) *c* sunset

sololja (*sōōl*-ol-Ɏah) *c* suntan oil

solparasoll (*sōōl*-pah-rah-*sol*) *nt* sunshade

solsken (*sōōl*-shāyn) *nt* sunshine

solsting (*sōōl*-sting) *nt* sunstroke

soluppgång (*sōōl*-ewp-gong) *c* sunrise

som (som) *conj* as; *pron* who, that, which; **~ om** as if

somliga (*som*-li-gah) *pron* some

sommar (*so*-mahr) *c* summer

sommartid (*so*-mahr-teed) *c* summer time

son (sōān) *c* (pl söner) son

sondotter (*sōān*-do-terr) *c* (pl -döttrar) granddaughter

sonson (sōān-sōān) c (pl -söner) grandson

sopa (sōō-pah) v *sweep

sophink (sōōp-hingk) c rubbish-bin

sopor (sóo-por) pl garbage

soppa (sop-ah) c soup

soppsked (sop-shāyd) c soup-spoon

sopptallrik (sop-tahl-rik) c soup-plate

soptunna (sōōp-tewn-ah) c dustbin; trash can Am

sorg (sorʸ) c sorrow; mourning, grief

sorgespel (sor-ʸer-spāyl) nt tragedy

sorglös (sorʸ-lürss) adj carefree

sorgsen (sorʸ-sayn) adj sad

sort (sort) c kind; sort

sortera (sor-tāyr-ah) v sort; assort

sortiment (sor-ti-maynt) nt assortment

souvenir (soo-ver-neer) c souvenir

•sova (sōā-vah) v *sleep

sovande (sōāv-ahn-der) adj asleep

sovbrits (sōāv-brits) c berth

sovjetisk (sov-ʸāy-tisk) adj Soviet

sovkupé (sov-kēw-pāy) c sleeping compartment

sovrum (sōāv-rewm) nt bedroom

sovsal (sōāv-saal) c dormitory

sovsäck (sōāv-sehk) c sleeping-bag

sovvagn (sōāv-vahngn) c sleeping-car; Pullman

spade (spaa-der) c spade

Spanien (spah-ni-ayn) Spain

spanjor (spahn-ʸōor) c Spaniard

spannmål (spahn-mōal) c corn, cereals pl

spansk (spahnsk) adj Spanish

spara (spaa-rah) v save; economize

sparbank (spaar-bahngk) c savings bank

spark (spahrk) c kick

sparka (spahr-kah) v kick

sparkcykel (spahrk-sew-kerl) c (pl -klar) scooter

sparris (spahr-iss) c asparagus

sparsam (spaar-sahm) adj economical

sparv (spahrv) c sparrow

speceriaffär (spay-say-ree-ah-fææer) c grocer's

specerier (spay-say-ree-err) pl groceries pl

specerihandlare (spay-say-ree-hahnd-lah-rer) c (pl ~) grocer

specialisera sig (spay-si-ah-li-sāy-rah) specialize

specialist (spay-si-ah-list) c specialist

specialitet (spay-si-ah-li-tāyt) c speciality

speciell (spay-si-ayl) adj special

specifik (spay-si-feek) adj specific

specimen (spāy-si-mern) nt specimen

spegel (spāy-gayl) c (pl -glar) mirror; looking-glass

spegelbild (spāy-gerl-bild) c reflected image, reflection

spekulera (spay-kew-lāyr-ah) v speculate

spel (spāyl) nt game

spela (spāy-lah) v play; act

spelare (spāy-lah-rer) c (pl ~) player

spelkort (spāyl-koort) nt playing-card

spelkula (spāyl-kēwl-ah) c marble

spelmark (spāyl-mahrk) c chip, counter

spenat (spay-naat) c spinach

spendera (spayn-dāyr-ah) v *spend

spets (spayts) c tip; point; lace

spetsig (spayt-si) adj pointed

spett (spayt) nt spit

spetälska (spāyt-ehls-kah) c leprosy

spik (speek) c nail

spikböld (speek-burld) c boil

spilla (spil-ah) v *spill

spindel (spin-dayl) c (pl -dlar) spider

spindelnät (spin-derl-nait) nt cobweb; spider's web

•spinna (spin-ah) v purr; *spin

spion (spi-ōōn) c spy

spira (spee-rah) c spire

spirituell (spi-ri-tew-ayl) *adj* witty

spis (speess) *c* cooker; **öppen ~** fire-place

spisgaller (speess-gah-lerr) *c* grate

spjut (spYewt) *nt* spear

spjäla (spYai-lah) *c* lath; bar; splint

spjällåda (spYail-load-ah) *c* crate

splitter (spli-terr) *nt* splinter

splitterfri (spli-terr-free) *adj* shatter-proof

spole (spool-er) *c* spool

spoliera (spoo-li-āy-rah) *v* mess up

sporra (spo-rah) *v* incite

sport (sport) *c* sport

sportbil (sport-beel) *c* sports-car

sportjacka (sport-Yah-kah) *c* sports-jacket

sportkläder (sport-klai-derr) *pl* sports-wear

spott (spot) *nt* spit

spotta (spo-tah) *v* *spit

spratt (spraht) *nt* trick

spray (spray) *c* atomizer

sprayflaska (spray-flahss-kah) *c* atom-izer

spricka (sprik-ah) *c* chink, crack

*spricka (sprik-ah) *v* crack; *burst

*sprida (spreed-ah) *v* *spread; *shed

*springa (spring-ah) *v* *run

sprit (spreet) *c* liquor; **denaturerad ~** methylated spirits

spritdrycker (spreet-drewk-err) *pl* spirits

spritkök (spreet-tYurk) *nt* spirit stove

spritvaror (spreet-vaa-ror) *pl* spirits

spruta (sprēwt-ah) *c* shot

språk (sproak) *nt* language; speech

språklaboratorium (sproak-lah-bo-rah-tōo-ri-ewm) *nt* (pl -rier) language laboratory

språng (sprong) *nt* jump

spräcka (spreh-kah) *v* crack

sprängämne (sprehng-ehm-ner) *nt* ex-plosive

spy (spew) *v* vomit

spår (spoar) *nt* trace; trail

spåra (spoar-ah) *v* trace

spårvagn (spoar-vahngn) *c* tram; streetcar *nAm*

spädbarn (spaid-baarn) *nt* infant

spädgris (spaid-greess) *c* piglet

spänd (spehnd) *adj* tense

spänna fast (speh-nah) fasten

spännande (spehn-ahn-der) *adj* excit-ing

spänne (speh-ner) *nt* buckle; fastener

spänning (speh-ning) *c* excitement; voltage, tension

spärra (spæ-rah) *v* block

spöke (spūr-ker) *nt* ghost; spook, spir-it

spörsmål (spurrs-moal) *nt* question, problem

stabil (stah-beel) *adj* stable

stad (staad) *c* (pl städer) city, town; **stads-** urban

stadig (staa-di) *adj* steady

stadigvarande (staa-di-vaa-rahn-der) *adj* permanent

stadion (staad-Yon) *nt* stadium

stadium (staa-dYewm) *nt* (pl -dier) stage

stadsbo (stahds-bōo) *c* citizen

stadscentrum (stahds-saynt-rewm) *nt* town centre

stadsdel (stahds-dāyl) *c* district

stadshus (stahds-hēwss) *nt* town hall

staket (stah-kāyt) *nt* fence

stall (stahl) *nt* stable

stam (stahm) *c* trunk; tribe

stamanställd (stahm-ahn-stehld) *c* (pl ~a) cadre, regular

stamma (stahm-ah) *v* falter

stampa (stahm-pah) *v* stamp

standard- (stahn-dahrd) standard

stanna (stahn-ah) *v* halt; pull up; **~ kvar** stay

stapel (staa-perl) *c* (pl -plar) pile,

stack

stapla (*staap*-lah) v pile, stack

stare (*staar*-er) c starling

stark (stahrk) adj strong; powerful

start (staart) c take-off

starta (*staar*-tah) v start

startbana (*stahrt*-baa-nah) c runway

startmotor (*stahrt*-mōō-tor) c starter motor

stat (staat) c state; **stats-** national

station (stah-*shōōn*) c depot nAm

stationsinspektor (stah-*shōōns*-in-spayk-*tōōr*) c station-master

statistik (stah-ti-*steek*) c statistics pl

statskassa (*stahts*-kah-sah) c treasury

statsman (*stahts*-mahn) c (pl -män) statesman

statsminister (*stahts*-mi-*niss*-terr) c (pl -trar) Prime Minister

statstjänsteman (*stahts*-tᵞehns-ter-mahn) c (pl -män) civil servant

statsöverhuvud (*stahts*-ūr-verr-hēw-vewd) nt (pl ~, ~en) head of state

staty (stah-*tēw*) c statue

stava (*staa*-vah) v *spell

stavelse (*staa*-vayl-ser) c syllable

stavning (*staav*-ning) c spelling

stearinljus (*stāy*-ah-*reen*-ᵞēwss) nt candle

steg (*stāyg*) nt step, move; pace

stege (*stāy*-ger) c ladder

steka (*stāy*-kah) v fry

stekpanna (*stāyk*-pahn-ah) c frying-pan

stel (stāyl) adj stiff

sten (stāyn) c stone; **sten-** stone

stenblock (*stāyn*-blok) nt boulder

stenbrott (*stāyn*-brot) nt quarry

stengods (*stāyn*-goods) nt stoneware

*stenlägga (*stāyn*-leh-gah) v pave

stenograf (stay-noo-*graaf*) c stenographer

stenografi (stay-noo-grah-*fee*) c shorthand

steril (stay-*reel*) adj sterile

sterilisera (stay-ri-li-*sāy*-rah) v sterilize

steward (stᵞōō-ahrd) c steward

stick (stik) nt sting

sticka (*stik*-ah) v *knit

*sticka (*stik*-ah) v *sting; prick; ~ **in** plug in

stickkontakt (*stik*-kon-tahkt) c plug, socket

stifta (*stif*-tah) v found; institute

stiftelse (*stif*-tayl-ser) c foundation

stig (steeg) c trail, path

*stiga (*steeg*-ah) v *rise; ascend; ~ **av** *get off; ~ **ned** descend; ~ **på** *get on; ~ **upp** *rise; *get up; ~ **uppåt** ascend

stigbygel (*steeg*-bēw-gerl) c (pl-glar) stirrup

stigning (*steeg*-ning) c ascent

stil (steel) c style

stilla (*stil*-ah) adj quiet; calm, still

Stilla havet (*sti*-lah-*haa*-vert) Pacific Ocean

stillastående (*sti*-lah-stōā-ayn-der) adj stationary, still

stillhet (*stil*-hāyt) c quiet, stillness

stillsam (*stil*-sahm) adj calm, quiet

stimulans (*sti*-mew-lahngs) c stimulant; impulse

stimulera (sti-mew-*lāy*r-ah) v stimulate

sting (sting) nt sting

*stinka (*sting*-kah) v *stink

stipendium (sti-*payn*-di-ewm) nt (pl --dier) grant, scholarship

stipulera (sti-pēw-*lāy*-rah) v stipulate

stirra (*sti*-rah) v gaze, stare

*stjäla (*shail*-ah) v *steal

stjälk (shehlk) c stem

stjärna (*shæær*-nah) c star

stjärt (shært) c bottom

sto (stōō) nt mare

stol (stōōl) c chair

stola (*stōāl*-ah) *c* stole
stolpe (*stol*-per) *c* post; pillar
stolpiller (*stōōl*-pi-lerr) *nt* suppository
stolt (stolt) *adj* proud
stolthet (*stolt*-hāyt) *c* pride
stoppa (*stop*-ah) *v* stop; *put; darn; upholster; **stopp!** stop!
stoppgarn (*stop*-gaarn) *nt* (pl ~er) darning wool
stor (stōōr) *adj* large; great, big, major
storartad (*stōōr*-aar-tahd) *adj* magnificent, superb, terrific
Storbritannien (*stōōr*-bri-*tahn*-yayn) Great Britain
stork (stork) *c* stork
storlek (*stōōr*-lāyk) *c* size
storm (storm) *c* gale, storm
stormig (*stor*-mi) *adj* stormy; gusty
stormlykta (*storm*-lewk-tah) *c* hurricane lamp
storslagen (*stōōr*-slaa-gern) *adj* grand
straff (strahf) *nt* punishment; penalty
straffa (*strah*-fah) *v* punish
strafflag (*strahf*-laag) *c* criminal law
straffspark (*strahf*-spahrk) *c* penalty kick
stram (strahm) *adj* tight
strama åt (*straa*-mah) tighten
strand (strahnd) *c* (pl stränder) beach; shore
strandsnäcka (*strahnd*-sneh-kah) *c* winkle
strandsten (*strahnd*-stāyn) *c* pebble
strax (strahks) *adv* presently
streberaktig (*strāy*-berr-ahk-ti) *adj* ambitious
streck (strayk) *nt* line
strejk (strayk) *c* strike
strejka (*stray*-kah) *v* *strike
stress (strayss) *c* stress
strid (streed) *c* fight; combat, strife, struggle
*strida (*streed*-ah) *v* *fight

strikt (strikt) *adj* strict
strof (strōāf) *c* stanza
struktur (strewk-*tēwr*) *c* structure, fabric; texture
strumpa (*strewm*-pah) *c* stocking
strumpbyxor (*strewmp*-bewks-err) *pl* tights *pl*; panty-hose
strumpebandshållare (*strewm*-per-bahnds-ho-lah-rer) *c* (pl ~) suspender belt; garter belt *Am*
strunt (strewnt) *nt* rubbish
strupe (*strēw*-per) *c* throat
strupkatarr (*strēwp*-kah-*tahr*) *c* laryngitis
struts (strewts) *c* ostrich
*stryka (*strēw*-kah) *v* iron; ~ **under** underline
strykfri (*strēwk*-fri) *adj* drip-dry; wash and wear
strykjärn (*strēwk*-Yæærn) *nt* iron
*strypa (*strēwp*-ah) *v* strangle; choke
strålande (*strōā*-lahn-der) *adj* splendid, bright
stråle (*strōāl*-er) *c* ray, beam; spout, jet, squirt
strålkastare (*strōāl*-kahss-tah-rer) *c* (pl ~) searchlight; spotlight, headlamp, headlight
sträcka (*streh*-kah) *c* stretch
sträng (strehng) *adj* severe; strict, harsh; *c* string
sträv (straiv) *adj* harsh
sträva (*straiv*-ah) *v* aspire; ~ **efter** aim at
strö (strūr) *v* scatter, strew; sprinkle
ström (strurm) *c* (pl ~mar) stream, current
strömbrytare (*strurm*-brēw-tah-rer) *c* (pl ~) switch
strömdrag (*strurm*-draag) *nt* rapids *pl*
strömfördelare (*strurm*-furr-*dāyl*-ah-rer) *c* (pl ~) distributor
strömma (*strurm*-ah) *v* stream; flow
ströva (*strūrv*-ah) *v* roam

stubinträd (stew-*been*-trōad) c fuse

student (stew-*daynt*) c student

studentska (stew-*daynt*-skah) c student

studera (stew-*dāyr*-ah) v study

studerande (stew-*dāy*-rahn-der) c (pl ~) student

studium (stēw-di-ewm) nt (pl -dier) study

stuga (stēw-gah) c cottage

stuka (stēw-kah) v sprain

stukning (stēwk-ning) c sprain

stum (stewm) adj dumb; mute

stund (stewnd) c while

stup (stēwp) nt precipice

stycke (stewk-er) nt piece; part, chunk

stygg (stewg) adj naughty; bad

stygn (stewngn) nt stitch

styra (stēw-rah) v manage; rule

styrbord (stēwr-bōōrd) starboard

styrelse (stēw-rayl-ser) c government; direction, management; commitee

styrelseordförande (stew-rayl-ser-ōōrd-fur-rahn-der) c (pl ~) chairman of the board

styrelsesätt (stēw-rayl-ser-seht) nt rule

styrka (stewr-kah) c strength, power; beväpnade styrkor armed forces

styvbarn (stēwv-baarn) nt stepchild

styvfar (stēwv-faar) c (pl -fäder) stepfather

styvmor (stēwv-mōōr) c (pl -mödrar) stepmother

*stå (stōa) v *stand; ~ ut med endure

stål (stōal) nt steel; rostfritt ~ stainless steel

ståltråd (stōal-trōad) c wire

stånd (stond) nt stand; stall; *vara i ~ till *be able to

ståndpunkt (stond-poongkt) c standpoint

stång (stong) c (pl stänger) bar; rod

ståtlig (stōat-li) adj magnificent

städa (staid-ah) v clean; tidy up

städad (stai-dahd) adj tidy

städerska (stai-derr-skah) c chambermaid, cleaning-woman

ställa (steh-lah) v *put; ~ in tune in; ~ ut exhibit

ställe (steh-ler) nt place; spot

i stället för (ee steh-lert furr) instead of

ställföreträdare (stehl-fūr-rer-trai-dah-rer) c (pl ~) substitute; deputy

ställning (stehl-ning) c position

stämma överens (steh-mah ūrver-rayns) agree, tally

stämning (stehm-ning) c atmosphere; summons

stämpel (stehm-perl) c (pl -plar) stamp

ständig (stehn-di) adj constant; permanent, continual

stänga (stehng-ah) v *shut, close; fasten; ~ av turn off; *cut off; ~ in *shut in

stängd (stehngd) adj closed; shut

stängsel (stehng-serl) nt fence

stänka (stehng-kah) v splash

stänkskärm (stehngk-shærm) c mudguard

stärka (stær-kah) v starch

stärkelse (stær-kayl-ser) c starch

stöd (stūrd) nt support

stödja (stūrd-ʸah) v support

stödstrumpor (stūrd-strewm-por) pl support hose

stöld (sturld) c theft; robbery

stöna (stūrn-ah) v groan

störa (stūr-rah) v disturb; bother

störning (stūrr-ning) c disturbance

större (sturr-er) adj major, superior, bigger

störst (sturrst) adj major, main, biggest

störta (*sturr*-tah) *v* crash

störtregn (*sturrt*-rehngn) *nt* downpour

störtskur (*sturrt*-skewr) *c* shower

stöt (stūrt) *c* bump, thrust

stöta (*stūrt*-ah) *v* bump; **~ emot** knock against; **~ på** *come across

stötdämpare (*stūrt*-dehm-pah-rer) *c* (pl ~) shock absorber

stötfångare (*stūrt*-fong-ah-rer) *c* (pl ~) fender

stötta (*stur*-tah) *v* *hold up, prop

stövel (*stur*-verl) *c* (pl -vlar) boot

subjekt (sewb-*Yehkt*) *nt* subject

substans (sewb-*stahns*) *c* substance

substantiv (*sewb*-stahn-teev) *nt* noun

subtil (sewb-*teel*) *adj* subtle

succé (sewk-*sāy*) *c* success

suddgummi (*sewd*-gew-mi) *nt* eraser, rubber

suga (*sēw*-gah) *v* suck

sula (*sēw*-lah) *c* sole

summa (*sewm*-ah) *c* sum; total, amount

sumpig (*sewm*-pi) *adj* marshy

sumpmark (*sewmp*-mahrk) *c* marsh

supa (*sēw*-pah) *v* booze

superlativ (sew-perr-lah-teev) *adj* superlative; *c* superlative

sur (sēwr) *adj* sour

surfingbräda (sewr-fing-brai-dah) *c* surf-board

surrogat (sew-roo-*gaat*) *nt* substitute

suspendera (sewss-payn-*dāyr*-ah) *v* suspend

svag (svaag) *adj* weak; faint, slight, feeble

svaghet (*svaag*-hāyt) *c* weakness

svala (*svaal*-ah) *c* swallow

svalka (*svahl*-kah) *v* refresh

svamp (svahmp) *c* mushroom; toadstool

svan (svaan) *c* swan

svans (svahns) *c* tail

svar (svaar) *nt* answer; reply

svara (*svaa*-rah) *v* answer; reply

svart (svahrt) *adj* black

svartsjuk (svahrt-*shewk*) *adj* jealous

svartsjuka (svahrt-*shew*-kah) *c* jealousy

svensk (svaynsk) *adj* Swedish; *c* Swede

svepskäl (*svāyp*-shail) *nt* pretext

Sverige (*svær*-Yer) Sweden

svetsa (*svayt*-sah) *v* weld

svetsfog (*svayts*-fōōg) *c* welding seam

svett (svayt) *c* sweat; perspiration

svettas (*svay*-tahss) *v* sweat, perspire

svettning (*svayt*-ning) *c* perspiration

svika (*svee*-kah) *v* fail; betray

svimma (*svi*-mah) *v* faint

svindel (*svin*-derl) *c* vertigo; swindle

svindla (*svind*-lah) *v* swindle

svindlare (*svind*-lah-rer) *c* (pl ~) swindler

svinläder (*sveen*-lai-derr) *nt* pigskin

svit (sveet) *c* suite

svordom (*svōōr*-doom) *c* curse

svullnad (*svewl*-nahd) *c* swelling

svulst (svewlst) *c* tumour, growth

svåger (*svōā*-gerr) *c* (pl -grar) brother-in-law

svår (svōar) *adj* difficult, hard

svårighet (*svōā*-ri-hāyt) *c* difficulty

svägerska (*svai*-gayr-skah) *c* sister-in-law

svälja (*svehl*-Yah) *v* swallow

svälla (*sveh*-lah) *v* *swell

svälta (*svehl*-tah) *v* starve

svänga (*svehng*-ah) *v* turn; *swing

svängdörr (*svehng*-durr) *c* revolving door

svära (*svææ*-rah) *v* *swear, curse; vow

svärd (svæærd) *nt* sword

svärdotter (*svæær*-do-terr) (pl -döttrar) daughter-in-law

svärfar (*svæær*-faar) *c* (pl -fäder) father-in-law

svärföräldrar (*svæær-furr-ehld-rahr*) *pl* parents-in-law *pl*

svärmor (*svæær-moor*) *c* (pl -mödrar) mother-in-law

svärson (*svæær-so͞an*) *c* (pl -söner) son-in-law

sväva (*svai-vah*) *v* float in the air

swahili (*svah-hee-li*) Swahili

sy (*sew*) *v* *sew; ~ **ihop** *sew up

sybehörsaffär (*sew-ber-hurrs-ah-fæær*) *c* haberdashery

Sydafrika (*sewd-aaf-ri-kah*) South Africa

sydlig (*sewd-li*) *adj* southern; southerly

sydost (sewd-*oost*) *c* south-east

Sydpolen (*sewd-poo-lern*) South Pole

sydväst (*sewd-vehst*) *c* south-west

syfte (*sewf-ter*) *nt* aim; purpose, object

sylt (sewlt) *c* jam

symaskin (*sew-mah-sheen*) *c* sewing-machine

symbol (sewm-*boal*) *c* symbol

symfoni (sewm-fo-*nee*) *c* symphony

sympati (sewm-pah-*tee*) *c* sympathy

sympatisk (sewm-*paat*-isk) *adj* nice

symptom (sewmp-*to͞am*) *nt* symptom

syn (*sewn*) *c* eyesight; sight; outlook

synagoga (sew-nah-*goo*-gah) *c* synagogue

synas (*sew*-nahss) *v* seem; appear; **det syns att** it is obvious that

synbar (*sewn*-baar) *adj* visible

synbarligen (*sewn*-baar-li-ern) *adv* apparently

synd (sewnd) *c* sin; **så synd!** what a pity!

syndabock (*sewn*-dah-bok) *c* scapegoat

synhåll (*sewn*-hol) *nt* sight

synlig (*sewn*-li) *adj* visible

synnerligen (sew-*nerr*-li-ern) *adj* extremely

synonym (sew-noo-*newm*) *c* synonym

synpunkt (*sewn*-pewngkt) *c* point of view

syntetisk (sewn-*taϳ*-tisk) *adj* synthetic

syra (*sewr*-ah) *c* acid

syre (*sewr*-rer) *nt* oxygen

Syrien (*sewr*-i-ern) Syria

syrier (*sewr*-i-err) *c* Syrian

syrisk (*sewr*-isk) *adj* Syrian

syrsa (sewr-sah) *c* cricket

*sysselsätta (*sew*-serl-seht-ah) *v* occupy, employ; ~ **sig** occupy oneself

sysselsättning (*sew*-sayl-seht-ning) *c* occupation; employment

syssla (*sewss*-lah) *c* work, task

system (sewss-*taϳm*) *nt* system

systematisk (sewss-tay-*maa*-tisk) *adj* systematic

systembolag (sew-*staϳm*-boo-laag) *nt* off-licence; liquor store

syster (*sewss*-terr) *c* (pl -trar) sister

systerdotter (*sewss*-terr-do-terr) *c* (pl -döttrar) niece

systerson (*sewss*-terr-soan) *c* (pl -söner) nephew

så[1] (*so͞a*) *adv* how, so, such; *conj* so that; so; ~ **att** so that

så[2] (*so͞a*) *v* *sow

sådan (*so͞a*-dahn) *adj* such; ~ **som** such as

såg (*so͞ag*) *c* saw

sågspån (*so͞ag*-spoan) *nt* sawdust

sågverk (*so͞ag*-væÉ¾k) *nt* saw-mill

således (*so͞a*-laϳ-dayss) *adv* thus

sålla (*sol*-ah) *v* sift

sång (song) *c* song

sångare (*song*-ah-rer) *c* (pl ~) singer

sångerska (*song*-err-skah) *c* singer

sår (*so͞ar*) *nt* wound; ulcer, sore

såra (*so͞ar*-ah) *v* injure, wound; offend, *hurt

sårbar (*sōar*-baar) *adj* vulnerable

sås (*sōass*) *c* sauce

såsom (*sōa*-som) *conj* like

såväl som (*sōa*-vail som) as well as

säck (sehk) *c* sack

säd (said) *c* corn

sädesfält (*sai*-derss-fehlt) *nt* cornfield

sädeskorn (*sai*-derss-kōōrn) *nt* grain

*säga (seh-*Y*ah) *v* *say

säker (*sai*-kerr) *adj* sure; certain; safe, secure; **helt säkert** without fail

säkerhet (*sai*-kerr-hāyt) *c* safety, security; guarantee

säkerhetsbälte (*sai*-kerr-hāyts-behl-ter) *nt* safety-belt; seat-belt

säkerhetsnål (*sai*-kerr-hāyts-nōal) *c* safety-pin

säkerligen (*sai*-kerr-li-ern) *adv* surely

säl (sail) *c* seal

*sälja (sehl-*Y*ah) *v* *sell

säljbar (sehl*Y*-baar) *adj* saleable

sällan (*sehl*-ahn) *adv* seldom, rarely

sällsam (*sehl*-sahm) *adj* strange, singular

sällskap (*sehl*-skaap) *nt* society; company, party

sällskaplig (*sehl*-skaap-li) *adj* sociable

sällskapsdjur (*sehl*-skaaps-Y*ēwr) *nt* pet

sällskapsrum (*sehl*-skaaps-rewm) *nt* lounge

sällsynt (*sehl*-sēwnt) *adj* rare; uncommon, infrequent

sämre (*sehm*-rer) *adj* worse; inferior

sända (*sehn*-dah) *v* *send; transmit

sändare (*sehn*-dah-rer) *c* (pl ~) transmitter

sändning (*sehnd*-ning) *c* transmission

säng (sehng) *c* bed

sängkläder (*sehng*-klai-derr) *pl* bedding

sängöverkast (*sehng*-ūr-verr-kahst) *nt* bedspread, counterpane

sänka (*sehng*-kah) *v* lower

säregen (*sæær*-āy-gern) *adj* peculiar; singular

särskild (*sæær*-shild) *adj* special; particular, separate; **särskilt** especially; in particular

säsong (seh-*song*) *c* season

säte (*sai*-ter) *nt* seat

sätt (seht) *nt* way; fashion, manner; **på samma ~** alike

*sätta (*seht*-ah) *v* place; *set; *lay; ~ **ihop** assemble; ~ **in** bank; ~ **på** turn on; ~ **sig** *sit down; ~ **upp** *make up

säv (saiv) *c* rush

söder (*sūr*-derr) *c* south

söka (*sūr*-kah) *v* *seek; search

sökare (*sūr*-kah-rer) *c* (pl ~) viewfinder

söm (surm) *c* (pl ~mar) seam

sömmerska (*surm*-err-skah) *c* seamstress; dressmaker

sömn (surmn) *c* sleep

sömnig (*surm*-ni) *adj* sleepy

sömnlös (surmn-*lūrss*) *adj* sleepless

sömnlöshet (surmn-*lūrss*-hāyt) *c* insomnia

sömntablett (surmn-tahb-*layt*) *c* sleeping-pill

söndag (*surn*-daag) *c* Sunday

sönder (surn-derr) *adj* broken; *gå ~ *break down; *riva ~ rip

sörja (surr-Y*ah) *v* grieve; ~ **för** see to

söt (sūrt) *adj* sweet; nice, pretty, lovely

söta (*sūr*-tah) *v* sweeten

sötsaker (*sūrt*-saa-kerr) *pl* sweets

sötvatten (*sūrt*-vah-tern) *nt* fresh water

T

*ta (taa) v *take; ~ **bort** *take away; ~ **illa upp** resent; ~ **med** *bring; ~ **reda på** inquire; ~ **upp** *bring up; ~ **ut** *take out; *draw
tabell (tah-*bayl*) c table; chart
tablett (tahb-*layt*) c tablet
tabu (tah-*bēw*) nt taboo
tack! (tahk) thank you!
tacka (*tahk*-ah) v thank; ***ha att ~ för** owe
tacksam (*tahk*-sahm) adj grateful; thankful
tacksamhet (*tahk*-sahm-hāyt) c gratitude
tagg (tahg) c thorn
tak (taak) nt roof
takräcke (*taak*-reh-ker) nt roof-rack
takt (tahkt) c tact; beat
taktik (tahk-*teek*) c tactics pl
tal (taal) nt speech; number
tala (*taa*-lah) v *speak; talk; ~ **om** talk about; *tell
talang (tah-*lahng*) c gift, talent; faculty
talarstol (*taa*-lahr-stōōl) c pulpit; desk
talförmåga (*taal*-furr-*mōā*-gah) c speech
talk (tahlk) c talc powder
tall (tahl) c pine
tallrik (*tahl*-rik) c plate; dish
talong (tah-*long*) c counterfoil; stub
talrik (*taal*-reek) adj numerous
tam (taam) adj tame
tampong (tahm-*pong*) c tampon
tand (tahnd) c (pl tänder) tooth
tandborste (*tahnd*-bors-ter) c toothbrush
tandkräm (*tahnd*-kraim) c toothpaste
tandkött (*tahnd*-tᵞurt) nt gum
tandläkare (*tahnd*-lai-kah-rer) c (pl ~) dentist

tandpetare (*tahnd*-pāy-tah-rer) c (pl ~) toothpick
tandprotes (*tahnd*-proo-*tāyss*) c denture
tandpulver (*tahnd*-pewl-verr) nt toothpowder
tandvärk (*tahnd*-værk) c toothache
tank (tahngk) c tank
tanka (*tahng*-kah) v fill up
tanke (*tahng*-ker) c idea, thought
tankfartyg (*tahngk*-faar-tēwg) nt tanker
tankfull (*tahngk*-fewl) adj thoughtful
tanklös (*tahngk*-lürss) adj scatter-brained
tankstreck (*tahngk*-strayk) nt dash
tant (tahnt) c aunt
tapet (tah-*pāyt*) c wallpaper
tappa (*tahp*-ah) v drop
tapper (*tahp*-err) adj courageous; brave
tapperhet (*tahp*-err-hāyt) c courage
tariff (tah-*rif*) c tariff
tarm (tahrm) c intestine; gut; **tarmar** bowels pl
tass (tahss) c paw
taverna (tah-*vær*-nah) c tavern
tavla (*taav*-lah) c picture; board
taxa (*tahk*-sah) c rate
taxameter (tahks-ah-*māy*-terr) c (pl -trar) taxi-meter
taxi (*tahk*-si) c (pl ~) taxi; cab
taxichaufför (*tahk*-si-sho-*fürr*) c cab-driver; taxi-driver
taxistation (tahks-i-stah-*shōōn*) c taxi rank; taxi stand Am
te (tāy) nt tea
teater (tay-*aa*-terr) c (pl -trar) theatre
tecken (*tay*-kayn) nt sign, indication; token; signal
teckna (*tayk*-nah) v sketch
teckning (*tayk*-ning) c drawing; sketch

tefat (*tāy*-faat) *nt* saucer

tegelpanna (*tāy*-gerl-pah-nah) *c* tile

tegelsten (*tāy*-gerl-stāyn) *c* brick

tejp (tayp) *c* adhesive tape

tekanna (*tāy*-kah-nah) *c* teapot

teknik (tayk-*neek*) *c* technique

tekniker (*tayk*-ni-kerr) *c* (pl ~) technician

teknisk (*tayk*-nisk) *adj* technical

teknologi (tayk-no-lo-*gee*) *c* technology

tekopp (*tāy*-kop) *c* teacup

telefon (tay-lay-*fōan*) *c* telephone; phone

telefonera (tay-lay-foo-*nāyr*-ah) *v* phone

telefonhytt (tay-lay-*fōan*-hewt) *c* telephone booth

telefonkatalog (tay-lay-*fōan*-kah-tah-*lōag*) *c* telephone directory; telephone book *Am*

telefonsamtal (tay-lay-*fōan*-sahm-taal) *nt* telephone call

telefonsvarare (tay-lay-*foan*-svāa-rah-rer) *c* answering machine

telefonväxel (tay-lay-*fōan*-vehks-ayl) *c* (pl -xlar) telephone exchange, switchboard

telegrafera (tay-ler-grah-*fāy*-rah) *v* telegraph; cable

telegram (tay-ler-*grahm*) *nt* telegram; cable

teleobjektiv (*tāy*-ler-ob-Yayk-teev) *nt* telephoto lens

telepati (tay-ler-pah-*tee*) *c* telepathy

television (tay-ler-vi-*shōon*) *c* television; **kabel ~** *c* cable TV; **satellit ~** *c* satellite TV

televisionsapparat (tay-ler-vi-*shōons*-ah-pah-raat) *c* television set

telex (*tāy*-layks) *nt* telex

tema (*tāy*-mah) *nt* theme

tempel (*taym*-payl) *nt* temple

temperatur (taym-per-rah-*tewr*) *c* temperature

tempo (*taym*-poo) *nt* pace

tendens (tayn-*dayns*) *c* tendency

tendera (tayn-*dāyr*-ah) *v* tend; ~ **åt** tend to

tenn (tayn) *nt* tin; pewter

tennis (*tayn*-iss) *c* tennis

tennisbana (*tayn*-iss-baa-nah) *c* tennis-court

tennisskor (*tayn*-iss-skōōr) *pl* tennis shoes

teologi (tay-o-lo-*gee*) *c* theology

teoretisk (tay-o-*rāyt*-isk) *adj* theoretical

teori (tay-o-*ree*) *c* theory

terapi (tay-rah-*pee*) *c* therapy

term (tærm) *c* term

termin (tær-*meen*) *c* term

termometer (tær-moo-*māy*-terr) *c* (pl -trar) thermometer

termosflaska (*tær*-mooss-flahss-kah) *c* vacuum flask

termostat (tær-moo-*staat*) *c* thermostat

terpentin (tær-payn-*teen*) *nt* turpentine

terrass (tay-*rahss*) *c* terrace

territorium (tær-i-*tōō*-ri-ewm) *nt* (pl -rier) territory

terror (*teh*-ror) *c* terrorism

terrorism (teh-ro-*rism*) *c* terrorism

terrorist (teh-ro-*rist*) *c* terrorist

terräng (tær-*ehng*) *c* terrain

tes (tāyss) *c* thesis

tesalong (*tāy*-sah-loang) *c* tea-shop

teservis (*tāy*-sær-veess) *c* tea-set

tesked (*tāy*-shāyd) *c* teaspoon; teaspoonful

testa (*tayss*-tah) *v* test

testamente (tayss-tah-*mayn*-tay) *nt* will

text (taykst) *c* text

textilier (tehk-*stee*-li-ayr) *pl* textiles *pl*

Thailand (*tigh*-lahnd) Thailand

thailändare (*tigh*-lehn-dah-rer) *c* (pl ~) Thai

thailändsk (*tigh*-lehndsk) *adj* Thai

tid (teed) *c* time; hela tiden all the time; i ~ in time; på sista tiden lately

tidig (*tee*-di) *adj* early

tidigare (*tee*-di-gah-rer) *adj* previous

tidning (*teed*-ning) *c* paper

tidningsbilaga (*teed*-nings-bi-*laa*-gah) *c* supplement

tidningsförsäljare (*teed*-nings-furr-sehl-Υah-rer) *c* (pl ~) newsagent

tidningskiosk (*teed*-nings-tΥosk) *c* newsstand

tidningspress (*teed*-nings-prayss) *c* press

tidsbesparande (*teeds*-ber-*spaa*-rahn-der) *adj* time-saving

tidskrift (*teed*-skrift) *c* periodical; magazine, review, journal

tidsschema (*teeds*-shāy-mah) *nt* schedule

tidtabell (*teed*-tah-bayl) *c* schedule, timetable

tidvatten (*teed*-vah-tern) *nt* tide

*tiga (*teeg*-ah) *v* *be silent; *keep quiet

tiger (*teeg*-err) *c* (pl tigrar) tiger

tigga (*tig*-ah) *v* beg

tiggare (*ti*-gah-rer) *c* (pl ~) beggar

tik (teek) *c* bitch

till (til) *prep* to; for, until, till; en ~ another; ~ och med even

tillaga (*til*-laag-ah) *v* cook

tillbaka (til-*baa*-kah) *adv* back; *gå ~ *go back

tillbakagång (til-*baa*-kah-gong) *c* recession; decline

tillbakaväg (til-*baa*-kah-vaig) *c* way back

tillbehör (*til*-bay-hūrr) *nt* accessory

tillbringa (*til*-bring-ah) *v* *spend

tillbringare (*til*-bring-ah-rer) *c* (pl ~) jug

tillbörlig (*til*-būrr-li) *adj* proper

tilldela (*til*-dāyl-ah) *v* allot; assign to, award

tilldragande (*til*-draag-ahn-der) *adj* attractive

tilldragelse (*til*-draag-ayl-ser) *c* event, occurrence

*tilldra sig (*til*-draa) happen, occur; attract

tillfredsställa (*til*-fray-*stehl*-ah) *v* satisfy

tillfredsställd (*til*-fray-*stehld*) *adj* satisfied

tillfredsställelse (*til*-fray-*stehl*-ayl-ser) *c* satisfaction

tillfriskna (*til*-frisk-nah) *v* recover

tillfrisknande (*til*-frisk-nahn-der) *nt* recovery

*tillfångata (til-*fo*-ngah-taa) *v* capture

tillfångatagande (til-*fong*-ah-taag-ahn-der) *nt* capture

tillfälle (*til*-fehl-er) *nt* opportunity; occasion

tillfällig (*til*-feh-li) *adj* temporary; incidental, momentary

tillfällighet (*til*-feh-li-hāyt) *c* coincidence, chance

tillgiven (til-Υeev-ern) *adj* affectionate

tillgivenhet (til-Υeev-ern-hāyt) *c* affection

tillgjord (*til*-Υōord) *adj* affected

tillgång (*til*-gong) *c* asset; access

tillgänglig (*til*-Υehng-li) *adj* accessible; available

tillhöra (*til*-hūr-rah) *v* belong to, belong

tillhörigheter (*til*-hūr-ri-hāy-terr) *pl* belongings *pl*

tillit (*til*-leet) *c* faith

tillitsfull (*til*-leets-fewl) *adj* confident

*tillkännage (*til*-tΥehn-nah-Υāy) *v* announce

tillkännagivande (til-t^yehn-ah-^yeev-ahn-der) nt announcement

tillmötesgående (til-mū̄r-terss-gōā-ayn-der) adj obliging

tillråda (til-rōā-dah) v recommend

tillräcklig (til-rehk-li) adj sufficient; adequate, enough

tillrättavisa (til-reht-ah-veess-ah) v reprimand

tills (tils) prep till; until

tillsammans (til-sah-mahns) adv together

tillstånd (til-stond) nt permission, permit; condition, state

tillståndsbevis (til-stonds-ber-veess) nt licence, permit, permission

*tillta (til-taa) v increase

tilltagande (til-taa-gahn-der) adj increasing, progressive

tillträde (til-trai-der) nt entrance; access, admittance, entry; ~ **förbjudet** no entry, no admittance

tillvaro (til-vaa-roo) c existence

tillverka (til-vær-kah) v manufacture

*gå tillväga (gōā til-vai-gah) proceed

tillvägagångssätt (til-vai-gah-gongs-seht) nt procedure

*tillåta (til-lōā-tah) v allow; permit; ***vara tillåten** *be allowed

tillåtelse (til-lōāt-ayl-ser) c authorization; permission

tillägg (til-lehg) nt addition; surcharge

*tillägga (til-leh-gah) v add

tillämpa (til-lehm-pah) v apply

timjan (tim-^yahn) c thyme

timme (tim-er) c hour; **varje** ~ hourly

timmer (tim-err) nt timber

tinning (tin-ing) c temple

tio (tee-oo) num ten

tionde (tee-on-der) num tenth

tisdag (teess-daag) c Tuesday

tistel (tiss-terl) c (pl -tlar) thistle

titel (ti-tayl) c (pl titlar) title

titt (tit) c look, glance

titta (tit-ah) v look; ~ **på** look at

tjata (t^yaa-tah) v nag

Tjeckiska republiken (t^yeh-kis-kah rer-pew-blee-kayn) c Czech Republic

tjock (t^yok) adj fat, big; corpulent, thick, stout; ***göra** ~ thicken

tjocklek (t^yok-lāȳk) c thickness

tjockna (t^yok-nah) v thicken; swell; become wider

tjugo (t^yēw-goo) num twenty

tjugonde (t^yēw-gon-der) num twentieth

tjur (t^yēwr) c bull

tjurfäktning (t^yēwr-fehkt-ning) c bullfight

tjurfäktningsarena (t^yēwr-fehkt-nings-ah-rāȳ-nah) c bullring

tjurskallig (t^yēwr-skahl-i) adj pigheaded

tjusa (t^yēw-sah) v charm, captivate, delight

tjusig (t^yēw-si) adj charming

tjusning (t^yēwss-ning) c charm

tjut (t^yēwt) nt yell

*tjuta (t^yēwt-ah) v yell; scream; roar

tjuv (t^yēwv) c thief

tjuvlyssna (t^yēwv-lewss-nah) v eavesdrop

*tjuvskjuta (t^yēwv-shēwt-ah) v poach

tjäder (t^yai-derr) c (pl -drar) capercailzie

tjäna (t^yai-nah) v earn; *make; ~ **till** *be of use

tjänare (t^yain-ah-rer) c (pl ~) domestic; boy

tjänst (t^yehnst) c service, favour; post

tjära (t^yæær-ah) c tar

tjärn (t^yæærn) nt tarn

toalett (too-ah-layt) c toilet, bathroom, lavatory; washroom nAm

toalettartiklar (too-ah-layt-ahr-tik-lahr) pl toiletry

toalettbord (too-ah-*layt*-boord) *nt* dressing-table

toalettpapper (too-ah-*layt*-pahp-err) *nt* toilet-paper

tobak (*to*-bahk) *c* tobacco

tobaksaffär (*too*-bahks-ah-*fæær*) *c* tobacconist's

tobakshandlare (*too*-bahks-*hahnd*-lah-rer) *c* (pl ~) tobacconist

tobakspung (*too*-bahks-*pewng*) *c* tobacco pouch

toffel (*to*-fayl) *c* (pl -flor) slipper

tofsvipa (*tofs*-veep-ah) *c* pewit

tokig (*too*-ki) *adj* mad; crazy

tolfte (*tolf*-ter) *num* twelfth

tolk (tolk) *c* interpreter

tolka (*tol*-kah) *v* interpret

tolv (tolv) *num* twelve

tom (toom) *adj* empty

tomat (too-*maat*) *c* tomato

tomt (tomt) *c* site

ton[1] (toon) *c* tone, note

ton[2] (ton) *nt* ton

tonfisk (*toon*-fisk) *c* tuna

tonskala (*toon*-skaa-lah) *c* scale

tonvikt (*toon*-vikt) *c* accent

tonåring (ton-*oa*-ring) *c* teenager

topp (top) *c* top, peak; summit

topplock (*top*-lok) *nt* cylinder head

torg (torY) *nt* market-place; square

torka (*tor*-kah) *v* dry; *c* drought; ~ **av** wipe; ~ **bort** wipe

torktumlare (*tork*-tewm-lah-rer) *c* dryer

torn (toorn) *nt* tower

torr (tor) *adj* dry

*torrlägga (*tor*-leh-gah) *v* drain

torsdag (*toors*-daag) *c* Thursday

torsk (torsk) *c* cod

tortera (tor-*tayr*-ah) *v* torture

tortyr (tor-*tewr*) *c* torture

total (too-*taal*) *adj* total; utter; **totalt** completely

totalisator (to-tah-li-*saa*-toar) *c* total-

izator

totalitär (to-tah-li-*tæær*) *adj* totalitarian

tradition (trah-di-*shoon*) *c* tradition

traditionell (trah-di-shoo-*nayl*) *adj* traditional

trafik (trah-*feek*) *c* traffic; **enkelriktad** ~ one-way traffic

trafikljus (trah-*feek*-Yewss) *nt* traffic light

trafikolycka (trah-*feek*-oo-lew-kah) *c* traffic accident

trafikomläggning (trah-*feek*-om-lehg-ning) *c* diversion

trafikstockning (trah-*feek*-stok-ning) *c* traffic jam; jam

tragedi (trah-shay-*dee*) *c* tragedy

tragisk (*traa*-gisk) *adj* tragic

trakt (trahkt) *c* area

traktat (trahk-*taat*) *c* treaty

traktor (*trahk*-tor) *c* tractor

trampa (*trahm*-pah) *v* tread, tramp

trams (trahms) *nt* rubbish

transaktion (trahns-ahk-*shoon*) *c* transaction

transatlantisk (trahns-aht-*lahn*-tisk) *adj* transatlantic

transformator (trahns-for-*maa*-tor) *c* transformer

transpiration (trahn-spi-rah-*shoon*) *c* perspiration

transpirera (trahn-spi-*rayr*-ah) *v* perspire

transport (trahns-*port*) *c* transportation; transport

transportbil (trahns-*port*-beel) *c* van

transportera (trahns-por-*tay*-rah) *v* transport

trappa (*trah*-pah) *c* stairs *pl*; staircase

trappräcke (*trahp*-reh-ker) *nt* banisters *pl*

trasa (*traass*-ah) *c* rag; cloth

trasig (*traass*-i) *adj* broken

trast (trahst) *c* thrush

tratt (traht) c funnel
tre (trāy) num three
tredje (trāyd-ᵞay) num third
trekantig (trāy-kahn-ti) adj triangular
treklöver (trāy-klurv-err) c shamrock
trettio (tray-ti) num thirty
tretton (tray-ton) num thirteen
trettonde (tray-ton-der) num thirteenth
trevlig (trāyv-li) adj enjoyable, pleasant, nice
triangel (tri-ahng-erl) c (pl -glar) triangle
trick (trik) nt trick
trikåvaror (tri-kōā-vaa-ror) pl hosiery
trimma (trim-ah) v trim
tripp (trip) c trip
triumf (tri-ewmf) c triumph
triumfera (tri-ewm-fāyr-ah) v triumph
trivsam (treev-sahm) adj pleasant, comfortable, cosy
tro (trōo) c belief, faith; v believe
trofast (trōo-fahst) adj true
trogen (trōo-gern) adj faithful; true
trolig (trōo-li) adj presumable, probable
trolleri (tro-ler-ree) nt magic
trollkarl (trol-kaar) c magician
trollkonst (trol-konst) c magic
tron (trōon) c throne
tropikerna (tro-pee-kerr-nah) pl tropics pl
tropisk (trōā-pisk) adj tropical
trosor (trōo-sor) pl panties pl; briefs pl
trots (trots) prep in spite of; despite
trottoar (troo-too-aar) c pavement; sidewalk nAm
trottoarkant (troo-too-aar-kahnt) c curb
trovärdig (trōo-væær-di) adj credible
trubbig (trewb-i) adj blunt
trumhinna (trewm-hin-ah) c ear-drum
trumma (trewm-ah) c drum

trumpet (trewm-pāyt) c trumpet
trupper (trew-perr) pl troops pl
tryck (trewk) nt pressure; print
trycka (trewk-ah) v press; print
tryckknapp (trewk-knahp) c press-stud; push-button
tryckkokare (trewk-kōo-kah-rer) c (pl ~) pressure-cooker
trycksak (trewk-saak) c printed matter
tråd (trōad) c thread
trådbuss (trōad-bewss) c trolley-bus
trådsliten (trōad-slee-tern) adj threadbare
tråka ut (trōa-kah) bore
tråkig (trōak-i) adj dull; boring
tråkmåns (trōak-mons) c bore
trång (trong) adj narrow; tight
trä (trai) nt wood; **trä-** wooden
trä upp (trai) thread
träd (traid) nt tree
trädgård (treh-gōard) c garden
trädgårdsmästare (treh-gōards-mehss-tah-rer) c (pl ~) gardener
trädgårdsodling (treh-gōards-ōod-ling) c horticulture
träff (trehf) c hit; date; get-together
träffa (trehf-ah) v encounter, *meet; *hit
träkol (trai-kōāl) nt charcoal
träna (train-ah) v train; drill
tränare (trai-nah-rer) c (pl ~) coach
tränga sig fram (trehng-ah) push one's way
trängande (trehng-ahn-der) adj pressing
träning (trai-ning) c training
träsk (trehsk) nt swamp; bog
träsko (treh-skōo) c clog, wooden shoe
trög (trūrg) adj sluggish; inert
trögtänkt (trūrg-tehngkt) adj slow
tröja (trur-ᵞah) c sweater
tröskel (trūrss-kayl) c (pl -klar)

threshold
tröst (trurst) c comfort
trösta (trurss-tah) v comfort
tröstpris (trurst-preess) nt (pl~, ~er) consolation prize
trött (trurt) adj tired; weary; ~ **på** tired of
trötta (trurt-ah) v tire
tröttsam (trurt-sahm) adj tiring
tub (tewb) c tube
tuberkulos (tew-behr-kew-lōass) c tuberculosis
tugga (tewg-ah) v chew
tuggummi (tewg-gew-mi) nt chewing-gum
tull (tewl) c Customs duty; Customs pl
tullavgift (tewl-aav-Yift) c Customs duty; duty
tullfri (tewl-free) adj duty-free
tullpliktig (tewl-plik-ti) adj dutiable
tulltjänsteman (tewl-tYehns-ter-mahn) c (pl -män) Customs officer
tulpan (tewl-paan) c tulip
tumme (tewm-er) c thumb
tumvantar (tewm-vahn-tahr) pl mittens pl
tumör (tew-mūrr) c tumour
tung (tewng) adj heavy
tunga (tewng-ah) c tongue
tunika (tēw-ni-kah) c tunic
Tunisien (tew-nee-si-ern) Tunisia
tunisier (tew-nee-si-err) c (pl ~) Tunisian
tunisisk (tew-nee-sisk) adj Tunisian
tunn (tewn) adj thin; weak, light
tunna (tewn-ah) c barrel; cask
tunnel (tew-nayl) c (pl -nlar) tunnel
tunnelbana (tew-nayl-baa-nah) c underground; subway nAm
tupp (tewp) c cock
tupplur (tewp-lēwr) c nap
tur (tēwr) c luck; turn; ~ **och retur** round trip Am

turbin (tewr-been) c turbine
turbojet (tewr-bo-Yeht) c turbojet
turism (tew-rism) c tourism
turist (tew-rist) c tourist
turistbyrå (tēw-rist-bew-rōa) c tourist office
turistklass (tēw-rist-klahss) c tourist class
turistsäng (tēw-rist-sehng) c folding bed, cot nAm
turk (tewrk) c Turk
Turkiet (tewr-kee-ayt) Turkey
turkisk (tewr-kisk) adj Turkish; **turkiskt bad** Turkish bath
turnering (tewr-nāyr-ing) c tournament
tusen (tēw-sern) num thousand
tuta (tew-tah) v hoot; honk vAm, toot vAm
tveka (tvāy-kah) v hesitate
tvekan (tvāy-kahn) c hesitation
tvetydig (tvāy-tēwd-i) adj ambiguous
tvillingar (tvi-ling-ahr) pl twins pl
tvinga (tving-ah) v force; compel
tvist (tvist) c dispute
tvista (tviss-tah) v dispute
tvisteämne (tviss-ter-ehm-ner) nt controversial issue
tvivel (tveev-erl) nt doubt
tvivelaktig (tvee-verl-ahk-ti) adj doubtful
tvivla (tveev-lah) v doubt
två (tvōa) num two
tvådelad (tvōa-dāy-lahd) adj two-piece
tvål (tvōal) c soap
tvåltvättmedel (tvōal-tveht-māy-dayl) nt soap powder
tvång (tvong) nt compulsion; **med** ~ by force; ***vara tvungen att *be** obliged to
tvåspråkig (tvōa-sprōak-i) adj bilingual
tvärtom (tvært-om) adv the other

way round, on the contrary

tvätt (tveht) c laundry; washing

tvätta (tveht-ah) v wash

tvättbar (tveht-baar) adj washable

tvättinrättning (tveht-in-reht-ning) c laundry

tvättmaskin (tveht-mah-sheen) c washing-machine

tvättmedel (tveht-māy-dayl) nt washing-powder

tvättomat (tveh-too-maat) c launderette

tvättställ (tveht-stehl) nt wash-stand

tvättsvamp (tveht-svahmp) c sponge

tvättäkta (tveht-ehk-tah) adj washable, fast-dyed

tycka (tewk-ah) v *think; inte ~ om dislike; ~ illa om dislike; ~ om like; fancy, *be fond of

tyckas (tewk-ahss) v look; appear

tyda (tēw-dah) v decipher

tydlig (tēwd-li) adj clear; obvious, evident, apparent, distinct

tyfus (tēw-fewss) c typhoid

tyg (tēwg) nt cloth; fabric, material

tygla (tēwg-lah) v curb; restrain

tynga (tewng-ah) v oppress

tyngdkraft (tewngd-krahft) c gravity

typ (tēwp) c type

typisk (tēw-pisk) adj typical

tyrann (tew-rahn) c tyrant

tysk (tewsk) adj German; c German

Tyskland (tewsk-lahnd) Germany

tyst (tewst) adj silent

tysta (tewss-tah) v silence

tystnad (tewst-nahd) c silence

tyvärr (tew-vær) adv unfortunately

tå (tōa) c toe

tåg (tōag) nt train

tågfärja (tōag-fær-Yah) c train ferry

tåla (tōal-ah) v *bear

tålamod (tōal-ah-mōōd) nt patience

tålmodig (tōal-mōōd-i) adj patient

tång (tong) c (pl tänger) tongs pl;

pliers pl

tår (tōar) c tear

tårta (tōar-tah) c cake

täcka (tehk-ah) v cover

täcke (tehk-er) nt quilt

tält (tehlt) nt tent

tältsäng (tehlt-sehng) c camp-bed

tämja (tehm-Yah) v tame

tämligen (tehm-li-ern) adv fairly, rather, pretty

tända (tehn-dah) v *light; turn on

tändare (tehn-dah-rer) c (pl ~) lighter

tändning (tehnd-ning) c ignition; lighting

tändspole (tehnd-spōōl-er) c ignition coil

tändsticka (tehnd-sti-kah) c match

tändsticksask (tehnd-stiks-ahsk) c match-box

tändstift (tehnd-stift) nt sparking-plug

tänja (tehn-Yah) v stretch

tänjbar (tehnY-baar) adj elastic

tänka (tehng-kah) v *think; ~ på *think of; ~ sig imagine; fancy; ~ ut conceive

tärning (tær-ning) c dice pl; cube; spela ~ play dice

tät (tait) adj dense; thick

tätort (tait-oort) c built-up area

tävla (taiv-lah) v compete

tävlan (taiv-lahn) c (pl-lingar) competition

tävling (taiv-ling) c competition; contest

tävlingsbana (taiv-lings-baa-nah) c race-track

töa (tūr-ah) v thaw

tölp (turlp) c lout, bastard

tömma (tur-mah) v empty

törst (turrst) c thirst

törstig (turrs-ti) adj thirsty

töväder (tūr-vai-derr) nt thaw

U

udda (*ewd*-ah) *adj* odd

udde (*ewd*-er) *c* headland, cape

uggla (*ewg*-lah) *c* owl

ugn (ewngn) *c* stove; furnace, oven; **mikrovågs ~** *c* microwave oven

ull (ewl) *c* wool

ultraviolett (*ewlt*-rah-vi-oo-*layt*) *adj* ultraviolet

*umgås med (*ewm*-gōāss) mix with;

undanröjning (*ewn*-dahn-rur^Y-ning) *c* removal

undantag (*ewn*-dahn-taag) *nt* exception; **med ~ av** except

under[1] (*ewn*-derr) *prep* under; beneath, below; during; *adv* underneath; **~ tiden** meanwhile; in the meantime

under[2] (*ewn*-derr) *nt* wonder; marvel

underbar (*ewn*-derr-baar) *adj* wonderful; marvellous

underbyxor (*ewn*-derr-bewks-err) *pl* pants *pl;* knickers *pl*

undergång (*ewn*-derr-gong) *c* ruin; destruction

underhåll (*ewn*-derr-hol) *nt* allowance; alimony; maintenance, upkeep

*underhålla (*ewn*-derr-hol-ah) *v* entertain; amuse

underhållande (*ewn*-derr-hol-ahn-der) *adj* entertaining

underhållning (*ewn*-derr-hol-ning) *c* entertainment

underjordisk (*ewn*-derr-Yoor-disk) *adj* underground

underkasta sig (*ewn*-derr-*kahss*-tah) *v* submit

underkläder (*ewn*-derr-klai-derr) *pl* underwear

underklänning (*ewn*-derr-kleh-ning) *c* slip

underkuva (*ewn*-derr-kēw-vah) *v* subdue, subjugate

underlagskräm (*ewn*-derr-laags-kraim) *c* foundation cream

underlig (*ewn*-derr-li) *adj* queer, odd

underlägsen (*ewn*-derr-laig-sern) *adj* inferior

undernäring (*ewn*-derr-næær-ing) *c* malnutrition

underordnad (*ewn*-derr-awrd-nahd) *adj* subordinate; minor

underrätta (*ewn*-derr-*reht*-ah) *v* inform; notify; **~ sig** enquire

underrättelse (*ewn*-derr-*reht*-erl-ser) *c* notice, information, news

underskatta (*ewn*-derr-skah-tah) *v* underestimate

underskott (*ewn*-derr-skot) *nt* deficit

underström (*ewn*-derr-strurm) *c* (pl ~mar) undercurrent

understöd (*ewn*-derr-stürd) *nt* subsidy; assistance

understödja (*ewn*-derr-stürd-Yah) *v* support

undersåte (*ewn*-derr-sōā-ter) *c* subject

undersöka (*ewn*-derr-sūr-kah) *v* examine; enquire

undersökning (*ewn*-derr-sūrk-ning) *c* inquiry; enquiry, examination; check-up

underteckna (*ewn*-derr-tayk-*nah*) *v* sign

undertecknad (*ewn*-derr-tayk-nahd) *c* the undersigned

undertitel (*ewn*-derr-ti-terl) *c* (pl -tlar) subtitle

undertrycka (*ewn*-derr-*trewk*-ah) *v* suppress

undertröja (*ewn*-derr-trur-Yah) *c* vest; undershirt

undervattens- (*ewn*-derr-vah-tayns) underwater

undervisa (*ewn*-derr-vee-sah) *v* *teach

undervisning (*ewn*-derr-veess-ning) *c*

instruction; tuition

*undgå (ewnd-goa) v avoid; escape

undra (ewnd-rah) v wonder

*undslippa (ewnd-slip-ah) v escape

*undvika (ewnd-veek-ah) v avoid

ung (ewng) adj young

ungdom (ewng-doom) c youth

ungdomlig (ewng-doom-li) adj juvenile

ungdomshärbärge (ewng-dooms-hæær-bær-Yer) nt youth hostel

unge (ewng-er) c kid

ungefär (ewn-Yay-fæær) adv about; approximately

ungefärlig (ewn-Yay-fæær-li) adj approximate

Ungern (ewng-errn) Hungary

ungersk (ewng-ayrsk) adj Hungarian

ungkarl (ewng-kaar) c bachelor

ungmö (ewng-mūr) c spinster

ungrare (ewng-rah-rer) c (pl ~) Hungarian

uniform (ēw-ni-form) c uniform

unik (ēw-neek) adj unique

union (ēw-ni-oon) c union

universell (ēw-ni-vær-sayl) adj universal

universitet (ēw-ni-vær-si-tāyt) nt university

universum (ēw-ni-vær-sewm) nt universe

upp (ewp) adv up; upwards; upstairs; ~ och ner upside-down; up and down

uppassa (ewp-pah-sah) v attend on, wait on

uppblomstring (ewp-blomst-ring) c prosperity

uppblåsbar (ewp-bloass-baar) adj inflatable

uppbygga (ewp-bewg-ah) v erect; edify

uppdikta (ewp-dik-tah) v invent

uppdrag (ewp-draag) nt assignment

uppehåll (ew-pay-hol) nt pause; utan ~ without stopping

*uppehålla sig (ew-pay-hol-ah) stay

uppehållstillstånd (ew-pay-hols-til-stond) nt residence permit

uppehälle (ew-per-hehl-er) nt livelihood

uppenbar (ewp-ern-baar) adj apparent

uppenbara (ewp-ern-baar-ah) v reveal

uppenbarelse (ewp-ern-baar-erl-ser) c apparition

uppfatta (ewp-faht-ah) v apprehend, *catch

uppfattning (ewp-faht-ning) c view, opinion; conception

*uppfinna (ewp-fin-ah) v invent

uppfinnare (ewp-fi-nah-rer) c (pl ~) inventor

uppfinning (ewp-fi-ning) c invention

uppfinningsrik (ewp-fi-nings-reek) adj inventive

uppfostra (ewp-foost-rah) v *bring up; rear, educate; raise

uppfostran (ewp-foost-rahn) c education

uppfriskande (ewp-friss-kahn-der) adj refreshing

uppföda (ewp-fūrd-ah) v *breed; raise

uppför (ewp-fūr) adv uphill

uppföra (ewp-fūrr-ah) v construct; ~ sig behave; act

uppförande (ewp-fūr-rahn-day) nt behaviour; manners pl, conduct; production; construction

*uppge (ewp-Yāy) v state; declare

uppgift (ewp-Yift) c task; information

*uppgå till (ewp-goa) amount to

uppgörelse (ewp-Yūr-rayl-ser) c settlement

upphetsa (ewp-hayt-sah) v excite

upphängningsanordning (ewp-hehng-nings-ahn-oard-ning) nt suspension

upphäva (ewp-haiv-ah) v nullify; annul

upphöjning (*ewp*-hur Y-ning) *c* rise

upphöra (*ewp*-hūr-rah) *v* cease, stop; quit

uppkalla (*ewp*-kah-lah) *v* name

uppköp (*ewp*-t Yūrp) *nt* purchase

upplaga (*ewp*-laa-gah) *c* edition; issue

uppleva (*ewp*-lāy-vah) *v* experience

upplevelse (*ewp*-lāy-vayl-say) *c* experience

upplopp (*ewp*-lop) *nt* riot

upplysa (*ewp*-lēwss-ah) *v* inform

upplysning (*ewp*-lēwss-ning) *c* information

upplysningsbyrå (*ewp*-lēwss-nings-bēw-roā) *c* information bureau; inquiry office

upplösa (*ewp*-lūrss-ah) *v* dissolve; ∼ sig dissolve

uppmana (*ewp*-maan-ah) *v* exhort, urge

uppmuntra (*ewp*-mewn-trah) *v* encourage

uppmärksam (*ewp*-mærk-sahm) *adj* attentive

uppmärksamhet (*ewp*-mærk-sahm-hāyt) *c* notice, attention

uppmärksamma (*ewp*-mærk-sahm-ah) *v* attend to, notice, *pay attention to

uppnå (*ewp*-noā) *v* achieve; attain

uppnåelig (*ewp*-noā-er-li) *adj* attainable

upprepa (*ewp*-rāy-pah) *v* repeat

upprepning (*ewp*-rāyp-ning) *c* repetition

uppriktig (*ewp*-rik-ti) *adj* sincere; honest

uppror (*ewp*-rōōr) *nt* rebellion; rising; *göra ∼ revolt

upprätt (*ewp*-reht) *adv* upright; *adj* erect, upright

upprätta (*ewp*-reh-tah) *v* found, establish

***upprätthålla** (*ewp*-reht-ho-lah) *v* maintain

upprättstående (*ewp*-reht-stoā-ayn-der) *adj* upright, erect

upprörande (*ewp*-rūr-rahn-der) *adj* shocking, revolting

upprörd (*ewp*-rūrrd) *adj* upset

uppsats (*ewp*-sahts) *c* essay, paper

uppseendeväckande (*ewp*-sāy-ern-der-vehk-ahn-der) *adj* sensational

uppsikt (*ewp*-sikt) *c* supervision

uppskatta (*ewp*-skah-tah) *v* appreciate; esteem

uppskattning (*ewp*-skaht-ning) *c* appreciation

***uppskjuta** (*ewp*-shēw-tah) *v* *put off, adjourn; delay, postpone

uppskov (*ewp*-skōōv) *nt* delay; respite

uppslagsbok (*ewp*-slaags-bōōk) *c* (pl -böcker) encyclopaedia

uppstigning (*ewp*-steeg-ning) *c* rise, ascent

***uppstå** (*ewp*-stoā) *v* *arise

uppståndelse (*ewp*-stond-ayl-ser) *c* commotion, excitement; resurrection

uppsving (*ewp*-sving) *nt* rise

uppsyningsman (*ewp*-sēw-nings-mahn) *c* (pl -män) supervisor

uppsättning (*ewp*-seht-ning) *c* set

***uppta** (*ewp*-taa) *v* *take up; occupy

upptagen (*ewp*-taa-gern) *adj* engaged; busy

uppträda (*ewp*-trææ-dah) *v* act

upptäcka (*ewp*-teh-kah) *v* discover; detect

upptäckt (*ewp*-tehkt) *c* discovery

uppvisa (*ewp*-vee-sah) *v* exhibit

uppvärma (*ewp*-vær-mah) *v* heat

uppvärmning (*ewp*-værm-ning) *c* heating

uppåt (*ewp*-ot) *adv* up

ur (ēwr) *prep* out of; *nt* clock

urbena (ewr-bay-nah) *v* bone

urin (ew-reen) *nt* urine

urinblåsa (ew-reen-blöa-sah) *c* bladder

urmakare (ewr-maa-kah-rer) *c* (pl ~) watch-maker

ursinne (ewr-sin-er) *nt* rage; fury

ursinnig (ewr-si-ni) *adj* furious

urskilja (ewr-shil-Yah) *v* distinguish

urskog (ewr-skōōg) *c* jungle

ursprung (ewr-sprewng) *nt* origin

ursprunglig (ewr-sprewng-li) *adj* original; initial; **ursprungligen** originally

ursäkt (ewr-sehkt) *c* apology; excuse; **•be om** ~ apologize

ursäkta (ewr-sehk-tah) *v* excuse; **ursäkta!** sorry!

Uruguay (ew-rew-gew-*igh*) Uruguay

uruguayare (ew-rew-gew-*igh*-ah-rer) *c* (pl ~) Uruguayan

uruguaysk (ew-rew-gew-*ighsk*) *adj* Uruguayan

urval (ewr-vaal) *nt* choice; selection, assortment

usel (ew-serl) *adj* poor

ut (ewt) *adv* out; ~ **och in** inside out

utan (ew-tahn) *prep* without; **•vara** ~ **•be without, spare

utandas (ewt-ahn-dahss) *v* expire; exhale

utanför (ew-tahn-fürr) *prep* outside; out of

utantill (ew-tahn-til) *adv* by heart

utarbeta (ewt-ahr-bayt-ah) *v* compose, elaborate, prepare

utbetalning (ewt-bay-taal-ning) *c* payment

utbilda (ewt-bil-dah) *v* educate

utbildning (ewt-bild-ning) *c* education, background

utbreda (ewt-bräyd-ah) *v* •spread; expand

utbrott (ewt-brot) *nt* outbreak; eruption

utbud (ewt-bewd) *nt* supply

utbyta (ewt-bewt-ah) *v* exchange

utbyte (ewt-bew-ter) *nt* exchange; benefit

utdela (ewt-dáyl-ah) *v* distribute

•utdra (ewt-draa) *v* extract

utdrag (ewt-draag) *nt* excerpt; extract

ute (ew-ter) *adv* out

utelämna (ew-ter-lehm-nah) *v* •leave out; omit

•utesluta (ew-ter-slew-tah) *v* exclude

uteslutande (ew-ter-slew-tahn-der) *adv* exclusively; solely

utfart (ewt-faart) *c* exit

utfattig (ewt-fah-ti) *adj* destitute

utflykt (ewt-flewkt) *c* excursion; trip

utforska (ewt-fors-kah) *v* explore

utföra (ewt-für-rah) *v* perform; execute; carry out

utförbar (ewt-fürr-baar) *adj* feasible; realizable

utförlig (ewt-fürr-li) *adj* detailed

utförsel (ewt-fürr-serl) *c* exportation

•utge (ewt-gäy) *v* issue; publish

utgift (ewt-Yift) *c* expense; **utgifter** expenditure

utgivning (ewt-Yeev-ning) *c* issue, publication

•utgjuta (ewt-Yew-tah) *v* •shed

utgrävning (ewt-graiv-ning) *c* excavation

utgång (ewt-gong) *c* way out, exit; expiration; result

utgångspunkt (ewt-gongs-pewngkt) *c* starting-point

till uthyrning (til ewt-hewr-ning) for hire

uthållighet (ewt-hol-i-*häyt*) *c* stamina, perseverance

uthärda (ewt-hæær-dah) *v* •stand, endure

uthärdlig (ewt-hæærd-li) *adj* tolerable, endurable

utjämna (ēwt-Yehm-nah) v equalize; level

utkant (ēwt-kahnt) c outskirts pl

utkast (ēwt-kahst) nt draft, design

utled (ewt-lāyd) adj fed up

utlämna (ēwt-lehm-nah) v give out; extradite

utländsk (ēwt-lehnsk) adj foreign; alien

utlänning (ēwt-lehn-ing) c foreigner; alien

utlöpa (ēwt-lūrp-ah) v expire

utmana (ēwt-maan-ah) v challenge; dare

utmaning (ēwt-maan-ing) c challenge

utmatta (ēwt-maht-ah) v exhaust

utmattad (ēwt-maht-ahd) adj exhausted

utmärka (ēwt-mær-kah) v mark; ~ sig excel

utmärkt (ēwt-mærkt) adj excellent

utnyttja (ēwt-newt-Yah) v exploit; utilize

utnämna (ēwt-nehm-nah) v appoint

utnämning (ēwt-nehm-ning) c appointment; nomination

utom (ēwt-om) prep except; but, besides

utomhus (ēw-tom-hēwss) adv outdoors; outside

utomlands (ēwt-om-lahnds) adv abroad

utomordentlig (ēwt-om-or-daynt-li) adj extraordinary

utpeka (ēwt-pāy-kah) v point out

utplocka (ēwt-plo-kah) v select

utpressa (ēwt-prayss-ah) v extort; ~ pengar blackmail

utpressning c blackmail, extortion

utreda (ēwt-rāy-dah) v investigate

utredning (ēwt-rāyd-ning) c investigation

utrop (ēwt-rōop) nt exclamation

utropa (ēwt-rōo-pah) v exclaim

utrusta (ēwt-rewss-tah) v equip

utrustning (ēwt-rewst-ning) c outfit, equipment; kit, gear

utrymma (ēwt-rew-mah) v vacate

utrymme (ēwt-rew-mer) nt room

utsatt för (ēwt-saht) liable to, subject to

utseende (ēwt-sāy-ayn-der) nt look; semblance, appearance

utsida (ēwt-seed-ah) c outside

utsikt (ēwt-sikt) c view; prospect, outlook

utskott (ēwt-skot) nt committee

*utskära (ēwt-shææ-rah) v carve

utsliten (ēwt-slee-tern) adj worn-out

utsmyckning (ēwt-smewk-ning) c ornament

utspäda (ēwt-spai-dah) v dilute

utsträckt (ēwt-strehkt) adj extended

*utstå (ēwt-stōa) v endure, *bear

utställa (ēwt-steh-lah) v issue; show, exhibit; display

utställning (ēwt-stehl-ning) c exhibition; exposition, display, show

utställningslokal (ēwt-stehl-nings-lo-kaal) c showroom

*utsuga (ēwt-sēw-gah) v exploit

utsåld (ēwt-sold) adj sold out

utsända (ēwt-sehn-dah) v *broadcast

utsändning (ēwt-sehnd-ning) c broadcast

utsökt (ēwt-sūrkt) adj exquisite; delicious, superb

uttal (ēwt-taal) nt pronunciation

uttala (ēwt-taa-lah) v pronounce; ~ fel mispronounce

uttorkad (ēwt-tor-kahd) adj dried-up, parched

uttryck (ēwt-trewk) nt expression; *ge ~ åt express

uttrycka (ēwt-trew-kah) v express

uttrycklig (ēwt-trewk-li) adj explicit; express

uttröttad (ēwt-trur-tahd) adj over-

tired
uttänka (*ēwt*-tehng-kah) v devise
utvald (*ēwt*-vaald) adj select
utvandra (*ēwt*-vahnd-rah) v emigrate
utvandrare (*ēwt*-vahnd-rah-rer) c (pl ~) emigrant
utvandring (*ēwt*-vahnd-ring) c emigration
utveckla (*ēwt*-vayk-lah) v develop
utveckling (*ēwt*-vayk-ling) c development
utvidga (*ēwt*-vid-gah) v extend; enlarge, expand
utvidgande (*ēwt*-vid-gahn-der) nt extension
utvisa (*ēwt*-vee-sah) v expel
utväg (*ēwt*-vaig) c way out
***utvälja** (*ēwt*-vehl-Yah) v select
utvändig (*ēwt*-vehn-di) adj external
utåt (*ēwt*-ot) adv outwards
utöva (*ēwt*-*ūrv*-ah) v exercise
utöver (*ēwt*-*ūrv*-err) prep beyond, besides

V

vaccination (vahk-si-nah-*shōōn*) c vaccination
vaccinera (vahks-i-*nāy*-rah) v vaccinate
vacker (*vah*-kerr) adj beautiful; pretty
vackla (*vahk*-lah) v stagger, waver
vacklande (*vahk*-lahn-der) adj tottering, failing
vad[1] (vaad) pron what; ~ **som helst** anything; ~ **som än** whatever
vad[2] (vaad) nt bet; *slå ~ *bet
vad[3] (vaad) c calf
vada (*vaa*-dah) v wade
vadhållningsagent (*vaad*-hol-nings-ah-*gehnt*) c bookmaker

vadställe (*vaad*-steh-ler) nt ford
vag (vaag) adj faint, vague; dim
vagga (*vah*-gah) c cradle
vagn (vahngn) c carriage, coach
vakans (vah-*kahns*) c vacancy
vaken (*vaa*-kayn) adj awake
vakna (*vaak*-nah) v *wake up
vaksam (*vaak*-sahm) adj vigilant
vakt (vahkt) c guard; warden
vaktel (*vahk*-tayl) c (pl -tlar) quail
vaktmästare (*vahkt*-mehss-tah-rer) c (pl ~) waiter
vakuum (*vaa*-kewm) nt vacuum
val (vaal) nt election, pick, choice; c whale
valfri (*vaal*-free) adj optional
valk (vahlk) c callus
valkrets (*vaal*-krayts) c constituency
vallfartsort (*vahl*-faarts-oort) c place of pilgrimage
vallgrav (*vahl*-graav) c moat
vallmo (*vahl*-mōō) c poppy
valnöt (*vaal*-nūrt) c (pl ~ter) walnut
vals (vahls) c waltz
valspråk (*vaal*-sprōāk) nt motto
valuta (vah-*lōō*-tah) c currency; ut-ländsk ~ foreign currency
valutakurs (vah-*lēw*-tah-*kewrs*) c rate of exchange
valv (vahlv) nt vault; arch
valvbåge (*vahlv*-bōā-ger) c arch
van (vaan) adj accustomed; *vara ~ vid *be used to
vana (*vaa*-nah) c habit; custom
vandra (*vahnd*-rah) v wander; hike, tramp
vanilj (vah-*nilY*) c vanilla
vankelmodig (*vahng*-kerl-mōō-di) adj irresolute
vanlig (*vaan*-li) adj usual; normal, ordinary, common, plain; frequent; **vanligen** generally, as a rule
vanligtvis (*vaan*-lit-veess) adv usually
vansinne (*vaan*-sin-er) nt madness;

lunacy

vansinnig (*vaan*-sin-i) *adj* crazy; luna-
tic

vanskapt (*vaan*-skaapt) *adj* deformed

vansklig (*vahnsk*-li) *adj* precarious

vanställd (*vaan*-stehld) *adj* deformed,
disfigured

vanvettig (*vaan*-vay-ti) *adj* mad; ab-
surd

vapen (*vaap*-ern) *nt* weapon; arm

var¹ (vaar) *conj* where; *adv* where; ~
som helst anywhere

var² (vaar) *pron* each; ~ **för sig**
apart; ~ **och en** everybody, every-
one

var³ (vaar) *nt* pus

vara (*vaar*-ah) *v* last

***vara** (*vaar*-ah) *v* *be

varaktig (*vaar*-ahk-ti) *adj* lasting; per-
manent

varaktighet (*vaar*-ahk-ti-hāyt) *c* dur-
ation

varandra (vaar-*ahnd*-rah) *pron* each
other

vardag (*vaar*-daag) *c* weekday

vardagsrum (*vaar*-daags-rewm) *nt* liv-
ing-room; sitting-room

vare sig ... eller (*vaa*-rer say ... *eh*-lerr)
whether ... or

varelse (*vaa*-rayl-ser) *c* being; crea-
ture

varför (*vahr*-furr) *adv* why; what for

varg (vahrʸ) *c* wolf

varhelst (vaar-*hehlst*) *adv* wherever

variation (vah-ri-ah-shōōn) *c* variation,
variety

variera (vah-ri-āy-rah) *v* vary

varierad (vah-ri-āy-rahd) *adj* varied

varietéföreställning (vah-ri-ay-tāy-fūr-
rer-stehl-ning) *c* variety show

varietéteater (vah-ri-ay-tāy-tay-aa-
terr) *c* (pl -trar) variety theatre

varifrån (vaar-i-frōan) *adv* from where

varje (*vahr*-ʸer) *pron* every; anyone,
each

varken ... eller (*vahr*-kern ... *eh*-lerr)
neither ... nor

varm (vahrm) *adj* warm; hot

varmvattensflaska (*vahrm*-vah-terns-
flahss-kah) *c* hot-water bottle

varna (*vaar*-nah) *v* warn; caution

varning (*vaar*-ning) *c* warning

varor (*vaar*-or) *pl* goods *pl*; wares *pl*

varsam (*vaar*-sahm) *adj* careful; wary

varubil (*vaa*-rēw-beel) *c* delivery van

varuhus (*vaa*-rēw-hewss) *nt* depart-
ment store

varumärke (*vaa*-rēw-mær-ker) *nt*
trademark

varumässa (*vaa*-rēw-meh-sah) *c* trade
fair

varuprov (*vaarēw*-proov) *nt* sample

varv (vahrv) *nt* revolution; shipyard

vas (vaass) *c* vase

vask (vahsk) *c* sink

vass (vahss) *c* reed; *adj* sharp

vatten (*vah*-tern) *nt* water; **rinnande**
~ running water

vattenblåsa (*vaht*-ern-blōa-sah) *c* blis-
ter

vattenfall (*vaht*-ern-fahl) *nt* waterfall

vattenfärg (*vaht*-ern-færʸ) *c* water-
colour

vattenkran (*vaht*-ern-kraan) *c* faucet,
tap

vattenkrasse (*vaht*-ern-krah-ser) *c*
watercress

vattenmelon (*vah*-tern-may-lōōn) *c*
watermelon

vattenpass (*vaht*-ern-pahss) *nt* level

vattenpump (*vaht*-ern-pewmp) *c*
water pump

vattenskida (*vah*-tern-shee-dah) *c*
water ski

vattentät (*vah*-tern-tait) *adj* water-
proof

vattkoppor (*vaht*-ko-perr) *pl* chicken-
pox

vax (vahks) *nt* wax

vaxkabinett (vahks-kah-bi-*nayt*) *nt* waxworks *pl*

veck (vayk) *nt* fold; crease

vecka (*vay*-kah) *c* week; **vecko-** weekly

veckla upp (*vayk*-lah) unwrap

veckla ut (*vayk*-lah) unfold

veckopeng (*vay*-koo-pehng) *c* weekly allowance

veckoslut (*vay*-koo-slewt) *nt* weekend

veckotidning (*vay*-koo-teed-ning) *c* weekly magazine

vedervärdig (*vāy*-derr-væær-di) *adj* repulsive

vedträ (*vāyd*-trai) *nt* log

vegetarian (vay-ger-tahr-i-*aan*) *c* vegetarian

vegetation (vay-ger-tah-*shōōn*) *c* vegetation

vem (vaym) *pron* who; **till ~** to whom; **~ som helst** anybody; **~ som än** whoever

vemod (*vāy*-mōōd) *nt* melancholy; sadness

vemodig (*vāy*-mōōd-i) *adj* melancholy, sad

Venezuela (vay-nay-tsew-*āy*-lah) Venezuela

venezuelan (vay-nay-tsew-ay-*laan*) *c* Venezuelan

venezuelansk (vay-nay-tsew-ay-*laansk*) *adj* Venezuelan

ventil (vayn-*teel*) *c* valve

ventilation (vayn-ti-lah-*shōōn*) *c* ventilation

ventilator (vayn-ti-*laa*-tor) *c* ventilator

ventilera (vayn-ti-*lāy*-rah) *v* ventilate

veranda (vay-*rahn*-dah) *c* veranda

verb (værb) *nt* verb

verifiera (vay-ri-fi-*āy*-rah) *v* verify

verka (*vær*-kah) *v* appear, seem

verkan (*vær*-kahn) *c* effect; result; consequence

verklig (*værk*-li) *adj* real; actual, true; very; **verkligen** really; indeed

verklighet (*værk*-li-hāyt) *c* reality

verksam (*vær*-sahm) *adj* active, effective

verkstad (*værk*-staad) *c* (pl -städer) workshop; garage

verkställande (*værk*-stehl-ahn-der) *adj* executive

verktyg (*værk*-tēwg) *nt* tool; utensil

verktygslåda (*værk*-tēwgs-*lōā*-dah) *c* tool box

vers (værs) *c* verse

version (vær-*shōōn*) *c* version

vespa (*vayss*-pah) *c* scooter

vestibul (vehss-ti-*bēwl*) *c* lobby

***veta** (*vāy*-tah) *v* *know

vete (*vāy*-tay) *nt* wheat

vetemjöl (*vāy*-tay-m*ȳurl*) *nt* flour

vetenskap (*vāy*-tayn-skaap) *c* science

vetenskaplig (*vāy*-tayn-skaap-li) *adj* scientific

vetenskapsman (*vāy*-tayn-skaaps-mahn) *c* (pl -män) scientist

veterinär (vay-tay-ri-*næær*) *c* veterinary surgeon

vevaxel (*vāyv*-ahks-ayl) *c* (pl -xlar) crankshaft

vi (vee) *pron* we

via (*vee*-ah) *prep* via

viadukt (vee-ah-*dewkt*) *c* viaduct

vibration (vi-brah-*shōōn*) *c* vibration

vibrera (vi-*brāy*-rah) *v* vibrate

vid (veed) *prep* on, by; *adj* wide

vidbränna (*veed*-breh-nah) *v* *burn

video(bandspelare) (*vee*-day-o-bahnd-sp*āy*-lay-rer) *c* video recorder

videokamera (*vee*-day-o-k*āā*-mer-rah) *c* video camera

videokassett (*vee*-day-o-kah-s*ēht*) *c* video cassette

vidga (*vid*-gah) *v* widen

***vidhålla** (*veed*-hol-ah) *v* insist

vidrig (*veed*-ri) *adj* disgusting

vidröra (*veed*-rūr-rah) v touch

vidskepelse (*veed*-shāy-payl-ser) c superstition

vidsträckt (*vid*-strehkt) adj broad, vast; extensive

vigselring (*vig*-sehl-ring) c wedding-ring

vik (veek) c bay; creek

***vika** (*vee*-kah) v fold

vikt (vikt) c weight

viktig (*vik*-ti) adj important, essential; self-important; ***vara viktigt** matter

vila (*veel*-ah) v rest; c rest

vild (vild) adj wild; fierce, savage

vilja (*vil*-Yah) c will; **med ~** on purpose

***vilja** (*vil*-Yah) v want, ***will**

viljekraft (*vil*-Yer-krahft) c will-power

vilken (*vil*-kayn) pron which

villa (*vi*-lah) c villa

villebråd (*vi*-ler-brōad) nt game

villfarelse (*vil*-faa-rayl-ser) c illusion

villig (*vi*-li) adj willing

villkor (*vil*-kōar) nt condition; term

villkorlig (*vil*-kōar-li) adj conditional

villrådig (*vil*-rōa-di) adj irresolute

vilohem (*vee*-loo-haym) nt rest-home

vilsegången (*vil*-ser-gong-ern) adj lost

vilstol (*veel*-stōol) c deck chair

vilthandlare (*vilt*-hahnd-lah-rer) c (pl ~) poulterer

vin (veen) nt wine

***vina** (*vee*-nah) v howl

vinbär (*veen*-bæær) nt currant; **svarta ~** black-currant

vind (vind) c wind; attic

vindbrygga (*vind*-brewg-ah) c draw-bridge

vindpust (*vind*-pewst) c whiff of wind

vindruta (*vind*-rēw-tah) c windscreen; windshield nAm

vindrutetorkare (*vind*-rēw-ter-tor-kah-rer) c (pl ~) windscreen wiper; windshield wiper Am

vindruvor (*veen*-drēw-voor) pl grapes pl

vindsrum (*vinds*-rewm) nt attic

vinge (*ving*-er) c wing

vingård (*veen*-gōard) c vineyard

vinhandlare (*veen*-hahnd-lah-rer) c (pl ~) wine-merchant

vink (vingk) c wave; hint

vinka (*ving*-kah) v wave

vinkel (*ving*-kerl) c (pl -klar) angle

vinkypare (*veen*-tYēw-pah-rer) c (pl ~) wine-waiter

vinkällare (*veen*-tYeh-lah-rer) c (pl ~) wine-cellar

vinlista (*veen*-liss-tah) c wine-list

***vinna** (*vi*-nah) v ***win; gain

vinnande (*vi*-nahn-der) adj winning

vinranka (*veen*-rahn-kah) c vine

vinskörd (*veen*-shūrrd) c grape harvest, vintage

vinst (vinst) c benefit, profit; winnings pl

vinstbringande (*vinst*-bring-ahn-der) adj profitable

vinter (*vin*-terr) c (pl -trar) winter

vintersport (*vin*-terr-sport) c winter sports

vinthund (*vint*-hewnd) c greyhound

vinäger (*vi*-nai-gerr) c vinegar

viol (vi-ōōl) c violet

violett (vi-ēw-layt) adj violet

virka (*veer*-kah) v crochet

virrvarr (*veer*-vahr) nt muddle

vis (veess) nt way, manner; adj wise

visa[1] (*veess*-ah) v ***show; indicate, point out, display

visa[2] (*veess*-ah) c tune

visdom (*veess*-doom) c wisdom

vision (vi-shōōn) c vision

visit (vi-seet) c visit

visitera (vi-si-tāyr-ah) v search

visitering (vi-si-tāy-ring) nt search

visitkort (vi-seet-koort) nt visiting-

card
viska (*viss*-kah) v whisper
viskning (*visk*-ning) c whisper
vispa (*viss*-pah) v whip
viss (viss) adj certain
visselpipa (*vi*-serl-pee-pah) c whistle
vissla (*viss*-lah) v whistle
vistas (*viss*-tahss) v stay
vistelse (*viss*-tayl-ser) c stay
visum (*vee*-sewm) nt (pl visa) visa
vit (veet) adj white
vitamin (vi-tah-*meen*) nt vitamin
vitling (*vit*-ling) c whiting
vitlök (*veet*-lūrk) c garlic
vits (vits) c joke
vittna (*vit*-nah) v testify
vittne (*vit*-ner) nt witness
vokal (voo-*kaal*) c vowel
vokalist (voo-kah-*list*) c vocalist
volt (volt) c (pl ~) volt
volym (vo-*lēwm*) c volume; bulk
vrak (vraak) nt wreck
vred (vrāyd) adj angry
vrede (*vrāy*-day) c anger
vresig (*vrāyss*-i) adj cross
*vrida (*vree*-dah) v twist, turn;
   wrench; ~ **om** turn
vriden (*vreed*-ern) adj crooked
vridning (*vreed*-ning) c twist
vrål (vrōal) nt roar
vulgär (vewl-*gæær*) adj vulgar
vulkan (vewl-*kaan*) c volcano
vuxen[1] (*vewk*-sern) adj adult; grown-
   up
vuxen[2] (*vewk*-sern) c (pl vuxna)
   grown-up; adult
vykort (*vēw*-koort) nt picture post-
   card
våffla (*vof*-lah) c waffle
våg[1] (vōāg) c (pl ~or) wave
våg[2] (vōāg) c (pl ~ar) scales pl;
   weighing-machine
våga (*vōā*-gah) v dare; venture
vågad (*vōāg*-ahd) adj risky

vågig (*vōā*-gi) adj wavy; undulating
våglängd (*vōāg*-lehngd) c wave-length
våld (vold) nt violence; force
våldsam (*vold*-sahm) adj violent
våldsdåd (*volds*-dōad) nt act of vio-
   lence; outrage
*våldta (*vold*-taa) v rape; assault
vålla (*vol*-ah) v cause
våning (*vōān*-ing) c floor; storey;
   apartment nAm
vår (vōār) c spring; springtime; pron
   our
vård (vōārd) c care
vårda (*vōār*-dah) v nurse; tend
vårdhem (*vōārd*-haym) nt nursing
   home
vårdslös (*vōārds*-lūrss) adj careless
våt (vōāt) adj wet
väcka (*veh*-kah) v *wake; *awake
väckarklocka (*veh*-kahr-klo-kah) c
   alarm-clock
väder (*vai*-derr) nt weather
väderkvarn (*vai*-derr-kvaarn) c wind-
   mill
väderleksrapport (*vai*-derr-lāyks-rah-
   port) c weather forecast
vädjan (*vaid*-Yahn) c appeal
vädra (*vaid*-rah) v ventilate
väg (vaig) c road; drive, way; **på** ~
   till bound for
väga (*vai*-gah) v weigh
vägarbete (*vaig*-ahr-bāy-ter) nt road
   up, road work
vägavgift (*vaig*-aav-Yift) c toll
vägbank (*vaig*-bahngk) c embankment
vägg (vehg) c wall
vägglus (*vehg*-lēwss) c (pl -löss) bug
vägkant (*vaig*-kahnt) c roadside; way-
   side
vägkarta (*vaig*-kaar-tah) c road map
vägkorsning (*vaig*-kors-ning) c junc-
   tion, intersection
vägleda (*vaig*-lāyd-ah) v direct; guide
vägmärke (*vaig*-mær-ker) c road sign

på ... vägnar (p$\overline{oa}$ *vehng*-nahr) on be-
half of

vägnät (*vaig*-nait) *nt* road system

vägra (*vaig*-rah) *v* refuse; deny

vägran (*vaig*-rahn) *c* refusal

vägräcke (*vaig*-rehk-er) *nt* crash bar-
rier

vägskäl (*vaig*-shail) *nt* road fork

vägvisare (*vaig*-vee-sah-rer) *c* (pl ∼)
signpost

välbefinnande (*vail*-ber-*fin*-ahn-der) *nt*
well-being; comfort

välbärgad (*vail*-bær-Yahd) *adj* well-to-
do

väldig (*vehl*-di) *adj* enormous; huge,
gigantic

välgrundad (*vail*-grewn-dahd) *adj*
well-founded

välgång (*vail*-gong) *c* prosperity

välgörenhet (*vail*-Yur-rern-*hāyt*) *c*
charity

*välja (*vehl*-Yah) *v* *choose; elect,
pick

välkommen (*vail*-ko-mern) *adj* wel-
come

välkomna (*vail*-kom-nah) *v* welcome

välkomnande (*vail*-kom-nahn-der) *nt*
welcome

välkänd (*vail*-t Yehnd) *adj* well-known;
familiar

välsigna (vehl-*sing*-nah) *v* bless

välsignelse (vehl-*sing*-nayl-ser) *c*
blessing

välsmakande (*vail*-smaak-ahn-der) *adj*
tasty; savoury

välstånd (*vail*-stond) *nt* prosperity

välvilja (*vail*-vil-Yah) *c* goodwill

välvårdad (*vail*-v$\overline{oa}$r-dahd) *adj* neat

vämjelig (*vehm*-Yer-li) nauseous

vän (vehn) *c* (pl ∼ner) friend

vända (*vehn*-dah) *v* turn; ∼ bort
avert; ∼ på turn round; ∼ sig om
turn round; ∼ sig till address; ∼
tillbaka turn back; ∼ upp och ner

turn over

vändning (*vehnd*-ning) *c* change, turn

vändpunkt (*vehnd*-pewngkt) *c* turn-
ing-point

väninna (veh-*nin*-ah) *c* friend; girl-
friend

*vänja (*vehn*-Yah) *v* accustom

vänlig (*vehn*-li) *adj* friendly; kind

vänskap (*vehn*-skaap) *c* friendship

vänskaplig (*vehn*-skaap-li) *adj* friend-
ly

vänster (*vehns*-terr) *adj* left; left-
hand

vänsterhänt (*vehns*-terr-*hehnt*) *adj*
left-handed

vänta (*vehn*-tah) *v* wait; ∼ på await;
∼ sig expect; await

väntad (*vehn*-tahd) *adj* due

väntan (*vehn*-tahn) *c* waiting

väntelista (*vehn*-ter-liss-tah) *c* wait-
ing-list

väntrum (*vehnt*-rewm) *nt* waiting-
room

värd (væærd) *c* host

värde (*væær*-der) *nt* worth, value;
*vara värd *be worth

värdefull (*væær*-der-fewl) *adj* valuable

värdelös (*væær*-der-lürss) *adj* worth-
less

värdepapper (*væær*-der-pah-perr) *pl*
stocks and shares

värdera (vær-*dāyr*-ah) *v* value; esti-
mate, evaluate

värdering (vær-*dāyr*-ing) *c* appraisal

värdesaker (*væær*-der-saa-kerr) *pl*
valuables *pl*

*värdesätta (*væær*-der-seh-tah) *v* val-
ue, appreciate

värdig (*væær*-di) *adj* dignified;
worthy of

värdinna (vær-*di*-nah) *c* hostess

värdshus (*væærds*-h$\overline{ew}$ss) *nt* inn;
roadhouse; roadside restaurant

värdshusvärd (*væærds*-h$\overline{ew}$ss-væærd)

c inn-keeper

värk (værk) *c* ache; **värkar** labour pains

värka (*vær*-kah) *v* ache; **hurt

värld (væærd) *c* world

världsberömd (*væærds*-ber-*rurmd*) *adj* world-famous

världsdel (*væærds*-dāyl) *c* continent

världshav (*væærds*-haav) *nt* ocean

världskrig (*væærds*-kreeg) *nt* world war

världsomfattande (*væærds*-om-fah-tahn-der) *adj* global

världsomspännande (*væærds*-om-speh-*nahn*-der) *adj* world-wide

värma (*vær*-mah) *v* warm

värme (*vær*-mer) *c* heat; warmth

värmedyna (*vær*-mer-dēw-nah) *c* heating pad

värmeelement (*vær*-mer-ay-ler-*mehnt*) *nt* radiator

värnpliktig (*væærn*-plik-tig) *c* (pl ~a) conscript

värre (*væ*-rer) *adv* worse; *adj* worse; **värst** worst

väsen (*vaiss*-ern) *nt* essence; noise; fuss

väsentlig (veh-*saynt*-li) *adj* essential; **väsentligen** essentially

väska (*vehss*-kah) *c* bag

vässa (*veh*-sah) *v* sharpen

väst (vehst) *c* waistcoat, vest *nAm*; west

väster (*vehss*-terr) *c* west

västlig (*vehst*-li) *adj* western; westerly

väte (*vai*-ter) *nt* hydrogen

vätesuperoxid (*vai*-ter-sēwp-rok-*seed*) *c* peroxide

vätska (*veht*-skah) *c* fluid

väva (*vai*-vah) *v* *weave

vävare (*vai*-vah-rer) *c* (pl ~) weaver

vävnad (*vaiv*-nahd) *c* tissue

växa (*vehks*-ah) *v* *grow

växel (*vehks*-ayl) *c* (pl växlar) gear; draft

växelkontor (*vehks*-ayl-kon-tōōr) *nt* exchange office; money exchange

växelkurs (*vehks*-ayl-kewrs) *c* exchange rate

växellåda (*vehks*-ayl-lōā-dah) *c* gearbox

växelpengar (*vehks*-ayl-peh-ngahr) *pl* small change

växelspak (*vehks*-ayl-spaak) *c* gear lever

växelström (*vehks*-ayl-strurm) *c* alternating current

växla (*vehks*-lah) *v* change; switch; exchange; change gear

växlande (*vehks*-lahn-der) *adj* variable

växt (vehkst) *c* growth; plant

växthus (*vehkst*-hēwss) *nt* greenhouse

vördnad (*vūrrd*-nahd) *c* veneration, respect

vördnadsvärd (*vūrrd*-nahds-væærd) *adj* venerable

W

watt (vaht) *c* (pl ~) watt

Y

ylle- (*ew*-ler) woollen

ylletröja (*ew*-ler-trur-Yah) *c* jersey

ympa (*ewm*-pah) *v* inoculate; graft

ympning (*ewmp*-ning) *c* grafting

ynkrygg (*ewngk*-rewg) *c* coward

yr (ēwr) *adj* dizzy; giddy

yrke (*rōād*-mahn) *nt* profession; trade; **yrkes-** professional

yrkesutbildad (*ewr*-kerss-ēwt-bil-dahd)

adj skilled, trained

yrsel (*ewr*-serl) *c* dizziness; giddiness

yta (*ēw*-tah) *c* surface; area

ytlig (*ēwt*-li) *adj* superficial

ytterlig (*ewt*-err-li) *adj* extreme

ytterligare (*ewt*-err-li-gah-rer) *adj* further; additional

ytterlighet (*ewt*-err-li-*hāyt*) *c* extreme

ytterlinje (*ewt*-err-lin-Yer) *c* outline

yttersta (*ew*-terrs-tah) *adj* utmost; extreme

yttra (*ewt*-rah) *v* utter

yttrande (*ewt*-rahn-der) *nt* expression

yttrandefrihet (*ewt*-rahn-der-fri-*hāyt*) *c* freedom of speech

yttre (*ewt*-rer) *nt* exterior; *adj* outer; exterior

yxa (*ewks*-ah) *c* axe

Z

zenit (*sāy*-nit) zenith

zigenare (si-*Yāy*-nah-rer) *c* (pl ~) gipsy

zink (singk) *c* zinc

zon (sōōn) *c* zone

zoo (sōō) *nt* zoo

zoologi (so-o-lo-*gee*) *c* zoology

zoomlins (*sōōm*-lins) *c* zoom lens

Å

å (ōā) *c* river, stream

åder (*ōā*-derr) *c* (pl ådror) vein

åderbrock (*ōā*-derr-brok) *nt* varicose vein

*ådraga sig (*ōā*-draa-gah) contract

åhörare (*ōā*-hürr-ah-rer) *c* (pl ~) listener, auditor

åka (*ōā*-kah) *v* *ride, *drive, *go; ~

bort *go away; ~ fort *speed; ~ runt om by-pass; ~ tillbaka *go back

åker (*ōāk*-err) *c* (pl åkrar) field

ål (ōāl) *c* eel

ålder (*ol*-derr) *c* (pl åldrar) age

ålderdom (*ol*-derr-doom) *c* age; old age

åldrig (*old*-ri) *adj* aged

*ålägga (*ōā*-lehg-ah) *v* enjoin

ånga (*ong*-ah) *c* steam; vapour

ångare (*ong*-ah-rer) *c* (pl ~) steamer

ånger (*ong*-err) *c* repentance

ångest (*ong*-erst) *c* anguish; fear

ångra (*ong*-rah) *v* regret, repent

år (ōār) *nt* year; **per ~** per annum

åra (*ōā*-rah) *c* oar

årgång (*ōār*-gong) *c* vintage

århundrade (*ōār*-hewnd-rah-der) *nt* century

årlig (*ōār*-li) *adj* annual; yearly

årsbok (*ōārs*-bōōk) *c* (pl -böcker) annual

årsdag (*ōārs*-daag) *c* anniversary

årstid (*ōārs*-teed) *c* season

åsikt (*ōā*-sikt) *c* opinion; view

åska (*oss*-kah) *c* thunder; *v* thunder; **åsk-** thundery

åskväder (*osk*-vai-derr) *nt* thunderstorm

åskådare (*ōā*-skōā-dah-rer) *c* (pl ~) spectator

åsna (*ōāss*-nah) *c* donkey; ass

*åstadkomma (*ōā*-stah-kom-ah) *v* effect

åsyn (*ōā*-sēwn) *c* sight

åt (ōāt) *prep* to; towards

åtala (*ōā*-taa-lah) *v* prosecute

*åta sig (*ōā*-taa) *take upon oneself

åter (*ōāt*-err) *adv* again

återbetala (*ōāt*-err-bay-*taal*-ah) *v* *repay; reimburse, refund

återbetalning (*ōāt*-err-bay-*taal*-ning) *c* repayment; refund

*återfå (ōā-terr-fōā) v *find again, recover

återföra (ōāt-err-fūrr-ah) v *bring back

återförena (ōāt-err-fur-rāy-nah) v reunite

återkalla (ōāt-err-kahl-ah) v recall

återkomst (ōāt-err-komst) c return

återresa (ōāt-err-rāy-sah) c return journey

återstod (ōāt-err-stōōd) c remainder

*återstå (ōāt-err-stōā) v remain

*återuppta (ōāt-err-ewp-tah) v resume

återvinna (oat-err-vi-nah) v recycle

återvinningsbar (oat-err-vin-nings-bāar) adj recyclable

återvända (ōāt-err-vehn-dah) v return

återvändsgränd (ōāt-err-vehnds-grehnd) c cul-de-sac

åtfölja (ōāt-furl-Yah) v accompany

åtgärd (ōāt-Yærd) c measure

åtkomlig (ōāt-kom-li) adj attainable

åtminstone (ōāt-mins-to-ner) adv at least

åtrå (ōā-trōā) c lust

åtråvärd (ōā-trōā-væærd) adj desirable

åtskild (ōāt-shild) adj separate

åtskilja (ōāt-shil-Yah) v divide; disconnect

åtskilliga (ōāt-shi-li-gah) adj several; various

åtstrama (ōāt-straam-ah) v tighten

åtta (o-tah) num eight

åttio (o-ti) num eighty

åttonde (o-ton-der) num eighth

åverkan (ōā-vehr-kahn) c damage, mischief

Ä

äcklig (ehk-li) adj disgusting; revolting

ädel (ai-dayl) adj noble

ädelsten (ai-dayl-stāyn) c stone; gem

äga (ai-gah) v own; possess; ~ rum *take place

ägare (ai-gah-rer) c (pl ~) owner; proprietor

ägg (ehg) nt egg

äggkopp (ehg-kop) c egg-cup

äggplanta (ehg-plahn-tah) c eggplant

äggula (ehg-gēwl-ah) c egg-yolk; yolk

ägna (ehng-nah) v devote; dedicate

ägodelar (ai-goo-dāyl-ahr) pl property; possessions

äkta (ehk-tah) adj true; authentic, genuine; ~ man husband

äktenskap (ehk-tayn-skaap) nt marriage; matrimony

äktenskaplig (ehk-tayn-skaap-li) adj matrimonial

äldre (ehld-rer) adj elder; elderly; äldst eldest

älg (ehlᵛ) c elk, moose

älska (ehls-kah) v love

älskad (ehls-kahd) adj beloved

älskare (ehls-kah-rer) c (pl ~) lover

älskarinna (ehls-kah-rin-ah) c mistress

älskling (ehlsk-ling) c darling; sweetheart; älsklings- favourite; pet

älv (ehlv) c river

ämbar (ehm-baar) nt pail

ämbete (ehm-bāyt-er) nt office

ämbetsdräkt (ehm-bāyts-drehkt) c official dress, robe

ämna (ehm-nah) v intend

ämne (ehm-ner) nt theme; matter

än (ehn) conj than

ända till (ehn-dah til) until; as far as

ändamål (ehn-dah-mōal) nt purpose; object

ändamålsenlig (ehn-dah-mōals-āyn-li) adj suitable, appropriate

ände (ehn-der) c end

ändra (ehnd-rah) v alter; change, vary, modify

ändring (ehnd-ring) c alteration

ändstation (*ehnd*-stah-shōōn) *c* terminal

ändtarm (*ehnd*-tahrm) *c* rectum

äng (ehng) *c* meadow

ängel (*ehng*-ayl) *c* (pl änglar) angel

ängslig (*ehngs*-li) *adj* afraid; worried

änka (*ehng*-kah) *c* widow

änkling (*ehngk*-ling) *c* widower

ännu (*ehn*-ew) *adv* still; yet; ~ **en gång** once more

äpple (*ehp*-lay) *nt* apple

ära (*æær*-ah) *v* honour; *c* glory

ärelysten (*æær*-er-lewss-tern) *adj* ambitious

ärende (*ææ*-rayn-der) *nt* errand

ärftlig (*ærft*-li) *adj* hereditary

ärkebiskop (*ær*-ker-biss-kop) *c* archbishop

ärlig (*æær*-li) *adj* honest

ärlighet (*æær*-li-hāyt) *c* honesty

ärm (ærm) *c* sleeve

ärofull (*ææ*-roo-fewl) *adj* honourable

ärr (ær) *nt* scar

ärta (*ær*-tah) *c* pea

ärva (*ær*-vah) *v* inherit

*äta (*ai*-tah) *v* *eat

ätbar (*ait*-baar) *adj* edible

ättling (*eht*-ling) *c* descendant

även (*aiv*-ern) *adv* also; even; likewise; ~ **om** although; though

äventyr (*ai*-vayn-tēwr) *nt* adventure

Ö

ö (ūr) *c* island

öde (*ūrd*-er) *nt* fate; destiny; fortune; *adj* desert; waste

*ödelägga (*ūr*-day-leh-gah) *v* wreck; ruin

ödeläggelse (*ūr*-day-leh-gerl-ser) *c* ruination

ödesdiger (*ūr*-derss-dee-gerr) *adj* fatal

ödmjuk (*ūrd*-mᵛōōk) *adj* humble

öga (*ūr*-gah) *nt* (pl ögon) eye

ögla (*ūrg*-lah) *c* loop

ögonblick (*ūr*-gon-blik) *nt* moment; second, instant

ögonblickligen (*ūr*-gon-*blik*-li-ern) *adv* instantly

ögonblicksbild (*ūr*-gon-bliks-*bild*) *c* snapshot

ögonbryn (*ūr*-gon-brēwn) *nt* eyebrow

ögonbrynspenna (*ūr*-gon-brēwns-peh-nah) *c* eye-pencil

ögonfrans (*ūr*-gon-frahns) *c* eyelash

ögonlock (*ūr*-gon-lok) *nt* eyelid

ögonläkare (*ūr*-gon-lai-kah-rer) *c* (pl ~) eye specialist, oculist

ögonskugga (*ūr*-gon-skew-gah) *c* eyeshadow

ögonvittne (*ūr*-gon-vit-ner) *nt* eye-witness

öka (*ūr*-kah) *v* increase; raise

öken (*ūr*-kern) *c* (pl öknar) desert

ökning (*ūrk*-ning) *c* increase

öl (ūrl) *nt* beer; ale

öm (urm) *adj* tender; sore

ömsesidig (urm-say-*seed*-i) *adj* mutual

ömtålig (urm-tōa-li) *adj* delicate; perishable

önska (*urns*-kah) *v* wish; desire, want

önskan (*urns*-kahn) *c* (pl -kningar) wish; desire

önskvärd (*urnsk*-væærd) *adj* desirable

öppen (*ur*-payn) *adj* open

öppenhjärtig (*ur*-pern-ᵛær-ti) *adj* open-hearted, frank

öppna (*urp*-nah) *v* open

öppning (*urp*-ning) *c* breach, gap; opening

öra (*ūr*-rah) *nt* (pl öron) ear

örfil (*ūrr*-feel) *c* slap; blow; *ge en ~ smack

örhänge (*urr*-hehng-er) *nt* earring

örlogsfartyg (*ūrr*-logs-faar-tēwg) *nt*

man-of-war

örn (urrn) *c* eagle

örngott (*ürrn*-got) *nt* pillow-case

örsprång (*ür*-sprong) *nt* earache

ört (urrt) *c* herb

öst (urst) east

öster (*urss*-terr) *c* east

österrikare (*urss*-terr-ree-kah-rer) *c* (pl ~) Austrian

Österrike (*urss*-terr-ree-ker) Austria

österrikisk (*urss*-terr-ree-kisk) *adj* Austrian

östra (*urst*-rah) *adj* eastern

öva (*ürv*-ah) *v* exercise; ~ **sig** practise

över (*ürv*-err) *prep* over; across, *adv* over; **gå ~ cross, pass; **över-** upper, chief

överallt (*ür*-verr-*ahlt*) *adv* everywhere; throughout

överanstränga (*ür*-verr-ahn-strehng-ah) *v* strain; ~ **sig** overstrain, overwork

överdrift (*ür*-verr-drift) *c* exaggeration

*•**överdriva** (*ür*-verr-dree-vah) *v* exaggerate

överdriven (*ür*-verr-dreev-ern) *adj* excessive; extravagant

överdäck (*ür*-verr-dehk) *nt* main deck

överenskommelse (*ür*-verr-ayns-ko-mayl-ser) *c* settlement, agreement

överensstämma (*ür*-verr-ayns-steh-mah) *v* correspond

överfart (*ür*-verr-faart) *c* crossing; passage

överflöd (*ür*-verr-flürd) *nt* abundance; plenty; *•**finnas i ~ **be in plenty

överflödig (*ür*-verr-flürd-i) *adj* superfluous; redundant

överfull (*ür*-verr-fewl) *adj* overfull, crowded

överföra (*ür*-verr-für-rah) *v* transfer

*•**överge** (*ür*-verr-*y*āy) *v* desert

övergång (*ür*-verr-gong) *c* crossing,

change over, transition

övergångsställe (*ür*-verr-gongs-steh-ler) *nt* crossing; crosswalk *nAm*

överlagd (*ür*-verr-lahgd) *adj* deliberate, premeditated

överleva (*ür*-verr-*lā*y-vah) *v* survive

överlevnad (*ür*-verr-*lā*yv-nahd) *c* survival

*•**överlägga** (*ür*-verr-lehg-ah) *v* deliberate

överläggning (*ür*-verr-lehg-ning) *c* discussion, deliberation

överlägsen (*ür*-verr-laig-sern) *adj* superior

överlämna (*ür*-verr-lehm-nah) *v* deliver, hand ... over; commit

överlärare (*ür*-verr-læær-rah-rer) *c* (pl ~) head teacher

övermodig (*ür*-verr-mōōd-i) *adj* presumptuous, reckless

överraska (*ür*-verr-rahss-kah) *v* surprise

överraskning (*ür*-verr-rahsk-ning) *c* surprise

överrock (*ür*-verr-rok) *c* overcoat; topcoat

överrumpla (*ür*-verr-rewmp-lah) *v* surprise

översida (*ür*-verr-see-dah) *c* top side; top

översikt (*ür*-verr-sikt) *c* survey; summary

överskott (*ür*-verr-skot) *nt* surplus

*•**överskrida** (*ur*-verr-skreed-ah) *v* exceed

överskrift (*ür*-verr-skrift) *c* heading; headline

överspänd (*ür*-verr-spehnd) *adj* overstrung

överste (*ür*-verrs-ter) *c* colonel

översvallande (*ür*-verr-svahl-ahn-der) *adj* exuberant

översvämning (*ür*-verr-svehm-ning) *c* flood

översända ($\overline{ur}$-verr-sehn-dah) v *send, remit

*****översätta** ($\overline{ur}$-verr-seh-tah) v translate

översättare ($\overline{ur}$-verr-seh-tah-rer) c (pl ~) translator

översättning ($\overline{ur}$-verr-seht-ning) c translation

*****överta** ($\overline{ur}$-verr-taa) v *take over

övertala ($\overline{ur}$-verr-taa-lah) v persuade

överträffa ($\overline{ur}$-verr-trehf-ah) v exceed; *outdo

övertyga ($\overline{ur}$-verr-tew-gah) v convince; persuade

övertygelse ($\overline{ur}$-verr-tew-gayl-ser) c conviction; persuasion

övervaka ($\overline{ur}$-verr-vaak-ah) v supervise; watch

övervikt ($\overline{ur}$-verr-vikt) c overweight

*****övervinna** ($\overline{ur}$-verr-vin-ah) v *overcome

överväga ($\overline{ur}$-verr-vaig-ah) v consider; deliberate

övervägande ($\overline{ur}$-verr-vaig-ahn-der) nt consideration

överväldiga ($\overline{ur}$-verr-vehl-di-gah) v overwhelm

övning ($\overline{ur}$v-ning) c exercise

övre ($\overline{ur}$v-rer) adj upper; top

övrig ($\overline{ur}$v-ri) adj remaining; **för övrigt** moreover

Food

abborre perch
aladåb aspic
ananas pineapple
and wild duck
anka duck
ansjovis marinated sprats
apelsin orange
aprikos apricot
aromsmör herb butter
bakad baked
bakelse pastry, fancy cake
banan banana
barnmatsedel children's menu
betjäningsavgift service charge
biff beef steak
~ à la Lindström minced beef
mixed with pickled beetroot,
capers and onions. shaped into
patties and fried
~ Rydberg fried diced beef and
potatoes, served with a light
mustard sauce
bit piece
björnbär blackberry
bladspenat spinach
blandad mixed, assorted
blini buckwheat pancake
blodpudding black pudding
(US blood sausage)
blomkål cauliflower

blåbär bilberry (US blueberry)
bondbönor broad beans
bruna bönor baked brown beans
flavoured with vinegar and
syrup
brylépudding caramel blanc-
mange (US caramel custard)
brynt browned
brysselkål brussels sprout
bräckkorv smoked pork sausage
bräckt sautéed, fried
bräserad braised
bröd bread
~ och smör bread and butter
bröst breast (of fowl)
buljong consommé.
bär berry
böckling smoked herring
böna bean
camembert soft, runny cheese
with pungent flavour
champinjon button mushroom
choklad chocolate
citron lemon
dagens rätt dish of the day
dietmat diet food
dill dill
~ kött stewed lamb or veal
served with a sour-sweet dill
sauce

dricks tip
duva pigeon (US squab)
efterrätt dessert
enbär juniper berry
endiv chicory (US endive)
enrisrökt smoked over juniper embers
entrecote sirloin steak, rib-eye steak
falukorv lightly smoked pork sausage
fasan pheasant
fastlagsbulle bun filled with almond paste and cream, eaten during Lent
fattiga riddare French toast; bread dipped in batter and fried, served with sugar and jam
femöring med ägg small steak topped with fried egg and served with onions
filbunke junket
filé fillet (US tenderloin)
 ~ **Oscar** fillets of veal served with bearnaise sauce (vinegar, egg-yolks, butter, shallots and tarragon), asparagus tips and lobster
filmjölk sour milk, type of thin junket
fisk fish
 ~ **bullar** codfish-balls
 ~ **färs** loaf, mousse
 ~ **gratäng** baked casserole
 ~ **pinnar** sticks
flamberad flamed (with liquor)
flundra flounder
fläsk pork
 ~ **med löksås** slices of thick bacon served with onion sauce
 ~ **filé** fillet (US tenderloin)
 ~ **karré** loin
 ~ **korv** boiled sausage

~ **kotlett** chop
~ **lägg** boiled, pickled knuckle
~ **pannkaka** pancake with diced bacon
~ **stek** roast
forell trout
franskbröd white bread
frasvåffla warm (crisp) waffle
frikadell boiled veal meat ball
friterad deep-fried
 ~ **camembert** deep-fried pieces of *camembert* served with Arctic cloudberry jam
fromage mousse, blancmange
frukost breakfast
 ~ **flingor** dry breakfast cereal, cornflakes
frukt fruit
frusen grädde frozen whipped cream
fylld stuffed, filled
fyllning stuffing, forcemeat
fågel fowl, game bird
får mutton
 ~ **i kål** Irish stew; mutton (more usually lamb) and cabbage stew
fänkål fennel
färsk fresh, new
färska räkor unshelled fresh shrimps
färskrökt lax slightly smoked salmon
förrätt starter, first course
gelé jelly, aspic
getost a soft, rather sweet whey cheese made from goat's milk
glace au four sponge cake filled with ice-cream, covered with meringue, quickly browned in oven and served flaming (US baked Alaska)
glass ice-cream
 ~ **tårta** ice-cream cake

grapefrukt grapefruit
gratinerad oven-browned
gratäng (au) gratin
gravad lax (gravlax) fresh salmon cured with sugar, sea salt, pepper and dill; served with mustard sauce
gravad strömming marinated Baltic herring
grillad grilled, broiled
grillkorv grilled sausage
gris pork
  ~ **fötter** pigs' trotters (US pigs' feet)
  ~ **hals** scrag
grodlår frogs' legs
grytstek pot roast
grädde cream
gräddfil sour cream
gräddmjölk light cream (half and half)
gräddtårta sponge layer cake with cream and jam filling
gräslök chive
grönkål kale
grönpeppar green peppercorn
grönsak vegetable
grönsakssoppa vegetable soup
grönsallad lettuce
gröt porridge
gurka cucumber, gherkin
gås goose
  ~ **lever** 1) goose liver 2) goose-liver pâté
gädda pike
gäddfärsbullar pike dumplings
gös pike-perch (US walleyed pike)
hackad minced, chopped
  ~ **biff med lök** hamburger steak with fried onions
hallon raspberry
halstrad grilled over open fire

haricots verts French beans (US green beans)
harstek roast hare
hasselbackspotatis sliced potatoes covered with melted butter, then roasted
hasselnöt hazelnut
havregryn oats
havregrynsgröt oatmeal (porridge)
havskräfta seawater crayfish, Dublin Bay prawn
helgeflundra halibut
helstekt roasted whole
hemlagad home-made
herrgårdsost hard cheese with a mild to slightly strong flavour
hjortron Arctic cloudberry
honung honey
hovdessert meringue with whipped cream and chocolate sauce
hummer lobster
husmanskost home cooking, plain food
hälleflundra halibut
hälsokost organic health food
hökarpanna kidney stew with bacon, potatoes and onions, braised in beer
höna boiling fowl
höns med ris och curry boiled chicken, curry sauce and rice
ingefära ginger
inkokt boiled and served cold
inlagd marinated in vinegar, sugar and spices
is ice
  ~ **glass** water ice (US sherbet)
  ~ **kyld** iced
islandssill Iceland herring
isterband coarse, very tasty pork sausage
Janssons frestelse layers of sliced

potatoes, onions and marinated sprats, baked with cream

jordgubbe strawberry

jordgubbstårta sponge cake with whipped cream and strawberries

jordnöt peanut

jordärtskocka Jerusalem artichoke

jordärtskockspuré purée of Jerusalem artichoke

julbord buffet of Christmas specialities

julskinka baked ham

jultallrik plate of specialities taken from the *julbord*

jägarschnitzel veal cutlet with mushrooms

järpe hazelhen

kaka cake, biscuit (US cookie)

kalkon turkey

kall cold

kallskuret cold meat (US cold cuts)

kalops beef stew flavoured with bay leaves

kalorifattig low calorie

kalv veal, calf
  ~ **bräss** sweetbread
  ~ **filé** fillet (US tenderloin)
  ~ **frikassé** stew
  ~ **järpe** meatball made of minced veal
  ~ **kotlett** chop
  ~ **lever** liver
  ~ **njure** kidney
  ~ **schnitzel** cutlet
  ~ **stek** roast
  ~ **sylta** potted veal
  ~ **tunga** tongue

kanel cinnamon
  ~ **bulle** cinnamon roll

kanin rabbit

kantarell chanterelle mushroom

kapris caper

karljohanssvamp boletus mushroom

kassler lightly smoked loin of pork

kastanj chestnut

kastanjepuré chestnut purée

katrinplommon prune

kaviar caviar
  röd ~ cod's roe (red, salted)
  svart ~ black caviar, roe from lumpfish

keso a type of cottage cheese

kex biscuit (US cookie)

knyte filled puff pastry (US turnover)

knäckebröd crisp bread (US hardtack)

kokad boiled, cooked

kokos grated coconut
  ~ **kaka** coconut macaroon

kokt boiled, cooked

kolasås caramel sauce

kolja haddock

kompott stewed fruit

korv sausage

krabba crab

krasse cress

kronärtskocka artichoke

kronärtskocksbotten artichoke bottom

kroppkakor potato dumplings stuffed with minced bacon and onions, served with melted butter

krusbär gooseberry

krusbärspaj gooseberry tart/pie

krydda spice

kryddnejlika clove

kryddost hard semi-fat cheese with cumin seeds

kryddpeppar allspice

kryddsmör herb butter

kräftor freshwater crayfish boiled with salt and dill, served cold

(Swedish speciality available only during August and September)

kräm 1) cream, custard 2) stewed fruit or syrup thickened with potato flour

kummin cumin

kuvertavgift cover charge

kuvertbröd French roll

kyckling chicken
~ **bröst** breast
~ **lever** liver
~ **lår** leg

kål cabbage
~ **dolmar** cabbage leaves stuffed with minced meat and rice
~ **pudding** layers of cabbage leaves and minced meat
~ **rot** turnip

käx biscuit (US cookie)

körsbär cherry

körvel chervil

kött meat
~ **bullar** meat balls

köttfärs minced meat
~ **limpa** meat loaf
~ **sås** meat sauce for spaghetti

lagerblad bay leaf

lake burbot (freshwater fish)

lamm lamb
~ **bog** shoulder
~ **bringa** brisket
~ **kotlett** chop
~ **sadel** saddle
~ **stek** roast

landgång a long, open sandwich with different garnishes

lapskojs lobscouse; casserole of potatoes, meat and vegetables

lax salmon
~ **pudding** layers of flaked salmon, potatoes, onions and eggs, baked

laxöring salmon trout

legymsallad blanched vegetables, served in a mayonnaise sauce

lever liver
~ **korv** sausage
~ **pastej** paste

limpa rye bread; loaf

lingon lingonberry, small cranberry
~ **sylt** lingonberry jam

lutfisk specially treated, poached stockfish, served with white sauce (Christmas speciality)

låda casserole

lättstekt underdone (US rare)

löjrom vendace roe often served on toast with onions and sour cream

lök onion

lövbiff thinly sliced beef

majonnäs mayonnaise

majs maize (US corn)
~ **kolv** corn on the cob

makaroner macaroni

makrill mackerel

mandel almond
~ **biskvi** almond biscuit (US cookie)

marinerad marinated

marmelad marmalade

marsipan marzipan, almond paste

maräng meringue

marängsviss meringue with whipped cream and chocolate sauce

matjessill marinated herring fillets, served with sour cream and chives

matsedel bill of fare

mejram marjoram

meny menu, bill of fare

mesost whey cheese

messmör soft whey cheese

middag dinner

mixed grill pieces of meat, onions, tomatoes and green peppers grilled on a skewer
mjukost soft white cheese
morkulla woodcock
morot (pl morötter) carrot
mullbär mulberry
munk doughnut
murkelstuvning creamed morel mushrooms
murkelsås morel mushroom sauce
murkla morel mushroom
muskot nutmeg
mussla mussel, clam
märg marrow
  ~ **ben** marrow bone
njure kidney
nota bill (US check)
nypon rose-hip
  ~ **soppa** rose-hip soup (dessert)
nässelsoppa nettle soup
oliv olive
olja oil
orre black grouse
ost cheese
  ~ **bricka** cheese board
  ~ **gratinerad** oven-browned, with cheese topping
  ~ **kaka** kind of curd cake served with jam
  ~ **stänger** cheese straws
ostron oyster
oxbringa brisket of beef
oxfilé fillet of beef (US tenderloin)
oxjärpe meatball of minced beef
oxkött beef
oxrulad beef olive; slice of beef rolled and braised in gravy
oxstek roast beef
oxsvanssoppa oxtail soup
oxtunga beef tongue
paj pie, tart
palsternacka parsnip
panerad breaded

pannbiff hamburger steak with fried onions
pannkaka pancake·
paprika (grön) (green) pepper
parisare minced beef with capers, beetroot and onions served on toast, topped with a fried egg
pastej pie, patty, pâté
peppar pepper
  ~ **kaka** ginger biscuit (US ginger snap)
  ~ **rot** horseradish
  ~ **rotskött** boiled beef with horseradish sauce
persika peach
persilja parsley
persiljesmör parsley butter
piggvar turbot
pilgrimsmussla scallop, coquille St. Jacques
pirog Russian pasty; stuffed pasty (caviar, cheese, fish or vegetables)
plankstek a thin steak served on a wooden platter (US plank steak)
plommon plum
  ~ **späckad fläskkarré** roast loin of pork flavoured with prunes
plättar small, thin pancakes
pommes frites chips (US French fries)
potatis potato
  färsk ~ new potatoes
  ~ **mos** mashed potatoes
pressgurka marinated sliced, fresh cucumber
pressylta brawn (US head cheese)
prinsesstårta sponge cake with vanilla custard and whipped cream, covered with green almond paste
prinskorv cocktail sausage, small frankfurter

pudding mould, baked casserole
purjolök leek
pyttipanna kind of bubble and squeak; fried pieces of meat, sausage, onions and potatoes, served with an egg-yolk or a fried egg and pickled beetroot
päron pear
pölsa hash made of boiled pork and barley
rabarber rhubarb
raggmunk med fläsk potato pancake with bacon
rapphöna partridge
ren reindeer
~**sadel** saddle
~**skav** in thin slices
~**stek** roast
revbensspjäll spare-rib
rimmad, rimsaltad slightly salted
ris rice
risgrynsgröt rice pudding served with milk and cinnamon
riven, rivna grated
rom roe
rosmarin rosemary
rostat bröd toast
rostbiff roast beef
rotmos mashed turnips
russin raisin
rysk kaviar caviar
rå raw
~**biff** steak tartare: finely chopped raw beef with egg-yolks, capers, onions, pickled beetroot and seasoning
rådjur venison
rådjurssadel saddle of venison
rådjursstek roast venison
råkost uncooked shredded vegetables
rån small wafer
rårörda lingon lingonberry (small cranberry) jam preserved with-

out cooking
rädisa radish
räka shrimp
räkcocktail shrimp cocktail
rättika black radish
rödbeta beetroot
rödbetssallad beetroot salad
röding char (fish)
rödkål red cabbage
rödspätta plaice
rökt smoked
rönnbär rowanberry (mountain ashberry)
rönnbärsgelé rowanberry jelly
rött (pl röda) vinbär redcurrant
saffran saffron
saffransbröd sweet saffron loaf or rolls
sallad salad
salta biten salted boiled beef
saltad salted
saltgurka salt-pickled gherkin
sardell anchovy
~**smör** anchovy butter
sardin sardine
schalottenlök shallot
schweizerost Swiss cheese
schweizerschnitzel cordon bleu; veal scallop stuffed with ham and cheese
selleri celery
~**rot** celery root
senap mustard
serveringsavgift service charge
sik whitefish
~**löja** vendace (small whitefish)
~**rom** whitefish roe
sill herring
~**bricka** board of assorted herring
~**bullar** herring dumplings
~**gratäng** baked casserole of herring, onions and potatoes

~ **sallad** herring salad with pickled beetroot and gherkins, apples, boiled potatoes, onions and whipped cream

~ **tallrik** portion of assorted herring

sirap treacle, molasses

sjömansbiff beef casserole with carrots, onions and potatoes, braised in beer

sjötunga sole

sjötungsfilé fillet of sole

skaldjur shellfish

skarpsås mayonnaise enriched with mustard and herbs

skinka ham

skinklåda ham-and-egg casserole

skinkomelett ham omelet

skiva slice

sky dripping, gravy

sköldpaddssoppa turtle soup

slottsstek pot roast flavoured with brandy, molasses and marinated sprats

slätvar brill

smultron wild strawberry

småfranska French roll

småkaka fancy biscuit (US fancy cookie)

småvarmt small hot dishes (on *smörgåsbord*)

smör butter

smörgås open sandwich

~ **bord** a buffet offering a wide variety of appetizers, hot and cold meats, smoked and pickled fish, cheese, salads, relishes, vegetables and desserts

sniglar snails

snöripa ptarmigan

socker sugar

~ **kaka** sponge cake

~ **ärter** sugar peas

solöga marinated sprats, onions,

capers, pickled beetroot and raw egg-yolk

soppa soup

sotare grilled Baltic herring

sparris asparagus

~ **knopp** asparagus tip

spenat spinach

spettekaka tall, cone-shaped cake made on a spit

spicken sill salted herring

spritärter green peas

spädgris suck(l)ing pig

stekt fried, roasted

~ **(salt) sill** fried (salt) herring

stenbitssoppa lumpfish soup

strömming fresh Baltic herring

strömmingsflundra fried double fillets of Baltic herring stuffed with dill or parsley

strömmingslåda baked casserole of Baltic herring and potatoes

stuvad cooked in white sauce, creamed

~ **spenat** creamed spinach

sufflé soufflé

supé (late) supper

sur sour

~ **kål** sauerkraut

~ **stek** marinated roast beef

~ **strömming** specially processed, cured and fermented Baltic herring

svamp mushroom

~ **stuvning** creamed mushrooms

~ **sås** mushroom sauce

svart (pl **svarta**) **vinbär** blackcurrant

svartsoppa soup made of goose blood

svartvinbärsgelé blackcurrant jelly

sveciaost hard cheese with pungent flavour

sylt jam
syltad 1) preserved (fruit)
  2) pickled (vegetables)
syltlök pickled pearl onion
sås sauce, dressing, gravy
söt sweet
T-benstek T-bone steak
timjan thyme
tjäder wood-grouse, capercaillie
tomat tomato
tonfisk tunny (US tuna)
torkad frukt dried fruit
torr dry
torsk cod
  ~ **rom** cod's roe
tranbär cranberry
tryffel truffle
tunga tongue
tunnbröd unleavened barley
  bread
tårta cake
ugnsbakad baked
ugnspannkaka kind of batter
  pudding
ugnstekt roasted
vaktel quail
valnöt walnut
vanilj vanilla
  ~ **glass** vanilla ice-cream
  ~ **sås** vanilla custard sauce
varm warm
  ~ **rätt** hot dish, main dish
vattenmelon watermelon
vaxbönor butter beans (US wax
  beans)
vilt game
vinbär currant (black, red or
  white)
vindruva grape
vinlista wine list
vintersallad salad of grated carrots,
  apples and cabbage
vinäger vinegar
vinägrettsås vinegar-and-oil

dressing
vispgrädde whipped cream
vitkål cabbage
vitling whiting
vitlök garlic
våffla waffle
välling soup made of cereal,
  gruel
välstekt well-done
västerbottenost pungent, hard
  cheese, strong when mature
västkustsallad seafood salad
Wallenbergare steak made of
  minced veal, egg-yolks and
  cream
wienerbröd Danish pastry
wienerkorv wiener, frankfurter
wienerschnitzel breaded veal
  cutlet
ål eel
  inkokt ~ jellied
ägg egg
  förlorat ~ poached
  hårdkokt ~ hard-boiled
  kokt ~ boiled
  löskokt ~ soft-boiled
  stekt ~ fried
  ~ **röra** scrambled
  ~ **stanning** baked egg custard
äggplanta aubergine (US egg-
  plant)
älg elk
  ~ **filé** fillet (US tenderloin)
  ~ **stek** roast
äppelkaka apple charlotte, apple
  pudding
äppelmos apple sauce
äpple apple
ärter peas
  ~ **och fläsk** yellow pea soup
  with diced pork
ättika white vinegar
ättiksgurka pickled gherkin
  (US pickle)

Drinks

akvavit aquavit, spirits distilled
from potatoes or grain, often
flavoured with aromatic seeds
and spices

alkoholfri(tt) non-alcoholic

apelsinjuice orange juice

apelsinsaft orange squash
(US orange drink)

brännvin aquavit
1) **Absolut rent brännvin
(Renat)** unflavoured
2) **Bäska droppar** bitter and
flavoured with a leaf of worm-
wood
3) **Herrgårds Aquavit** flavoured
with herbs and slightly sweet
4) **O.P. Anderson Aquavit**
flavoured with aniseed,
caraway and fennel seeds
5) **Skåne Akvavit** less spicy
than *O.P. Anderson*
6) **Svart-Vinbärs-Brännvin**
flavoured with blackcurrants

choklad chocolate drink
kall ~ cold
varm ~ hot

exportöl beer with high alcoholic
content

fatöl draught (US draft) beer

folköl light beer

fruktjuice fruit juice

glögg similar to mulled wine,
served with raisins and al-
monds

grädde cream

Grönstedts French cognac bottled
in Sweden

husets vin open wine

härtappning imported wine
bottled in Sweden

julmust a foamy, malted drink
served at Christmas

julöl beer specially brewed at
Christmas

kaffe coffee
~ **med grädde och socker** with
cream and sugar
~ **utan grädde och socker**
black
koffeinfri(tt) ~ caffeine-free

Kaptenlöjtnant liqueur and
brandy

karaffvin wine served in a carafe

Klosterlikör herb liqueur

konjak brandy, cognac

kärnmjölk buttermilk

likör liqueur

lingondricka cranberry drink

läskedryck soft drink, lemonade
~ **med kolsyra** fizzy (US car-
bonated)
~ **utan kolsyra** flat (US non-
carbonated)

lättmjölk skim milk

lättöl beer with low alcoholic
content

mjölk milk
kall ~ cold
varm ~ hot

portvin port (wine)

punsch a yellow liqueur on a base
of arrack (spirit distilled from
rice and sugar) served hot with
pea soup or ice-cold as an
after-dinner drink with coffee

rom rum

saft squash (US fruit drink)

slottstappning produced and
bottled at the château

snaps glass of aquavit

sodavatten soda water
spritdrycker spirits
starksprit spirits
starköl beer with high alcoholic
  content
te tea
  ~ **med citron** with lemon
  ~ **med mjölk** with milk
  ~ **med socker** with sugar
vatten water
  is~ iced
  mineral~ mineral
vin wine

mousserande ~ sparkling
röd~ red
stark~ fortified
sött ~ sweet
torrt ~ dry
vitt ~ white
vindrinkar wine cobblers, long
  drinks on a wine base
äppelmust apple juice
öl beer
  ljust ~ light
  mörkt ~ dark
örtte infusion of herbs

Mini Grammar

Articles

All Swedish nouns are either common or neuter in gender.

1. Indefinite article (a/an)

common:	*en* **man**	a man
neuter:	*ett* **barn**	a child

2. Definite article (the)

Where we, in English, say "the house", the Swedes say the equivalent of "house-the", i.e. they tag the definite article onto the end of the noun. Common nouns take an **-(e)n** ending, neuter nouns an **-(e)t** ending.

common:	**mann***en*	*the* man
neuter:	**barn***et*	*the* child

Nouns

1. As already noted, nouns are either common or neuter. There are no easy rules for determining gender. Learn each new word with its accompanying article.

2. The plural is formed according to one of five declensions.

	singular		indefinite plurals	
Declension 1	**flicka**	girl	**flick***or*	girls
2	**bil**	car	**bil***ar*	cars
3	**dam**	lady	**dam***er*	ladies
	sko	shoe	**sko***r*	shoes
4	**äpple**	apple	**äppl***en*	apples
5	**hus**	house	**hus**	houses
			definite plurals	
			flickor*na*	the girls
			äpplen*a*	the apples
			hus*en*	the houses

There are also various irregular plurals.

3. Possession is shown by adding **-s** (singular and plural).
Note: There is no apostrophe.

Göran*s* **bror**	George's brother
hotellet*s* **ägare**	the owner of the hotel
veckan*s* **första dag**	the first day of the week
den resande*s* **väska**	the traveller's suitcase
barnen*s* **rum**	the children's room

Adjectives

1. Adjectives agree with the noun in gender and number. For the indefinite form, the neuter is formed by adding **-t**; the plural by adding **-a**.

(en) stor hund	(a) big dog	**stora hundar**	big dogs
(ett) stort hus	(a) big house	**stora hus**	big houses

2. For the definite declension of the adjective, add the ending **-a** (common, neuter and plural). This form is used when the adjective is preceded by **den, det, de** (the definite article used with adjectives) or by a demonstrative or a possessive adjective.

den stora hunden	the big dog
de stora hundarna	the big dogs
det stora huset	the big house
de stora husen	the big houses

3. Demonstrative adjectives:

	common	neuter	plural
this/these	**den här/** **denna**	**det här/** **detta**	**de här/** **dessa**
that/those	**den där/** **den**	**det där/** **det**	**de där/** **de**

4. Possessive adjectives agree in number and gender with the noun they modify, i.e. with the thing possessed and not the possessor.

	common	neuter	plural
my	**min**	**mitt**	**mina**
your	**din**	**ditt**	**dina**
his her its }	**sin**	**sitt**	**sina**
our	**vår**	**vårt**	**våra**
your	**er**	**ert**	**era**
their	**sin**	**sitt**	**sina**

The forms **er, ert, era** correspond to the personal pronoun **ni** and refer to one or several possessors.

The forms **sin, sitt, sina** always refer back to the subject:

Han har sin bok.	He has his (own) book.
De har sina böcker.	They have their (own) books.

The genitive forms of the personal pronouns (see p. 325) are also used to show possession. However, the meaning changes:

Han har hans bok.	He has his (another person's) book.

5. Comparative and superlative:

The comparative and superlative are normally formed either by adding the endings **-(a)re** and **-(a)st**, respectively, to the adjective or by putting **mer** and **mest** (more, most) before the adjective.

Hans arbete är lätt.	His work is easy.
Hans arbete är lätt*are*.	His work is easier.
Hans arbete är lätt*ast*.	His work is easiest.
Er bil är stor.	Your car is big.
Er bil är stö*rre*.	Your car is bigger.
Er bil är stö*rst*.	Your car is the biggest.
Det är imponerande.	It's impressive.
Det är *mer* imponerande.	It's more impressive.
Det är *mest* imponerande.	It's most impressive.

Adverbs

Adverbs are generally formed by adding **-t** to the corresponding adjective.

Hon går snabbt. She walks quickly.

Personal pronouns

	subject	object	genitive
I	**jag**	**mig**	—
you	**du/ni**	**dig/er**	—
he	**han**	**honom**	**hans**
she	**hon**	**henne**	**hennes**
it	**den/det**	**den/det**	**dess**
we	**vi**	**oss**	—
you	**ni**	**er**	—
they	**de**	**dem**	**deras**

Like many other languages, Swedish has two forms for "you". The formal word **ni**, traditionally the correct form of address between all but close friends and children, is now giving way to the informal **du**.

Verbs

Here we are concerned only with the infinitive, imperative, and present tense. The present tense is simple, because it has the same form for all persons. The infinitive of most Swedish verbs ends in **-a** (a few verbs of one syllable end in other vowels). Here are three useful auxiliary verbs:

	to be	to have	to be able to
Infinitive	(att) vara	(att) ha	(att) kunna
Present tense (same form for all persons)	är	har	kan
Imperative	var	ha	–

The present tense of Swedish verbs ends in **-r:**

	to ask	to buy	to believe	to do/make
Infinitive	(att) fråga	(att) köpa	(att) tro	(att) göra
Present tense (same form for all persons)	frågar	köper	tror	gör
Imperative	fråga	köp	tro	gör

There is no equivalent to the English present continuous tense. Thus:

Jag reser.   I travel/I am travelling.

Negatives

Negation is expressed by using the adverb **inte** (not). It is usually placed immediately after the verb in a main clause. In compound tenses **inte** comes between the auxiliary and the main verb.

Jag talar svenska.   I speak Swedish.
Jag talar inte svenska.   I do not speak Swedish.
Hon har inte skrivit.   She has not written.

Questions

Questions are formed by reversing the order of the subject and the verb:

Bussen stannar här.   The bus stops here.
Stannar bussen här?   Does the bus stop here?

Jag kommer i kväll.   I am coming tonight.
Kommer ni i kväll?   Are you coming tonight?

Irregular Verbs

The following list contains the most common irregular Swedish verbs. Only one form of the verb is shown below as the form is conjugated the same for all persons within a given tense. There is a large number of prefixes in Swedish, like an-, av-, be-, efter-, fram-, från-, för-, in-, med-, ned-, ner-, om-, und-, upp-, ut-, vid-, åter-, över-, etc. A prefixed verb is conjugated in the same way as the stem verb. The supine form is a special form of the past participle; the past participle itself is only used as an adjective. The perfect tense is formed by using the auxiliary att ha (to have) together with the supine.

Infinitive	Present	Imperfect	Supine	
be(dja)	ber	bad	bett	*ask, pray*
binda	binder	band	bundit	*bind, tie*
bita	biter	bet	bitit	*bite*
bjuda	bjuder	bjöd	bjudit	*offer; invite; bid*
bli(va)	blir	blev	blivit	*become; remain*
brinna	brinner	brann	brunnit	*burn*
brista	brister	brast	brustit	*burst*
bryta	bryter	bröt	brutit	*break*
bära	bär	bar	burit	*carry*
böra	bör	borde	bort	*ought to*
dra(ga)	drar	drog	dragit	*pull*
dricka	dricker	drack	druckit	*drink*
driva	driver	drev	drivit	*propel, drive*
dyka	dyker	dök/dykte	dykt	*dive*
dö	dör	dog	dött	*die*
dölja	döljer	dolde	dolt	*conceal*
falla	faller	föll	fallit	*fall*
fara	far	for	farit	*go away, leave*
finna	finner	fann	funnit	*find*
flyga	flyger	flög	flugit	*fly*
flyta	flyter	flöt	flutit	*float, flow*
frysa	fryser	frös	frusit	*be cold; freeze*
få	får	fick	fått	*get, may*
förnimma	förnimmer	förnam	förnummit	*perceive*
försvinna	försvinner	försvann	försvunnit	*disappear*
ge (giva)	ger	gav	gett/givit	*give*
gjuta	gjuter	göt	gjutit	*cast (iron)*
glida	glider	gled	glidit	*glide, slide*
glädja	gläder	gladde	glatt	*delight, please*
gnida	gnider	gned	gnidit	*rub*
gripa	griper	grep	gripit	*seize, grasp*
gråta	gråter	grät	gråtit	*weep, cry*
gå	går	gick	gått	*go, walk*
göra	gör	gjorde	gjort	*do, make*
ha	har	hade	haft	*have*
hinna	hinner	hann	hunnit	*have time, catch*
hugga	hugger	högg	huggit	*hew, cut*
hålla	håller	höll	hållit	*hold, keep*
kliva	kliver	klev	klivit	*stride, climb*

klyva	klyver	klöv	kluvit	split
knipa	kniper	knep	knipit	pinch
knyta	knyter	knöt	knutit	tie
komma	kommer	kom	kommit	come
krypa	kryper	kröp	krupit	crawl, creep
kunna	kan	kunde	kunnat	can
le	ler	log	lett	smile
lida	lider	led	lidit	suffer
ligga	ligger	låg	legat	lie
ljuda	ljuder	ljöd	ljudit	sound
ljuga	ljuger	ljög	ljugit	tell a lie
låta	låter	lät	låtit	let; sound
lägga	lägger	lade	lagt	lay, put
måste*	måste	—	—	must
niga	niger	neg	nigit	curtsy
njuta	njuter	njöt	njutit	enjoy
nypa	nyper	nöp	nupit	pinch someone
nysa	nyser	nös/nyste	nyst/nysit	sneeze
pipa	piper	pep	pipit	chirp
rida	rider	red	ridit	ride
rinna	rinner	rann	runnit	run, flow
riva	river	rev	rivit	tear; demolish
ryta	ryter	röt	rutit	roar
se	ser	såg	sett	see
sitta	sitter	satt	suttit	sit
sjuda	sjuder	sjöd	sjudit	seethe
sjunga	sjunger	sjöng	sjungit	sing
sjunka	sjunker	sjönk	sjunkit	sink
ska*	ska	skulle	—	shall
skina	skiner	sken	skinit	shine
skjuta	skjuter	sköt	skjutit	shoot; push
skrida	skrider	skred	skridit	stride, stalk
skrika	skriker	skrek	skrikit	shout
skriva	skriver	skrev	skrivit	write
skryta	skryter	skröt	skrutit	boast
skära	skär	skar	skurit	cut
slippa	slipper	slapp	sluppit	not need to
slita	sliter	slet	slitit	wear out; tear
sluta	sluter	slöt	slutit	close
slå	slår	slog	slagit	beat; strike
smita	smiter	smet	smitit	slip away
smyga	smyger	smög	smugit	sneak, snuggle
smörja	smörjer	smorde	smort	grease
snyta (sig)	snyter	snöt	snutit	blow one's nose
sova	sover	sov	sovit	sleep
spinna	spinner	spann	spunnit	spin; purr
spricka	spricker	sprack	spruckit	burst, crack
sprida	sprider	spred	spritt	spread
springa	springer	sprang	sprungit	run

* present tense

sticka	sticker	stack	stuckit	*sting*
stiga	stiger	steg	stigit	*rise*
stinka	stinker	stank	—	*stink*
stjäla	stjäl	stal	stulit	*steal*
strida	strider	stred	stridit	*fight*
stryka	stryker	strök	strukit	*iron*
strypa	stryper	ströp/ strypte	strypt	*strangle*
stå	står	stod	stått	*stand*
suga	suger	sög	sugit	*suck*
supa	super	söp	supit	*booze*
svida	svider	sved	svidit	*smart*
svika	sviker	svek	svikit	*betray, let down*
svälja	säljer	svalde	svalt	*swallow*
svär(j)a	svär	svor	svurit	*swear; curse*
säga	säger	sa(de)	sagt	*say*
sälja	säljer	sålde	sålt	*sell*
sätta	sätter	satte	satt	*place, set*
ta(ga)	tar	tog	tagit	*take*
tiga	tiger	teg	tigit	*be silent*
tjuta	tjuter	tjöt	tjutit	*yell*
tvinga	tvingar	tvingade/ tvang	tvingat/ tvungit	*force*
umgås	umgås	umgicks	umgåtts	*associate with*
vara	är	var	varit	*be*
veta	vet	visste	vetat	*know*
vika	viker	vek	vikit/vikt	*fold*
vilja	vill	ville	velat	*want, will*
vina	viner	ven	vinit	*howl, whine (storm)*
vinna	vinner	vann	vunnit	*win*
vrida	vrider	vred	vridit	*twist, wrench*
välja	väljer	valde	valt	*choose; elect*
vänja	vänjer	vande	vant	*accustom, get used to*
äta	äter	åt	ätit	*eat*

Swedish Abbreviations

AB	*aktiebolag*	Ltd., Inc.
ank.	*ankomst, ankommande*	arrival, arriving
anm.	*anmärkning*	remark
avd.	*avdelning*	department
avg.	*avgång, avgående*	departure, departing
avs.	*avseende; avsändare*	respect; sender
bet.	*betydelse; betalt*	meaning; paid
bil.	*bilaga*	enclosure, enclosed
c./ca	*cirka*	approximately
doc.	*docent*	senior lecturer, associate professor
D.S.	*densamme*	the same (as above)
dvs.	*det vill säga*	i.e.
eftr.	*efterträdare*	successor (firm)
e.Kr.	*efter Kristus*	A.D.
el./elektr.	*elektrisk*	electrical
e.m.	*eftermiddag*	(in the) afternoon
f.d.	*före detta*	former, ex-
f.Kr.	*före Kristus*	B.C.
f.m.	*förmiddag*	(in the) morning
f.n.	*för närvarande*	at present
FN	*Förenta Nationerna*	UN
frk.	*fröken*	Miss
fr.o.m.	*från och med*	as of
f.v.b.	*för vidare befordran*	please forward
HKH	*Hans/Hennes Kunglig Höghet*	His/Her Royal Highness
hr	*herr*	Mr.
ind.omr.	*industriområde*	industrial area
inv.	*invånare*	inhabitants, population
JK	*justitiekansler*	Attorney General
JO	*justitieombudsman*	Ombudsman for the Judiciary and Civil Administration
KAK	*Kungliga Automobilklubben*	Royal Automobile Club
KF	*Kooperativa Förbundet*	Consumers' Cooperative Organization
kl.	*klockan; klass*	o'clock; class
K.M:t/ Kungl. Maj:t	*Kunglig Majestät*	His Royal Majesty (= the government)
kr.	*krona (kronor)*	crown(s) (currency)

LO	*Landsorganisationen*	Association of Swedish Trade Unions
moms	*mervärdeskatt*	VAT, value added tax
n.b.	*nedre botten*	ground floor (exit)
o.s.a.	*om svar anhålles*	please reply
osv.	*och så vidare*	etc.
p.g.a.	*på grund av*	because of
RÅ	*riksåklagare*	Director of Public Prosecutions
sa/s:a	*summa*	the sum, total
SAF	*Svenska Arbetsgivar-* *föreningen*	Swedish Employers' Confederation
sek.	*sekund*	second (clock)
sid.	*sidan*	page
SJ	*Statens Järnvägar*	Swedish National Railways
skr.	*svenska kronor*	Swedish crowns
SR	*Sveriges Radio*	Swedish Broadcasting Corporation
st.	*styck*	piece
STF	*Svenska Turistföreningen*	Swedish Tourist Association
t.h.	*till höger*	to the right
tim.	*timme*	hour
t.o.m.	*till och med*	up to (and including)
tr.	*trappa (trappor)*	stairs; floor
t.v.	*till vänster; tills vidare*	to the left; until further notice
UD	*Utrikesdepartementet*	Swedish Foreign Office
vard.	*vardagar*	working days
VD	*verkställande direktör*	managing director
v.g.	*var god*	please
v.g.v.	*var god vänd*	P.T.O., please turn over
ö.g.	*över gården*	across/in the courtyard
ö.h.	*över havet*	above sea level

Numerals

Cardinal numbers		Ordinal numbers	
0	noll	1:a	första
1	en/ett	2:a	andra
2	två	3:e	tredje
3	tre	4:e	fjärde
4	fyra	5:e	femte
5	fem	6:e	sjätte
6	sex	7:e	sjunde
7	sju	8:e	åttonde
8	åtta	9:e	nionde
9	nio	10:e	tionde
10	tio	11:e	elfte
11	elva	12:e	tolfte
12	tolv	13	trettonde
13	tretton	14	fjortonde
14	fjorton	15	femtonde
15	femton	16	sextonde
16	sexton	17	sjuttonde
17	sjutton	18	artonde
18	arton	19	nittonde
19	nitton	20	tjugonde
20	tjugo	21	tjugoförsta
21	tjugoen/tjugoett	22	tjugoandra
30	trettio	23	tjugotredje
31	trettioen/trettioett	24	tjugofjärde
40	fyrtio	25	tjugofemte
41	fyrtioen/fyrtioett	26	tjugosjätte
50	femtio	27	tjugosjunde
51	femtioen/femtioett	28	tjugoåttonde
60	sextio	29	tjugonionde
61	sextioen/sextioett	30	trettionde
70	sjuttio	31	trettioförsta
80	åttio	40	fyrtionde
90	nittio	50	femtionde
100	hundra	60	sextionde
101	hundraen/hundraett	70	sjuttionde
200	två hundra	80	åttionde
1 000	tusen	90	nittionde
2 000	två tusen	100	hundrade
1 000 000	en miljon	1 000	tusende
2 000 000	två miljoner	10 000	tiotusende

Time

Although official time in Sweden is based on the 24-hour clock, the 12-hour system is used in conversation.

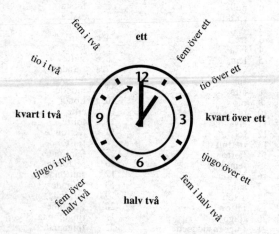

If you have to indicate that it is a.m. or p.m., add *på morgonen, på förmiddagen, på eftermiddagen, på kvällen, på natten.*

Thus:

klockan sju på morgonen	7 a.m.
klockan elva på förmiddagen	11 a.m.
klockan två på eftermiddagen	2 p.m.
klockan sju på kvällen	7 p.m.
klockan två på natten	2 a.m.

Days of the Week

söndag	Sunday	*torsdag*	Thursday
måndag	Monday	*fredag*	Friday
tisdag	Tuesday	*lördag*	Saturday
onsdag	Wednesday		

Notes

Conversion tables/
Omvandlingstabeller

C°

100
40
36,9
35
30
25
20
15
10
5
0
−5
−10
−15
−20

F°

212
105
98,6
90
80
70
60
50
40
32
30
20
10
0

Meter och fot
Siffran i mitten gäller för både meter och fot, dvs. 1 meter = 3,281 fot och 1 fot = 0,30 meter.

Metres and feet
The figure in the middle stands for both metres and feet, e.g. 1 metre = 3.281 ft. and 1 foot = 0.30 m.

Meter /Metres		Fot/Feet
0.30	1	3.281
0.61	2	6.563
0.91	3	9.843
1.22	4	13.124
1.52	5	16.403
1.83	6	19.686
2.13	7	22.967
2.44	8	26.248
2.74	9	29.529
3.05	10	32.810
3.66	12	39.372
4.27	14	45.934
6.10	20	65.620
7.62	25	82.023
15.24	50	164.046
22.86	75	246.069
30.48	100	328.092

Temperatur
För att räkna om Celsius till Fahrenheit multiplicerar man med 1,8 och lägger till 32. För att räkna om Fahrenheit till Celsius, drar man ifrån 32 och dividerar med 1,8.

Temperature
To convert Centigrade to Fahrenheit, multiply by 1.8 and add 32.
To convert Fahrenheit to Centigrade, subtract 32 from Fahrenheit and divide by 1.8.